W0322308

Jetzt lerne ich

Ubuntu Linux

MATTHIAS RISTOW

Markt+Technik

ISBN 978-3-95982-039-4

Espenpark 1a
90559 Burgthann

Produktmanagement Christian Braun, Burkhardt Lühr
Herstellung Jutta Brunemann
Korrektorat Knut Lorenzen
Covergestaltung David Haberkamp
Coverfotos © kraft2727 – Fotolia.com; Steve Young – Fotolia.com
Satz Gerhard Alfes, mediaService, Siegen (www.mediaservice.tv)
Druck Media-Print, Paderborn
Printed in Germany

Inhaltsverzeichnis

Vorwort

In meinem Berufsleben habe ich zahllose Windows-Rechner eingerichtet, für Firmen, Kollegen, Freunde und Verwandte. Und stets entwickelte sich unmittelbar danach ein reger – in manchen Fällen nicht enden wollender – Austausch per Telefon oder E-Mail: Zusatzprogramme mussten besorgt (natürlich gekauft!) werden, der Virenscanner meldete seltsame Dinge, Einstellungen waren nicht zu finden, Updates drängten auf Erledigung, Daten waren nicht kompatibel, Backups machten Probleme, Nachrichten über Trojaner oder eine Einstellung des Supports verbreiteten reichlich Unsicherheit und so weiter und so fort.

Ganz anders die Situation nach einer Installation von Ubuntu: Es herrschte eine geradezu erholsame Ruhe und irgendwann habe **ich** dann schließlich selbst nachgefragt, ob denn alles in Ordnung sei.

Die Antwort war fast immer die gleiche: Danke, warum fragst du? Es läuft!

Warum das so ist und wie man dahin kommt – davon handelt dieses Buch.

Ubuntu ist mehr als nur eine Alternative zu Windows. Es bietet mehr Freiheit, mehr Sicherheit, mehr Gelassenheit, ist einfacher und schneller, zudem kostenlos und anonym und kennt keine Probleme mit Viren, Trojanern & Co. Es basiert auf Linux, das wiederum seit mehr als 20 Jahren überall dort eingesetzt wird, wo höchste Professionalität und Sicherheit erforderlich sind – auf Webservern, bei Banken, Polizei, Stadtverwaltungen etc.

Ubuntu ist verblüffend einfach zu bedienen und eröffnet Ihnen den Zugang zu einer nahezu unerschöpflichen Welt freier Programme (und Menschen) – unabhängig von monopolistischen Softwareanbietern.

Wer einmal mit Ubuntu/Linux vertraut geworden ist, möchte nicht mehr zurück.

Da jedoch aller Anfang schwer ist, will dieses Buch Ihnen helfen, mit exakten Schritt-für-Schritt-Anleitungen sicher über die ersten Hürden zu kommen und schnell in der Lage zu sein, Ihre alltäglichen Aufgaben in gewohnter Weise zu bewältigen.

Es wendet sich vor allem an weniger erfahrene Anwender, die ohne umfangreiche Vorkenntnisse erfolgreich auf Ubuntu (oder eine andere Linux-Variante) umsteigen möchten. Sie erfahren in kurzer verständlicher Form die wichtigsten theoretischen Grundlagen und werden dann in einfachen und leicht nachvollziehbaren Schritten zum Ziel geführt.

Am Ende steht ein optimal ausgestattetes Ubuntu – alltagstauglich und startbereit, inklusive aller persönlichen Daten, mit denen Sie bislang unter Windows gearbeitet haben.

Aber auch für ambitioniertere User gibt es sicher den einen oder anderen unbekannten Tipp.

Schreibkonventionen

In diesem Buch werden verschiedene Schreibkonventionen genutzt, die Ihnen die Orientierung erleichtern sollen: Menüpunkte, Buttons, Links auf Webseiten, Suchbegriffe und Texteingaben sind *kursiv* ausgezeichnet, Stichwörter und Hervorhebungen sind **fett** gekennzeichnet, Laufwerke, Ordner, Dateinamen und Terminalbefehle werden in leicht `gesperrter` Schreibweise dargestellt und Platzhalter für Text, der mit konkreten Inhalten zu ersetzen ist, steht <in spitzen Klammern>.

Tastenkombinationen

An bestimmten Stellen werden Tastenkombinationen genannt. Dabei ist es wichtig zu wissen, dass die genannten Tasten nie gleichzeitig zu drücken sind (was man in der Regel auch gar nicht exakt schafft). Vielmehr werden die zuerst genannten Tasten zunächst festgehalten und dann erst wird die zuletzt genannte nur kurz gedrückt. Danach können alle anderen Tasten wieder losgelassen werden.

Beispiel:
Strg+S – Zuerst Strg-Taste drücken und halten, dann Taste S **kurz** drücken, anschließend Strg loslassen.

Strg+Alt+Entf – Zuerst die Tasten Strg und Alt drücken und halten, dann Taste Entf **kurz** drücken, anschließend Strg und Alt loslassen.

⊞ ist die sogenannte Windows-Taste, die Sie unten links zwischen der Strg-Taste sowie der Alt-Taste finden.

Webseite zum Buch

Auf der Webseite zum Buch (*www.mut.de/2039*) finden Sie ein Verzeichnis der Terminalbefehle, eine Auflistung der im Text genannten Download-Links sowie ein vom Autor programmiertes Tool, um Ihnen die Datenmigration von Outlook zu Mozilla Thunderbird zu erleichtern.

1 Warum Ubuntu?

Kapitel 1

Warum Ubuntu?

- Weil es einfach und robust ist – für Anfänger wie geschaffen.
- Weil es hochprofessionell ist – ein Eldorado für Spezialisten.
- Weil es sich entspannt damit arbeiten lässt.
- Weil es außergewöhnlich sicher ist.
- Weil es Ihre Privatsphäre respektiert und schützt.
- Weil Millionen Gleichgesinnte an Ihrer Seite stehen.
- Weil es nichts kostet.
- Weil es unabhängig macht von Kommerz und Monopolen.
- … …

Es gibt unzählige Gründe, die für Ubuntu sprechen – Sie werden in diesem Kapitel die wichtigsten kennenlernen.

Und dennoch ist Ubuntu sehr vielen Menschen bislang kaum oder gar nicht bekannt. Es taucht nicht in der Werbung auf, erscheint nur gelegentlich in Veröffentlichungen und wenn doch, dann bleiben die Informationen oft sehr allgemein.

Warum? Der Grund ist einfach: Ubuntu wird nicht von einem einzelnen gewinnorientierten Unternehmen hergestellt, sondern entsteht in einer großen Community engagierter Nutzer und Programmierer unter Führung von Canonical Ltd. (England). Das Besondere: Diese Firma muss in Sachen Ubuntu dank glücklicher Umstände nicht unternehmerisch handeln – sie verdient ihr Geld mit anderen Angeboten. Die Verbreitung von Informationen über Ubuntu (und andere Linux-Varianten) erfolgt fast ausschließlich durch Weitersagen, durch tausende Einzelinitiativen, Webseiten, Video-Tutorials, Bücher und zahlreiche andere, mehr oder weniger private Veröffentlichungen.

Was sich hier vielleicht wie ein einziger großer Nachteil liest, ist in Wahrheit ein entscheidendes Plus: Ubuntu wird von Millionen Menschen getragen und würde selbst dann weiterleben, wenn die Führung durch Canonical plötzlich wegfiele – ein Ersatz wäre schnell gefunden. Canonical wiederum steht unter ständiger Beobachtung durch die Community und kann es sich nicht leisten, monopolistische Schritte zu unternehmen.

Da alles auf so unglaublich viele Schultern verteilt ist, gibt es auch für jede Situation, jede Frage, jedes technische Detail und in jeder weltweit gängigen Sprache eine Lösung – sei es ein Gerätetreiber, ein hilfreiches Programm, eine Antwort, ein Expertentipp oder ein vollständiges Tutorial.

Und das alles kostenlos!

1.1 Entstehung

Um Ubuntu richtig verstehen zu können ist ein kurzer Blick in die Entstehungsgeschichte hilfreich. Dieses Betriebssystem basiert auf einer fast 50-jährigen Erfahrung, denn es entwickelte sich aus **Linux** und dieses wiederum aus **Unix**, das 1969 entstand (Ken Thompson & Dennis Ritchie).

Unix hat dabei bereits mehrere Besonderheiten hervorgebracht, die bis heute die Welt von Linux und Ubuntu prägen:

- Es wurde **quelloffen** entwickelt (Open Source).
  Sämtliche Programme waren von Anfang an für jeden frei zugänglich und veränderbar. Hintergrund dieser revolutionären Idee ist der Gedanke, dass ein Betriebssystem nicht von wenigen Personen entwickelt werden kann und insbesondere dadurch universell und flexibel wird, dass möglichst viele Entwickler mit den unterschiedlichsten Anforderungen und Spezialisierungen beteiligt sind.

  Eine quelloffene Software kann allerdings nicht herkömmlich verkauft werden, weil mögliche Schutzmechanismen (z. B. Aktivierungs-Keys) wegen der offenen Quelltexte sofort sichtbar und entfernbar sind. Wer im Open-Source-Bereich arbeitet, ist also immer »ehrenamtlich« unterwegs und muss seinen Unterhalt mit anderen Angeboten verdienen. Gelegentlich trifft man auch auf Projekte, die mithilfe von Crowdfunding (»Schwarmfinanzierung«) getragen werden: Hier werden alle Interessierten gebeten, einen mehr oder weniger geringen finanziellen Beitrag in eine gemeinsame Kasse zu zahlen, aus der dann die Entwicklungskosten bestritten werden.

- Es entwickelte sich eine große **Vielfalt** an Versionen.
  Jeder konnte auf der Grundlage der offenen Quelltexte »sein« Unix entwickeln – egal, ob für Großrechner, Minicomputer, Spezialaufgaben, Fahrzeuge, Handys oder besondere Anwendungsfälle wie Verwaltung, Ablaufsteuerung, Büroaufgaben etc. Daraus haben sich bis heute ca. 260 Unix-Derivate entwickelt, von denen allerdings für den durchschnittlichen PC nur noch etwa drei relevant sind.

- Es entstand eine gewaltige **Community**.
  Der scheinbare Nachteil der Unverkäuflichkeit entwickelte sich schnell zu einem unschlagbaren Vorteil: Die Software kann durch viele Menschen jeder beliebigen Anforderung angepasst werden. Selbstverständlich bedarf es einiger weniger, die darüber wachen, dass die Änderungen kompatibel sind und kein Chaos entsteht. Diese haben jedoch – im Gegensatz zu Programmierern proprietärer (also kommerzieller) Software – keine absolute Entscheidungsgewalt. Sie werden von der Community gleichermaßen unterstützt und kontrolliert.

Um die Entwicklung eigener Betriebssysteme zu vereinheitlichen und zugleich ein Chaos in der Welt der freien Software (Open Source) zu verhindern, gründete Richard Stallman 1984 das **GNU-Projekt**. Unter diesem Namen wird einerseits ein »Baukasten« wichtiger Elemente für die Entwicklung von Betriebssystemen verstanden und andererseits ein Regelwerk für den Umgang mit Open-Source-Software, an das sich die Entwickler bis heute halten. Eine der wichtigsten Regeln besagt, dass kostenlos übernommene Software, die verändert wurde, auch wieder frei zur Verfügung gestellt werden muss!

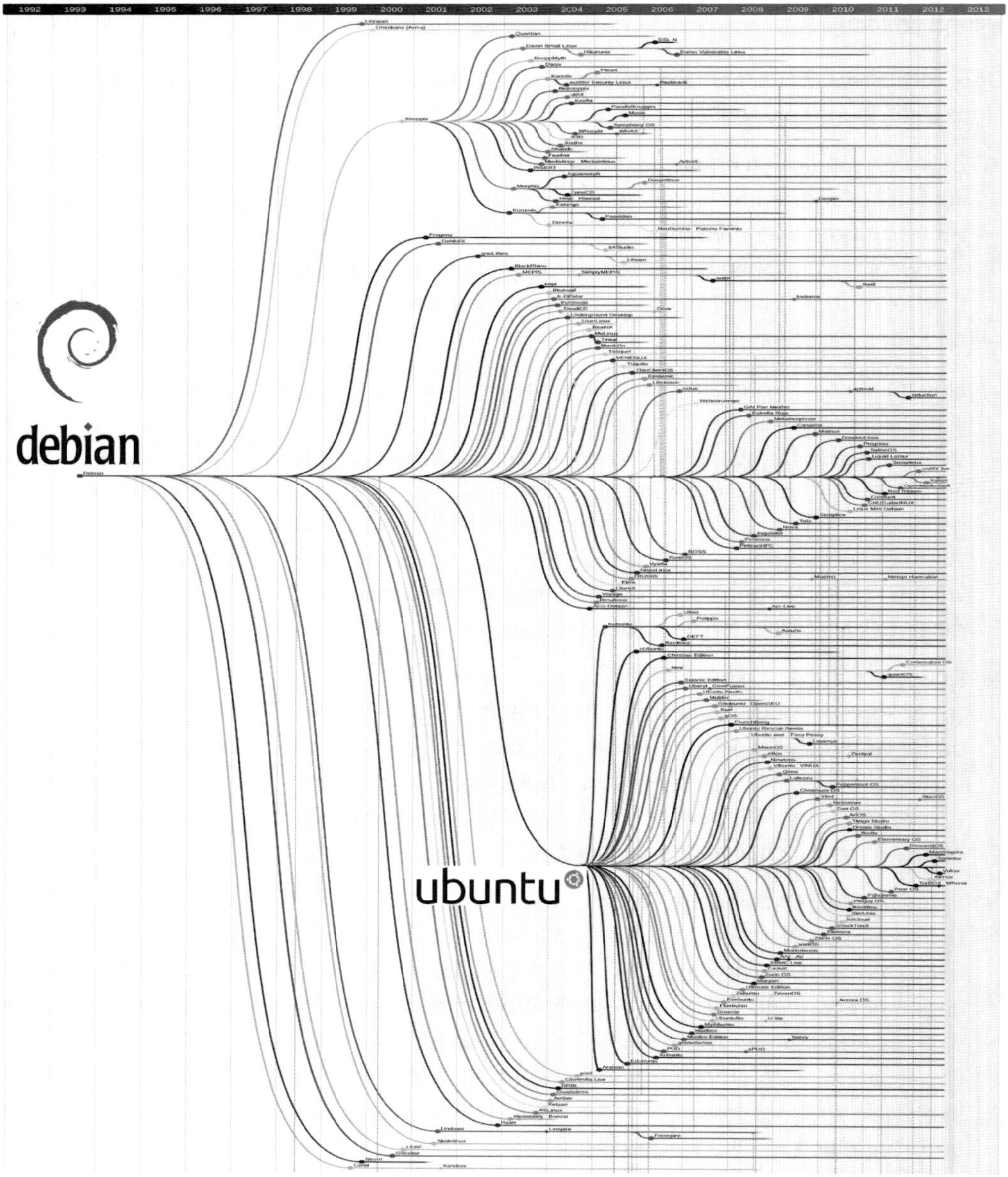

Abbildung 1.1: Debian-Familie (Quelle: https://de.wikipedia.org/wiki/Liste_von_Linux-Distributionen). Diese Grafik veranschaulicht von links nach rechts die Entwicklung der Linux-Derivate aus der Debian-Mutter im Zeitraum 1993–2013. Ubuntu selbst ist wiederum Ausgangspunkt für zahlreiche Weiterentwicklungen.

Aus einer Unix-Variante entstand 1991 **Linux** (Linus Torvalds). Linux enthielt so viele umwälzende Neuerungen und Merkmale, dass es sich zu einem der erfolgreichsten Betriebssysteme entwickelte. Im heutigen Zustand ist es eines der sichersten, flexibelsten und schnellsten Systeme überhaupt. Je wichtiger ein Rechner ist (wie z. B. Webserver, Hochleistungsrechner, Bankensysteme etc.), umso eher wird man darauf ein Linux-basiertes Betriebssystem finden – und kein Windows.

Heute existieren mehr als 450 Linux-Derivate, von denen allerdings nur etwa sieben wirklich bedeutsam sind, darunter macOS, Android, Linux Mint und Ubuntu.

1993 wurde eine Linux-Variante namens **Debian** entwickelt (Ian Murdock), die zusammen mit **RedHat** und **SlackWare** eine der drei Urquellen der heutigen Linux-Welt ist.

Linux war zwar sehr sicher und flexibel, aber bis vor einigen Jahren nur mit umfangreichen Vorkenntnissen zu bedienen und zu administrieren – also eher eine Domäne für Spezialisten. Dies trug 2004 maßgeblich zur Entwicklung von **Ubuntu** bei, initiiert von Mark Shuttleworth, einem Milliardär, der vielen besser als zweiter Weltraumtourist (2002 auf der ISS) bekannt ist. Er hatte sich zum Ziel gesetzt, sein Vermögen u. a. dafür einzusetzen, ein Betriebssystem zu schaffen, das hochprofessionell und zugleich leicht zu installieren sowie einfach zu bedienen ist. Es sollte helfen, die sogenannte digitale Kluft zu überwinden und einen unabhängigen, für jedermann zugänglichen Gegenpol zu den monopolistisch vertriebenen Betriebssystemen wie Windows oder macOS bilden.

Zu diesem Zweck gründete Mark Shuttleworth 2004 die Firma Canonical Ltd. (England). Seither ist die Zahl der Ubuntu-Benutzer stetig gestiegen – sie wird derzeit auf mindestens 25 Millionen geschätzt. Die aktive Community ist weltweit die größte ihrer Art und Ubuntu damit eines der erfolgreichsten Linux-Derivate überhaupt.

Die beiden folgenden Abbildungen vermitteln spielerisch einen optischen Eindruck der erstaunlichen Vielfalt der heutigen Linux-Welt. Windows-Anwender, in deren Welt es bislang nur einen Kontinent gab, müssen an dieser Stelle umdenken und sind zunächst häufig verwirrt. Doch bei genauerer Betrachtung ist alles nur halb so schlimm: Achten Sie erst einmal nur auf die großen »Kontinente«:

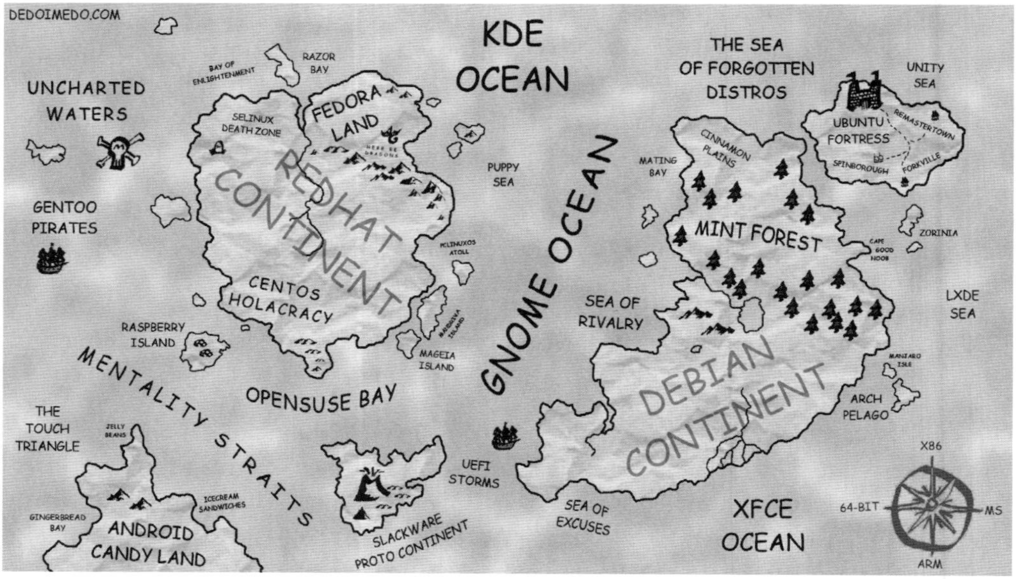

Abbildung 1.2: Linux-Welt 1 (Quelle: www.dedoimedo.com).

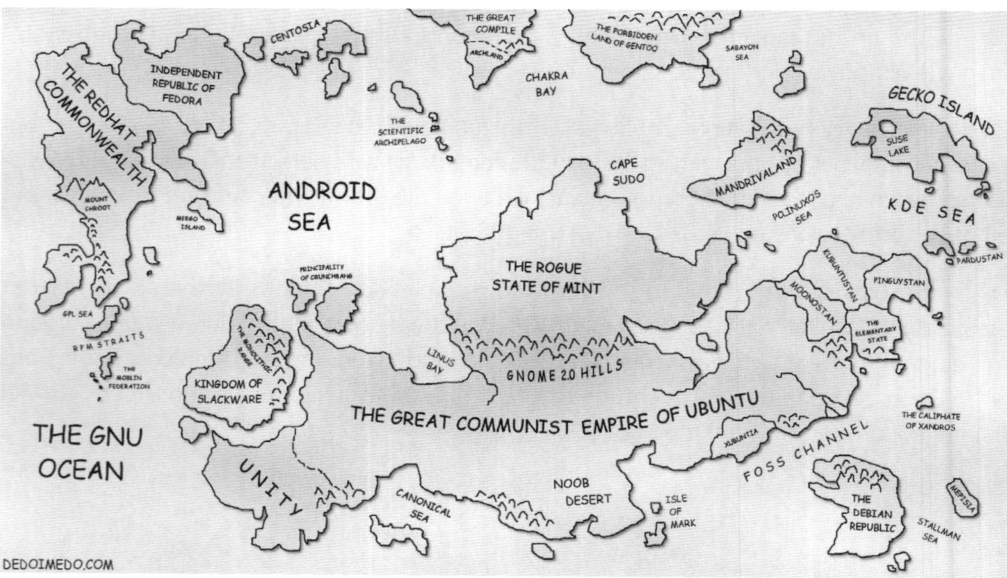

Abbildung 1.3: Linux-Welt 2 (Quelle: www.sysadminslife.com).

Im Vergleich der beiden »Weltkarten« erkennt man zunächst, dass es durchaus sehr unterschiedliche Sichtweisen auf die Größe und Bedeutung ein und desselben Linux-Abkömmlings geben kann. Der eine findet Ubuntu viel wichtiger als Debian, der andere zollt dem Urvater Debian größeren Respekt … In gleicher Weise trifft man auch in Gesprächen und Veröffentlichungen auf die verschiedenartigsten Bewertungen – jeder hat irgendwie sein Lieblings-Linux.

Aber das Schöne daran ist: Egal, auf welcher »Insel« man sich niederlässt – keine Wahl ist falsch und niemand ist benachteiligt, denn sie sind untereinander erfreulich ähnlich.

Und alle zusammen machen gerade die größte Stärke der Linux-Welt aus: Wie in der freien Natur auch fördert Vielfalt die Entwicklung und sorgt für ein gesundes, stabiles und dauerhaft lebensfähiges Ökosystem. Monokultur dagegen führt schnell zu ernsthaften Problemen – insbesondere mit Schädlingen ... Bestimmte Grundgesetze gelten eben überall.

Beginnen Sie also erst einmal mit Ihrem Lieblings-Linux – und da ist Ubuntu eine hervorragende Wahl. Es hat die derzeit größte Verbreitung aller Linux-Varianten und wurde für einen möglichst einfachen und reibungslosen Einstieg konzipiert.

Sollten Sie später dennoch feststellen, dass Ihnen ein anderes Linux-Derivat besser gefällt, dann ist der Umzug auf eine »Nachbarinsel« überraschend einfach, denn alle beruhen auf der gleichen Grundlage und sind daher untereinander weitestgehend kompatibel, oft sehr ähnlich, ja mitunter sogar nahezu gleich.

1.2 Name

Das Wort »Ubuntu« stammt aus der Bantusprache der Zulu und Xhosa (Südafrika). Es drückt eine Philosophie, eine Haltung, ein Lebensgefühl aus und ist nur schwer wörtlich zu übersetzen – am ehesten in der Form »Ich bin, weil wir sind«.

Der südafrikanische Erzbischof Desmond Tutu beschrieb es so:

»Ein Mensch mit Ubuntu ist für andere offen und zugänglich. Er bestätigt andere und fühlt sich nicht bedroht, wenn jemand gut und fähig ist, denn er oder sie hat ein stabiles Selbstwertgefühl, das in der Zugehörigkeit zu einem größeren Ganzen verankert ist.«

Mark Shuttleworth imponierte diese Haltung, und er nannte daher seine Linux-Distribution »Ubuntu«. Als Begründung sagte er:

»Wir haben für diese Linux-Distribution den Namen Ubuntu gewählt, weil wir glauben, dass er die Grundgedanken des Miteinanderteilens und der Kooperation perfekt trifft, die für die Open-Source-Bewegung so wichtig sind. In der Welt der freien Software arbeiten wir freiwillig zusammen, um Software zu schaffen, die allen nützt. Wir verbessern die Werke anderer, die wir frei erhalten haben, und teilen unsere Erweiterungen auf der gleichen Basis mit anderen.«

Diese philosophische Grundhaltung ist in der Linux-Welt, ja in der gesamten IT-Welt einzigartig, und Ubuntu distanziert sich damit noch deutlicher als alle bisherigen Linux-Distributionen vom Gedanken der Konkurrenz, des Gewinnstrebens und der Abgrenzung. Daraus erklärt sich auch das Ubuntu-Logo – es symbolisiert drei Menschen, die sich gegenseitig an den Händen halten:

Abbildung 1.4: Ubuntu-Logo.

Folgerichtig existiert für Ubuntu ein Verhaltenskodex (Code of Conduct), der von Canonical entwickelt wurde und Regeln des Miteinanders für alle aktiven User deklariert. Für den einfachen Anwender ist es dabei zunächst nicht zwingend erforderlich, sich an diese Regeln zu halten – er kann Ubuntu natürlich auch nutzen, ohne sie zu beachten. Aber zumindest hat er die Gewissheit, dass jeder Softwareentwickler oder Betreiber von Ubuntu-Webseiten etc. diesen Kodex kennt und sich danach richtet.

Der Anwender lebt also mit dem Privileg, sich in einem besonders nutzerfreundlichen Umfeld zu bewegen – und ist natürlich gebeten, seinen eigenen Teil dazu beizutragen, egal wie gering dieser ist.

1.3 Vorteile

Es sind viele Dinge, die Ubuntu bzw. Linux so besonders machen und einen klaren Vorteil gegenüber anderen Betriebssystemen darstellen. Mit der folgenden Aufzählung sollen nur die wichtigsten Aspekte hervorgehoben werden – sie ist weder gewichtet, noch vollständig, noch allein für Ubuntu gültig –, denn sie betrifft in weiten Teilen alle Linux-Derivate.

- **Kostenlos**
  Ubuntu und seine lebenslangen Updates sind völlig kostenfrei. Das gilt auch für geschätzte 95 % aller angebotenen Anwenderprogramme. Die verbleibende kostenpflichtige Software ist durch einen einmaligen Kauf dauerhaft lizenziert (keine Abos), und die Preise bewegen sich meist auf sehr niedrigem Niveau.
- **50 Jahre Erfahrung**
  Ausgehend von Unix stützt sich Ubuntu auf fast fünf Jahrzehnte Erfahrung im Bereich der Betriebssystem-Entwicklung.
- **Zigtausende Entwickler weltweit**
  Die Community gehört zu den größten ihrer Art und hat Ubuntu damit zu einem der erfolgreichsten Linux-Derivate überhaupt gemacht. Eine Schätzung für Linux aus dem Jahr 2007 ergab, dass täglich ca. 4.300 Zeilen Code neu entstehen, 1.800 Zeilen gelöscht und 1.500 geändert werden (Quelle: Greg Kroah-Hartman).

- **Keine Lizenz- und Versionsprobleme**
  Im Gegensatz zu Windows mit seiner unklaren Vielfalt an Versionen, die für den Anwender auch nicht immer transparent offeriert werden und zudem sogar untereinander inkompatibel sind, gibt es Ubuntu nur in einer aktuellen Version. Das Erscheinungsbild wird zwar den jeweils modernen Anforderungen angepasst, ist aber ansonsten absolut stabil, sodass dem Anwender aufwendige Umdenkprozesse erspart bleiben. Und Fremdbestimmung, wie z. B. das willkürlich festgelegte Beenden von Versions- oder Support-Zyklen, gibt es nicht.

- **Sparsam**
  Um ein vollwertiges Ubuntu zu betreiben, genügt gegenüber Windows die Hälfte bis ein Viertel des Arbeitsspeichers, ein Viertel des Festplattenplatzes und ein Prozessor mit einer Taktfrequenz von weniger als 1 GHz. Ubuntu funktioniert damit problemlos auch auf älteren Rechnern. Sie sind also nicht gezwungen, bei jedem Versionswechsel über den Kauf eines neuen PCs oder Laptops nachzudenken, nur um sicherzustellen, dass Ihr Betriebssystem auch weiterhin funktioniert. Sie sparen viel Geld (und Zeit) und können sich ganz auf Ihre Arbeit oder Projekte konzentrieren. Ubuntu ist also letztendlich auch ökologischer. Zudem passt Ubuntu bequem auf einen herkömmlichen USB-Stick und lässt dort sogar noch ausreichend Platz für eigene Daten! Sie könnten auf diese Weise mit einem Ubuntu für die Westentasche flexibel zwischen mehreren Rechnern wechseln.

- **Sehr schnell**
  Nicht ohne Grund laufen 98 % aller Supercomputer unter Linux. Auch ohne Performance-Messungen spürt der Nutzer vom ersten Tag an, dass Linux und speziell Ubuntu deutlich performanter ist als beispielsweise Windows. Allein der Boot-Prozess (Rechnerstart) verläuft etwa 3-mal, der Shutdown sogar 5-mal schneller als bei Windows. Auch bei allen Dateiprozessen glänzt Linux mit deutlich besseren Werten.

- **Virenfrei**
  Zwar weist Wikipedia eine Liste von 15 Schädlingsprogrammen aus (Stand 2017), aber diese sind nicht nur z. T. mehrere Jahrzehnte alt, sondern vor allem so gut bekannt, dass die notwendigen Gegenmaßnahmen bereits fest im Betriebssystem verankert sind. Im Gegensatz dazu existieren für Windows ca. 20.000.000 Schadprogramme, die weltweit etwa 170 Attacken pro Sekunde (!) durchführen – und täglich kommen 350.000 dazu (Stand 2017, Quellen: Kaspersky, Symantec). Würde man diese irrsinnige Menge an Windows-Schadprogrammen entlang eines Kilometers aufreihen, dann hätten die wenigen Linux-Viren von dieser Strecke gerade einmal 2,5 mm eingenommen. Durch die besonders restriktive Rechte- und Benutzerverwaltung von Linux und die große natürliche Vielfalt an Linux-Derivaten war es für Programmierer seit jeher extrem schwer, flächendeckend wirksame Schadsoftware zu schreiben. Daran wird sich auch in Zukunft nichts ändern. Selbst bei einer größeren Verbreitung von Linux wird die Menge an Malware in gut überschaubaren Grenzen bleiben. Man kann also durchaus davon sprechen, dass die Linux-Welt virenfrei ist.

- **Keine Defragmentierung**
  Dateisysteme wie FAT oder NTFS (Windows) legen die Daten so ab, dass vorhandene Lücken auf der Festplatte möglichst effizient ausgenutzt werden. Das führt jedoch zwangsweise auch zu einer »Zerstückelung« (Fragmentierung) von Dateien und damit zu einer stetigen Verlangsamung beim Lesen und Schreiben. Infolgedessen muss das Dateisystem in regelmäßigen Abständen defragmentiert werden. Linux hingegen verwendet das **ext**-Dateisystem, das sich durch ausgeklügelte Schreibstrategien und Datenträgeraufteilungen auszeichnet und so gut wie keine Defragmentierung erfordert bzw. diese – falls doch notwendig – automatisch im Hintergrund erledigt.
- **Immer auf dem neuesten Stand**
  Ubuntu verfügt über ein durchdachtes Aktualisierungssystem, mit dem nicht nur Updates des Betriebssystems selbst, sondern auch immer die neuesten Versionen und Ergänzungen für bereits installierte Programme eingespielt werden – und das im Hintergrund, ohne Störungen des laufenden Betriebs. Oft nimmt man daher den Versionswechsel von Programmen kaum wahr. Man ist ganz automatisch immer auf dem neuesten Stand.
- **Einfache Systempflege und Updates**
  Für den normalen Anwender ist Ubuntu quasi wartungsfrei. Lästige Aufgaben wie Defragmentierung, Registry-Reinigung oder Virenscan entfallen vollständig. Die Softwarepflege (Installation, Update und Deinstallation) wird durch das Linux-typische Paketmanagement und die extra dafür bereitgestellten Hilfsmittel extrem vereinfacht. In einem speziellen Software-Center hat der Anwender eine gut dokumentierte Auswahl aus über 80.000 Programmen, die von Canonical geprüft sind und mit einem einzigen Klick installiert oder deinstalliert werden können. Darüber hinaus existieren natürlich im Internet zahllose kostenlose Programme.
- **Kompatibel**
  Kompatibilität ist eine der größten Stärken von Ubuntu und Linux. Egal, mit welcher Version Sie arbeiten – Sie werden kaum erleben, dass nach einem Update plötzlich bestimmte Programme nicht mehr laufen oder inkompatibel geworden sind. Gleiches gilt für die Anwenderprogramme selbst. Mehr noch: Ubuntu und Linux können schon seit vielen Jahrzehnten problemlos Daten und Datenträger anderer Betriebssysteme lesen und selbst erzeugen. Versuchen Sie das mal mit Windows …
- **Anonym und privat**
  Anders als bei großen proprietären Betriebssystemen wird bei der Installation oder während des Betriebs von Ubuntu/Linux niemals eine Anmeldung bei einem Provider verlangt. Es gibt auch keine Verbindung, über die z. B. das Nutzerverhalten ausgeforscht werden kann.[1] Im Gegenteil: Die informationelle Selbstbestimmung des Users und seine Privatsphäre sind oberste Prinzipien in der Linux-Welt. Natürlich existieren auch in Ubuntu spezielle Werkzeu-

1 Dagegen müssen Sie in Windows 10 mindestens 16 Einstellungen deaktivieren, um wieder so etwas wie eine Privatsphäre zu erlangen, darunter auch das Mitschreiben Ihrer Tastenanschläge oder den ungehinderten Zugriff auf Ihre Kontakte, E-Mails, Kalendereinträge oder Kontodaten!

ge, die u. a. Aufzeichnungen durchführen. Diese dienen aber vorrangig internen Aufgaben wie der Optimierung von Suchprozessen und sind transparent dokumentiert – der Anwender kann sie jederzeit nach eigenem Ermessen steuern oder völlig abschalten. Zudem sorgt das Prinzip der vielen Augen in der Linux-Community dafür, dass jeder Versuch, einen Spähzugang zu schaffen, umgehend aufgedeckt und meist auch ebenso schnell beseitigt wird. Das betrifft natürlich auch Programmierfehler, die solche Zugänge versehentlich ermöglichen.

- **Einfache Sicherung und Wiederherstellung**
  Selbst ohne Verwendung einer speziellen Backup-Software kann jeder Anwender seine Daten sowie sämtliche Programm- und Systemeinstellungen schnell und einfach sichern und wiederherstellen. Hierzu genügt theoretisch bereits die Kopie eines einzigen Ordners (`/home/<BenutzerName>`) auf einen externen Datenträger. Dieser Ordner enthält nämlich nicht nur alle persönlichen Daten (vergleichbar mit `C:\User\<BenutzerName>\Eigene Dateien`), sondern darüber hinaus auch sämtliche vom Nutzer vorgenommenen Programmeinstellungen. In Windows wäre hierfür eine sehr aufwendige und zeitraubende Sicherung von Teilen der Registry erforderlich. Will man in Ubuntu darüber hinaus auch ein Backup der Systemeinstellungen durchführen, genügt es, einfach einen weiteren Ordner zu sichern (`/etc`).

  Muss man später irgendwann einmal sein System auf einen anderen Rechner übertragen, dann würde es bereits ausreichen, dort Ubuntu und sämtliche erforderlichen Programme zu installieren und anschließend einfach die beiden Ordner `/home/<BenutzerName>` und `/etc` vom Sicherungsdatenträger zu kopieren. Schon wären sämtliche Daten und die meisten Einstellungen wiederhergestellt.

- **Hohe Sicherheit**
  Linux – und damit auch Ubuntu – gilt seit seiner Entstehung als eines der sichersten Betriebssysteme. Überall, wo Sicherheit eine wesentliche Rolle spielt, findet man Linux: In zahlreichen deutschen Stadtverwaltungen und Behörden (u. a. dem Deutschen Bundestag, dem Auswärtigen Amt), bei Google (2010 wurden dort sämtliche Rechner auf Linux umgerüstet, auch die persönlichen Laptops sämtlicher Mitarbeiter), auf der Raumstation ISS, bei 50 % aller Webknotenserver etc. Das zeigt sich bis heute auch immer wieder sehr deutlich in Vergleichstests. So hat die CESG in Großbritannien (vergleichbar mit dem Bundesamt für Sicherheit in der Informationstechnik in Deutschland) 2014 mehrere Betriebssysteme auf Sicherheitsstandards untersucht und kam zu folgendem Ranking:

  1. Ubuntu 12.04 LTS
  2. Android 4.2 (auf Samsung-Geräten)
  3. Blackberry 10.1 (EMM regulated)
  4. Apple OS X 10.8
  5. Windows 7 & 8

  Ubuntu erreichte in diesem Test die absolut höchste Punktzahl. Im Übrigen sind alle Betriebssysteme auf den ersten vier Plätzen Linux- bzw. Unix-basiert!

- **Hervorragender Support**
  Durch die große Community findet der Anwender in einer userfreundlichen Umgebung im Internet auf tausenden Seiten jederzeit Antworten auf alle erdenklichen Fragen. Es gibt keine undokumentierten Tricks oder Geheimnisse. Speziell für deutsche Benutzer ist *https://wiki.ubuntuusers.de/* eingerichtet worden – eine hervorragende Website, die mit über 7.000 Artikeln sowohl für Einsteiger als auch für Fortgeschrittene und Spezialisten ausführliche, professionelle und gut strukturierte Hinweise bereithält.

1.4 Gegenargumente?

Eigentlich gehört so ein Kapitel nicht in ein Buch über Linux. Aber erstens ist die Wahl eines Betriebssystems eine fundamentale Entscheidung, zu der auch die Überprüfung möglicher Nachteile gehört, und zweitens kursieren viele Meinungen zu Linux oder Ubuntu, mit denen man sich auseinandersetzen sollte, weil einige der Bedenkenträger konkrete Ziele verfolgen, andere wiederum die Materie nur vom Hörensagen kennen und dadurch – mit Verlaub – auch ziemlich viel Unsinn verbreiten.

Lassen Sie uns also die Argumente Punkt für Punkt analysieren und prüfen, inwieweit sie einer genaueren Betrachtung standhalten.

Dabei wird mehr von Linux, weniger von Ubuntu die Rede sein, weil die vorgebrachten Gründe prinzipieller Natur und nicht so sehr vom konkreten Linux-Derivat abhängig sind.

- **Windows-Programme laufen nicht**
  Für viele, die auf Linux umsteigen möchten, klingt dies wie das Totschlagargument schlechthin. Wer will schon gern auf lieb gewordene Programme verzichten, insbesondere, wenn man für diese bereits bezahlt hat!?

  Tatsächlich ist es zunächst zutreffend, dass sich Linux und Windows so grundlegend voneinander unterscheiden, dass Software, die für die eine Seite geschrieben wurde, auf der jeweils anderen nicht lauffähig ist.

  Weil dieses Problem aber schon lange bekannt ist, gibt es beiderseits Hilfsmittel, mit denen die jeweiligen Programme direkt in der für sie fremden Umgebung gestartet werden können. Das entsprechende Linux-Tool heißt **Wine** – es existiert seit 2005 und deckt mittlerweile mehr als 90 % aller Windows-Funktionen ab.

  Das Ergebnis:

  Heute sind ca. 20.000 Windows-Programme unter Linux lauffähig!
  (Quelle: *https://appdb.winehq.org/*, 2015)
  Der Mythos, man müsse auf sämtliche Windows-Programme verzichten, wenn man sich für Linux entscheidet, ist schlicht falsch.

Wine unterstützt allein ca. 6.500 Spiele und auch echte Schwergewichte wie Microsoft Office (derzeit bis Version 2010), Adobe Photoshop u. a. m. Dazu kommen natürlich noch die ungezählten echten Linux-Programme, die dieselben Aufgaben professionell erfüllen und zudem in der Regel auch noch kostenlos sind. Bekannteste Beispiele sind LibreOffice (Texte, Tabellen, Präsentationen etc.), Thunderbird (E-Mail, Kontakte, Kalender, Aufgaben) oder GIMP (Grafikbearbeitung), aber auch für Skype, Dropbox, VirtualBox und viele andere existieren spezielle Linux-Ausführungen.

- **Alles ist anders – Tasten, Fenster, Dateisystem**
  Wer schon einmal einen Linux-Desktop gesehen hat, weiß, dass das mittlerweile nicht mehr zutrifft. Es ist wie mit dem Wechsel zu einer anderen Automarke: Sicherlich befinden sich ein paar Bedienelemente an anderer Stelle, aber die Grundprinzipien sind immer gleich – Gas rechts, Kupplung links, Lenkrad in der Mitte. Und an die Unterschiede gewöhnt man sich in kürzester Zeit. Genauso verhält es sich auch mit Linux. Der Übergang ist sogar extrem einfach, weil etwa 90 % der Maustechniken oder Tastenkombinationen mit dem übereinstimmen, was man an bisherigen Erfahrungen mitbringt. Und wenn man auf die eine oder andere Tastenkombination doch nicht verzichten möchte, kann man diese sogar in vielen Programmen individuell einstellen.

- **Ist nur was für Spezialisten**
  Dieses Argument stammt aus den 90er-Jahren und ist heute schlicht überholt. Gerade Ubuntu wurde erklärtermaßen so konzipiert, dass sich insbesondere Einsteiger sehr schnell zurechtfinden.

- **Ist nur was für sehr einfache Anwender**
  Das Erscheinungsbild von Ubuntu und manch anderem Linux-Derivat ist sicherlich auf die Gewohnheiten und Bedürfnisse eines normalen Anwenders abgestimmt. Aber die Schlichtheit täuscht: Dahinter steckt ein vollwertiges Linux-System und somit ein Eldorado für ambitionierte Anwender und Entwickler. Wer jemals auf einschlägigen Hacker-Treffen oder Programmiererkonferenzen war, wird feststellen, dass so gut wie alle Teilnehmer mit einem Linux-Rechner unterwegs sind, davon nicht wenige mit Ubuntu. Das hat seine Gründe – die Damen und Herren wissen sehr genau, was sie tun …

- **Ist nichts für Spiele**
  Abgesehen davon, dass allein im Ubuntu Software Center fast 1.000 geprüfte Spiele verzeichnet sind, darunter auch viele der momentan angesagten, genügt hier ein Verweis zum ersten Gegenargument auf Seite 22: Tausende von Windows-Spielen können mit **Wine** problemlos unter Linux zum Laufen gebracht werden. Zudem geht der Trend immer mehr zu Onlinespielen, und für die ist es völlig egal, auf welchem Betriebssystem sie gespielt werden – Hauptsache, man hat einen schnellen Internetzugang und einen guten Webbrowser.

- **Ist kompliziert zu installieren**
  Auch dieser Einwand entspringt längst vergangenen Zeiten. Wer heute ein Linux-System installieren möchte, wird von intelligenten, selbsterklärenden, sehr ein-

fach zu bedienenden Programmen geführt und benötigt fast keine Vorkenntnisse. Für die Einrichtung von Ubuntu ist theoretisch nicht einmal Wissen über die Partitionierung von Festplatten erforderlich – dies wird automatisch erledigt.

- **Ist zu wenig verbreitet**
  Rechnerisch stimmt das sicherlich – aber ist das auch ein Argument? Fest steht zunächst einmal, dass man mit Linux wirklich alle Aufgaben erledigen kann, die mit einem Rechner durchführbar sind – ausnahmslos alle und das auf professionellem Niveau. Zudem sind sämtliche mitgelieferten Programme auf größtmögliche Kompatibilität ausgelegt (so kann man z. B. mit LibreOffice alle erdenklichen Microsoft-Office-Dateiformate lesen und schreiben).

  Dieses Argument hat vielmehr den unguten Beigeschmack der gewollten Beeinflussung, spielt es doch mit der diffusen, im limbischen System wirksamen Urangst, nicht »dazuzugehören«. Dies löst unwillkürlich einen Anpassungsreflex aus – der dann meist auch beabsichtigt ist. Letztlich aber sagt es mehr über die Ängste (oder Ziele) des Sprechers aus als etwas über den Sachverhalt an sich.

  Nur weil fast alle in meiner Straße einer massiven Werbung erlegen sind und ein bestimmtes Auto fahren, muss ich das nicht zwangsläufig auch tun, besonders dann nicht, wenn dieser Autotyp gar nicht richtig zu meinen Bedürfnissen passt.

  Im Gegenteil: Gerade die geringe Verbreitung ist einer der Gründe, sich **für** Linux zu entscheiden. Sie verhindert u. a. wirksam die Ausbreitung von Viren (siehe Seite 19).

- **Unterstützt zu wenig Hardware**
  Auch diese Aussage gehört in die Zeit der 90er-Jahre. Heute findet man nicht nur auf den Community-Webseiten unzählige Hardwaretreiber und Tipps (sogar für Geräte, für die Windows oder andere Betriebssysteme gar keinen Support mehr anbieten), sondern mittlerweile stellt auch so gut wie jeder bedeutsame Gerätehersteller ganz selbstverständlich eine Linux-kompatible Version seiner Software bereit.

Fazit: Keiner dieser Einwände ist wirklich stichhaltig, einige sind eher polemisch, mitunter althergebracht oder folgen gar einer Wirkungsabsicht. Natürlich hat auch Linux/Ubuntu seine Probleme, aber es sind nicht mehr als bei Windows oder anderen Betriebssystemen auch. Im Gegenteil: Art und Umfang der dortigen Probleme sind für Windows-Benutzer einer der Hauptgründe, sich nach etwas anderem umzusehen.

Linux ist längst nicht mehr das Land der Exoten. Die Verbreitung und die Community haben seit Langem die kritische Masse überschritten, und an Linux kommt niemand mehr vorbei.

1.5 Derivate und Versionen

Diese beiden Begriffe spielen in der Linux-Welt eine wichtige Rolle und sollen deshalb an dieser Stelle kurz erläutert werden.

Derivate sind Neuentwicklungen von Linux-Betriebssystemen aus einem bereits bestehenden (wie Ubuntu, das aus Debian entstand). Jedes Derivat wiederum erscheint dann in verschiedenen **Versionen** (z. B. Ubuntu 14.10, 16.10 etc.). Allerdings fallen die Versionswechsel in der Regel nicht so krass aus wie beispielsweise bei Windows. Es wird auch kein so heftiges Drumherum veranstaltet – so ein Wechsel geschieht eher gleitend und stört nicht den Arbeitsablauf des Anwenders.

Parallel dazu taucht oft noch die Bezeichnung **Distribution** auf. Damit ist allerdings eigentlich nur die Softwaresammlung an sich gemeint, aus der das jeweilige Betriebssystem besteht, die dann vom Hersteller verteilt (distribuiert) wird.

Ubuntu ist unter den Linux-Derivaten ein Individualist, weil die Entwickler in vielen Dingen völlig eigene Wege eingeschlagen haben. In der Linux-Gemeinde ist dies teilweise umstritten, es dient aber u. a. einer Vereinfachung der Bedienung und einer möglichen Vereinheitlichung für spätere Einsatzmöglichkeiten auf anderen Geräten. Für den Anwender zuallererst spürbar wird dies am Aussehen und der Bedienung des Desktops. Ubuntu verwendet hier das selbst entwickelte Unity-System. Mittlerweile hat sich auch hier gezeigt, dass der Weg gut war. Unzählige Anwender schätzen genau dieses Erscheinungsbild (»look and feel«) und die Klarheit in der Bedienung.

Basierend auf Debian ist Ubuntu mittlerweile selbst eine Quelle zahlreicher Derivate, von denen hier der Einfachheit halber nur die wichtigsten genannt werden sollen – sie unterscheiden sich in der Regel vor allem durch die Verwendung anderer Desktop-Oberflächen:

- Kubuntu (KDE statt Unity)
- Lubuntu (LXDE statt Unity, speziell für alte Rechner mit geringen Ressourcen)
- Xubuntu (XFCE statt Unity)
- Edubuntu (für Kinder und Bildungszwecke)
- Ubuntu Gnome (Gnome-Shell statt Unity)
- Linux Mint (Ubuntu-Abkömmling, der auf ambitioniertere User abzielt)

Canonical Ltd. gibt für Ubuntu alle sechs Monate eine neue Version heraus, von denen jede nur eine begrenzte Zeit lang unterstützt wird. Da jedoch der Übergang auf eine neue Version dank des durchdachten Update-Systems problemlos und ohne Unterbrechung des Rechnerbetriebs abläuft, spielt diese dichte Versionsfolge für den Anwender keine störende Rolle.

Alle Ubuntu-Versionen erhalten jeweils Nummern, die Jahr und Monat des Erscheinens erkennen lassen: So erschien Ubuntu 16.04 im April 2016.

Wer lieber etwas ruhiger lebt und eine Weile darauf verzichten kann, immer die allerletzte Beta-Version zu besitzen, der sollte zu einer der Versionen mit der Zusatzbezeichnung LTS (**L**ong **T**erm **S**upport) greifen. Diese erscheinen nur alle zwei Jahre, werden aber zwischendurch mit kontinuierlichen tagesaktuellen Updates auf dem Laufenden gehalten.

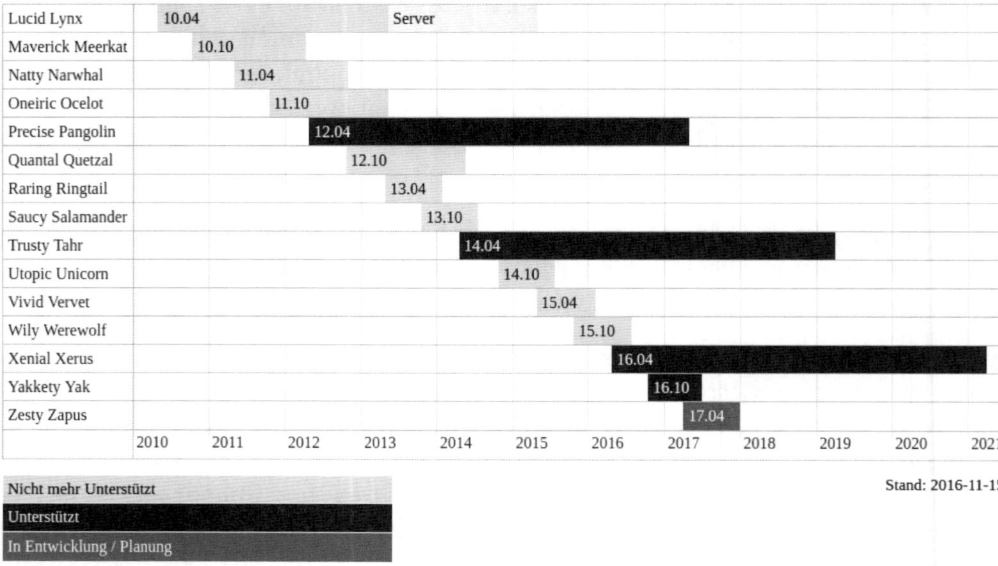

Abbildung 1.5: Ubuntu-Versionen (Quelle: wiki.ubuntuusers.de).

Jede Ubuntu-Version bekommt außerdem einen eigenwilligen Namen. Diese sind jedoch eher scherzhaft gemeint – sie folgen einer alphabetischen Reihe und werden aus einer sinnfreien Verknüpfung von Tiernamen mit Adjektiven gebildet. Aber sie können insbesondere bei Internetrecherchen sehr vorteilhaft eingesetzt werden, um gezielt Unterstützung für eine ganz bestimmte Ubuntu-Version zu finden:

13.10	Saucy Salamander
14.04	Trusty Tahr
14.10	Utopic Unicorn
15.04	Vivid Vervet
15.10	Wily Werewolf
16.04	Xenial Xerus
16.10	Yakkety Yak
17.04	Zesty Zapus

Tabelle 1.1: Ubuntu-Namen.

Wir dürfen gespannt sein, was nach Z folgt ...

2 Etwas Theorie

Auf etwas Theorie kann leider nicht verzichtet werden ...

Auch wenn für den einfachen Anwender dank der komfortablen Installationssoftware zunächst kaum detaillierte Kenntnisse erforderlich sind, um Ubuntu zum Laufen zu bringen, und die intuitive Bedienung eine Einarbeitung recht leicht macht, so sind doch einige Grundinformationen nützlich, um sich deutlich schneller zurechtzufinden und grundlegende Fehler zu vermeiden.

Dieses Kapitel soll Ihnen helfen, ein Linux-/Ubuntu-System zu verstehen und optimal einzurichten. Sie können es aber auch zunächst überspringen – für das Verständnis der nachfolgenden Kapitel ist es nicht zwingend erforderlich.

Lediglich den Abschnitt 2.1 sollten Sie im Vorfeld der Installation gelesen haben.

2.1 32 Bit oder 64 Bit?

Rechner unterscheiden sich nicht nur nach bestimmten Leistungsparametern wie CPU-Geschwindigkeit (Megahertz) oder Arbeitsspeicher (Gigabyte), sondern auch durch die sogenannte Datenbreite. Dies ist vergleichbar mit der Spurenanzahl einer Autobahn: Je mehr Spuren, umso mehr Fahrzeuge können in der gleichen Zeit passieren. Bei Rechnern ist das Maß hierfür ein Bit, was z. B. einer Datenleitung entspricht, auf der Strom fließt (= 1) oder nicht (= 0). Zurzeit gibt es zwei unterschiedliche Rechnertypen: Solche mit 32 Datenleitungen (32 Bit) und andere mit 64 Leitungen (64 Bit).

Diese Unterschiede gehören zum Oberbegriff »Rechnerarchitektur«.

Viele Anwenderprogramme sind auf diese Gegebenheiten hin optimiert. Eine Software, die eine 64-Bit-Datenverarbeitung erwartet, wird daher mit einem 32-Bit-Rechner nur schwer oder schlimmstenfalls gar nicht zurechtkommen – und auch umgekehrt kann es Probleme geben, wenngleich nicht so ausgeprägt. Bei Betriebssystemen ist diese Unterscheidung noch wichtiger, hier muss der Rechnertyp exakt zur Software passen, sonst geht meist gar nichts.

Woran erkennt man nun, welchen Rechnertyp man besitzt?

Mitunter verraten schon das Typenschild, der Rechnername oder die Bezeichnung des aktuellen Betriebssystems selbst etwas. Dabei tauchen nämlich immer wieder folgende Abkürzungen auf, die einen Hinweis auf die Rechnerarchitektur geben:

- bei 32-Bit-Rechnern: **i386**
- bei 64-Bit-Rechnern: **amd64** oder **x86_64**

Leider kommt man mit so einfachen Mitteln oft nicht allzu weit und muss das Betriebssystem befragen, mit dem man gerade arbeitet. Windows ist da allerdings recht schweigsam – weder der Gerätemanager noch die Systeminformation geben zuverlässige Ergebnisse, man erhält allenfalls eine Information über das Betriebssystem (!) selbst (32 Bit/64 Bit), was jedoch kein zuverlässiger Indikator für die dahinterstehende Rechnerarchitektur ist. Um diese eindeutig zu bestimmen, müssen Sie Folgendes tun:

1. Drücken Sie die Tastenkombination [⊞]+[R].
2. In das sich öffnende Fenster geben Sie `cmd` ein und drücken [↵].
3. Es öffnet sich ein schwarzes Fenster, in das Sie nun folgenden Befehl eingeben:

   ```
   wmic cpu get architecture
   ```

> **Tipp**
>
> Mit dem gleichen Programm können Sie sich auch mal testhalber anzeigen lassen, für welche Architektur Ihr momentan installiertes Windows ausgelegt ist: Geben Sie `wmic OS get OSArchitecture` ein.

4. Drücken Sie [↵] und lesen Sie das Ergebnis ab:

eine 0:	es ist ein 32-Bit-Rechner
eine 6:	es ist ein 64-Bit-Prozessor von AMD
eine 9:	es ist ein 64-Bit-Prozessor von Intel

Abbildung 2.1: Rechnerarchitektur ermitteln.

Diese Information ist entscheidend für die Auswahl der Ubuntu-Version, die Sie auf Ihrem Rechner installieren müssen.

2.2 Rechnerleistung

Jedes Programm, das Sie sich kaufen – und genauso auch jedes Betriebssystem – benötigt bestimmte Voraussetzungen, damit es funktioniert. Das ist normal und wie im alltäglichen Leben auch: Für den Transport eines Bierkastens würde vielleicht noch ein stabiles Fahrrad genügen. Ein Auto wäre natürlich bequemer, aber es wird sofort unerlässlich, wenn es öfter mal mehrere Kästen sein müssen.

Von Windows kennen wir, dass diese Anforderungen ganz automatisch von Mal zu Mal steigen und man früher oder später einfach gezwungen ist, einen neuen PC zu kaufen. Das ist allerdings so, als ob Sie auch weiterhin nur maximal zwei Kästen Bier zu transportieren hätten, man Ihnen aber erklärt, dass Sie zwar heute noch einen Pkw dafür verwenden könnten, aber ab morgen unbedingt einen SUV und überhaupt in Kürze zwingend einen Lkw bräuchten. Und das, obwohl Ihr bisheriges Auto problemlos läuft und Sie sich richtig gut daran gewöhnt haben. Kein normal denkender Mensch käme auf eine solche Idee, nur in der Welt der Rechner haben wir uns schon fast wie selbstverständlich daran gewöhnt. Aber muss das sein? Und was macht die Leistungsfähigkeit eines Rechners eigentlich aus? Genügt mein alter, um darauf Ubuntu zum Laufen zu bringen?

Um es gleich vorwegzunehmen: Ja.

Es gehört zu den einzigartigen Stärken von Ubuntu, dass es gerade dafür konzipiert wurde, auf alten oder nicht so leistungsfähigen Rechnern ebenso zu arbeiten wie auf hochmodernen.

Spricht man von der Leistungsfähigkeit eines Rechners, dann sind – neben vielen anderen Angaben – vor allem drei Größen von grundlegender Bedeutung:

- die Rechengeschwindigkeit (CPU),
- die Kapazität der Festplatte (HD),
- die Größe des Arbeitsspeichers (RAM).

Wenn Sie ein Programm kaufen, finden Sie daher die in Klammern genannten Abkürzungen auch auf jeder Verpackung.

Natürlich gibt es nach oben keine Begrenzungen und je üppiger Ihr Rechner ausgestattet ist, umso flüssiger wird alles laufen. Aber es gibt natürlich Untergrenzen, die man tunlichst nicht unterschreiten sollte (Sie werden gleich sehen, dass diese bei Ubuntu sehr weit unten liegen).

Im Folgenden wird erläutert, was diese Angaben bedeuten und wie Ihr Rechner jeweils damit ausgestattet sein muss, damit Ubuntu funktioniert.

2.2.1 Rechengeschwindigkeit (CPU)

Der Kern jedes Rechners ist die CPU (**C**entral **P**rocessing **U**nit), ein ziemlich großer quadratischer Chip mit gefühlt 1.000 Beinen. Hier werden nahezu alle Befehle und Prozesse verarbeitet. Die Leistungsfähigkeit einer CPU entscheidet maßgeblich über die Stärke eines Rechners. CPUs arbeiten mit einer sogenannten Taktgeschwindigkeit, vergleichbar mit der Schlagzahl eines Ruderers, wobei dieser wohl kaum auf mehr als einen Schlag pro Sekunde kommen dürfte. Die Maßeinheit dafür ist das Hertz (Hz, benannt nach dem deutschen Physiker Heinrich Hertz): 1 Hz = 1 Aktion pro Sekunde. CPUs arbeiten im Bereich von Millionen (Megahertz = MHz) bis zu Milliarden (Gigahertz = GHz) Aktionen pro Sekunde.

Für Ubuntu optimal wäre eine CPU mit mindestens 1 GHz.

Allerdings arbeitet das System auch relativ problemlos mit älteren Modellen, die nur einige hundert MHz aufweisen.

2.2.2 Kapazität der Festplatte (HD)

Die Festplatte (Hard Disk = HD) ist der wichtigste Datenträger Ihres Rechners. Der Name rührt daher, dass dieses Gerät (relativ) fest im Rechner eingebaut ist und aus einer oder mehreren runden Platten besteht – ähnlich einer CD –, auf denen die Informationen auch dann gespeichert bleiben, wenn der Strom abgeschaltet ist. Sie enthält nicht nur alle Ihre Daten (also Texte, Bilder oder Videos), sondern auch das Betriebssystem selbst und natürlich sämtliche Programme, mit denen Sie arbeiten, um Texte zu schreiben, Videos anzusehen, zu spielen, ins Internet zu gehen etc.

Die Kapazität eines Datenträgers wird in Byte angegeben. Dies ist ein Kunstwort, das keine Übersetzung hat, und eine Informationseinheit beschreibt. Man kann es sich in etwa so vorstellen, dass ein Byte so viel ist wie ein Buchstabe in einem Text oder dass zur Speicherung eines einzelnen winzigen Punktes eines Farbfotos bereits mindestens 3 Byte erforderlich sind.

Moderne Festplatten können Millionen (Megabyte = MB), Milliarden (Gigabyte = GB) oder auch Billionen (Terabyte = TB) Informationseinheiten speichern.

Für Ubuntu sind lediglich 6,3 GByte freier Speicherplatz auf Ihrer Festplatte erforderlich.

Das ist extrem wenig im Vergleich zu anderen Betriebssystemen. Allerdings ist damit nur der Platzbedarf für Ubuntu selbst beschrieben. Für Ihre persönlichen Daten sowie später zusätzlich installierte Programme ist natürlich deutlich mehr Platz nötig. Mit ca. **300 GByte** sollte man schon rechnen, um längere Zeit ohne Platzmangel arbeiten zu können. Diese Angabe ist aber keine Faustregel – sie hängt sehr stark davon ab, was Sie mit Ihrem Rechner tun. Wenn Sie überwiegend nur Texte schreiben, aber Videos oder Fotos keine so große Rolle spielen, dann kommen Sie auch mit der Hälfte dieses Platzes sehr, sehr weit. Sind Sie hingegen ein Filmfan oder Hobbyfotograf, dann sollten Sie unbedingt über eine Verdreifachung nachdenken, um nicht bereits in den nächsten Monaten Platznot zu erleiden.

Weil es thematisch hier gut passt, sei an dieser Stelle gleich noch auf einen wesentlichen Unterschied zwischen Windows und Linux hingewiesen – die Datenträgerverwaltung.

Jeder Datenträger (Festplatte, CD/DVD, USB-Stick etc.) muss vom Betriebssystem angesprochen werden können und erhält daher eine eindeutige Bezeichnung. Wenn Sie bisher mit einem Windows-Rechner gearbeitet haben, dann sind Sie Laufwerkbuchstaben gewohnt, z. B. `C:` für die Festplatte, vielleicht `D:` für das CD-/DVD-Laufwerk oder `E:` für einen angeschlossenen USB-Stick. Die Vergabe dieser Buchstaben regelt Windows automatisch.

In der Linux-Welt erfolgt die Verwaltung etwas anders. Hier wird allen Geräten (auch solchen, die noch gar nicht angeschlossen sind) eine sogenannte Gerätedatei zugeordnet, über die Linux das Gerät verwaltet. Diese Dateien befinden sich in einem Ordner mit dem Namen `/dev` (devices = Geräte). Der Anfang jedes Dateinamens verrät, welches Gerät mit der jeweiligen Datei angesteuert werden kann, z. B.:

- `sd...` für Festplatten
- `sr...` für CD-/DVD-Laufwerke

So wird beispielsweise die erste Festplatte mit `/dev/sda1` angesprochen, die zweite Festplatte mit `/dev/sda2` etc. (das a beschreibt den Gerätetyp noch etwas genauer, und gleichartige Geräte werden durchnummeriert).

Diese Art der Verwaltung erscheint einem Neuling anfänglich etwas verwirrend, hat aber den unschätzbaren Vorteil, dass in Linux-Systemen für die Art und Anzahl von Datenträgern keine Grenzen bestehen – anders als in Windows, wo nur maximal 26 Buchstaben verfügbar sind.

Der normale Anwender wird nun zu Recht einwenden, dass er ja wohl kaum 26 oder sogar noch mehr Laufwerke anschließen will. Aber in Netzwerken oder an großen Zentralrechnern kann es durchaus erforderlich sein, sogar deutlich mehr Geräte oder Rechner anzuschließen. Linux ist darauf vorbereitet und so konzipiert, dass künstliche Beschränkungen grundsätzlich vermieden werden.

2.2.3 Arbeitsspeicher (RAM)

Alles, was in einem Rechner abläuft, kann nur im sogenannten Arbeitsspeicher stattfinden. Dieser wird meist mit RAM (**R**andom **A**ccess **M**emory) abgekürzt. Jedes Programm, jeder Text, jedes Bild, jedes Video ... – einfach alles, was Sie bearbeiten und bedienen wollen, auch das Betriebssystem selbst, muss von einem Datenträger in diesen Arbeitsspeicher geladen werden. Daher ist dessen Größe ein entscheidender Faktor für die Leistungsfähigkeit eines Rechners. Hierbei muss man bedenken, dass auch dann, wenn Sie selbst gar nichts tun, bereits zahlreiche Programme im Hintergrund aktiv sind oder auf ihren Einsatz warten: Sie überwachen die Internetverbindung, sorgen dafür, dass keine Viren eindringen können, organisieren den reibungslosen Ablauf, warten auf eine Mausbewegung oder eine Tastatureingabe, überprüfen die CPU-Temperatur etc.

Je größer das RAM, umso mehr dieser Programme können gleichzeitig laufen und umso größere Datenmengen können verarbeitet werden (z. B. lange Videos, umfangreiche Texte, große Fotos etc.).

Das Problem des Arbeitsspeichers ist aber, dass er augenblicklich alle Inhalte verliert, wenn der Strom abgeschaltet wird. Das ist der Grund, warum man alles, was man bearbeitet hat, auch »speichern«, sprich: auf einen Datenträger übertragen muss, damit es nicht verloren geht.

Genauso wie bei den Festplatten (siehe Abschnitt 2.2.2 »Kapazität der Festplatte (HD)«) wird die Speicherkapazität des RAMs in Byte, MByte (MB) oder GByte (GB) angegeben.

Für Ubuntu sollte die Größe des Arbeitsspeichers mindestens 1 GByte betragen.

Auch das ist ein vergleichsweise kleiner Wert – heutige Rechner besitzen meist 2–8 GByte RAM. Ubuntu ist damit auch auf älteren Rechnern problemlos lauffähig, Sie müssen also nicht zwangsläufig Geld in einen neuen PC investieren.

2.3 Partitionierung

Vielleicht haben Sie schon an einem Windows-Rechner gearbeitet, bei dem zwei Festplattenlaufwerke angezeigt wurden, nämlich `C:` und `D:`, aber Sie wussten ganz sicher, dass tatsächlich nur eine einzige Festplatte eingebaut ist. Wie geht das?

Nun, diese eine (physische) Festplatte wurde einfach in zwei Bereiche unterteilt. Jeder dieser Teile wird Partition genannt und ist komplett unabhängig vom anderen – es gibt keinerlei Verbindung zwischen ihnen. Im Rechner verhalten sich Partitionen daher wie getrennte Festplatten, und deshalb werden im genannten Beispiel auch scheinbar zwei Festplatten angezeigt, obwohl in Wirklichkeit nur eine vorhanden ist.

Welche Vorteile hat man von einer solchen Partitionierung?

Es gibt gute Gründe, mehrere getrennte Festplatten einzusetzen, z. B.:

- Trennung des Betriebssystems von den eigenen Daten
  Dadurch wird die Datensicherheit erheblich erhöht, denn im Falle eines Festplattenfehlers oder Virenbefalls wäre nur eine Partition betroffen, also **nur** das Betriebssystem oder **nur** die Daten, nie aber beide zugleich.
- Verwendung unterschiedlicher Betriebs- oder Dateisysteme
  Wenn Sie z. B. gleichermaßen mit Windows und Linux arbeiten wollen, dann können diese Betriebssysteme nur auf getrennten Festplatten installiert werden, weil sie neben einer jeweils eigenen Verwaltung auch gesonderte Dateisysteme verwenden, die untereinander nicht verträglich sind.

  Hat man keine Möglichkeit, mehrere physische Festplatten einzubauen (wie z. B. bei vielen Laptops), oder will man eine sehr große Festplatte effektiv nutzen, dann wird man diese partitionieren.

In Linux ist die Verwendung mehrerer Partitionen sogar geradezu üblich. Zwar wäre theoretisch auch die Installation auf nur einer Partition möglich, aber dies widerspricht dem Sicherheitsverständnis und würde auch technische Vorteile außer Acht lassen.

Ein gutes Linux-Minimalsystem besitzt drei Partitionen:

- **System-Partition**
  Hier wird das Betriebssystem selbst installiert.
- **Daten-Partition**
  Dieser Bereich enthält später die eigenen Dateien und Einstellungen – sauber getrennt vom Betriebssystem.
- **Swap-Partition**
  Auf diesen Teil kann das Betriebssystem zurückgreifen, wenn der Arbeitsspeicher nicht mehr ausreicht. Es lagert dann vorübergehend Teile des Speichers aus.

> Einen Swap-Bereich könnte man theoretisch auch innerhalb einer bestehenden Partition einrichten. Windows arbeitet so und lagert Daten aus dem Arbeitsspeicher einfach in eine spezielle Datei auf der Festplatte `C:` aus.
>
> Um jedoch die Datensicherheit deutlich zu erhöhen und andere technische Vorteile auszunutzen, ist es empfehlenswert, für die Auslagerung eine gesonderte Partition einzurichten.

Die folgende Abbildung zeigt beispielhaft die Aufteilung einer einzelnen Festplatte, auf der Windows und Ubuntu parallel installiert wurden.

Partition	Dateisystem	Einhängepunkt	Bezeichnung	Größe	Benutzt	Unbenutzt	Markierungen
/dev/sda1	ntfs		System-reserviert	100.00 MiB	25.06 MiB	74.94 MiB	boot
/dev/sda2	ntfs	/media/matthias/WinSys	WinSys	147.23 GiB	144.19 GiB	3.04 GiB	
/dev/sda3	ext4	/		72.27 GiB	26.72 GiB	45.54 GiB	
▾ /dev/sda4	extended			711.91 GiB	---	---	
/dev/sda5	linux-swap			5.86 GiB	4.00 KiB	5.86 GiB	
/dev/sda6	ntfs	/media/matthias/WinDat	WinDat	353.03 GiB	115.97 GiB	237.05 GiB	
/dev/sda7	ext4	/home		353.03 GiB	81.93 GiB	271.10 GiB	
nicht zugeteilt	nicht zugeteilt			1.71 MiB	---	---	

Abbildung 2.2: Partitionierung (mehrere Betriebssysteme).

Das hier dargestellte System manuell einzurichten, verlangt durchaus fundierte Kenntnisse. Aber lassen Sie sich jetzt bitte nicht abschrecken – im Gegenteil: Genießen Sie vielmehr, dass Ihnen all dies vom Ubuntu-Installationsprogramm abgenommen wird, das automatisiert die optimale Partitionierung selbst ermittelt und vornimmt.

Allerdings könnten Sie schon mit den wenigen Informationen, die Sie bis hierhin erfahren haben, und der Unterstützung des Installationsprogramms bereits selbst ein solches System einrichten.

Sehen wir uns die Abbildung mal etwas genauer an. Auf den ersten Blick ist nicht eindeutig erkennbar, welche Partitionen zu Windows gehören und welche zu Ubuntu. Wenn Sie sich aber die Spalte *Dateisystem* ansehen, dann fallen zwei wiederkehrende Abkürzungen auf:

- **NTFS**
  Ein Dateisystem, das typisch für Windows ist.
- **ext4**
  Ein Dateisystem, das ausschließlich unter Linux Verwendung findet.

Jetzt lässt sich schon besser erahnen, wie die Partitionen zugeordnet sind. Im Einzelnen kann man folgende Partitionen erkennen:

- `/dev/sda1`
  Ein winzig kleiner Abschnitt, den Windows oder Ubuntu zu technischen Zwecken einrichten. Hier ist u. a. der sogenannte Boot-Loader untergebracht, ein Programm, das Sie beim Start des Rechners fragt, mit welchem Betriebssystem Sie arbeiten möchten.
- `/dev/sda2`
  Die Windows-System-Partition. Hier befindet sich das Betriebssystem zusammen mit den Ordnern für die eigenen Dateien – Windows unterscheidet also von Haus aus nicht sehr streng zwischen Daten und System.
- `/dev/sda3`
  Die Ubuntu-System-Partition. Sie enthält ausschließlich das Betriebssystem, keine persönlichen Daten. Man beachte, wie klein und wenig genutzt diese Partition gegenüber der für Windows ist (hellgraue Fläche)!
- `/dev/sda4`
  Dies ist kein eigenständiger Bereich im engeren Sinn, er fungiert vielmehr als eine Art Sammelpartition, die ihrerseits mehrere Unterpartitionen enthält. Diese Partition ist daher in der Grafik oben nicht sichtbar, sie taucht nur in der Liste auf.
- `/dev/sda5`
  Die Ubuntu-Swap-Partition. Man erkennt sehr gut, dass diese nur extrem wenig Platz benötigt.
- `/dev/sda6`
  Eine Partition, die nur Daten enthält und von Windows und Ubuntu gleichermaßen verwendbar sein soll. Daher wurde sie auch mit dem Dateisystem NTFS eingerichtet, weil dieses von beiden Betriebssystemen gelesen und beschrieben werden kann.
- `/dev/sda7`
  Diese Partition enthält alle Daten und Einstellungen der Ubuntu-User. Im Gegensatz zu `/dev/sda6` kann sie aber nur von Ubuntu verwendet werden, weil Windows das Dateisystem ext4 (bis heute …) nicht kennt.

Wenn Sie sich in Abbildung 2.2 den Bereich für `/dev/sda6` mal kurz wegdenken, dann haben Sie eine Struktur vor Augen, die typischerweise entsteht, wenn man zuvor Windows auf seinem Rechner hatte und Ubuntu später dazu installiert wurde.

Das Tolle daran ist: Sie müssen bei der Installation lediglich einmal eine Entscheidung treffen (nämlich: Ich möchte Ubuntu **neben** Windows installieren) – alles andere regelt das Installationsprogramm von allein!

Noch vor wenigen Jahren musste man so etwas sehr mühsam manuell einrichten.

2.4 Dateistruktur

Das Verständnis der Dateistruktur ist essenziell für die effektive Arbeit mit einem Betriebssystem. Sie können es vergleichen mit der Orientierung in einer Stadt: Wenn Sie nicht wissen, wo Sie sich gerade befinden und wo Ihr Wohnhaus steht, in dem Ihre persönlichen Dinge liegen, dann werden Sie diese vermutlich nie wiederfinden; wenn Sie den Weg zum Bäcker nicht kennen, könnte es sein, dass Sie verhungern; wenn Sie nicht wissen, wo die Stadtverwaltung ist, werden Sie weder etwas für sich noch für die Stadt in Bewegung setzen können.

Dieser Abschnitt soll Ihnen eine kurze Einführung in die Dateistruktur von Ubuntu (und damit Linux) geben. Weil viele Nutzer zunächst von Windows kommen, wird hier besonders auf den Vergleich beider Strukturen eingegangen.

Wenn Sie sich in Windows bereits ein wenig auskennen, dann gibt es schon mal eine gute Nachricht: Beide Systeme sind sich recht ähnlich, denn Dateistrukturen sind – unabhängig vom Betriebssystem – immer hierarchisch organisiert. Der beste Vergleich hierfür ist das Bild eines Baumes: Ausgehend von einem Stamm verzweigt er zunächst in dicke Äste und weiter in immer feinere Äste und Unteräste, an denen sich schließlich die Blätter befinden. Letztere symbolisieren Ihre persönlichen Daten (Texte, Bilder etc.) bzw. die Daten, die das Betriebssystem selbst benötigt, um arbeiten zu können.

Man könnte auch von Ebenen sprechen:

- Ebene 0: der Stamm mit der Wurzel.
- Ebene 1: die dicksten Äste.
- Ebene 2: alle schmaleren Äste, die an den dicksten Ästen wachsen.
- Ebene 3: alle dünnen Äste, die an den schmaleren Ästen wachsen.
- etc.

Blätter können an jeder beliebigen Stelle des Baumes wachsen – am Stamm ebenso wie an jedem dicken oder dünnen Ast. Diese Analogie trifft auch für Dateistrukturen zu: Sie können Daten an jeder Stelle dieser Struktur ablegen.

Der Stamm selbst wird bei Rechnern oft auch als **Wurzel** (engl. root) bezeichnet, die Äste als **Ordner**, die Blätter als **Dateien**.

Um nun mitzuteilen, an welcher Position der Struktur sich etwas befindet, wird eine Schreibweise verwendet, die, ausgehend von der Wurzel, den vollständigen **Pfad** dorthin angibt. Dabei werden die jeweiligen Ebenen, die man durchläuft, durch einen schrägen Strich getrennt – in Windows ein \ (engl. Backslash), in Linux ein / (engl. Slash).

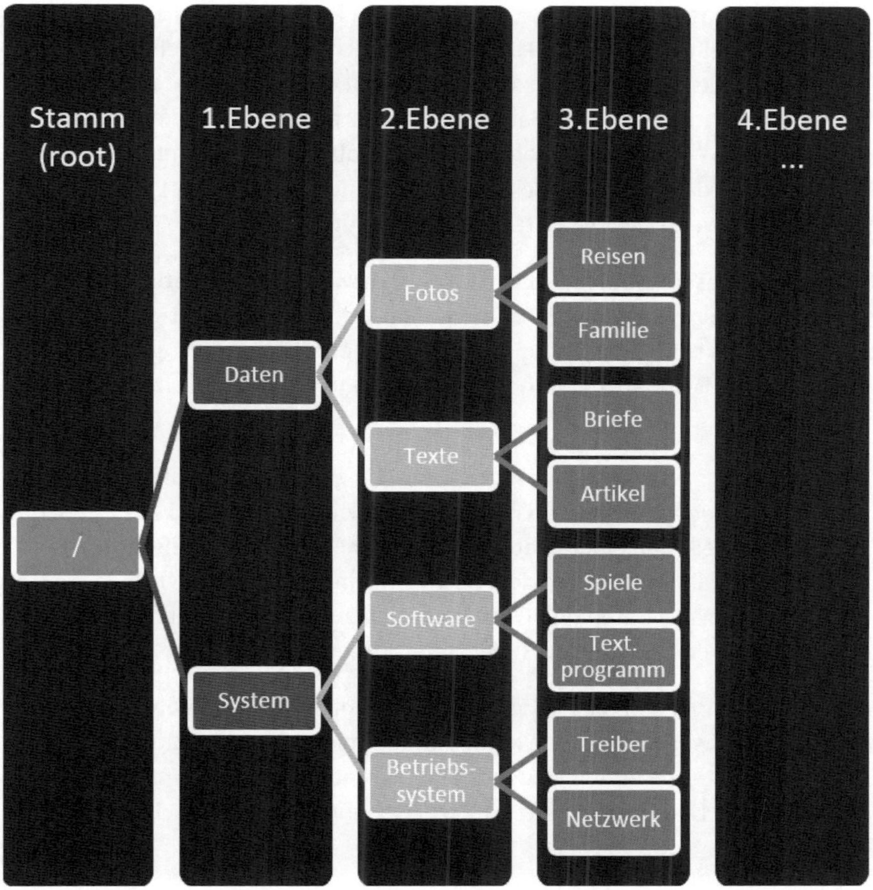

Abbildung 2.3: Dateistruktur.

So finden Sie z. B. in Windows Ihre eigenen Dateien im Ordner C:\Users\<IhrName>\Eigene Dateien, in Linux hingegen liegen diese Daten in /home/<IhrName> (<IhrName> steht dabei für den Namen, mit dem der jeweilige User am Rechner angemeldet ist). Wenn Sie dort eine Textdatei mit dem Namen Notizen.txt gespeichert haben, dann würde man deren Position in Windows beschreiben mit C:\Users\<IhrName>\Eigene Dateien\Notizen.txt. In der Linux-Schreibweise entspräche das /home/<IhrName>/Notizen.txt.

Der größte Unterschied zwischen beiden Dateistrukturen ist die Tatsache, dass in Windows jedes Laufwerk seine eigene »Wurzel« ist. So könnten Texte auf einer DVD z. B. im Ordner D:\Meins\Texte liegen, auf einem USB-Stick dann in E:\Meins\Texte etc. Mit jedem neuen Laufwerk beginnt ein neuer Baum.

In Linux hingegen fängt die Hierarchie nur mit einem Schrägstrich / an – es gibt nur einen Baum. Die daraus resultierende Frage lautet: Auf welchem Laufwerk befinde ich mich?

Hierzu muss man wissen, dass bei Linux alle Laufwerke bzw. Partitionen in diese Dateistruktur »eingehängt«, d. h. mit ihr verknüpft werden. Theoretisch kann jeder beliebige Ordner die »Wurzel« eines Laufwerks sein (in der Praxis ist das natürlich nicht so chaotisch, sondern folgt bestimmten Regeln). Im unteren Teil der Abbildung 2.2 auf Seite 34. erkennt man z. B., dass die Partition `/dev/sda7` mit dem Ordner `/home` verknüpft ist oder, wie man sagt, in diesen Ordner eingehängt wurde. `/home` ist also das, was für Windows ein neuer Laufwerkbuchstabe ist. Von hier aus verzweigt sich die Dateistruktur, die auf Partition `/dev/sda7` existiert.

Das ist für Neulinge auf diesem Gebiet zunächst etwas verwirrend, spielt aber für die tägliche Arbeit mit Linux sehr bald keine vordergründige Rolle mehr. Man merkt sich einfach, in welchem Ordner die Daten sind – und fertig. Dabei ist es meistenteils recht egal, ob dahinter eine Partition oder eine Festplatte steht oder ob es nur irgendein Ordner innerhalb einer Festplatte ist.

Ausnahmen bilden allerdings Wechsellaufwerke. Gleichgültig, ob Sie einen USB-Stick anschließen oder eine CD/DVD einlegen – stets wird dieses Laufwerk im Ordner `/media` eingehängt, und zwar in Form eines jeweils neu eingerichteten Unterordners. Wenn Ihr USB-Stick z. B. den Namen »JamesBond« hat, dann findet man dort nach dem Einstecken einen Ordner `/media/JamesBond` – und darin dann alle Daten und Ordner, die sich auf dem Stick befinden. Wird der Stick wieder entnommen, verschwindet auch der Unterordner.

Diese Methode des Einhängens in die Ordnerstruktur hat nicht nur den Vorteil, dass man bequem beliebig viele Laufwerke verwalten kann, sondern bietet auch die Möglichkeit, den Ort, an dem die Daten später zu finden sind, nach bestimmten Gesichtspunkten selbst zu bestimmen (*Medien*, *Eigene Dateien* etc.) statt auf nichtssagende Laufwerkbuchstaben angewiesen zu sein.

Natürlich gibt es in jedem Betriebssystem einige Ordner, denen feste Rollen zugewiesen sind, und man tut gut daran, hier nicht eigenmächtig einzugreifen. Diese Ordner sollte man weder umbenennen noch löschen oder sie zur Speicherung eigener Dateien verwenden. Das führt früher oder später (meist sehr schnell …) zu erheblichen Komplikationen bis hin zum Absturz des gesamten Systems.

In Windows sind solche zentralen Ordner u. a. folgende (wobei verwirrenderweise durcheinandergewürfelte deutsche, englische und mehrfache Bezeichnungen existieren):

- `C:\Windows`
  Der Speicherort des Betriebssystems mit allen seinen Dateien und Programmen.
- `C:\Programme, C:\Program Files`
  Der Speicherort, an dem alle installierten Anwenderprogramme zu finden sind.
- `C:\Dokumente und Einstellungen, C:\Documents and Settings, C:\Users`
  Hier werden – in separaten Unterordnern – sämtliche Dateien der Benutzer sowie die Programmeinstellungen gespeichert.

Achtung!

Zahlreiche Einstellungen, die man für Windows oder einzelne Programme festgelegt hat, werden hier **nicht** gespeichert, sondern in der sogenannten Registry! Das macht z. B. eine vollständige Datensicherung unter Windows so schwierig – es genügt nicht, allein **diesen** Ordner zu sichern.

In Ubuntu/Linux gibt es ein paar mehr Ordner, die von besonderer Bedeutung sind:

- `/bin` (binaries, engl.: »Binärdateien«)
  Alle installierten Programme – das Gegenstück zum Windows-Ordner `C:\Programme`.
- `/boot` (to boot, engl.: »hochfahren«)
  Dateien, die für den Rechnerstart erforderlich sind.
- `/dev` (devices, engl.: »Geräte«)
  Alle Dateien, mit denen angeschlossene Geräte angesprochen werden (siehe Seite 31).
- `/etc` (et cetera, lat.: »und die übrigen Dinge«)
  Enthält Dateien für den Rechnerstart und wichtige zentrale Systemeinstellungen.
- `/home` (home, engl.: »das Zuhause«)
  Das ist gewissermaßen Ihr Ordner! Er enthält Unterordner mit den Namen aller am Rechner angemeldeten Nutzer (z. B. `/home/HansMeier`), in denen dann sämtliche Dateien und Einstellungen des jeweiligen Nutzers gespeichert sind.

  Er ist das Pendant zu `C:\Users` in Windows.
  Ein großer Vorteil gegenüber Windows besteht jedoch darin, dass hier tatsächlich **alle** Einstellungen, die der Nutzer jemals vorgenommen hat, abgelegt werden.

  Für eine Datensicherung genügt es völlig, allein diesen Ordner zu kopieren.
- `/lib` (librarys, engl.: »Bibliotheken«)
  Hier befinden sich sogenannte Bibliotheken, also wichtige Hilfsprogramme und Informationsquellen für das Betriebssystem.
- `/lost+found` (engl.: »verloren & gefunden«)
  Ein Ordner, in dem alle Dateien abgespeichert werden, die nach einer (meist automatischen) Festplattenüberprüfung aufgrund von Dateifehlern nicht mehr richtig zugeordnet werden konnten.
- `/media` (engl.: »Medien«)
  Hier findet man den Zugang zu allen Wechseldatenträgern – CD/DVD, USB-Stick, externe Festplatten, Kameras etc. Jeder Datenträger, der aktuell angeschlossen ist, erhält einen eigenen Unterordner, in dem man dann alle Dateien und Ordner des Datenträgers sieht. Wird ein Datenträger entfernt, dann verschwindet auch der jeweilige Ordner.

- `/proc` (processes, engl.: »Prozesse«)
  In diesem Ordner verwaltet das System die Informationen aller laufenden Prozesse, also auch der Programme, die im Hintergrund aktiv sind.
- `/root` (engl.: »Wurzel«)
  Was für den normalen Benutzer der Ordner `/home` ist, das ist für den Administrator `/root`. Er benötigt Sonderrechte und daher auch einen separaten Ordner.
- `/tmp` (temporary, engl.: »vorübergehend«)
  Während des Betriebs müssen vom System und den laufenden Programmen hin und wieder Informationen vorübergehend abgelegt werden, die später gelöscht werden können. Dafür ist dieser Ordner reserviert.
- `/var` (variable, engl.: »veränderlich«)
  Hier werden durch das System und diverse Programme variable Informationen abgelegt, also z. B. Logdateien, Spielstände, Druckerwarteschlangen etc.

Anhand der Erläuterungen werden Sie bemerkt haben, dass letztlich nur ein Ordner für Ihre tägliche Arbeit mit einem Linux-System wichtig ist: `/home`. Dieser enthält einen Unterordner `/home/<IhrName>`, der alle Ihre Daten aufnimmt. Wenn Sie mit einem Programm etwas speichern möchten oder den Linux-Dateimanager aufrufen, dann wird deshalb standardmäßig auch immer zuerst dieser Ordner angezeigt bzw. vorgeschlagen.

Wichtig zu wissen ist auch, dass nicht jeder beliebig auf alle Dateien und Ordner zugreifen kann. Das ist in Windows ebenso wie in Linux. Es gibt für jeden Benutzer drei mögliche Rechte: Er kann eine Datei lesen, schreiben oder ausführen (Letzteres ist für das Starten von Programmen wichtig).

Die umfassendsten Rechte hat natürlich der Administrator, er darf überall jede Datei und jeden Ordner in jeder Form bearbeiten – einer muss ja schließlich das Sagen haben. Ein normaler Benutzer darf selbstverständlich alle seine eigenen Dateien beliebig bearbeiten, aber in der Regel nicht die eines anderen Nutzers (diese darf er jedoch gegebenenfalls lesen), ein Gastbenutzer hingegen hat – bis auf die Rechte an seinen eigenen Dateien – so gut wie keine Berechtigungen.

Wer welche Rechte bekommt oder verändern kann, das legt zum einen der Administrator fest, zum anderen unterliegt das bestimmten Regeln des Betriebssystems, und letztlich kann jeder Benutzer im Rahmen seiner erlaubten Möglichkeiten anderen Benutzern bestimmte Rechte an seinen Dateien einräumen oder verweigern. Bei normalen Rechnern gilt im Allgemeinen, dass der erste Nutzer zugleich auch der Administrator ist.

Geschafft!

Herzlichen Glückwunsch – Sie haben die theoretischen Grundlagen für Linux und damit den schwersten Teil absolviert!

3 Vorbereitungen

Jetzt wird es ernst – wir kommen zum Wesentlichen!

Dieses Buch hat drei Ziele:

1. **Ein sicheres und stabiles Ubuntu-System, das professionellen Ansprüchen genügt.** Damit ist nun nicht gemeint, dass Sie ein Profi sein müssen. Im Gegenteil: Dieses Buch wurde ja gerade für Nicht-Profis geschrieben und führt Sie sicher ans Ziel. Aber das Ergebnis soll Ihnen auch lange Zeit viel Freude machen, keine Engpässe aufweisen sowie flexibel, strapazierfähig und zuverlässig sein – eben professionell. Im Übrigen, wenn alles Schritt für Schritt geschafft ist, werden Sie selbst außerdem einen riesengroßen Sprung in Richtung Professionalität gemacht haben! Versprochen.

2. **Eine problemlose Installation.**
   In den meisten Publikationen steht zwar, wie man Ubuntu prinzipiell installiert, aber abgesehen davon, dass viele Zwischenschritte nicht genau beschrieben sind, kann es auf dem Weg dorthin zu unangenehmen Überraschungen kommen, wenn man diesen Prozess nicht gründlich vorbereitet.

3. **Die schnelle Wiederherstellung Ihrer Arbeitsfähigkeit.**
   Alle Daten, die Sie bisher bearbeitet haben (Texte, Fotos, E-Mails etc.), sollen in Ubuntu schnellstmöglich und natürlich vollständig zur Verfügung stehen, und Sie sollen damit sicher und komfortabel arbeiten können.

Um das zu erreichen, sind einige Vorbereitungen notwendig, die in diesem Kapitel genau beschrieben werden.

Wir gehen hier davon aus, dass

- auf Ihrem Rechner bereits Windows läuft und Sie dieses behalten wollen.
- Daten vorhanden sind, die Sie später wieder zur Verfügung haben möchten.

Dies ist das häufigste und zugleich aufwendigste Szenario und wird deshalb auch vollständig durchlaufen, weil es alle nur denkbaren Schritte enthält.

Für die möglichen anderen Fälle vereinfacht sich die Vorgehensweise natürlich:

Sie können das ganze Kapitel 3 ignorieren,

- wenn der Rechner **neu** ist,
- wenn alles auf dem Rechner gelöscht werden kann (**also auch die Daten!**)
- oder wenn Sie Ubuntu zunächst **nur ausprobieren**, aber nichts verändern möchten.

Sie können den Abschnitt 3.2 überspringen, wenn Sie Windows zwar gänzlich löschen wollen, aber noch Daten vorhanden sind, die gesichert werden müssen.

3.1 Daten sichern

Dieser Schritt ist der wichtigste von allen!

Denn:

- Wenn Sie Ubuntu **allein** installieren (also vollständig auf Windows verzichten), dann werden die auf der Festplatte gespeicherten Daten in jedem Fall zerstört.
- Wenn Sie Windows einschließlich aller dort abgelegten Daten unverändert lassen wollen, dann ist eine Datensicherung dennoch zwingend erforderlich, denn während der Installation kann immer etwas schiefgehen – das ist bei jeder tiefgreifenden Aktion so und hat nichts mit der Qualität der Software oder der Professionalität des Benutzers zu tun.

Alles kann man reparieren und ersetzen: ein defektes Betriebssystem, ein beschädigtes Programm, ein fehlerhaftes Gerät – Ihre Daten aber kann Ihnen niemand zurückgeben, wenn sie gelöscht oder zerstört worden sind!

Für eine Datensicherung benötigen Sie:

- eine externe USB-Festplatte (ein USB-Stick genügt nicht!)
  Deren Größe richtet sich nach der Menge der zu sichernden Daten. Wenn Sie das komplette System sichern wollen, dann sollte sie natürlich ungefähr genauso groß sein wie die eingebaute Festplatte, andernfalls genügt etwa die halbe Kapazität. Seien Sie aber nicht zu geizig – externe Festplatten kosten heute nicht mehr viel (1 TByte, also 1.000 GByte gibt es bereits für deutlich unter 100 Euro). Und ausreichend Platz für Datensicherungen kann man später immer gebrauchen.
- den Windows-Dateimanager
  Mit diesem kopieren Sie alle wichtigen Daten manuell auf die externe Festplatte.[2]

Im Folgenden erfahren Sie, welche Daten und Einstellungen Sie mit welchen Arbeitsschritten sichern müssen, damit diese später in Ubuntu wieder zur Verfügung stehen.

Wundern Sie sich bitte nicht, dass die Sicherung der persönlichen Daten hierbei ganz am Ende der Reihenfolge steht. Damit bestimmte Informationen wie E-Mails, Kontakte, Termine etc. später in Ubuntu auch zur Verfügung stehen, müssen diese zunächst in spezielle Formate umgewandelt werden. Anschließend legen wir sie im Ordner Ihrer persönlichen Daten (`Dokumente und Einstellungen`) ab, und erst jetzt ist dessen Sicherung auch wirklich sinnvoll.

2 Selbstverständlich können Sie auch ein Backup-Programm verwenden. Da Sie hier aber die Qual der Wahl haben zwischen vielen kommerziellen und kostenlosen, guten und weniger brauchbaren, kann man an dieser Stelle keine eindeutige Empfehlung geben. Informieren Sie sich bitte im Internet, lesen Sie Testberichte, sehen Sie sich YouTube-Tutorials an, fragen Sie Bekannte und Kollegen nach deren Erfahrungen oder lassen Sie sich von einem Fachmann helfen. Für die hier zu sichernden Daten genügt allerdings der manuelle Weg mittels Dateimanager vollkommen.

3.1.1 E-Mails, Termine, Kontakte

Bei der Arbeit mit E-Mails und Co. teilt sich die Mehrheit der PC-Nutzer in zwei Lager:

- **Die Offline-User**
  Sie nutzen für Mails, Termine, Kontakte etc. spezielle Programme, die auf ihrem Rechner installiert sind. Dazu zählen z. B. Microsoft Outlook, Outlook Express, Thunderbird und andere mehr.
- **Die Online-User**
  Sie loggen sich über das Internet bei ihrem Provider direkt ein und verwalten dort ihre Mails. Viele nutzen auch weitergehende Angebote wie Kalender oder die Verwaltung von Kontakten etc.

  Das ist durchaus sehr praktisch, denn man hat von überall auf der Welt Zugriff auf seine Informationen, benötigt keine speziellen Programme – bis auf einen Internetbrowser – und hat keine Probleme mit der Datensicherung.

Wenn Sie zur Gruppe der Online-User gehören und nicht vorhaben, an Ihrer Arbeitsweise etwas zu ändern, dann können Sie diesen Abschnitt eigentlich überspringen.

Wenn Sie aber bei alledem ein ungutes Gefühl begleitet, weil ja immerhin auch sehr persönliche Daten »da draußen« irgendwo auf den Festplatten Ihres Providers liegen, dann sollten Sie sich ab jetzt zu den Offline-Usern zählen. Für viele Linux-Umsteiger gehört die Frage der persönlichen Sicherheit zu den wichtigsten Gründen, und in diesem Fall wäre es geradezu komisch, wenn Sie am Ende der Bemühungen zwar ein sicheres Betriebssystem nutzen, aber ansonsten weiter mit Ihren persönlichen Daten online arbeiten.

Sie sollten auch dann überlegen, zu den Offline-Usern zu wechseln, wenn Sie es leid sind, Mails aus unterschiedlichen Postfächern bei unterschiedlichen Anbietern mit jeweils komplett unterschiedlichen Bedienoberflächen zu bearbeiten – das geht einfacher.

Verwenden Sie künftig **ein** Programm für alles, dann müssen Sie sich nicht ständig bei Ihrem Provider einloggen (die Mails werden automatisch abgeholt), und Sie haben alles an Ort und Stelle.

Wenn Sie ein Online-User sind und dies auch bleiben möchten, dann können Sie die Lektüre jetzt mit dem Abschnitt 3.1.2 fortsetzen.

Für alle anderen gibt es folgenden Plan, um die vorhandenen Mails, Termine, Kontakte etc. für den Wechsel zu Ubuntu/Linux vorzubereiten:

1. Sie installieren Thunderbird, ein Programm, das – ähnlich wie Outlook und Co. – Mails, Kontakte, Termine, Notizen und Aufgaben verwalten kann und sowohl unter Windows als auch unter Linux läuft.

2. Alle bisherigen Mails, Kontakte, Termine etc. werden an das Programm übergeben.
3. Das Programm speichert diese Informationen im Ordner `Eigene Dateien` in seinem eigenen internen Format (einem sogenannten Profil).
4. Die `Eigenen Dateien` werden gesichert – und damit automatisch auch das Profil (vgl. Abschnitt 3.1.3 ab Seite 67.
5. Später in Ubuntu wird Thunderbird installiert und nur noch dieses Profil an das Programm übergeben – und alles ist perfekt.

Das klingt nach etwas Arbeit, aber es lohnt sich! Und in einigen Fällen wird es auch gar nicht anders gehen, weil Ihr bisheriges E-Mail-/Kontakte-/Termin-Programm möglicherweise unter Linux nicht läuft oder keine adäquate Linux-Variante zur Verfügung steht – Sie müssen dann zwangsläufig auf Thunderbird umsteigen.

Thunderbird installieren

> **Hinweis**
>
> Auch wenn Sie bisher schon Ihre Mails, Kontakte etc. mit Thunderbird verwaltet haben, sollten Sie diesen Abschnitt durchlesen.

Der »Donnervogel« (Thunderbird) ist das Programm, mit dem man sowohl unter Windows als auch unter Linux nicht nur Mails und Kontakte, sondern auch Termine, Aufgaben, Notizen u. a. in einer Hand verwalten und organisieren kann. Er stammt, wie sein Verwandter, der Internetbrowser Firefox, aus dem Hause Mozilla. Dies ist keine gewinnorientierte Firma, sondern vielmehr ein Community-Projekt. Sie lernen hier also möglicherweise Ihren ersten Vertreter der sogenannten freien Software kennen.

Die Entwicklung wird zwar von einer Organisation geleitet, aber die eigentliche Hauptleistung der Programmierung sowie der Bereitstellung von Zusatzsoftware (sogenannter Add-ons) leisten tausende Freiwillige und Enthusiasten weltweit. Dadurch ist ein solches Programm nicht nur völlig kostenlos, sondern vor allem extrem flexibel an die eigenen Bedürfnisse anzugleichen: Einfach das passende Add-on installieren, und schon kann Thunderbird (oder eben auch Firefox) wieder etwas mehr. Man spürt förmlich, dass dessen geistige Heimat eher Linux ist, nicht Windows …

Das Faszinierende daran ist, dass so ein Programm, wenn es erst einmal über die Jahre hinweg unzählige zufriedene User gewonnen hat (2015 waren es 20 Millionen), nicht mehr »totzukriegen« ist. Selbst die 2012 seitens der Mozilla Foundation erfolgte Ankündigung, für Thunderbird keine Neuerungen mehr zu entwickeln, sondern nur noch Sicherheits- und Korrektur-Updates herauszugeben (eben weil die Anwender so zufrieden sind), kann nicht erschrecken

– denn alles, was vielleicht noch fehlt, findet sich unter den Add-ons und wird auch ständig aus aller Welt geliefert, erweitert und verbessert.

Bei der Installation müssen Sie zwischen zwei unterschiedlichen Wegen wählen:

1. Sie haben Thunderbird noch nicht installiert.

Dann beginnen Sie, indem Sie sich Thunderbird herunterladen – am besten natürlich beim Hersteller selbst unter *https://www.mozilla.org/de/thunderbird*. Eine ausführliche Anleitung zum Download und zur Installation eines Programms finden Sie im Anhang in Kapitel 10.1.

Am Ende der Installation startet Thunderbird von selbst. Alternativ dazu können Sie das Programm durch einen Doppelklick auf das neu entstandene Thunderbird-Symbol auf Ihrem Desktop starten.

Beim ersten Start bietet Ihnen Thunderbird möglicherweise sofort an, Inhalte aus Outlook oder anderen Mail-Programmen zu importieren. Das klingt zwar verlockend, sollte aber an dieser Stelle aus zwei Gründen zunächst zurückgestellt werden: Zum einen ist nicht klar, welche Mail-Programme bei Ihnen installiert sind, und es würde den Rahmen dieses Buches sprengen, hier jedes einzeln abzuarbeiten. Zum anderen fehlt bei diesem Import-Assistenten die Möglichkeit, Kalenderdaten anderer Programme zu übernehmen – der Vorgang wäre also höchst unvollständig.

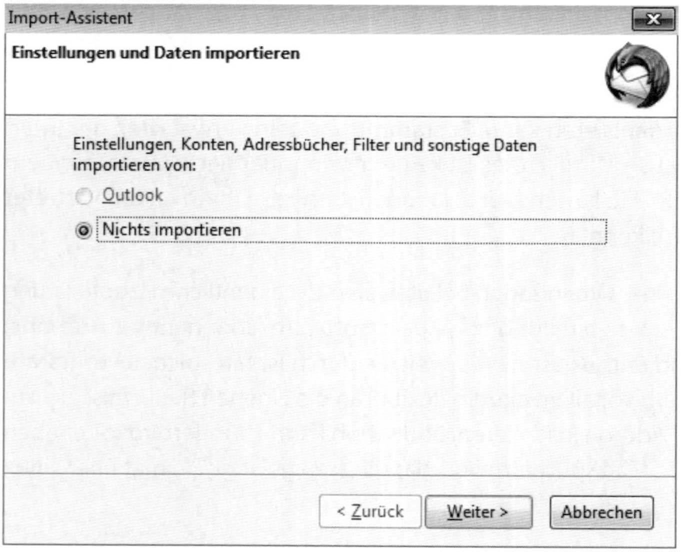

Abbildung 3.1: Thunderbird, Start mit dem Import-Assistenten.

Wählen Sie daher hier zunächst *Nichts importieren* und folgen Sie stattdessen dem unten skizzierten Weg gemäß Punkt 2.

2. Bei Ihnen ist bereits Thunderbird installiert.

In diesem Fall müssen Sie prüfen, ob das Add-on **Lightning** integriert ist. Drücken Sie kurz die [Alt]-Taste, um das Thunderbird-Menü anzuzeigen.

Wenn Sie nun auf *Extras/Add-ons* gehen, dann öffnet sich das Fenster zur Verwaltung der Add-ons.

Klicken Sie zunächst einmal links auf *Erweiterungen* und prüfen Sie, ob die daraufhin angezeigte Liste *Lightning X.Y.Z* enthält. Wenn ja, dann sind Sie hier bereits fertig. Andernfalls müssen Sie dieses Add-on mit den folgenden Schritten installieren:

1. Klicken Sie bitte links auf *Add-Ons suchen*. Sie sehen anschließend ganz rechts oben ein Suchfeld – geben Sie hier *Lightning* ein und drücken Sie [↵].
2. Daraufhin werden mehrere Add-ons aufgelistet. Eines davon (vermutlich das oberste) ist *Lightning X.Y.Z*.
3. Klicken Sie in dessen Zeile ganz rechts auf *Installieren*.
4. Nach Abschluss der Installation sehen Sie den Hinweis *Lightning wird installiert, sobald Sie Thunderbird neu starten*. Klicken Sie rechts daneben auf *Jetzt neu starten*.
5. Thunderbird schließt sich und erscheint nach kurzer Zeit wieder.

Den Reiter *Add-ons-Manager* (oberer Fensterrand) können Sie nun wieder schließen.

Thunderbird ist nach der Installation einer aktuellen Version (Punkt 1) oder spätestens nach der Einrichtung des Add-ons Lightning (Punkt 2) nicht mehr bloß ein E-Mail-Programm mit Kontaktverwaltung, sondern enthält jetzt auch einen Kalender und eine Aufgabenliste.

Das Programm ist damit ein vollwertiger Ersatz für Outlook & Co.!

Da dieser Abschnitt nur dazu dient, Thunderbird mit den E-Mails, Kontakten, Terminen etc. aus Ihren bisher verwendeten Programmen zu versorgen, um diese beim Umstieg auf Ubuntu problemlos zur Verfügung zu haben, wird das Programm selbst hier nicht genauer erläutert, nähere Informationen zu Thunderbird finden Sie in den Kapiteln 7.1 und 10.5.

Stattdessen beschreiten wir nun den folgenden, allgemeineren Weg, der nicht nur für Outlook und Co., sondern auch für andere Programme sicher funktioniert:

- Einrichtung von E-Mail-Konten in Thunderbird.
- Vorbereitung des E-Mail-Imports in Thunderbird.
- Exportieren aller wichtigen Daten aus den bisher genutzten Programmen (Mails, Kontakte, Termine etc.).
- Import dieser Daten in Thunderbird.

Mail-Konten einrichten

Hinweis

Wenn Sie bisher bereits mit Thunderbird gearbeitet und mit dessen Hilfe alle Ihre Konten verwaltet haben, dann können Sie diesen Abschnitt überspringen.

Dieser Schritt steht am Beginn – nicht nur, weil Thunderbird Sie dazu unmittelbar nach dem Start auffordert. Vielmehr ist es gut, wenn zumindest schon mal alle E-Mails in Thunderbird ab sofort auf dem aktuellen Stand sind. Ältere Mails, die Sie eventuell bisher mit einem anderen Programm bearbeitet haben, kommen später einfach hinzu.

Ist noch kein E-Mail-Konto eingerichtet, dann bietet Thunderbird Folgendes an:

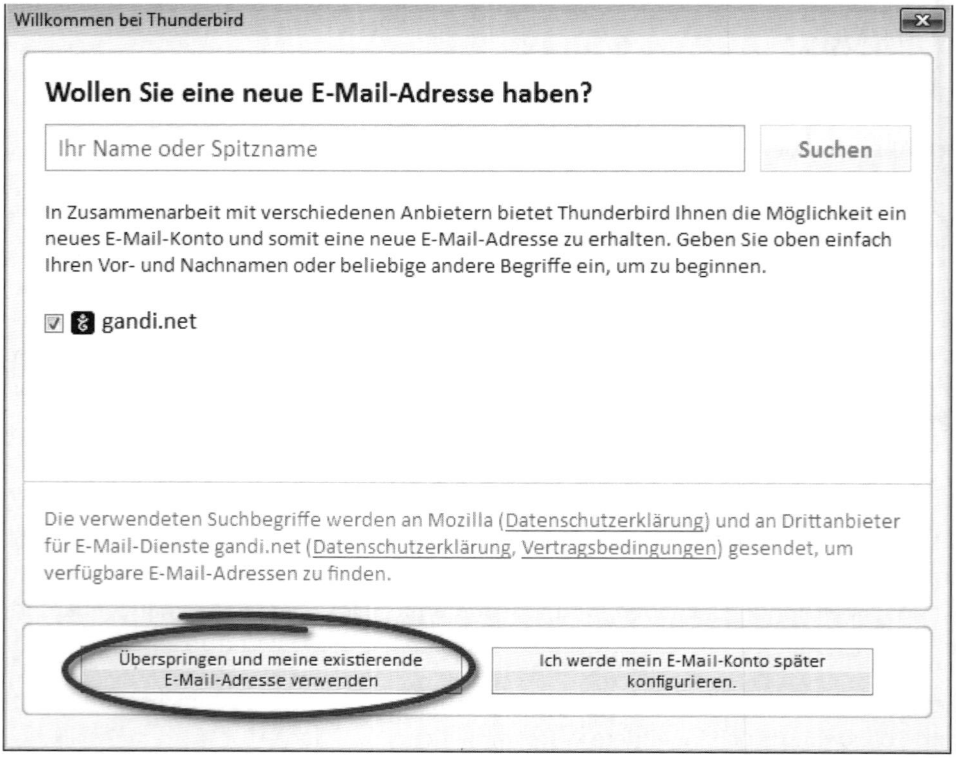

Abbildung 3.2: Thunderbird, E-Mail-Konto-Assistent.

Da wir davon ausgehen, dass Sie bereits ein E-Mail-Konto besitzen, wählen Sie hier bitte die markierte Option *Überspringen und meine existierende E-Mail-Adresse verwenden*.

Im nächsten Schritt müssen Sie jetzt zunächst einige Angaben zu Ihrem E-Mail-Konto machen:

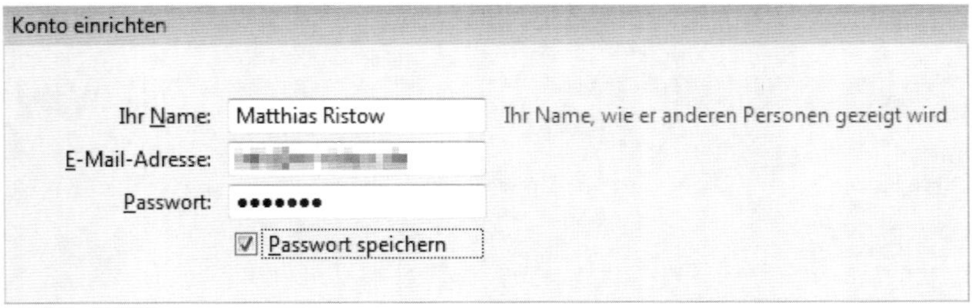

Abbildung 3.3: Thunderbird, grundlegende Kontodaten.

- *Ihr Name*
  Tragen Sie hier ein, wie Sie als Absender Ihrer E-Mails beim Empfänger erscheinen wollen. Sie können Ihren Namen ebenso verwenden wie ein Pseudonym o. Ä.
- *E-Mail-Adresse*
  Die vollständige E-Mail-Adresse des Kontos, das Sie hier einrichten möchten.
- *Passwort*
  Das Passwort, mit dem Sie sich beim E-Mail-Provider einloggen.

Tipp

An dieser Stelle scheitern viele, weil sie sich bislang immer online eingeloggt, aber das dafür erforderliche Passwort bereits wieder vergessen haben. Zum Glück hat sich ja der Internetbrowser damals das Passwort gemerkt und trägt es seitdem bei jedem Log-in automatisch ein … Das nützt Ihnen aber hier recht wenig, denn Sie benötigen jetzt das Passwort im Klartext. Wie man herausfindet, welche Passwörter sich Ihr Internetbrowser gemerkt hat, erfahren Sie im Anhang in Kapitel 10.4.3.

- *Passwort speichern*
  Wenn Sie diese Option aktivieren, dann ersparen Sie sich viele lästige Rückfragen, die immer dann erscheinen, wenn Thunderbird Ihre Mails abholt oder versendet. Allerdings erkaufen Sie sich dies mit einer kleinen Einbuße an Sicherheit: Wer Zugang zu Ihrem Rechner erhält, kann dieses Passwort relativ einfach in Erfahrung bringen.

Klicken Sie danach auf *Weiter*. Thunderbird versucht jetzt, anhand Ihrer Angaben in verschiedenen Datenbanken herauszufinden, bei welchem Provider Ihr E-Mail-Konto eingerichtet wurde, um automatisch die entsprechenden Zugangsparameter einzutragen.

Dieser Vorgang geht erfreulich schnell und in 95 % aller Fälle auch fehlerfrei vonstatten. Für den Fall, dass Thunderbird an dieser Stelle erfolglos bleibt, finden Sie im Anhang in Kapitel 10.5 (Seite 356) einen entsprechenden Lösungsweg.

Wurde der Provider erkannt, erscheint das folgende Fenster:

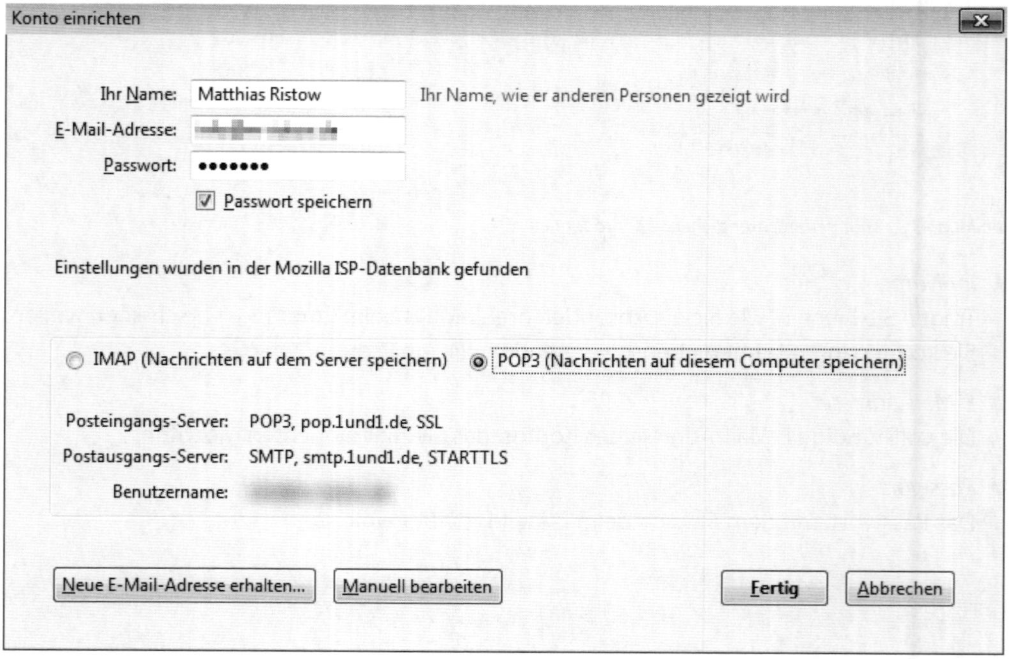

Abbildung 3.4: POP3 oder IMAP?

Sie müssen jetzt eine nicht ganz unwichtige Entscheidung treffen: Wie sollen Ihre Mails verwaltet werden? Online (IMAP) oder offline (POP3)?

- **IMAP (Internet Message Access Protocol)**

  Alle Nachrichten bleiben beim Provider (online). Thunderbird fungiert gewissermaßen nur wie eine Fernsteuerung: Alle Aktionen wie das Senden, Empfangen, Löschen, Umsortieren etc. von E-Mails finden direkt beim Provider statt. Es wird fast nichts auf Ihrem eigenen Rechner gespeichert.

  Vorteil: Wenn Sie häufig E-Mails auf unterschiedlichen Geräten oder von verschiedenen Orten aus bearbeiten, dann finden Sie überall den gleichen Zustand vor. Und über die Datensicherung müssen Sie sich auch keine Gedanken machen.

  Nachteil: Sie benötigen immer eine Internetverbindung, um mit Ihren Mails arbeiten zu können. Offline geht gar nichts. Zudem bleiben die Daten sehr lange auf den Servern des Providers und könnten dort durch Unbefugte verarbeitet werden.

- **POP3 (Post Office Protocol Version 3)**

  Alle Nachrichten kommen auf Ihren Rechner (offline). Thunderbird ist jetzt Bearbeitungs- und Verwaltungsprogramm in einem. Alles, was Sie mit Ihren E-Mails tun, geschieht direkt auf Ihrem Rechner – der Provider fungiert nur noch als Postamt, von dem Sie Ihre E-Mails abholen.

Vorteil: Sie haben alles im Griff und können Ihre E-Mails oder deren Anhänge auch dann bearbeiten, wenn mal keine Internetverbindung vorhanden ist. Außerdem kann man festlegen, dass einmal abgeholte E-Mails beim Provider gelöscht werden, was ein Plus an Datensicherheit bedeutet, denn was nicht mehr dort ist, kann auch niemand mehr ausspionieren.

Nachteil: Alle Verwaltungsvorgänge erfolgen auf einem Rechner. Wenn Sie die Mails noch mit einem anderen Gerät abholen, dann sind diese entweder immer noch »unbearbeitet«, denn diese Kennzeichnung erfolgt ebenfalls nur auf dem abholenden Gerät (nicht beim Provider) oder die E-Mails sind gar nicht mehr vorhanden, weil sie bereits abgeholt und vielleicht gleich danach gelöscht wurden.

Außerdem sollten Sie regelmäßig eine Datensicherung durchführen!

Kurz gesagt: Wenn Sie Ihre E-Mails ohnehin nur mit einem Rechner abholen und verwalten, dann ist POP3 wegen des Vorteils bei der Datensicherheit und der Verfügbarkeit für den Fall, dass mal keine Internetverbindung besteht, die bessere Wahl. Bearbeiten Sie Ihre E-Mails jedoch häufig mit verschiedenen Geräten (Rechner, Smartphone, zu Hause, in der Firma etc.), dann sollten Sie sich für IMAP entscheiden.

Für die tägliche Arbeit mit Thunderbird spielt der Unterschied zunächst keine Rolle.

Wenn Sie Ihre Entscheidung getroffen haben, dann klicken Sie auf *Fertig* – und tatsächlich: Ihr Konto ist bereits fertig eingerichtet. In der linken Spalte des Thunderbird-Fensters ist jetzt Ihre E-Mail-Adresse zu erkennen und Thunderbird beginnt bereits damit, vorhandene Mails abzuholen.

Abbildung 3.5: Konto eingerichtet.

Wenn Sie noch weitere E-Mail-Konten haben, dann klicken Sie zunächst links auf ein bereits eingerichtetes Konto. Daraufhin finden Sie im Mittelteil des Fensters die Abteilung *Konten*.

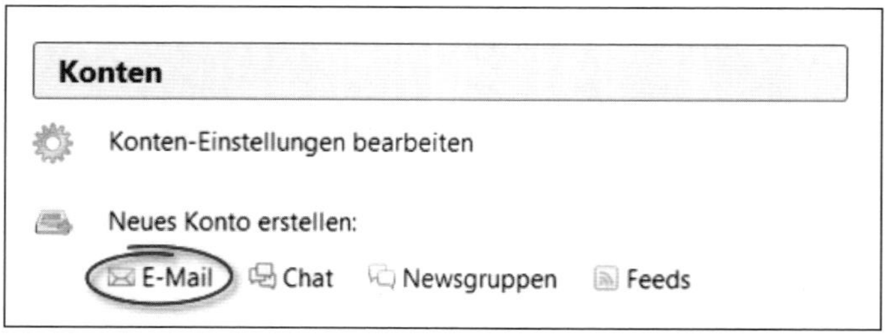

Abbildung 3.6: Thunderbird, weitere Konten einrichten.

Klicken Sie hier auf *E-Mail* und verfahren Sie dann genauso, wie es bisher beschrieben wurde.

E-Mail-Transfer vorbereiten

Hinweis

Wenn Sie bislang Ihre E-Mails ausschließlich online bearbeitet, also kein spezielles Programm wie Outlook, Outlook Express oder Thunderbird verwendet haben, dann können Sie diesen Abschnitt überspringen.

Der Import von Aufgaben, Kalendern und Kontakten ist bereits mit den in Thunderbird vorhandenen Bordmitteln problemlos möglich. Lediglich für E-Mails bedarf es des Add-ons *ImportExportTools*, das noch installiert werden muss.

Gehen Sie hierfür wie folgt vor:

1. Starten Sie Thunderbird, öffnen Sie oben rechts das Menü ≡ und klicken Sie auf *Add-ons*.

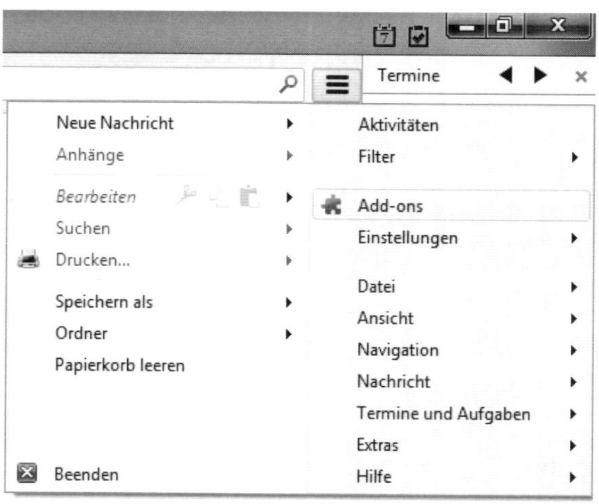

Abbildung 3.7: Das Menü Add-ons.

2. Wählen Sie im neuen Fenster ganz links den Reiter *Add-ons suchen* aus. Im rechten Teil des Fensters finden Sie dann eine Rubrik mit dem Namen *Neu & aufstrebend*. Klicken Sie dort auf den Link *Alle anzeigen*.

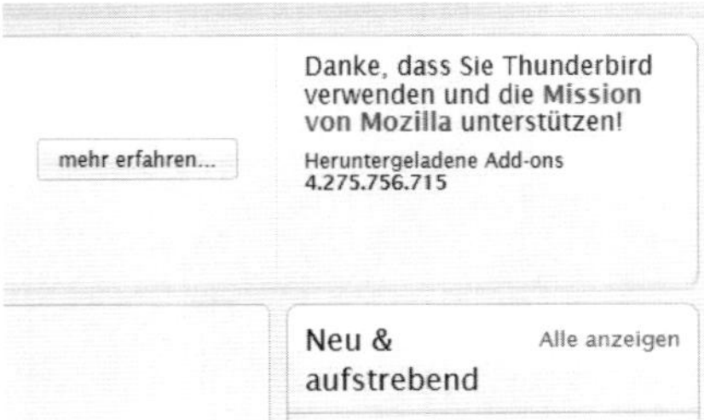

Abbildung 3.8: Alle Add-ons anzeigen.

3. Es öffnet sich ein neues Thunderbird-Fenster mit der Mozilla-Add-ons-Website. Dort sehen Sie rechts oben ein Suchfeld – geben Sie hier *ImportExportTools* ein.

Abbildung 3.9: ImportExportTools suchen.

4. Klicken Sie unterhalb des Suchfeldes auf den angezeigten Link *ImportExportTools*. Thunderbird wechselt zur Download-Seite dieses Add-ons.

5. Klicken Sie dort auf den großen Button *Zu Thunderbird hinzufügen*.

6. Es öffnet sich ein Hinweisfenster – wählen Sie hier *Installieren*.

7. Die Installation selbst geht sehr schnell. Nach deren Abschluss erscheint am oberen Rand des Thunderbird-Fensters der Button *Jetzt neu starten*.

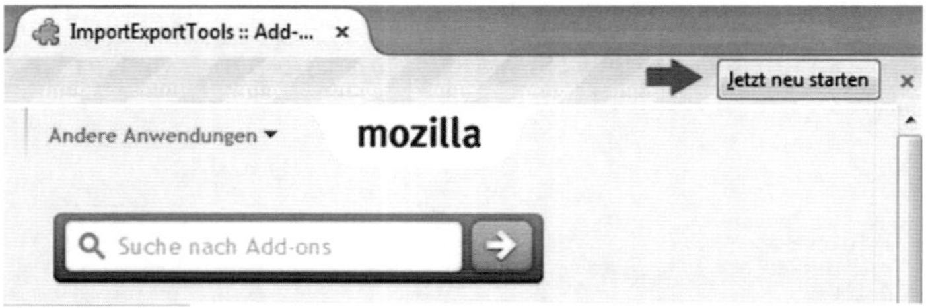

Abbildung 3.10: Neustart nach Add-on-Installation.

8. Klicken Sie darauf und warten Sie den Neustart ab.

9. Schließen Sie jetzt die beiden Fenster *ImportExportTools* und *Add-ons-Manager* (Reiter am oberen Thunderbird-Fensterrand).

Das soeben installierte Tool finden Sie nun im Thunderbird-Menü ≡ unter dem Punkt *Extras*.

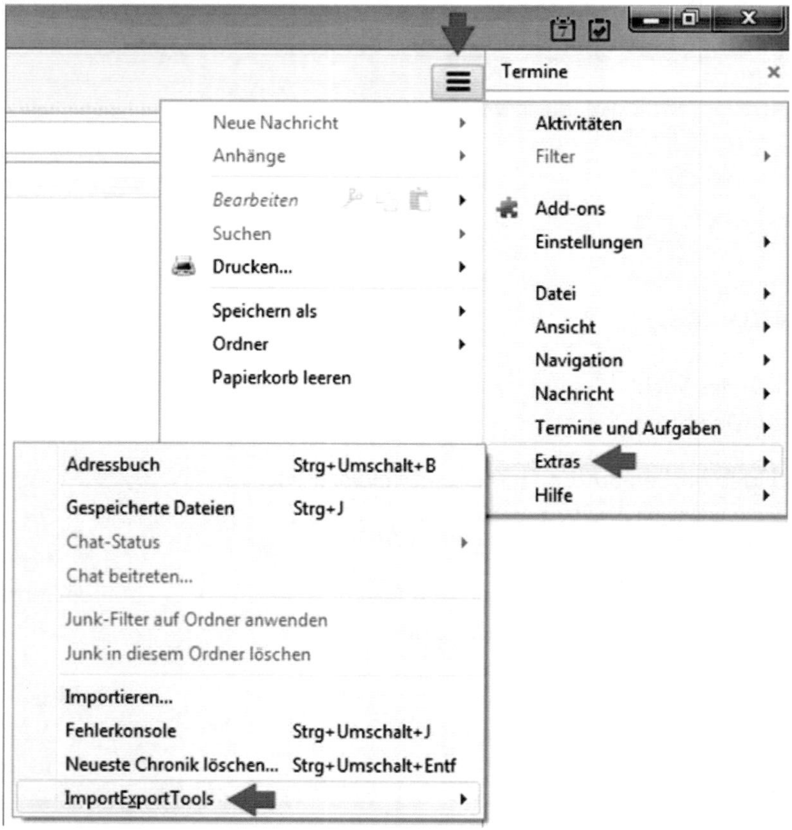

Abbildung 3.11: Menü ImportExportTools.

Export von E-Mails und Co. aus dem bisherigen Programm

Hinweis

Wenn Sie bisher bereits mit Thunderbird gearbeitet und damit alle E-Mails, Termine, Kontakte etc. verwaltet haben, dann können Sie diesen Abschnitt überspringen.

Es gibt eine große Vielzahl von sogenannten PIMs (**P**ersonal **I**nformation **M**anager), also Programmen, mit denen Sie E-Mails, Termine, Kontakte, Aufgaben, Notizen etc. verwalten können. Sie alle speichern die jeweiligen Informationen in sehr unterschiedlichen Formaten, die untereinander jedoch leider fast nie kompatibel sind und in der Regel auch nicht von Thunderbird ohne weitere Hilfestellung übernommen werden können.

Wie auf Seite 46 beschrieben, bietet Ihnen Thunderbird zwar die Möglichkeit, Daten von Outlook und möglicherweise einigen anderen Standard-PIMs zu importieren, aber meist bleibt dieser Versuch unvollständig oder endet mit einer Fehlermeldung.

Warum? Nun – Thunderbird wird beständig von vielen Freiwilligen weiterentwickelt. Diese stehen aber immer wieder vor schwierigsten Herausforderungen, wenn für einen der bekannten PIMs wieder eine neue und schlimmstenfalls völlig überarbeitete Version erscheint. Die Entwickler dieser Programme legen ihre Softwarepläne selten offen, und somit ist es umso komplizierter, die Thunderbird-Importfunktionen anzupassen. Die schnellen Versionswechsel (z. B. bei Microsoft Office) und zusätzlich bestimmte technische Probleme (z. B. wenn Sie eine 64-Bit-Outlook-Version verwenden) sind die Hauptgründe, warum ein bequemer Direktimport von Daten in Thunderbird so oft scheitert.

Der sicherste Weg, diese Schwierigkeiten zu umgehen, ist: Handarbeit!

Thunderbird kann viele Datenformate lesen, und man muss aus dem bisher verwendeten Programm »nur« die gewünschten Informationen in einem Format exportieren, das für Thunderbird optimal ist. Das »nur« steht hier aber in Anführungszeichen, weil eben dieser Schritt durchaus sehr aufwendig werden kann, je nachdem, mit welchem Programm man es zu tun hat.

Es würde den Rahmen des Buches sprengen, für alle denkbaren PIMs eine detaillierte Anleitung für den Datenexport zu geben. Deshalb beschränkt sich dieser Abschnitt darauf, Ihnen die Datenformate zu nennen, in denen Sie Ihre E-Mails, Kontakte, Termine etc. exportieren müssen, damit Thunderbird sie schnell und fehlerfrei lesen kann.

Die einzige Ausnahme stellt **Microsoft Outlook** dar, der mit Abstand am weitesten verbreitete und gleichzeitig auch einer der kompliziertesten PIMs. Um von hier alle Daten in einer für Thunderbird lesbaren Form zu exportieren, brauchte man ungefähr drei unterschiedliche Hilfsprogramme und einen Konverter – zu viel für die meisten Anwender (von Enthusiasten und geübten Spezialisten einmal abgesehen). **Deshalb habe ich für Sie eine umfassende Unterstützung in Form eines einfach zu bedienenden Programms geschaffen, das automatisch alle Informationen aus Outlook in einem für Thunderbird optimierten Format exportiert.** Sie finden dieses Programm unter *www.mut.de/2039*. Folgen Sie einfach der dort beschriebenen Installationsanweisung sowie dem umfassenden Handbuch, das im Installationspaket enthalten ist.

Für alle anderen PIMs kommt jetzt eine mehrfach zu durchlaufende Kette kleiner Schritte auf Sie zu. Hier die Kurzanleitung zum Export der Informationen in einem Format, das optimal für Thunderbird ist:

1. Öffnen Sie in Ihrem Programm jeweils dasjenige Fenster, das die gewünschten Daten anzeigt (Kalender, E-Mails, Kontaktliste o. Ä.).
2. Markieren Sie die zu exportierenden Daten. Für gewöhnlich sind hier sämtliche Daten gefragt, daher sollten Sie mal die Tastenkombination Strg+A ausprobieren, mit der in den meisten Programmen *Alles auswählen* ausgelöst wird.
3. Suchen Sie nach einer Exportfunktion. Diese befindet sich oft in Menüs wie *Datei* oder *Extras*. Die Funktion selbst heißt dann meist *Export*, *Speichern unter* o. Ä. Mitunter hilft auch ein Rechtsklick auf die markierten Elemente, um solch einen Befehl zu finden. Ist nichts dergleichen zu entdecken, dann erkunden Sie im Internet, ob es für Ihren PIM ein Add-on gibt, das diese Aufgabe übernimmt. Bleibt auch diese Suche ergebnislos, exportieren Sie zunächst die Daten in einem beliebigen, von Ihrem PIM angebotenen Format und fahnden anschließend im Internet nach einem Konverter-Programm, das die exportierten Dateien in ein für Thunderbird optimales Format umwandelt (siehe Punkt 5).
4. Beim Export werden Sie aufgefordert, einen Zielordner auszuwählen. Suchen Sie einen Speicherort aus, den Sie sicher wiederfinden – hier bietet sich `Desktop` an (dieser Ordner ist einfach zu lokalisieren, und die Daten liegen hier auch nur vorübergehend, nämlich bis alles abgeschlossen ist – danach können diese problemlos gelöscht werden). Legen Sie am besten für jeden Datentyp (E-Mails, Termine etc.) einen eigenen Unterordner an, damit Sie später nicht mit einem heillosen Durcheinander zu kämpfen haben.
5. In der Regel müssen Sie auch festlegen, in welchem Datenformat die Informationen gespeichert werden sollen. Allerdings ist das bei vielen PIMs ein ziemlich wunder Punkt: Man hat entweder gar keine Wahl oder bekommt oft nur eine sehr knappe Liste angeboten. Für den späteren Import in Thunderbird sind aber die nachfolgend aufgelisteten Formate zwingend erforderlich.

   Sollte Ihr PIM ausgerechnet diese Formate nicht anbieten, dann erkunden Sie, ob es für das Programm ein Add-on gibt, das diese Aufgabe besser erledigt. Ist auch das erfolglos, gibt es immer noch den Weg, den Export zunächst in einem beliebigen, vom PIM angebotenen Format durchzuführen und anschließend im Internet nach einem Konverter-Programm zu suchen, das dieses umwandeln kann.

Thunderbird benötigt die exportierten Daten in folgenden Formaten:

- Kalender: ICS (iCalendar), ersatzweise CSV (kommaseparierte Tabelle als Textdatei).
- Aufgaben: ICS (iCalendar) – Thunderbird behandelt Aufgaben wie Termine! Ersatzweise CSV (kommaseparierte Tabelle als Textdatei).
- E-Mails: EML (internationales E-Mail-Format).
- Kontakte: LDIF (LDAP-Datenaustauschformat), ersatzweise CSV (kommaseparierte Tabelle als Textdatei).

  Das ansonsten weiter verbreitete VCF-Format (vCard) kann im Notfall ebenfalls verwendet werden, macht aber beim Import große Umstände, weil dann alle Kontakte nur einzeln importierbar sind.

Notizen und andere **Sonderinformationen** (z. B. Journaleinträge aus Outlook) kann Thunderbird von Haus aus zunächst nicht verarbeiten. Dennoch sollten Sie diese exportieren, um sie zumindest gesichert zu haben. Hierfür bieten sich zwei sehr flexible Austauschformate an:

- TXT – reine Textdatei, besonders geeignet für Notizen.
- CSV – kommaseparierte Tabelle als Textdatei.

Mitunter besitzen die zu exportierenden Einträge sogenannte **Anhänge**. Besonders häufig ist dies bei E-Mails der Fall – hier gibt es in der Regel keine Probleme, weil nahezu alle E-Mail-Exportformate die Anhänge problemlos integrieren. Anders sieht es bei Terminen, Aufgaben und Kontakten aus: Thunderbird kann hier keine Anhänge übernehmen! Exportieren Sie in diesen Fällen die Anhänge als separate Dateien, um sie zumindest später zur Verfügung zu haben.

Import in Thunderbird

Die exportierten Informationen müssen nun in Thunderbird importiert werden, und zwar noch in Windows, **bevor** die Sicherung der persönlichen Daten stattfindet. Der Grund dafür ist einfach: Thunderbird legt die Daten in einem sogenannten Profil ab (im Ordner C:\Users\<IhrName>\AppData\Roaming\Thunderbird), das später, wenn Sie Ihre persönlichen Daten sichern, automatisch mit gespeichert wird und dann in Ubuntu fix und fertig zur Verfügung steht. Es muss nur noch in den entsprechenden Ordner kopiert werden (vgl. Kapitel 7.1).

Kalender

Öffnen Sie die Thunderbird-Kalenderansicht (Symbol 📅 rechts oben am Fensterrand) und klicken Sie im linken Fensterbereich auf den Kalender, in den die Termine importiert werden sollen.

Der gewünschte Zielkalender muss blau hinterlegt sein!

Öffnen Sie dann rechts oben das Menü ≡ und wählen Sie *Termine und Aufgaben/Importieren.*

Nun öffnet sich ein Fenster des Dateiexplorers. Navigieren Sie zu dem Ordner, in den Sie zuvor die Kalenderdaten exportiert haben (wenn es der Desktop war, dann können Sie in der Adressleiste direkt den Begriff *Desktop* eingeben und [↵] drücken).

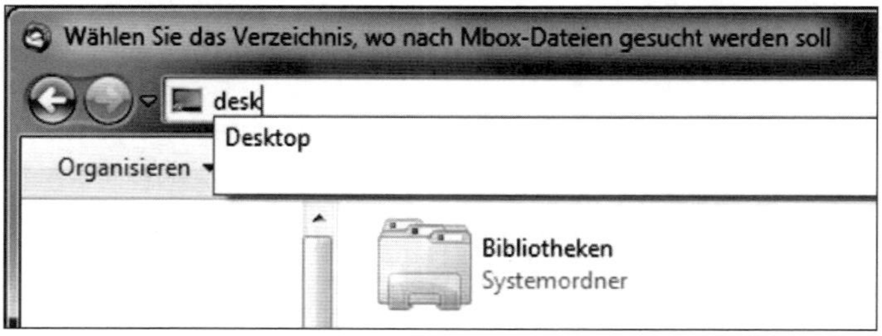

Abbildung 3.12: Desktop-Ordner anwählen.

Doppelklicken Sie dann auf die ICS-Datei, in die Sie den Kalender zuvor exportiert hatten.

Sollten in Thunderbird bereits mehrere Kalender eingerichtet sein, erscheint jetzt eine Rückfrage, in welchen dieser Kalender die Daten importiert werden sollen:

Abbildung 3.13: Kalender importieren.

Achten Sie hier darauf, dass der richtige Kalender markiert ist!

Andernfalls werden die jetzt neu hinzukommenden Termine mit bereits vorhandenen vermischt.

Der Import startet anschließend sofort und kann einige Zeit in Anspruch nehmen. Thunderbird zeigt hier leider keinen Fortschrittsbalken an – warten Sie einfach, bis der Vorgang mit einem entsprechenden Hinweis beendet ist.

Aufgaben

Thunderbird verwaltet Aufgaben wie Kalendereinträge, weil sie meist termingebunden sind. Wenn Sie in Thunderbird eine Aufgabe erstellen, wird diese deshalb immer einem Kalender zugeordnet. Dieser kann nur für die Aufnahme von Aufgaben erstellt worden sein oder auch noch weitere normale Termine enthalten.

Richten Sie zunächst in Thunderbird einen gesonderten Kalender ein, der die Aufgaben aufnehmen wird:

1. Öffnen Sie die Thunderbird-Kalenderansicht (Symbol 7 rechts oben am Fensterrand).
2. Hier finden Sie links die Liste der bereits vorhandenen Kalender. Rechtsklicken Sie darauf und wählen Sie den Eintrag *Neuer Kalender* aus.
3. Nun öffnet sich ein weiteres Dialogfenster. Behalten Sie die Voreinstellung *Auf meinem Computer* bei und klicken Sie gleich auf *Weiter.*
4. Im nächsten Schritt legen Sie den Namen des Kalenders fest. Diesen können Sie frei wählen, wobei sich »Aufgaben« natürlich besonders anbietet.

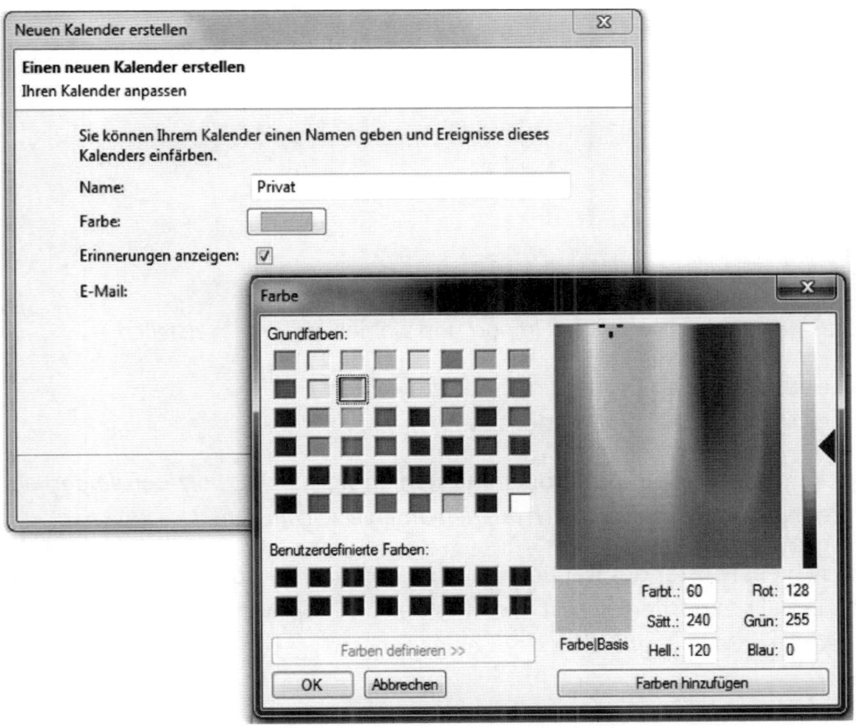

Abbildung 3.14: Neuen Kalender einrichten.

5. Lassen Sie alle anderen Einstellungen unverändert, klicken Sie auf *Weiter* und im letzten Schritt auf *Fertigstellen*.

Importieren Sie jetzt die Aufgabendatei genauso wie einen Kalender – gehen Sie vor wie im vorherigen Abschnitt »Kalender« beschrieben.

E-Mails

Für den Import der E-Mails empfiehlt es sich, in Thunderbird vorübergehend einen separaten E-Mail-Ordner einzurichten:

1. Rechtsklicken Sie im linken Bereich des E-Mail-Fensters auf *Lokale Ordner* und wählen Sie *Neuer Ordner* aus.

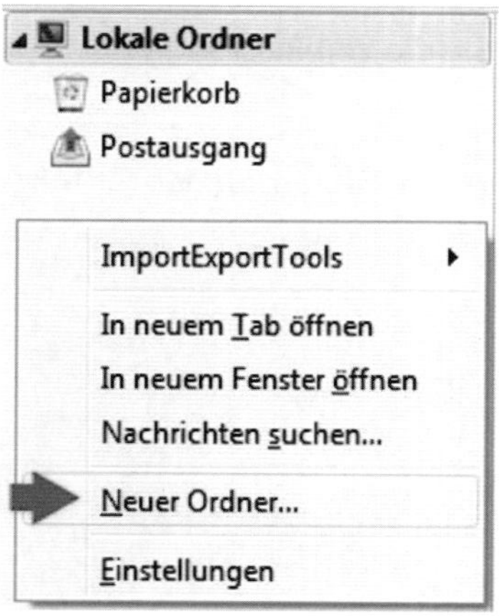

Abbildung 3.15: E-Mail-Ordner einrichten.

2. Geben Sie dem Ordner den Namen *Import* und wählen Sie *Ordner erstellen*.
3. Klicken Sie auf den neuen Ordner, um ihn auszuwählen.
   Der Ordnername muss blau hinterlegt sein!
4. Rechtsklicken Sie auf den Importordner und wählen Sie *ImportExportTools/Importiere alle Nachrichten eines Verzeichnisses/Auch aus den Unterverzeichnissen*.
5. Es öffnet sich ein Fenster des Dateiexplorers. Navigieren Sie zu dem Ordner, in den Sie zuvor die E-Mails exportiert haben (wenn es der Desktop war, dann können Sie in der Adressleiste direkt den Begriff »Desktop« eingeben und ↵ drücken).

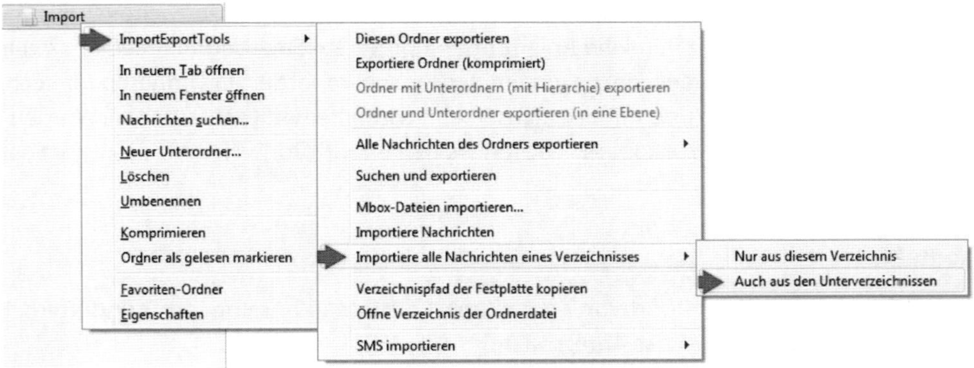

Abbildung 3.16: E-Mails importieren.

6. Wenn der E-Mail-Ordner angezeigt wird, dann klicken Sie ihn an, um ihn auszuwählen. **Aber bitte nur anklicken, nicht mit Doppelklick öffnen!**

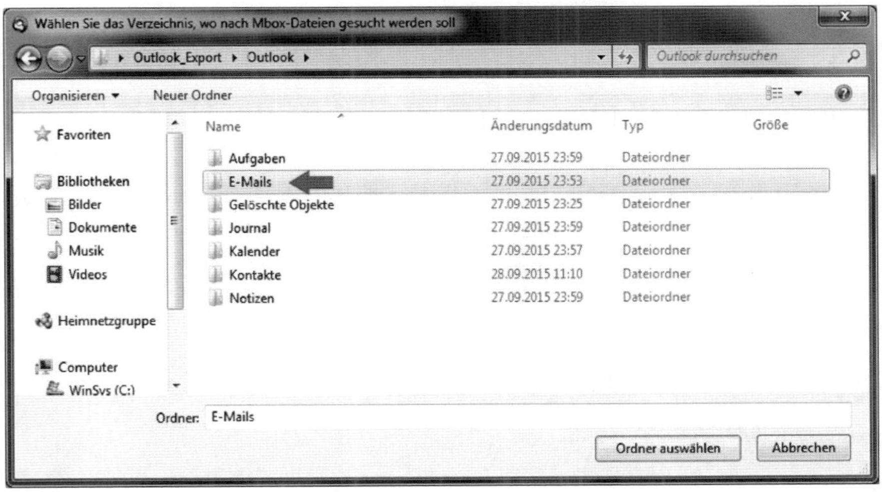

Abbildung 3.17: E-Mail-Quellordner auswählen.

7. Klicken Sie nun auf den Button *Ordner auswählen*. Daraufhin beginnt sofort der Import aller E-Mails.

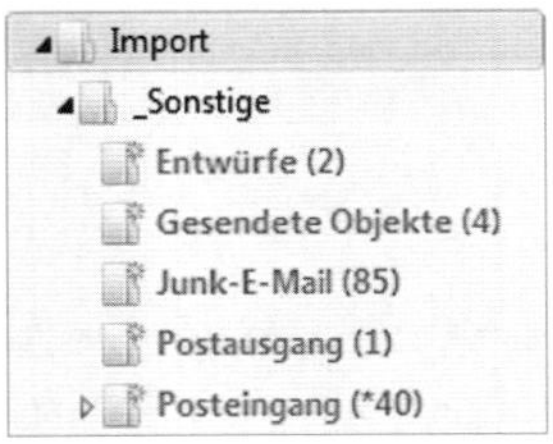

Abbildung 3.18: E-Mail-Importvorgang.

Wenn Sie jetzt oder später in Thunderbird E-Mail-Konten anlegen (siehe Seite 48, Sie finden hierfür auch im Internet zahlreiche Anleitungen unter dem Suchbegriff *anleitung thunderbird konto einrichten*), können Sie die Inhalte der soeben importierten Ordner (oder auch die Ordner selbst) markieren und mit der Maus in den Ordner eines Kontos ziehen. Wurden alle Mails an die passenden Orte kopiert, löschen Sie den Importordner: Rechtsklicken Sie darauf und wählen Sie *Löschen*.

Kontakte

Ausgangspunkt für den Import von Kontakten ist die E-Mail-Ansicht von Thunderbird. Hier finden Sie am oberen Rand das Adressbuch:

Abbildung 3.19: Adressbuch.

Es wird in einem separaten Fenster geöffnet. Wählen Sie dort im Menü *Extras/Importieren*. Im nun folgenden Dialog klicken Sie auf *Adressbücher* und danach auf *Weiter*.

Es erscheint ein Menü, in dem Sie das Format der zu importierenden Datei festlegen. Wählen Sie *Textdatei (LDIF ...)* und klicken Sie auf *Weiter*.

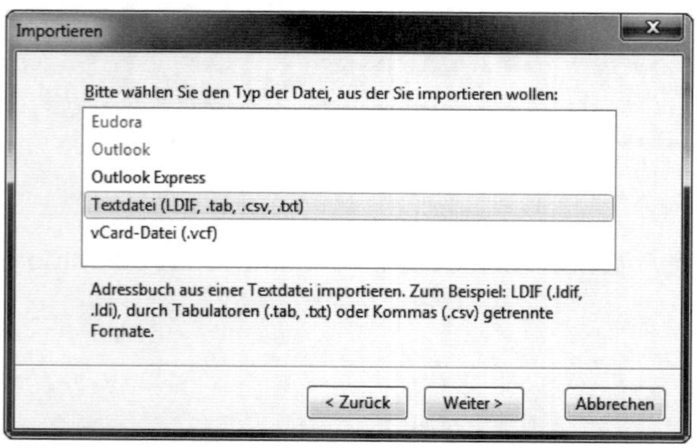

Abbildung 3.20: Kontakte importieren.

Es öffnet sich ein Fenster des Dateiexplorers. Navigieren Sie zu dem Ordner, in den Sie zuvor die Kontaktdaten exportiert haben. (Wenn es der Desktop war, können Sie in der Adressleiste direkt den Begriff *Desktop* eingeben und ↵ drücken).

Öffnen Sie die exportierte LDIF-Kontaktdatei mit einem Doppelklick. Der Import verläuft sehr schnell und ohne weitere Rückmeldungen.

Die soeben importierten Kontakte befinden sich im Adressbuch in einem gesonderten Ordner und können von dort in jeden anderen Ordner verschoben werden.

Hinweis

Enthalten Ihre Kontakte auch sogenannte **Kontaktgruppen** (in Thunderbird **Verteilerlisten** genannt), dann kann es beim Verschieben von Kontakten in andere Thunderbird-Adressbuchordner aufgrund eines Programmfehlers zu Problemen kommen.

Gehen Sie in diesem Fall wie folgt vor:

1. Klicken Sie in Thunderbird links auf den Quellordner, aus dem heraus Sie Kontakte verschieben wollen.
2. Klicken Sie rechts in der Kontaktliste auf einen beliebigen Kontakt und drücken Sie die Tastenkombination Strg+A. Damit markieren Sie alle Kontakte.
3. Scrollen Sie danach **vollständig** durch die gesamte Liste der markierten Kontakte und suchen Sie nach Kontaktgruppen, die Sie an einem Zwei-Personen-Symbol erkennen:

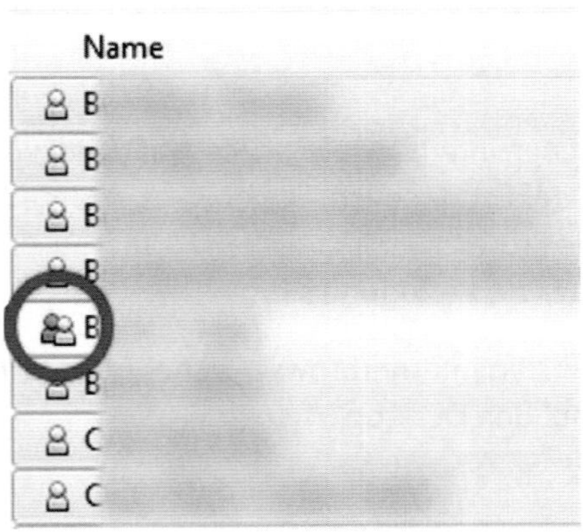

Abbildung 3.21: Kontaktgruppe.

4. Halten Sie bei jeder Kontaktgruppe die Taste Strg gedrückt und klicken Sie auf diesen Eintrag. Dadurch wird er aus der (blauen) Gruppenauswahl herausgenommen.
5. Wenn **keine** Kontaktgruppe mehr markiert ist, ziehen Sie die verbleibenden blau markierten Kontakte mit gedrückter Maustaste nach links auf den gewünschten Zielordner. Achten Sie darauf, dass sich die Mauszeigerspitze direkt über dem Namen des gewünschten Zielordners befindet, bevor Sie loslassen!

6. Ziehen Sie die verbleibenden Kontaktgruppen anschließend **einzeln** in den Zielordner – nicht als markierte Gruppe, weil dies aufgrund eines Bugs in Thunderbird nicht fehlerfrei funktioniert.

7. Zuletzt können Sie auf den (jetzt leeren) Quellordner rechtsklicken und ihn löschen.

Sonstige

Von Haus aus kann Thunderbird nur die oben beschriebenen vier Informationstypen importieren und verwalten (siehe Seite 57). Es gibt jedoch im Internet zahlreiche Add-ons, insbesondere für Notizen (Sie finden diese im Internet mit dem Suchbegriff *thunderbird notizen addon*), die die Funktionalität erheblich erweitern.

Starten Sie mit Ihrer Suche am einfachsten in Thunderbird selbst – im Menü ≡ unter *Add-ons*. Informieren Sie sich, wie man in diese Add-ons die zuvor exportierten Informationen integrieren kann.

3.1.2 Lesezeichen und Favoriten

Alle Internetbrowser haben die Möglichkeit, sogenannte Lesezeichen oder Favoriten anzulegen – eine Liste der Webseiten, die Sie sich merken wollten, um sie schnell wieder aufrufen zu können.

Dies ist natürlich ein enorm wichtiges Arbeitsmittel, mit dem Sie sich Ihre tägliche Navigation durch das Internet erheblich erleichtern – und das bei Datensicherungen allzu schnell vergessen wird.

Lesezeichen speichert jeder Browser in seinem eigenen internen Format. Sie sind daher weder untereinander kompatibel noch ohne Weiteres direkt zugänglich. Daher ist es erforderlich, die Lesezeichen in einem einheitlichen und für alle Browser verständlichen Format zu exportieren, damit sie nach dem Wechsel zu Linux wieder zur Verfügung stehen.

Im Folgenden wird gezeigt, wie das für die gängigsten Internetbrowser sicher funktioniert. Der Einfachheit halber erfolgt der Export immer auf den Desktop.

Microsoft Internet Explorer

Drücken Sie [Alt]+[C], um die Favoriten-Liste zu öffnen.

Klicken Sie dort ganz oben auf das Dreieck neben *Zu Favoriten hinzufügen* und wählen Sie *Importieren und Exportieren* aus.

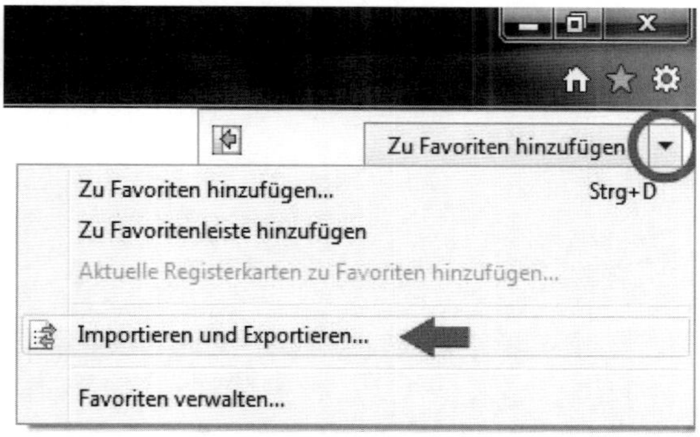

Abbildung 3.22: Favoriten des Internet Explorers exportieren (1).

Nun durchlaufen Sie nacheinander mehrere Dialogfenster: Im ersten wählen Sie *In Datei exportieren*, im zweiten setzen Sie einen Haken bei *Favoriten*, das dritte, das Ihnen die Ordnerstruktur der Favoriten anzeigt, quittieren Sie ohne weitere Eingriffe sofort mit *Weiter*. Im vierten klicken Sie auf den Button *Durchsuchen*.

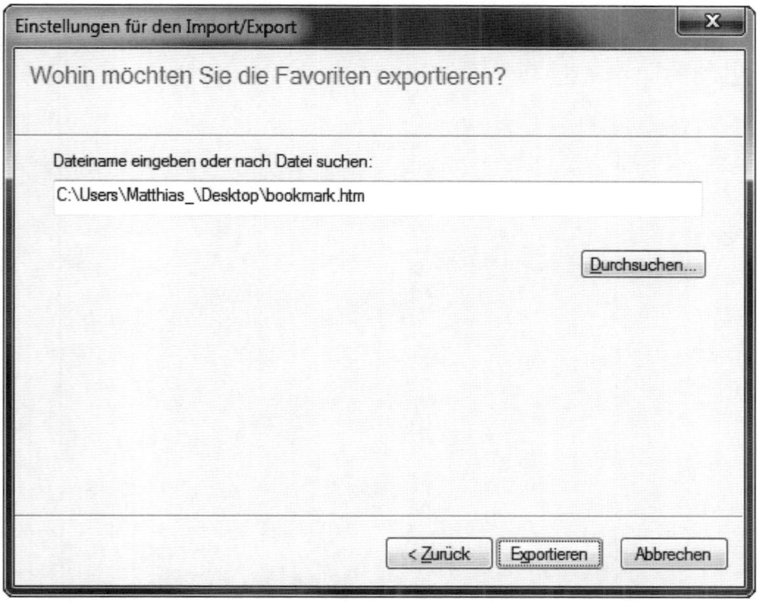

Abbildung 3.23: Favoriten des Internet Explorers exportieren (2).

Daraufhin öffnet sich der Dateiexplorer, mit dem Sie den Zielordner festlegen. Geben Sie hier ganz oben in der Adressleiste *Desktop* ein und klicken Sie auf den Button *Speichern*.

Damit kehren Sie zum Exportdialog zurück. Klicken Sie hier abschließend auf *Exportieren*.

Firefox

Drücken Sie Strg+⇧+B, um die Favoriten-Verwaltung zu öffnen.

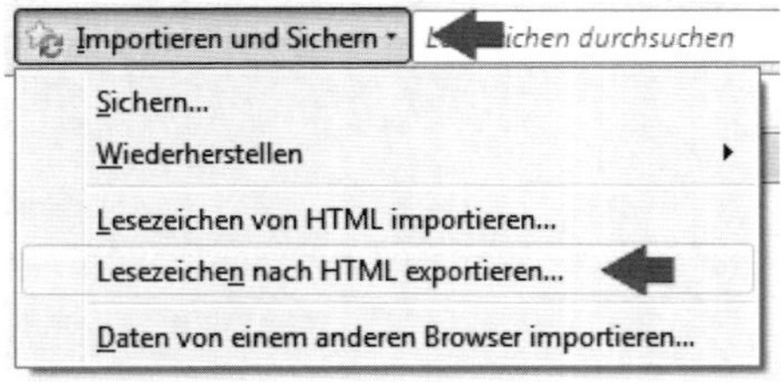

Abbildung 3.24: Firefox-Lesezeichen exportieren.

Klicken Sie dort ganz oben auf den Button *Importieren und Sichern* und im Menü auf *Lesezeichen nach HTML exportieren*. Der Dateiexplorer öffnet sich – geben Sie hier ganz oben in der Adressleiste als Zielordner *Desktop* ein und klicken Sie abschließend auf *Speichern*. Die Favoriten-Verwaltung können Sie danach wieder schließen.

Google Chrome

Drücken Sie Strg+⇧+O, um die Lesezeichen-Verwaltung zu öffnen.

Abbildung 3.25: Exportieren der Lesezeichen in Google Chrome.

Klicken Sie dort ganz oben auf den Button *Organisieren* und im Menü auf *Lesezeichen in HTML-Datei exportieren*. Daraufhin öffnet sich der Dateiexplorer, in dem Sie ganz oben in der Adressleiste als Zielordner *Desktop* eingeben und abschließend auf *Speichern* klicken. Den Reiter *Lesezeichenmanager* können Sie danach wieder schließen.

Opera

Drücken Sie [Strg]+[⇧]+[B], um die Lesezeichen-Verwaltung zu öffnen.

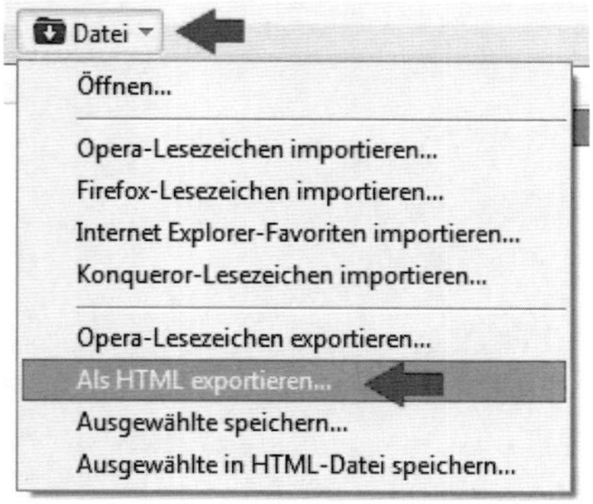

Abbildung 3.26: Favoriten-Export in Opera.

Klicken Sie dort ganz oben auf den Button *Datei* und im Menü auf *Als HTML exportieren*.

Der Dateiexplorer wird geöffnet. Geben Sie hier zunächst unten einen passenden Dateinamen an und tragen Sie danach ganz oben in der Adressleiste als Zielordner *Desktop* ein. Klicken Sie dann auf *Speichern*. Die Lesezeichen-Verwaltung können Sie anschließend wieder schließen.

3.1.3 Persönliche Daten

Fast geschafft! Nachdem nun alle Details vorbereitet sind, insbesondere die Sicherung der E-Mails, Kalender, Kontakte, Favoriten etc., und diese im passenden Format in Ihrem persönlichen Ordner liegen, können Sie jetzt zum großen Finale übergehen.

Schließen Sie eine externe USB-Festplatte an und öffnen Sie, falls dies nicht automatisch geschieht, anschließend den Windows-Dateimanager mit [Win]+[E].

Ihre persönlichen Dateien und Einstellungen sichern Sie jetzt mit folgenden Schritten:

1. Auf der linken Seite des Dateimanagers finden Sie alle Laufwerke und Ordner. Klicken Sie auf das Dreiecksymbol **vor** Laufwerk `C:` (Abbildung 3.27, Pfeil 1).

2. Scrollen Sie nach unten, bis der Ordner `Users` angezeigt wird (Abbildung 3.27, Pfeil 2). Auf manchen Systemen heißt dieser auch `Benutzer`.

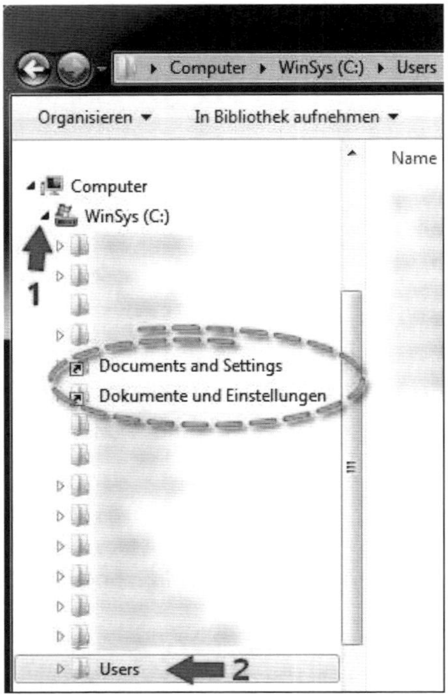

Abbildung 3.27: Persönlichen Ordner finden.

3. Klicken Sie hier ebenfalls auf das Dreieck **vor** dem Ordnernamen, und suchen Sie einen Ordner, der dem Namen entspricht, mit dem Sie momentan eingeloggt sind. Alternativ dazu können Sie auch `Dokumente und Einstellungen` oder `Documents and Settings` verwenden.

4. Rechtsklicken Sie auf diesen Ordner und wählen Sie *Kopieren*.

5. Scrollen Sie danach im linken Fensterbereich weiter nach unten, bis die externe Festplatte sichtbar wird (meist Laufwerk `D:` oder `E:`).

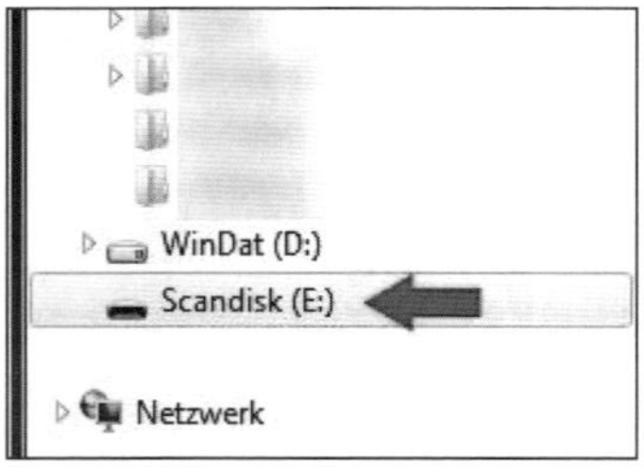

Abbildung 3.28: Auf externe Festplatte sichern.

6. Rechtsklicken Sie darauf und wählen Sie *Einfügen*. Der nun folgende Kopiervorgang kann einige Zeit dauern – haben Sie Geduld.

Ist das Kopieren abgeschlossen, dann sind jetzt bereits alle wesentlichen Daten gesichert – einschließlich Ihrer Mails, Kontakte etc. Nun geht es daran, alle anderen persönlichen Informationen zu kopieren. Hierfür gibt es allerdings keine festen Regeln. Sie müssen selbst nachschauen, auf welchen Laufwerken und in welchen Ordnern Ihre Dateien liegen. Da Sie die Ordner aber irgendwann selbst angelegt haben, sollten Sie diese auch wiederfinden.

Wiederholen Sie einfach die Vorgehensweise wie oben beschrieben: Scrollen Sie im linken Bereich des Dateimanagers, bis Sie ein weiteres Laufwerk sehen (Abbildung 3.29, Pfeil 1).

Abbildung 3.29: Sicherung anderer Daten.

Öffnen Sie dessen Ordnerliste durch Klick auf den Pfeil davor und untersuchen Sie die darin befindlichen Ordner. Findet sich ein Ordner, den Sie ebenfalls sichern möchten (Abbildung 3.29, Pfeil 2), dann wiederholen Sie damit die oben beschriebene Vorgehensweise ab Schritt 4.

Gehen Sie langsam und systematisch vor! Nehmen Sie sich viel Zeit!

Durchsuchen Sie alle Laufwerke (aber natürlich nicht das der externen Zielfestplatte, in Abbildung 3.29 das Laufwerk E:). Prüfen Sie jeden Ordner – sichern Sie lieber einen zu viel als einen zu wenig!

Daten oder Ordner, die Sie übersehen, könnten später für immer verloren sein!

Wenn das geschafft ist: Herzlichen Glückwunsch! Der wichtigste und zugleich aufwendigste Teil der Vorbereitungen ist geschafft – Ihre Daten einschließlich Ihrer Mails, Kontakte, Termine, Favoriten etc. sind gesichert!

Sie können jetzt die externe Festplatte entfernen – aber ziehen Sie sie nicht einfach heraus! Das kann zu Datenverlusten führen. Rechtsklicken Sie ganz unten rechts in der Windows-Taskleiste auf das Hardwaresymbol und wählen Sie den Namen der externen Festplatte aus. Warten Sie dann, bis Windows anzeigt, dass diese nun entfernt werden kann.

3.2 Platz schaffen

> **Hinweis**
>
> Dieser Schritt ist nicht notwendig, falls Sie Ubuntu allein installieren, also auf Windows vollständig verzichten wollen.

Wenn Sie Ihr Windows-System parallel zu Ubuntu behalten möchten, dann muss die Festplatte in getrennte Partitionen unterteilt werden (vgl. Kapitel 2.3).

Allerdings liegen Ihre Daten zum jetzigen Zeitpunkt noch weit verstreut (fragmentiert) auf der Festplatte herum, und dazwischen befinden sich nur mehr oder weniger kleine Lücken. Partitionen jedoch benötigen einen möglichst großen und vor allem in sich geschlossenen Speicherplatz. Um diesen zu erzeugen, müssen die vorhandenen Daten weitestgehend zusammenhängend in eine »Ecke« verschoben (defragmentiert) werden.

Die folgende Abbildung verdeutlicht dies. Sie stammt von einer älteren Version des Windows-Defragmentierungsprogramms, das die Datenverteilung vor und nach einem solchen Prozess noch sehr schön grafisch veranschaulicht.

Abbildung 3.30: Defragmentierung.

Nicht immer wird eine Defragmentierung so ideal gelingen, wie es im unteren Teil der Abbildung dargestellt ist, wo sich alle vormals verstreuten Dateien schön sauber am linken Rand zusammenfinden. Aber in jedem Fall verbleiben ausreichend große, zusammenhängende Bereiche, mit denen sinnvolle Partitionsgrößen eingerichtet werden können.

Damit möglichst viel Platz frei wird, müssen vor der Defragmentierung erst einmal alle überflüssigen Daten gelöscht werden – es folgt daher zunächst das Großreinemachen.

3.2.1 Aufräumen

Auf Ihrer Festplatte liegen nicht nur die von Ihnen gespeicherten und andere wichtige Dateien, sondern im Laufe der Zeit sammelt sich auch allerlei Datenmüll an, der nur Platz wegnimmt. Er entsteht meist durch fehlerhafte Prozesse (z. B. Programmabbrüche), durch das Surfen im Internet (Cookies etc.) oder ähnliche Vorgänge und hat rein gar nichts mit Ihrem persönlichen Ordnungssinn zu tun. Je länger Sie mit einem Betriebssystem arbeiten, umso mehr solcher Daten lassen sich dort finden. Das ist nahezu überall so, Windows ist aber in besonderem Maße betroffen.

Für den nächsten Arbeitsschritt sollte jedoch alles, was irgendwie verzichtbar ist, von der Festplatte verschwinden, damit möglichst viel nutzbarer Platz für Partitionen entsteht.

Also geht es ans »Eingemachte« …

Eigene Dateien löschen

Ja – Sie lesen richtig!

Aber keine Angst – dies ist jetzt selbstverständlich keine Aufforderung zur Vernichtung der eigenen digitalen Existenz, sondern es geht darum, Ihre persönlichen Daten mal kritisch zu durchforsten und nachzusehen, ob man da nicht das eine oder andere löschen kann. Gesichert sind die Daten ja schon – wenn Sie also etwas falsch machen, können Sie es jederzeit beheben.

Was Sie mit der Installation eines Betriebssystems vorhaben, ist eine große (An-)Gelegenheit! Nutzen Sie diese Chance, um Altes loszuwerden!

Hin und wieder speichert man diverse Dateien, die vielleicht nur vorübergehend benötigt werden und danach eigentlich gelöscht werden können, aber irgendwann in Vergessenheit geraten sind. Und dann gibt es da auch die Daten, die sich wirklich erledigt haben und weg können.

Öffnen Sie zunächst den Dateimanager mit der Tastenkombination [Win]+[E]. Im linken Bereich des Fensters sehen Sie Laufwerke und Ordner. Damit Sie bei der nun folgenden Suche garantiert alles erfassen, was auf Ihrem Rechner gespeichert ist, klicken Sie dort auf `Computer`.

Ganz rechts oben in der Ecke des Dateimanagers finden Sie ein Suchfeld – erkennbar am Text *Computer durchsuchen*:

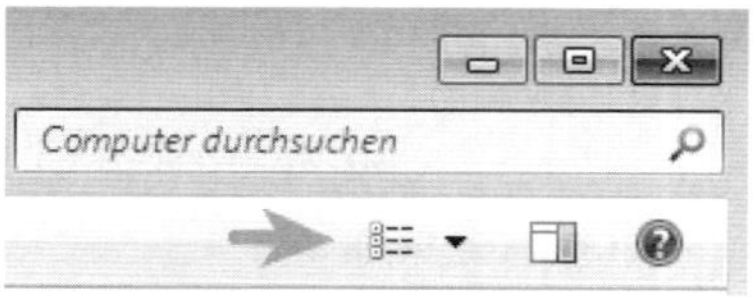

Abbildung 3.31: Suchfeld des Dateiexplorers.

Das Suchfeld wird Ihnen beim Aufspüren überflüssiger Daten hervorragende Hilfestellung leisten, denn es kann weitaus mehr, als nur nach konkreten Dateinamen zu suchen. Es geht nämlich jetzt darum, nicht nur **Altes** zu finden, das gegebenenfalls gelöscht werden kann, sondern dabei besonders ein Augenmerk auf **große** Dateien zu legen, um möglichst viel unnötig belegten Speicherplatz frei zu bekommen. Die mit Abstand größten Dateien sind in der Regel Videos und Bilder.

Stellen Sie zunächst die Anzeige auf Tabellenform um, damit die Ergebnisse später leichter zu bearbeiten sind: Klicken Sie auf das Ansichtssymbol unter dem Suchfeld (siehe Pfeil in Abbildung 3.31) und wählen Sie *Details*.

Um nun Altes oder große Videos etc. zu suchen, können Sie im Suchfeld bestimmte Stichwörter in einer festgelegten Syntax eingeben, die den Dateimanager veranlassen, Dateien nach vorgegebenen Kriterien zu suchen.

Zum Beispiel:

Geben Sie ein ...	**... und Sie finden**
`art:video`	alle Videodateien (MPEG, AVI, MOV etc.)
`art:film`	alle sonstigen Filmdateien
`art:bild`	alle Bild-Dateien (JPEG, TIFF etc.)
`art:dokument`	alle Texte, Tabellen, PDF-Dateien etc.
`datum:<01.01.2012`	alle Dateien vor dem 01.01.2012
`datum:>01.01.2012`	alle Dateien nach dem 01.01.2012
`datum:01.01.2012..31.12.2012`	alle Dateien aus dem Jahr 2012 Beachten Sie die beiden Punkte zwischen den Datumsangaben!
`größe:>1MB`	alle Dateien, die größer als 1 MByte sind

Tabelle 3.1: Suchkriterien für den Dateimanager.

Hinweis

Die Suchbegriffe aus der linken Spalte dürfen **keine** Leerzeichen enthalten!

Wenn die Angaben korrekt eingegeben und vom Dateimanager »verstanden« wurden, ändert sich die Textfarbe zu Blau und die Suche beginnt. Man erkennt dies u. a. am grünen Prozentbalken in der Adresszeile oben.

Ist der Suchvorgang beendet, dann sollten Sie die Ergebnisliste so einstellen, dass alle Spalten breit genug sind, um deren Inhalt gut zu erkennen. Maximieren Sie das Dateimanager-Fenster zunächst (obere rechte Fensterecke, mittleres Symbol neben dem roten Kreuz). Anschließend positionieren Sie die Maus auf eine der Trennlinien zwischen den Spaltenüberschriften (siehe die Pfeile oben in Abbildung 3.32) und verschieben diese mit gedrückter linker Maustaste, bis die jeweilige Spalte breit genug ist.

Damit Sie die wirklich großen Dateien auch auf einen Blick finden, können Sie die Liste nach Dateigröße sortieren lassen. Klicken Sie einmal auf die Spaltenüberschrift *Größe*. Mit einem weiteren Klick darauf kehrt sich diese Sortierfolge um. In gleicher Weise können Sie mit den anderen Spalten verfahren und sich so in der (vermutlich recht langen) Liste schnell orientieren.

Wählen Sie nun jeweils die zu löschende Datei aus und drücken Sie die Taste [Entf], um sie zu entfernen. Sie können auch mehrere Dateien zugleich auswählen und als Gruppe löschen. Wie das geht, verrät Ihnen das Kapitel 10.2 des Anhangs.

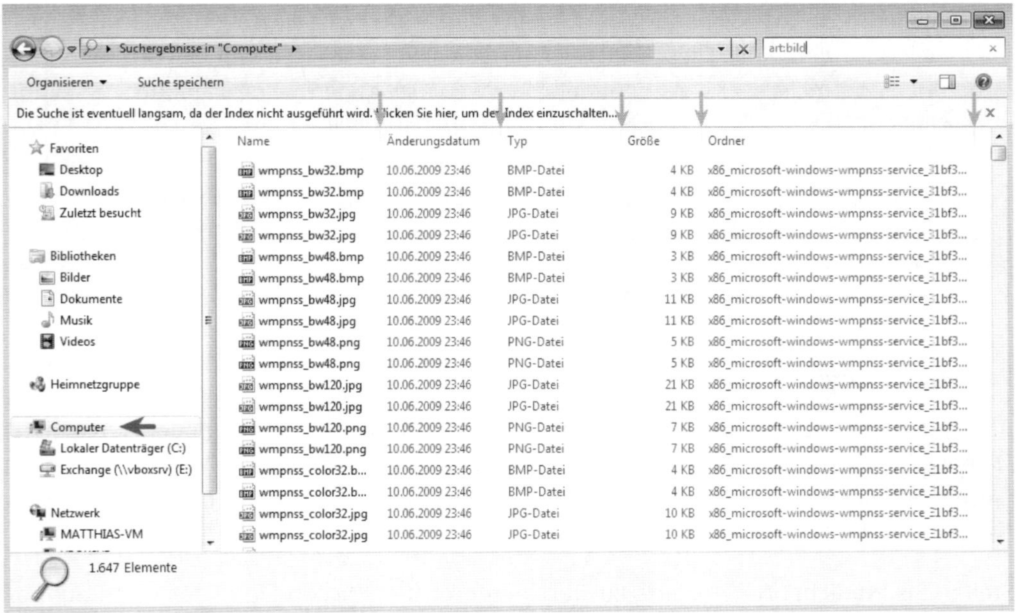

Abbildung 3.32: Suchergebnisse.

Vorsicht!

Achten Sie bei der Dateiauswahl stets auf die Spalte *Ordner*! Löschen Sie keine Dateien aus Ordnern, deren Namen Sie nicht kennen oder die systemwichtig sind (typische Beispiele sind Ordner, die mit `C:\Windows...` oder `C:\Programm...` beginnen)!

Andernfalls könnte es sein, dass wichtige Daten verloren gehen, die von bestimmten Programmen oder von Windows benötigt werden!

Sollten Sie dennoch versehentlich die falschen Dateien gelöscht haben, dann haben Sie im Menü *Organisieren* immer die Möglichkeit, diesen Schritt rückgängig zu machen. Allerdings nur, wenn Sie Ihren Irrtum sofort bemerken. Bei später entdeckten Irrtümern öffnen Sie den Papierkorb auf dem Desktop, klicken mit der rechten Maustaste auf die entsprechende(n) Datei(en) und wählen *Wiederherstellen* aus.

Tipp

Sicherlich haben Sie hin und wieder Dateien aus dem Internet heruntergeladen. Diese sind jedoch nach einiger Zeit bedeutungslos, weil das heruntergeladene Programm installiert ist, ein Video woandershin kopiert wurde oder ganz allgemein der Grund des Downloads erledigt ist. Diese Dateien befinden sich in Ihrem Download-Ordner und nehmen dort meist sehr viel unnötigen Platz weg. Navigieren Sie im Dateimanager auf der linken Seite zu Ihrem persönlichen Ordner (siehe Abbildung 3.27 auf Seite 68). Klicken Sie doppelt darauf, dann noch einmal auf das kleine Dreieck vor dem Ordner mit Ihrem Benutzernamen und suchen Sie jetzt den Unterordner `Downloads`. Klicken Sie darauf und löschen Sie im rechten Fensterbereich alle Dateien, die nicht mehr benötigt werden.

Papierkorb leeren

An einem Ort haben Sie – u. a. im vorherigen Abschnitt – selbst für mehr oder weniger viel Datenabfall gesorgt: im Papierkorb auf dem Desktop. Dieser sollte natürlich auch gründlich entrümpelt werden. Nach einem Doppelklick auf das Symbol öffnet sich das entsprechende Fenster (Abbildung 3.33).

Stellen Sie zunächst die Anzeige auf Tabellenform um: Klicken Sie rechts oben auf das Ansichtssymbol (rechter Pfeil) und wählen Sie *Details*.

Vorsicht!

Alle jetzt folgenden Löschungen, die Sie im Papierkorb vornehmen, sind endgültig und können nicht mehr rückgängig gemacht werden!

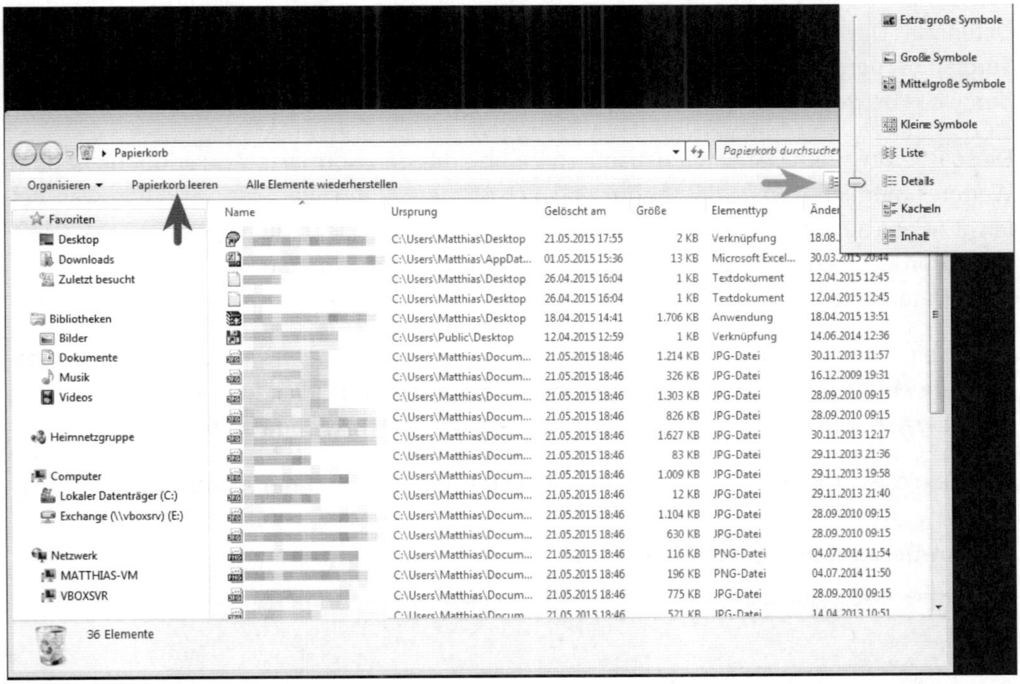

Abbildung 3.33: Windows-Papierkorb.

Wenn Sie sicher sind, dass Sie **keine** der angezeigten Dateien mehr benötigen, dann können Sie den Papierkorb sofort komplett löschen, indem Sie oben auf den entsprechenden Button klicken (linker Pfeil).

Andernfalls prüfen Sie bei allen Dateien, ob diese gegebenenfalls noch benötigt werden.

Um dies zu vereinfachen, kann man die Liste sortieren. Ein gutes Kriterium, ob man eine gelöschte Datei vielleicht doch noch aufheben sollte, ist das Löschdatum. Sehr alte Dateien kann man oft bedenkenlos vernichten. Bei solchen Aufgaben ist es hilfreich, die Liste zu sortieren, indem man auf eine der Spaltenüberschriften klickt. Klicken Sie z. B. auf *Gelöscht am*, werden die ältesten Dateien oben angezeigt. Durch einen weiteren Klick wird die Sortierfolge umgekehrt – jetzt befinden sich die zuletzt gelöschten Dateien oben. Sie können auch mal nach *Elementtyp* sortieren und finden dann z. B. alle Bilder oder Texte in Gruppen sortiert.

Wählen Sie die zu löschende Datei aus und drücken Sie die Taste Entf, um sie zu entfernen.

Sie können auch mehrere Dateien zugleich auswählen und als Gruppe löschen. Wie das geht, verrät Ihnen das Kapitel 10.2 im Anhang.

System bereinigen

Bis hierhin haben Sie alles getan, was ein normaler Anwender in der Hand hat, um Ordnung auf seinem Rechner zu schaffen. Aber Ihre Festplatte enthält leider immer noch jede Menge Datenmüll. Dies hat jetzt zum Glück absolut nichts mit mangelndem Ordnungssinn oder Ihrer Sorgfalt bei den vorherigen Schritten zu tun, sondern solche Datenreste entstehen ganz allein durch das Betriebssystem und die Programme, mit denen Sie arbeiten.

Diese überflüssigen Dateien aufzuspüren, ist aber für den normalen Anwender nicht ohne Weiteres möglich – wer weiß schon, wo solche Daten liegen, was weg kann und was vielleicht nur so aussieht, als ob man es nicht mehr bräuchte? Hier helfen spezielle Tools (Hilfsprogramme), die die Struktur und Arbeitsweise von Windows genau kennen und alle unnötigen Daten finden.

Es gibt eine Vielzahl solcher Bereinigungsprogramme. Im Folgenden wird der **Wise Disk Cleaner** verwendet – er ist kostenlos und arbeitet gründlich. Natürlich können Sie auch jedes andere geeignete Programm einsetzen, das die gleichen Funktionen bereitstellt.

Wie Sie dieses Programm erhalten und installieren, erfahren Sie im Anhang in Kapitel 10.1.

System-Bereinigung mit dem Wise Disk Cleaner

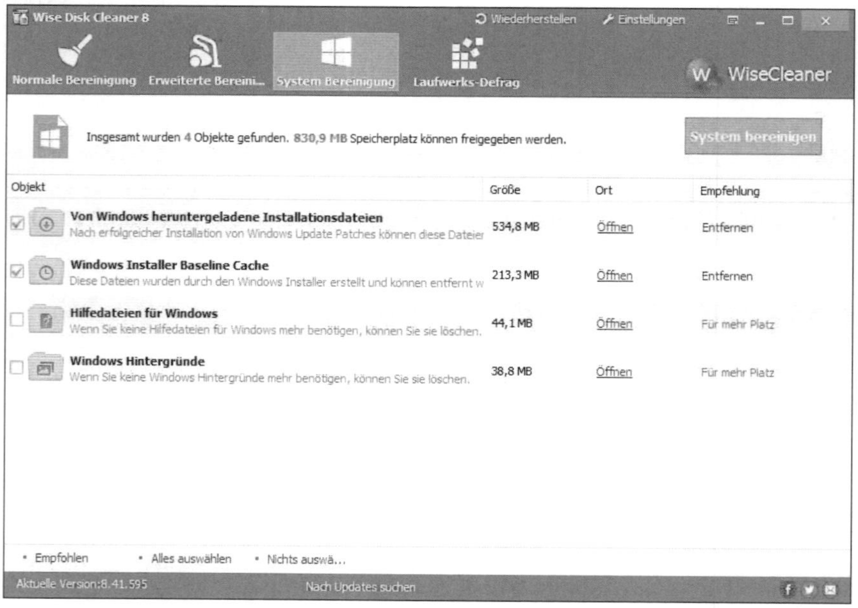

Abbildung 3.34: Die Funktion System-Bereinigung.

Nach dem Start des Wise Disk Cleaners sehen Sie am oberen Fensterrand seine vier Einsatzmöglichkeiten. Wir gehen diese schrittweise durch, allerdings von rechts nach links, beginnend mit der *System-Bereinigung*, denn nur hier wird vor dem Start der Bearbeitung eine Sicherung des aktuellen Systemzustands vorgenommen.

Sollte es dann bei den Bereinigungsschritten zu Fehlern kommen, kann man Windows mithilfe dieser Sicherung wieder in den alten Zustand zurückversetzen. (Diese Funktion finden Sie übrigens im Wise Disk Cleaner am oberen Fensterrand unter *Wiederherstellen*).

Alle Schritte sind darauf angelegt, einerseits so konsequent wie möglich alles wegzuputzen, was irgendwie entbehrlich ist, andererseits aber auch ausreichend Vorsicht walten zu lassen und Sicherheit zu wahren.

Die *System-Bereinigung* beseitigt u. a. Daten, die von Windows während des Betriebs auf der Festplatte abgelegt wurden, aber für einen normalen Betrieb nicht mehr erforderlich sind.

Alle Objekte, die mit einem grünen Haken versehen sind, werden gelöscht. Das Programm bietet von sich aus Empfehlungen an und lässt mitunter einige Objekte aus. **Dies sollte man unbedingt so beibehalten!** Wenn Sie nicht sicher sind, ob bei bereits markierten Objekten eine Löschung in Ordnung geht, dann entfernen Sie den jeweiligen Haken. Setzen Sie aber keine Haken bei Elementen, deren Löschung der Wise Disk Cleaner **nicht von sich aus** empfiehlt!

Klicken Sie anschließend rechts auf den Button *System bereinigen*. Es wird zunächst ein Wiederherstellungspunkt erstellt und dann die Bereinigung gestartet.

Erweiterte Bereinigung

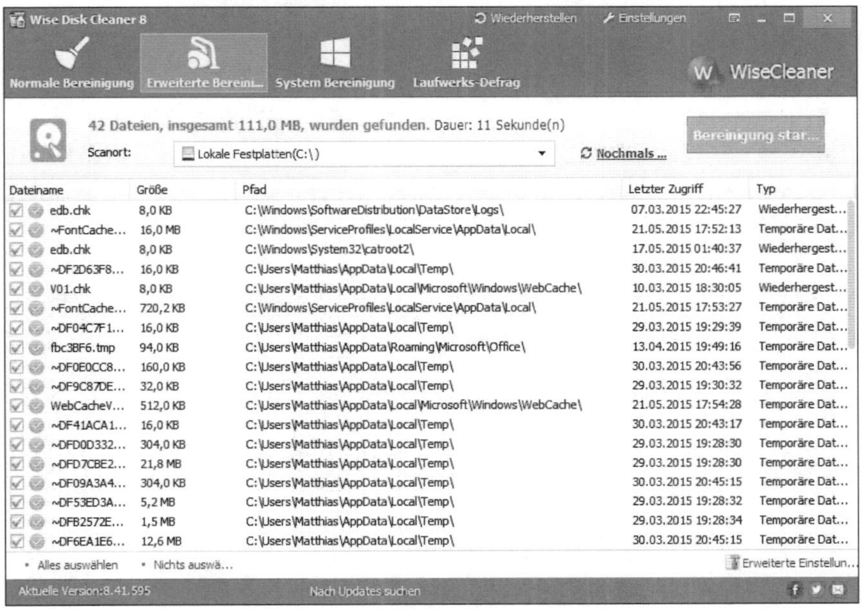

Abbildung 3.35: Erweiterte Bereinigung mit dem Wise Disk Cleaner.

In diesem Abschnitt geht es vor allem sogenannten temporären Dateien an den Kragen. Diese entstehen, wenn das Betriebssystem oder ein Programm zwischenzeitlich bestimmte Zustände oder Informationen speichern musste, um später darauf zurückgreifen zu können. Normalerweise werden temporäre Dateien beim Beenden eines Programms oder beim Herunterfahren des Betriebssystems automatisch wieder gelöscht.

Ist jedoch etwas dazwischengekommen, etwa ein irregulärer Programmabbruch, ein Absturz oder ein dummer Programmierfehler, dann entfällt das Löschen und die Dateien verbleiben als unnützer Müll auf der Festplatte.

Im oberen Fensterbereich zeigt Ihnen der Disk Cleaner zunächst die erste Festplatte an (Laufwerk `C:`). Klicken Sie rechts daneben auf den Button *Scan starten*, um diese auf unnötige Dateien überprüfen zu lassen. Nach Abschluss des Scans sehen Sie eine lange Liste aller gefundenen Objekte. Die meisten davon werden zur Löschung empfohlen (grüner Haken).

Lassen Sie die Empfehlungen unverändert! Klicken Sie nur auf *Bereinigung starten*.

Sollte Ihr Rechner mehrere Laufwerke besitzen, dann wählen Sie jetzt oben in der Liste *Scanort* das nächste aus, starten Sie einen neuen Scan und anschließend die Bereinigung. Verfahren Sie in gleicher Weise mit allen weiteren Festplatten.

Normale Bereinigung

Abbildung 3.36: Normale Bereinigung mit dem Wise Disk Cleaner.

Mit dieser Option untersucht der Disk Cleaner das System auf Dateien, die zwar während des Betriebs regulär erzeugt wurden, aber für die weitere Arbeit mit Windows verzichtbar sind oder die Rückschlüsse auf das Benutzerverhalten erlauben. Solche Dateien entstehen z. B. während des Surfens im Internet.

Klicken Sie in diesem Fenster zunächst am unteren Rand auf *Alles auswählen* und anschließend rechts oben auf den Button *Scan starten*.

Ist der Vorgang abgeschlossen, wird Ihnen das Ergebnis angezeigt und Sie können auf den Button *Bereinigung starten* klicken.

Herzlichen Glückwunsch – Ihr System ist nun von Müll und Altlasten befreit!

Übrigens: Selbst, wenn Sie nicht vorhätten, ein neues Betriebssystem zu installieren – diese Radikalkur können Sie Ihrem Rechner immer mal wieder gönnen. Man staunt jedes Mal, wie viel Platz dadurch frei wird!

3.2.2 Defragmentieren

Nachdem jetzt alles Überflüssige entfernt ist, müssen die Daten auf der Festplatte so umsortiert werden, dass möglichst große zusammenhängende Speicherbereiche entstehen (siehe Abbildung 3.30 auf Seite 70). Diese werden später während der Installation zum Anlegen von Partitionen benötigt. Übrigens wird bei diesem Vorgang noch weiterer, wenn auch geringer Speicherplatz frei, weil die Neusortierung immer auch mit einer Optimierung der Platzausnutzung einhergeht.

Windows hat bereits ein Defragmentierungsprogramm an Bord. Allerdings verfolgt es (auch in neueren Versionen) andere Ziele und ist nicht darauf ausgerichtet, alle Dateien an den Anfang der Festplatte zu verlegen, weil das für den alltäglichen Gebrauch nicht immer erforderlich ist und nur unnötig viel Zeit benötigt.

Daher muss man auf spezialisierte Software zurückgreifen. Auch hier leistet der Wise Disk Cleaner gute Dienste: Starten Sie das Programm und wählen Sie oben die Funktion *Laufwerks-Defrag* aus.

Anders als in der Abbildung 3.37 sehen Sie eingangs eine leere Fläche. Wenn Sie sich jetzt zunächst einmal ein Bild davon machen möchten, wie es momentan auf Ihrer Festplatte aussieht, dann wählen Sie unten rechts neben dem grünen Button das kleine Listensymbol (Dreieck) an und starten die Option *Analysiere*. Dies ist jedoch nicht zwingend erforderlich.

Um die eigentliche Defragmentierung zu starten, wählen Sie an gleicher Stelle die Option *Vollständige Optimierung*.

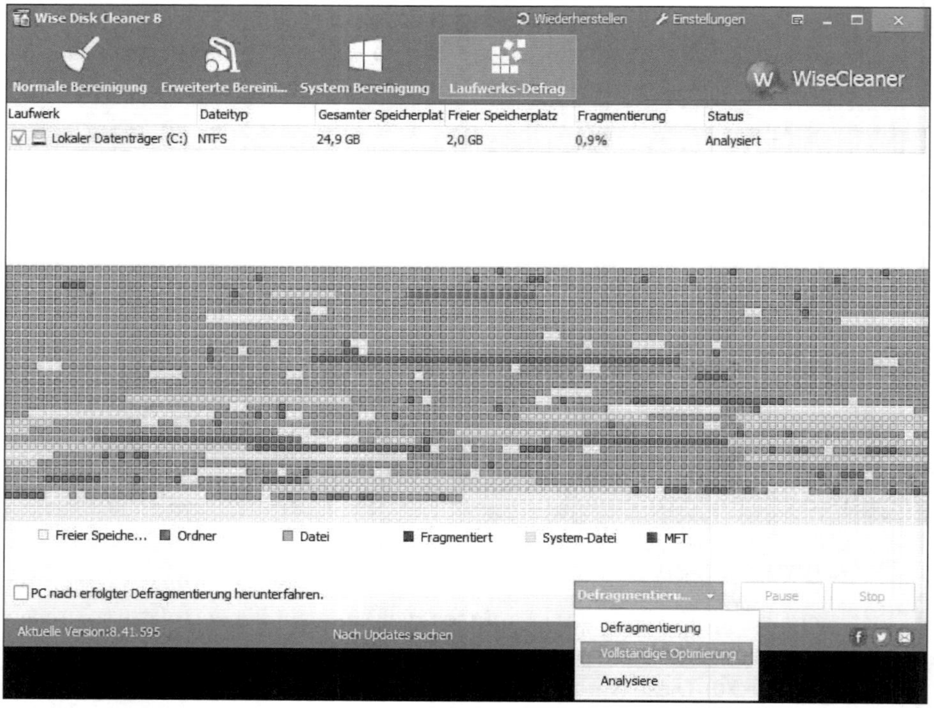

Abbildung 3.37: Defragmentierung mit dem Wise Disk Cleaner.

Anschließend brauchen Sie Geduld – eine Defragmentierung kann durchaus mehrere Stunden dauern. Die grafische Übersicht ermöglicht eine gute Nachverfolgung dieses Vorgangs, und Sie sehen am Ende, wie weit der Wise Disk Cleaner aufgeräumt hat.

Es empfiehlt sich, den Vorgang über Nacht laufen zu lassen – eine ständige Kontrolle ist nicht notwendig. Zudem bieten die meisten Defragmentierungsprogramme die Möglichkeit, den Rechner nach Abschluss der Arbeiten automatisch herunterzufahren. Beim Wise Disk Cleaner finden Sie diese Funktion ganz unten links: Setzen Sie einen Haken vor *PC nach erfolgter Defragmentierung herunterfahren*.

Hinweis

Unter Windows existieren einige Dateien, die nicht verschoben werden können. Das ist systembedingt und liegt nicht am Defragmentierungsprogramm.

Sollte Sie das Disc-Cleaner-Ergebnis nicht überzeugen, müssen Sie auf professionelle Software zurückgreifen, die dann allerdings nicht mehr kostenlos zu haben ist. Vergleichen Sie hier die angebotenen Programme zunächst im Internet (Suchmaschinen-Stichwörter *software defrag test*).

3.2.3 Verfügbaren Speicherplatz ermitteln

Sie haben nun ein sauberes und optimiertes Dateisystem. Das ist gut, und so eine Optimierung sollte hin und wieder auch im normalen Rechnerbetrieb durchgeführt werden.

Aber Sie sind noch nicht ganz am Ziel …

Alle kommenden Schritte werden nämlich hinfällig, wenn das Laufwerk `C:` jetzt trotz der umfangreichen Bereinigung und Defragmentierung immer noch nicht ausreichend freien Speicherplatz bietet, um Ubuntu zu installieren. In diesem Fall könnten Sie zwar weiterhin mit Windows arbeiten, aber für eine zusätzliche Ubuntu-Installation würden Sie eine komplett neue, deutlich größere Festplatte benötigen.

Den erforderlichen Speicherplatz berechnen Sie rasch mit einer einfachen Formel:

`SPEICHERPLATZ = 6,5 + 1,5•RAM + DATEN` (alle Werte in GByte)

Die einzelnen Summanden haben dabei folgende Bedeutung:

- `6,5`
  Ubuntu selbst, also nur das Betriebssystem, benötigt ca. 6,5 GByte Plattenplatz.
- `1,5•RAM`
  Das ist die Größe der sogenannten Swap-Partition, die später eingerichtet wird (siehe Abschnitt 2.3). Sie soll Inhalte des Arbeitsspeichers (RAM) aufnehmen können, und die Empfehlung lautet, sie auf 1,5-fache RAM-Größe festzulegen.

Wie viel RAM Ihr Rechner besitzt, verrät Ihnen die Windows-Systeminformation: Drücken Sie die Tastenkombination [Windows]+[Pause] (bei Laptops meist [Windows]+[Fn]+[Pause]).

Im sich öffnenden Fenster sehen Sie die Angabe zum Arbeitsspeicher:

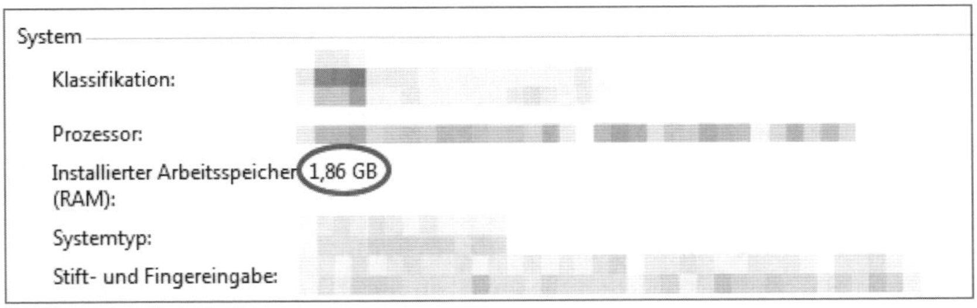

Abbildung 3.38: Windows-Systeminformation zum Arbeitsspeicher.

- DATEN
  Natürlich muss auch ausreichend Platz für alle Ihre Daten vorhanden sein – sowohl für die bereits existierenden als auch die zukünftigen. Hierfür sollte aus Sicherheitsgründen immer eine eigene Partition vorgesehen werden.

Da Ihre bisherigen Daten bereits einen Platz haben, könnte man sich bei der Bestimmung dieser Größe auf eine Schätzung des künftigen Datenvolumens beschränken. Es wäre aber langfristig zu überlegen, ob man nicht auch die bereits vorhandenen Daten Stück für Stück auf die neu einzurichtende Datenpartition verlagert, um die Datensicherheit zu erhöhen.

Wie ermittelt man nun, wie viele Daten bereits vorhanden sind?

Öffnen Sie den Dateimanager mit ⊞+E.

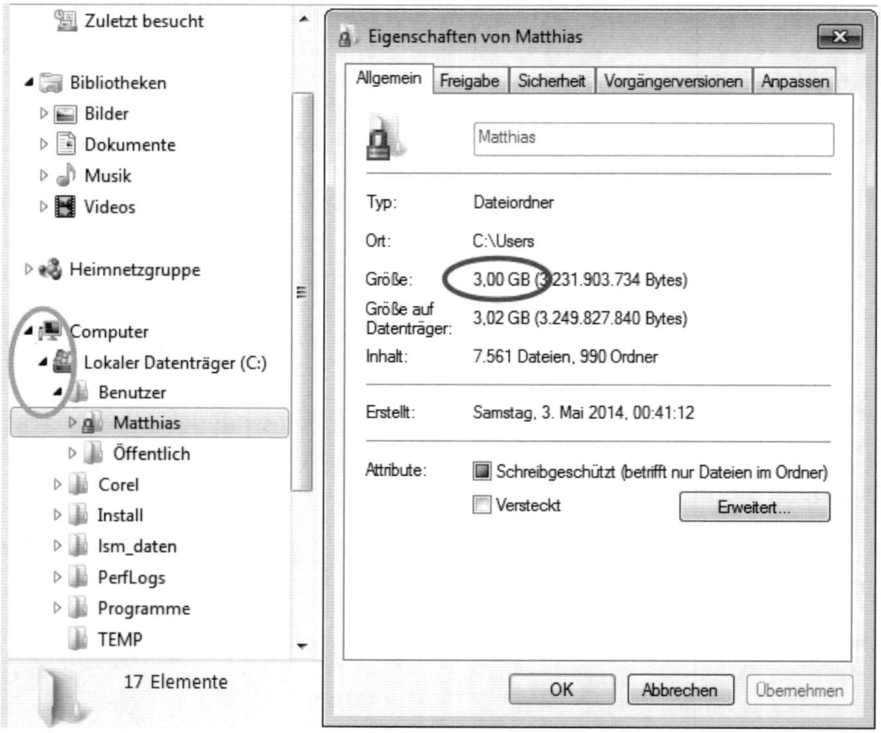

Abbildung 3.39: Windows – Gesamtgröße der eigenen Dateien.

Klicken Sie im linken Bereich des Fensters auf das kleine Dreieck vor `Lokaler Datenträger (C:)`, suchen Sie den Ordner `Benutzer` (oder `Users`) und klicken Sie dort ebenfalls auf das kleine Dreieck. Suchen Sie nun einen Unterordner mit Ihrem Benutzernamen, mit dem Sie am Rechner angemeldet sind. Rechtsklicken Sie auf diesen Ordner und wählen Sie *Eigenschaften*.

Im neuen Fenster sehen Sie nun die Gesamtgröße dieses Ordners (siehe rechte Markierung). In gleicher Weise gehen Sie mit allen anderen Ordnern vor, in denen Sie gegebenenfalls noch Daten gespeichert haben.

Bei durchschnittlicher Nutzung des Rechners wäre eine Datenpartition von mindestens 300 GByte sicherlich für längere Zeit ausreichend.

Sie können jetzt den benötigten Speicherplatz berechnen. Wenn Sie z. B. über 4 GByte RAM verfügen, ergibt sich folgender Platzbedarf:

```
6,5 GB + 1,5•4 GB + 300 GB = 312,5 GB
```

Mit dem Dateimanager können Sie schnell ermitteln, ob Ihre Festplatte den benötigten Platz bietet: Klicken Sie im linken Fensterbereich mit der rechten Maustaste auf den Namen des Laufwerks (siehe Abbildung 3.39, `Lokaler Datenträger(C:)`) und wählen Sie *Eigenschaften*.

Wenn Sie Ubuntu auf einem USB-Stick installieren möchten, dann sollte dieser mindestens 8 GByte Speicherplatz haben – für Ihre Daten bleibt hier natürlich deutlich weniger Raum.

Es ist geschafft!

Sie haben alle wichtigen Daten gesichert und ausreichend Platz, um jetzt Ubuntu installieren zu können.

Die gesamte Vorgehensweise war absolut professionell – so oder ähnlich würde jeder Spezialist ebenfalls vorgehen. Sie haben also ganz nebenbei gleich noch einen großen persönlichen Fortschritt gemacht.

Herzlichen Glückwunsch!

Und Sie werden sehen: Der Aufwand hat sich gelohnt.

3.3 Partitionierung

Klingt kompliziert, ist es aber nicht (zur Theorie in Sachen Partitionierung siehe Kapitel 2.3). Und eigentlich ist dieser Schritt noch nicht einmal erforderlich, denn er wird für gewöhnlich vom Ubuntu-Installationsprogramm automatisch durchgeführt. Aber wenn Sie möchten, dass Windows parallel zu Ubuntu erhalten bleibt, also nicht komplett gelöscht wird, dann können Sie die Installation hier tatkräftig unterstützen. In seltenen Fällen erkennt das Installationsprogramm nämlich nicht, dass bereits eine Windows-Version existiert, oder es ist der Meinung, man könne die bestehende Festplatte nicht in mehrere Partitionen aufteilen. Diesen Fall vermeiden Sie, indem Sie die Festplatte kurzerhand selbst in zwei Partitionen aufteilen – eine für das bisherige Windows und eine für das zukünftige Ubuntu.

Hierzu führen Sie bitte folgende Schritte durch:

1. Drücken Sie [Win]+[R], um das Terminal aufzurufen.
2. Geben Sie `compmgmt.msc` ein und drücken Sie die [↵]-Taste. Damit starten Sie die Computerverwaltung.
3. Klicken Sie im linken Fensterbereich auf *Datenträgerverwaltung*.
4. Nun sehen Sie rechts die Festplatte(n) Ihres Rechners.

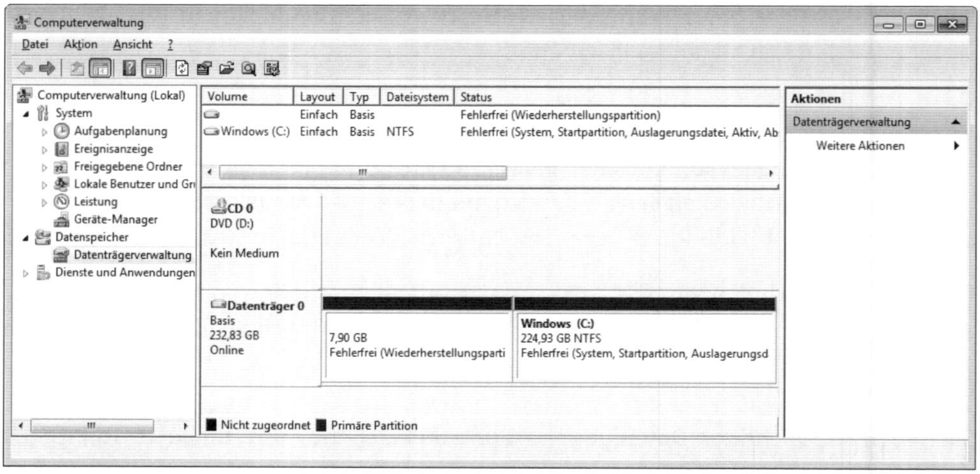

Abbildung 3.40: Partitionierung unter Windows (1).

5. Klicken Sie mit der rechten Maustatste auf das Feld, in dem `Windows (C:)` steht, und wählen Sie *Volume verkleinern*.
6. Der Rechner ist nun einen Moment lang beschäftigt, um herauszufinden, wie weit man die Windows-Partition zugunsten einer neuen leeren Partition verkleinern kann. Haben Sie Geduld.
7. Irgendwann gibt Windows dann eine Empfehlung aus:

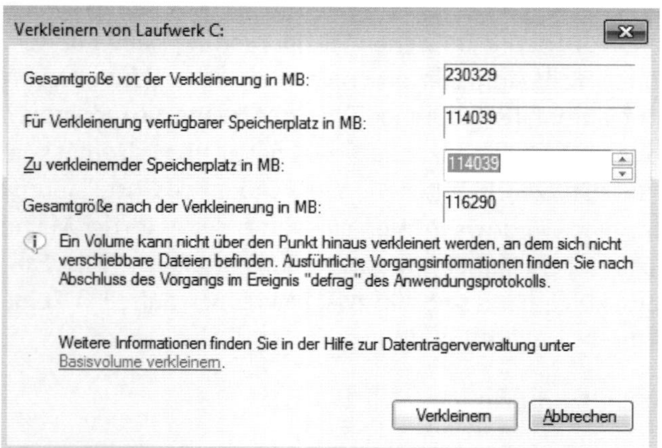

Abbildung 3.41: Partitionierung unter Windows (2).

8. Der angegebene Wert beschreibt die maximal mögliche Verkleinerung und sollte daher nicht geändert werden – übernehmen Sie ihn also mit einem Klick auf *Verkleinern*.

Das war's schon. Es ist eine neue Partition entstanden, und die Installationsroutine wird Ubuntu dort jetzt problemlos einrichten können.

4 Installation

In diesem Kapitel erfahren Sie, wie Sie an Ubuntu gelangen, wie Sie es zunächst testen können und welche Schritte dann erforderlich sind, um Ubuntu auf Ihrer Festplatte zu installieren.

Es soll an dieser Stelle nicht verschwiegen werden, dass Sie Ubuntu natürlich auch auf einem USB-Stick einrichten können. Sie finden eine kurze Anleitung dafür im Anhang ab Seite 347. Allerdings ist das eine eher exotische Lösung und mehr dazu gedacht, ein Linux für unterwegs zu haben, zu Demonstrationszwecken oder um beispielsweise einen Rechner sicher (virenfrei) zu booten. Für den regulären Betrieb eines PCs ist diese Variante nicht zu empfehlen und findet deshalb hier auch keine Berücksichtigung.

Hinzu kommt, dass ein Booten vom USB-Stick nicht auf jedem Rechner problemlos funktioniert. Aus diesem Grund wird auch die Möglichkeit, Ubuntu von einem Stick auf einem PC zu **installieren** (statt von einer DVD), nicht weiter beleuchtet.

4.1 Installations-DVD erstellen

Ubuntu ist kostenlos – deshalb gibt es auch nirgendwo DVDs zu kaufen (auf der diesem Buch beigelegten DVD finden Sie allerdings die aktuelle LTS-Version von Ubuntu). Sie müssen sich Ihre Installations-DVD selbst erstellen. Das ist jedoch einfacher, als es im ersten Moment klingt.

Was aber, wenn der Zielrechner kein DVD-Laufwerk besitzt? In diesem Fall könnte man geneigt sein, doch eine Installation per USB-Stick zu versuchen. Sie finden hierzu zahlreiche Anregungen im Internet, u. a. auf *https://wiki.ubuntuusers.de/Live-USB*. Wie aber in der Einleitung bereits erwähnt wurde, ist dieser Weg nicht für alle Rechner erfolgversprechend. Stattdessen sollten Sie in diesem Fall in einen externen DVD-Brenner investieren, den man via USB an den Rechner anschließen kann. Die Kosten hierfür sind mittlerweile gering (gute Geräte sind schon für weniger als 25 Euro erhältlich), und ein DVD-Laufwerk kann man immer gebrauchen – u. a. auch für die langfristige Sicherung der wertvollen eigenen Daten.

4.1.1 Download

Software bezieht man am besten direkt beim Hersteller, so auch Ubuntu. Starten Sie Ihren Internetbrowser und geben Sie *https://www.ubuntu.com/download/desktop* in die Adressliste ein. Damit erreichen Sie die Ubuntu-Website von Canonical:

Achtung!

Ab Version 16.04 wird hier nur noch eine Installation für 64-Bit-Rechner angeboten! Sie können sich davon überzeugen, indem Sie die Maus über dem Download-Button positionieren (nur dorthin bewegen, nicht klicken) und ablesen, was Ihnen der Webbrowser in einem schmalen Informationsfähnchen anzeigt, das direkt in Höhe des Buttons oder am Fensterrand unten bzw. oben erscheint.

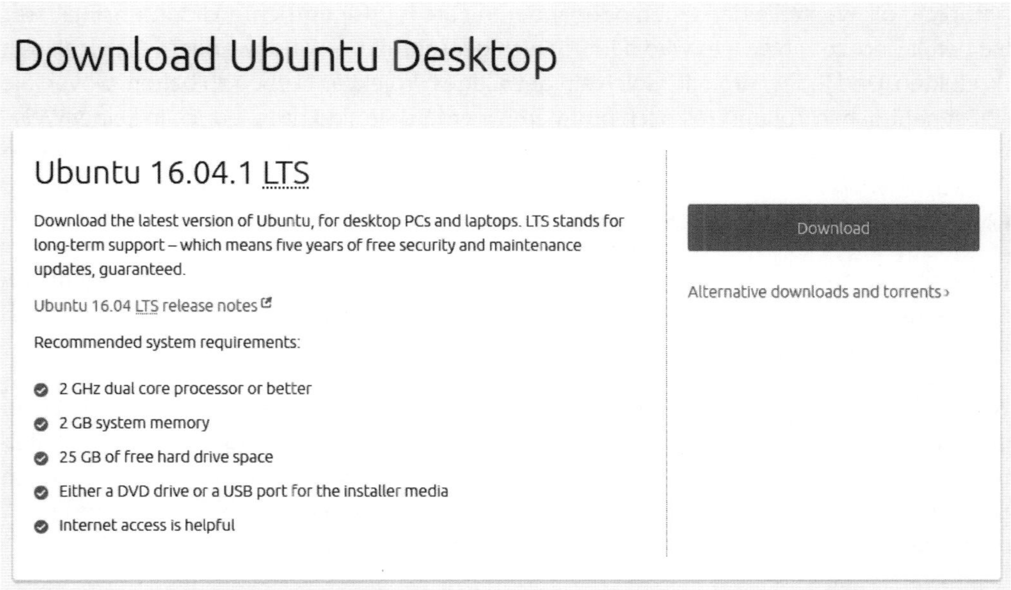

Abbildung 4.1: Ubuntu-Download-Seite.

Wenn Sie einen älteren 32-Bit-Rechner haben, müssen Sie sich die dafür vorgesehene 32-Bit-Version über *https://ftp.halifax.rwth-aachen.de/ubuntu-releases/16.04* herunterladen. Klicken Sie dort auf den 32-Bit-Link (siehe Pfeil in Abbildung 4.2).

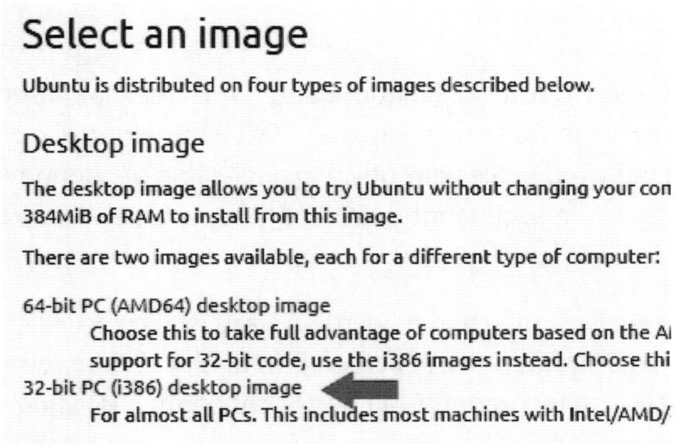

Abbildung 4.2: Ubuntu-Download der 32-Bit-Version.

Lesen Sie hierzu bitte unbedingt die Ausführungen in Kapitel 2.1 ab Seite 28! Es ist besonders wichtig, dass die Installationsversion mit der Architektur Ihres Rechners übereinstimmt – andernfalls wird die Installation nicht richtig funktionieren.

Klicken Sie auf *Download* und Sie gelangen dann gegebenenfalls zunächst auf eine Zwischenseite, auf der Sie gebeten werden, das Ubuntu-Projekt finanziell zu unterstützen. Es wäre natürlich toll, wenn Sie den einen oder anderen Euro hierfür entbehren könnten. Egal, was Sie bereit sind, zu zahlen – es wird deutlich weniger sein als bei Windows oder vergleichbaren Produkten. Und jeder Euro hilft, solch ein gewaltiges Projekt am Leben zu halten, wovon Sie selbst natürlich in Zukunft reichlich profitieren werden. Sie sind dazu jedoch in keiner Weise verpflichtet und können auch gleich nach unten scrollen. Dort finden Sie rechts einen Button *Pay with PayPal* (»Bezahlen mit PayPal«) und links den Link *Not now, take me to the download* (»Nicht jetzt, bring mich zum Download«).

Welchen Weg auch immer Sie gehen – am Ende werden Sie auf der eigentlichen Download-Seite landen, und das Herunterladen beginnt automatisch. Haben Sie Geduld: Sie holen sich hier ca. 1 GByte Daten ins Haus – das wird sicher einige Minuten benötigen.

Wie der Download verläuft und was Sie tun müssen, damit die herunterzuladende Datei gespeichert wird, das hängt wesentlich von Ihrem Internetbrowser ab. Eine genaue Anleitung dazu finden Sie im Anhang in Kapitel 10.1. Dabei ist es wichtig, dass Sie in den dortigen Schrittfolgen immer die Variante *Speichern* wählen – die Installationsdatei für Ubuntu kann nicht wie ein gewöhnliches Installationsprogramm ausgeführt werden.

Hinweis

Wenn der Download beendet ist, müssen Sie sich den Ordner merken, in dem die Datei abgelegt wurde. Lesen Sie hierzu im Anhang Kapitel 10.1.3.

4.1.2 DVD erstellen

Auf Ihrem Rechner befindet sich jetzt die Ubuntu-Installationsdatei, mit der man aber zunächst noch nicht viel anfangen kann. Wenn Sie versuchen, diese Datei mit einem Doppelklick zu öffnen (bzw. zu »starten«), dann werden Sie vermutlich nur seltsame Meldungen erhalten. Es handelt sich hierbei nämlich um ein sogenanntes ISO-Image, eine Datei, die das präzise Abbild einer DVD ist.

Das ISO-Image muss jetzt 1:1 auf eine leere DVD übertragen werden. Dazu ist ein spezielles Programm erforderlich – ein normales DVD-Brennen hätte keinen Erfolg. Glücklicherweise findet man im Internet auch hierfür kostenlose Programme. Mit den Suchbegriffen *iso image brennen* erhält man schnell eine lange Liste möglicher Kandidaten. Im Folgenden wird hier der **CDBurnerXP** verwendet. Laden Sie sich dieses Programm herunter und installieren Sie es wie im Anhang in den Kapiteln 10.1.1 und 10.1.2 beschrieben. Legen Sie eine leere DVD (nicht CD!) ein, starten Sie das Programm CDBurnerXP und doppelklicken Sie dort auf *ISO Image brennen*.

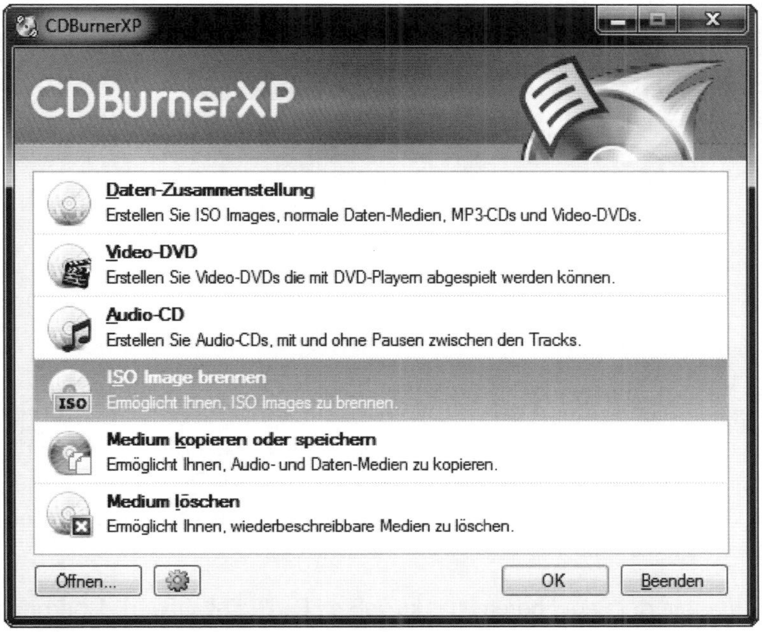

Abbildung 4.3: ISO-Image brennen (1).

Im nächsten Fenster müssen Sie jetzt alle Angaben machen, die erforderlich sind, damit das Programm die ISO-Datei richtig brennen kann:

Abbildung 4.4: ISO-Image brennen (2).

1. *ISO-Image zum Brennen auswählen:* Klicken Sie auf *Durchsuchen* – es öffnet sich der Windows-Dateimanager.

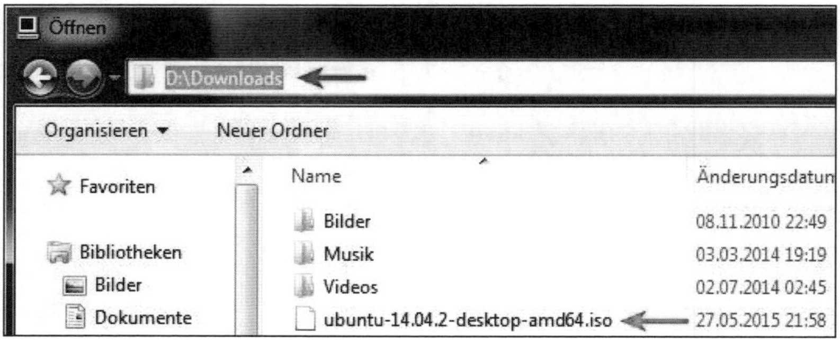

Abbildung 4.5: ISO-Image brennen (3).

2. Klicken Sie in die Adressleiste ganz oben (siehe Pfeil oben) und fügen Sie jetzt den Ordnernamen ein, den Sie sich nach dem Download gemerkt haben (siehe den Hinweis am Ende des Abschnitts 4.1.1). Drücken Sie anschließend ⏎ und es wird der Download-Ordner angezeigt. Mit einem Doppelklick auf die ISO-Datei, die Sie vorhin heruntergeladen haben (Pfeil unten), wird diese ausgewählt.

3. *Ziellaufwerk:* Hier erscheint in der Regel bereits das korrekte CD-/DVD-Laufwerk. Überprüfen Sie aber die Angabe und korrigieren Sie diese gegebenenfalls, indem Sie auf die Liste klicken und das Laufwerk auswählen, in dem die leere DVD liegt.

4. Lassen Sie alle anderen Angaben unverändert, aktivieren Sie aber die Option *Daten nach dem Brennen überprüfen*. Auch wenn sich dadurch die Bearbeitungszeit verlängert – nur so können Sie sicher sein, dass das Ergebnis auch fehlerfrei ist.

5. Klicken Sie auf den Button *Medium brennen* und warten Sie, bis der Vorgang abgeschlossen ist. Am Ende wird die DVD automatisch ausgeworfen.

Wunderbar! Sie haben eine Ubuntu-Installations-DVD!

Beschriften Sie diese mit *Ubuntu JJ.MM / XXbit* (JJ.MM steht für Jahr und Monat der Ubuntu-Version, also z. B. 16.04, XX für 32 oder 64 Bit) und verwahren Sie sie an einem sicheren Ort.

4.1.3 Installation starten

Damit es jetzt losgehen kann, ist zunächst ein Neustart des Rechners erforderlich. Dieser Vorgang wird auch als »booten« bezeichnet.

Legen Sie die DVD ein und fahren Sie danach (!) den Rechner herunter. Würden Sie nun allerdings ohne weitere Eingriffe den Rechner einfach nur neu starten, dann hätten Sie nach kurzer Zeit wieder Windows auf dem Bildschirm.

Der Grund dafür ist einfach: Jeder Rechner fragt während des Starts die angeschlossenen Laufwerke in einer bestimmten Reihenfolge daraufhin ab, ob dort ein Betriebssystem installiert ist. Dabei hat fast immer die Festplatte Vorrang. Da sich hier aber bereits Windows befindet, wird dieses auch sofort gestartet – eine Abfrage weiterer Laufwerke findet nicht mehr statt.

Um zu erreichen, dass der Rechner jetzt das DVD-Laufwerk zuerst abfragt und das dort enthaltene Ubuntu lädt, muss man kurz in den Startvorgang eingreifen.

Während Ihr Rechner bootet, wird zuallererst ein Logo oder der Rechnername auf dem Bildschirm erscheinen (bei älteren Rechnern oft auch eine schnelle Abfolge technischer Daten) – zumeist in weißer Schrift auf schwarzem Grund.

Das ist der entscheidende Moment! Betrachten Sie diesen Startbildschirm genauer. Sie finden oft am unteren oder oberen Bildschirmrand eine Information wie diese hier:

Abbildung 4.6: Boot-Vorgang unterbrechen.

Mit der angegebenen Taste (im Beispiel hier F1) kann man den Bootvorgang unterbrechen.

Was hier beim Booten genau angezeigt wird, ist von Rechner zu Rechner sehr verschieden. Daher kann das bei Ihnen auch eine der Tasten F1, F8, F11, F12, Esc, Entf o. Ä. sein.

Sie müssen aber relativ schnell sein! Meist verbleiben Ihnen nur drei bis fünf Sekunden. Drücken Sie diese Taste sofort, wenn der Text erscheint – am besten etwas nervös mehrfach hintereinander, jedoch wiederum **nicht dauerhaft**.

Sollten Sie den Zeitpunkt verpasst haben, dann drücken Sie umgehend die Ausschalttaste am Rechner und starten ihn einfach neu – warten Sie nicht jedes Mal erst den Start von Windows ab, das kostet nur endlos Zeit.

Schauen Sie, ob Sie irgendetwas wie *Boot Menu*, *Boot Setup* oder *Boot Device* finden. Wenn ja, dann wählen Sie diese Möglichkeit – und lesen Sie bitte unterhalb der Abbildung 4.9 auf Seite 93 weiter.

Andernfalls sollten Sie Ausschau halten nach *Run Setup*, *Enter BIOS*, *BIOS Setup* oder Ähnlichem. Sollte keine dieser Möglichkeiten erscheinen, dann informieren Sie sich bitte im Handbuch Ihres Rechners oder beim Hersteller, mit welcher Taste man den Start unterbrechen und in das BIOS gelangen kann.

Haben Sie die entsprechende Taste gedrückt, dann erscheint nach kurzer Zeit entweder ein Menü wie das nachfolgend abgebildete:

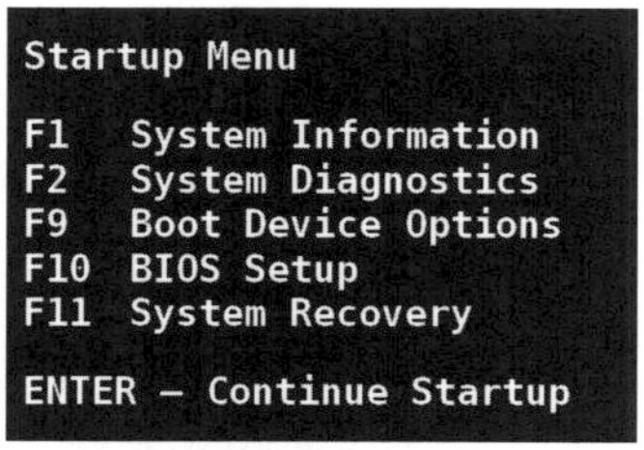

Abbildung 4.7: BIOS (Variante 1).

Oder ein Bildschirm ähnlich diesem:

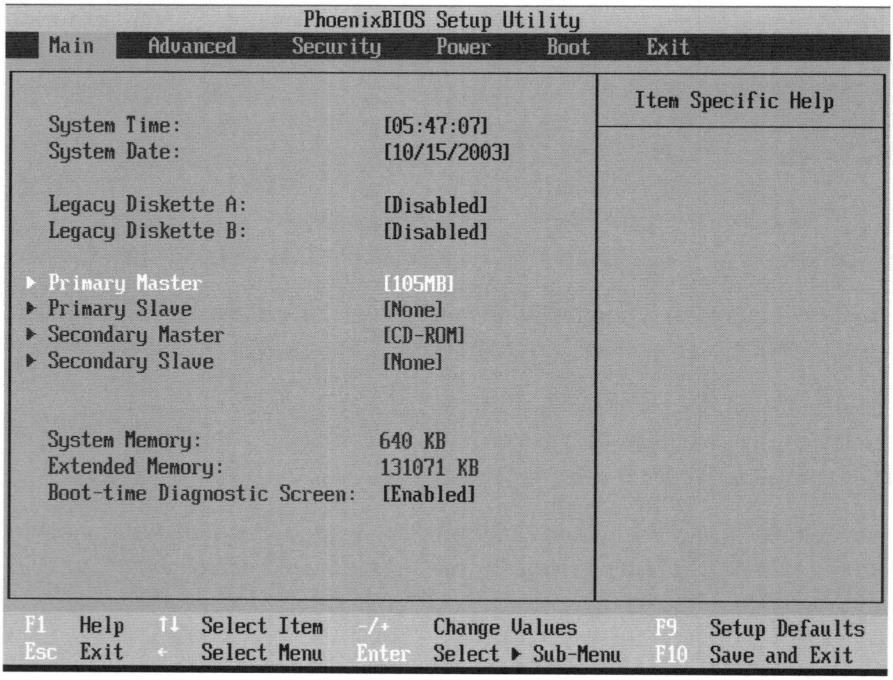

Abbildung 4.8: BIOS (Variante 2).

Das Erscheinungsbild ist wiederum stark abhängig vom Rechnerhersteller.

In jedem Fall befinden Sie sich jetzt im sogenannten BIOS (**B**asic **I**nput **O**utput **S**ystem – das Programm, das u. a. für einen ordnungsgemäßen Start Ihres Rechners sorgt) bzw. in den Grundeinstellungen Ihres Rechners. Die Bedienung erfolgt hier ausschließlich mit der Tastatur – die Maus kann nicht verwendet werden. Es gibt für jede Aktion eine Taste. Die Zuordnung der Tasten finden Sie meist am Bildschirmrand (in Abbildung 4.8 sehen Sie diese im unteren Bereich).

Wählen Sie einen Menüpunkt, der *Boot* oder *Boot Devices* oder *Boot Options* etc. heißt. In Abbildung 4.7 wäre dies z. B. mit der Taste F9 möglich, in Abbildung 4.8 hingegen müssten Sie sich mit der Taste ⇥ bis zum Menüpunkt *Boot* nach rechts bewegen.

Dort angekommen, können Sie festlegen, dass beim Start nicht die Festplatte (meist mit HD oder HDD bezeichnet), sondern ein anderes Laufwerk zuerst nach einem startfähigen Betriebssystem abgefragt werden soll. Suchen Sie eine Position, die *First Boot Device* oder ähnlich heißt, bewegen Sie sich mit den Tasten ↓ oder ↑ dorthin und drücken Sie ↵.

Gibt es einen solchen Menüpunkt nicht, wie etwa im folgenden Bild, dann befinden Sie sich bereits in der Auswahl des Startlaufwerks.

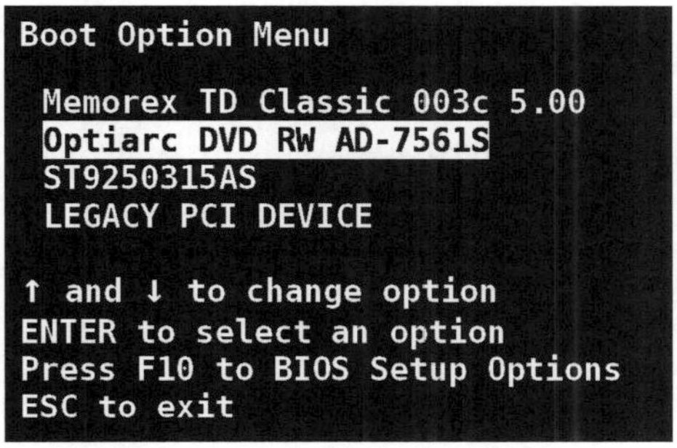

Abbildung 4.9: Boot-Laufwerk auswählen.

Wählen Sie nun mit den Tasten ↓ oder ↑ das Laufwerk, mit dem der Rechner booten soll. Suchen Sie nach einem Eintrag, in dem *DVD* vorkommt. Wenn Sie das Laufwerk ausgewählt haben, dann drücken Sie ↵.

Meist muss man jetzt noch F10 drücken, um die Auswahl zu speichern (*save*) und den Rechner erneut zu starten (*exit*). Überprüfen Sie bitte genau, welche Taste hierfür auf dem Bildschirm angegeben ist.

Hinweis

Starten Sie den Rechner jedoch niemals über den Ein-/Aus-Schalter neu, sondern immer über die jeweils angegebene Taste. Andernfalls werden die Einstellungen nicht gespeichert und sind unwirksam.

Und bitte keine Angst. Auch wenn diese Prozedur für Sie so wirken sollte, als ob Sie ein Hacker wären, der soeben in ein fremdes System eingebrochen ist – Sie können nicht allzu viel falsch machen. Wenn Sie aus Versehen das verkehrte Laufwerk ausgewählt haben, dann wird der Rechner beim nächsten Start lediglich eine Fehlermeldung ausgeben und danach anhalten. Sonst geschieht nichts. In solch einem Fall starten Sie einfach neu, unterbrechen wieder den Bootvorgang und wählen auf dem gleichen Weg ein anderes Laufwerk aus. Es werden keine Daten gelöscht oder irgendwelche Eingriffe an Windows vorgenommen.

Hat alles funktioniert, dann greift der Rechner nun als Erstes auf die DVD zu.

Geschafft! Ubuntu wird zum ersten Mal gestartet!

Für die Installation von der DVD ist dieses Vorgehen nur einmalig erforderlich.

Bei einem Start vom USB-Stick müssen Sie das allerdings vermutlich jedes Mal tun – je nach Rechnertyp.

Haben Sie jetzt bitte noch etwas Geduld! Der Start von der DVD benötigt viel Zeit.

Hinweis

Sollten Sie einen Rechner besitzen, der kein BIOS, sondern UEFI nutzt, dann funktioniert der hier beschriebene Weg leider nicht. In diesem Fall wäre es empfehlenswert, sich fachkundigen Beistand zu holen. Weiterführende Hinweise hierzu finden Sie auch unter *https://wiki.ubuntuusers.de/EFI_Installieren*.

4.2 Ubuntu ausprobieren

Nachdem der Rechner per DVD gebootet wurde, startet das Installationsprogramm:

Abbildung 4.10: Installation: Start.

Klicken Sie hier zunächst links auf *Deutsch*. Nun haben Sie die Möglichkeit, Ubuntu erst einmal nur zu testen, ohne irgendwelche Änderungen an Ihrem Rechner vorzunehmen. Wählen Sie in diesem Fall *Ubuntu ausprobieren*.

Das ist schon alles – von jetzt an brauchen Sie erneut Geduld für den Ladevorgang und können sich dann in aller Ruhe mit Ubuntu vertraut machen, ohne Bedenken haben zu müssen, dass an Ihrem Rechner irgendwelche Änderungen vorgenommen werden. Das Betriebssystem wird direkt von DVD gestartet und alles was Sie dann tun, geschieht nur auf der DVD (auf der man im Übrigen nichts speichern kann) oder im RAM. Die Festplatte Ihres Rechners bleibt unberührt.

Allerdings muss man dafür zwei Nachteile in Kauf nehmen:

- Alle Vorgänge dauern sehr lange, weil immer auf das DVD-Laufwerk zugegriffen werden muss und dieses im Vergleich zu einer Festplatte deutlich langsamer ist.
- Sie können keine Daten und Einstellungen speichern – beim nächsten Start von der DVD ist alles genauso wie beim ersten Mal.

4.3 Ubuntu auf Festplatte installieren

Wenn Sie sich irgendwann entschieden haben, Ubuntu dauerhaft zu nutzen, dann müssen Sie es auf Ihrer Festplatte installieren. Legen Sie die Installations-DVD ein und booten Sie Ihren Rechner so, wie im Abschnitt 4.1.3 beschrieben. Ist das Installationsprogramm gestartet, dann klicken Sie links auf *Deutsch* und rechts auf *Ubuntu installieren*.

4.3.1 Vorbereitungen

Zunächst wird überprüft, ob die notwendigen Voraussetzungen gegeben sind – wie ausreichend Festplattenplatz, gegebenenfalls ein Anschluss an das Internet etc. In aller Regel erscheint dann ein Fenster, wie Sie es in Abbildung 4.11 auf der folgenden Seite sehen.

Hinweis

Sollte der Rechner absolut keine Verbindung zu irgendeinem Netzwerk haben, dann kann sich auch zunächst ein anderes Fenster öffnen, in dem Sie aufgefordert werden, sich mit einem Netzwerk zu verbinden. In diesem Fall sollten Sie dort die Option *Mit keinem Netzwerk verbinden* wählen. Das vereinfacht die nächsten Schritte, zumal die Verbindung an dieser Stelle oft noch nicht möglich ist.

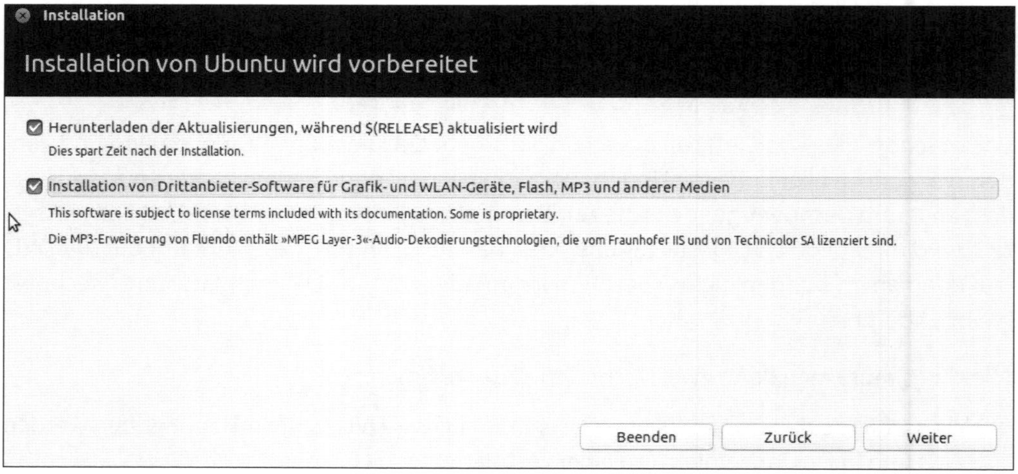

Abbildung 4.11: Grundeinstellungen bei der Installation.

Sie sehen hier zwei Optionen:

- *Herunterladen der Aktualisierungen …*
  Diese Möglichkeit ist natürlich nur dann vorhanden, wenn auch eine Verbindung zum Internet besteht, und die Option sollte – falls verfügbar – auch immer aktiviert werden, damit bereits während der Installation die neuesten Updates eingepflegt werden können.
- *Installation von Drittanbieter-Software …*
  Unter Drittanbietern werden hier Kooperationspartner des Ubuntu-Entwicklers (Canonical Ltd.) verstanden, die Software für spezielle Zwecke bereitstellen. In diesem Fall geht es vor allem um Hilfsprogramme – sogenannte Treiber. Sie sollten diese Option in jedem Fall aktivieren.

Klicken Sie anschließend auf *Weiter*.

Achtung

Haben Sie hier bitte viel Geduld. Das Installationsprogramm scheint jetzt eine längere Weile inaktiv zu sein. Dem ist aber nicht so – es stellt im Internet und auf der DVD die notwendigen Installationspakete zusammen. Leider erfolgt hierzu keinerlei Fortschrittsanzeige. Unterbrechen Sie den Vorgang nicht!

Der nächste Schritt ist abhängig davon, ob auf Ihrem Rechner schon ein Betriebssystem (wie z. B. Windows) existiert oder nicht:

1. War der Rechner **neu** oder wurde das ursprünglich vorhandene Betriebssystem **gelöscht**, dann erscheint folgendes Fenster:

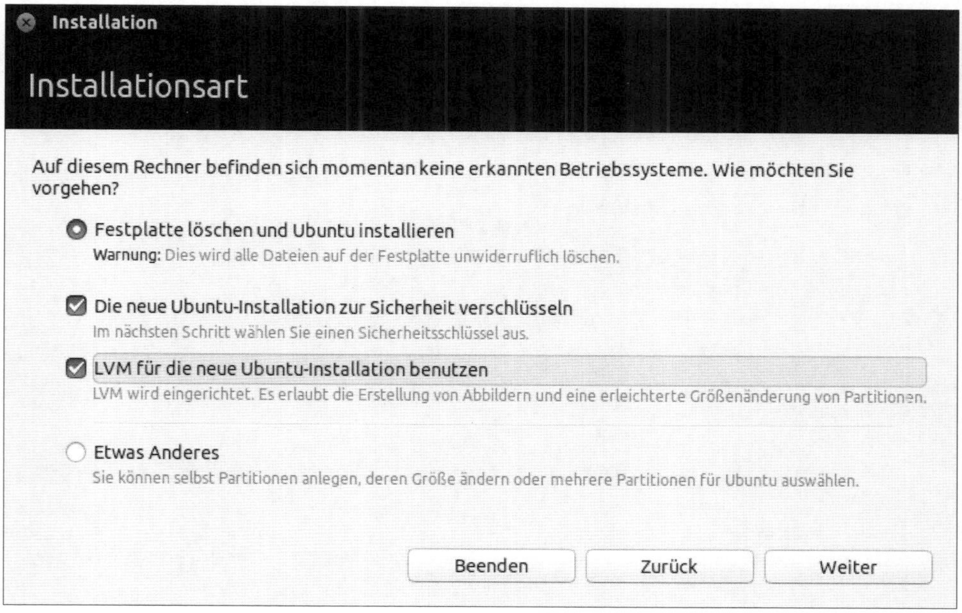

Abbildung 4.12: Installation ohne vorhandenes Windows.

Sie müssen in diesem Fall nichts entscheiden – lesen Sie bitte weiter hinter dem Absatz **b)** auf Seite 99.

Achtung! Wenn dieses Fenster erscheint, obwohl Windows auf dem Rechner installiert ist, dann erkennt das Ubuntu-Installationsprogramm die Windows-Version nicht oder es sieht keine Möglichkeit, auf der Festplatte mehrere Partitionen einzurichten (u. a. eine für Windows und eine für Ubuntu).

Soll Windows neben Ubuntu bestehen bleiben, dann brechen Sie die Installation hier ab, starten Sie den Rechner wie gewohnt mit Windows und legen Sie manuell eine neue leere Partition an wie in Kapitel 3.3 ab Seite 83 beschrieben.

2. Existiert bereits ein Betriebssystem, dann sehen Sie folgendes Fenster:

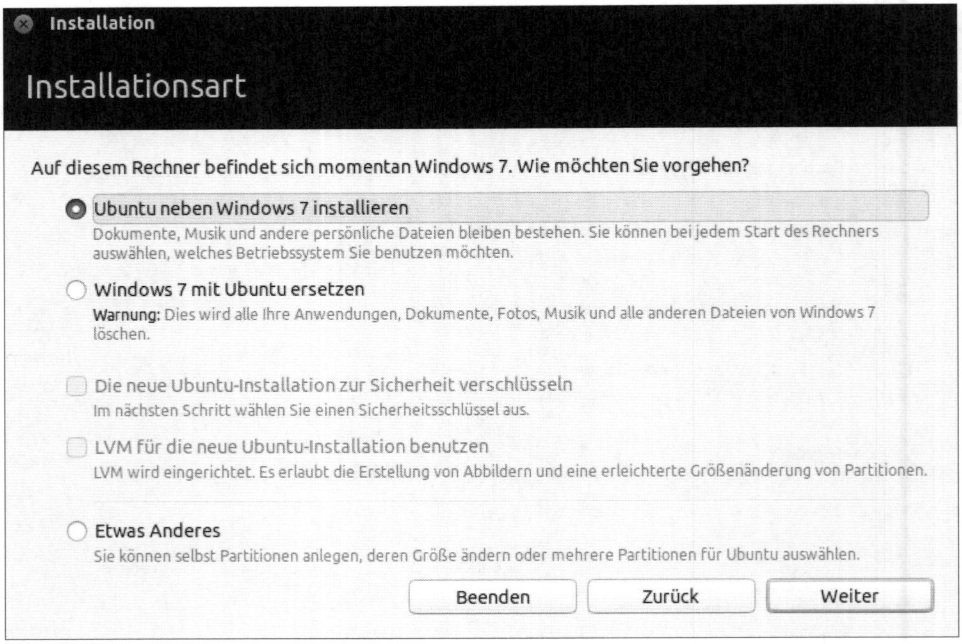

Abbildung 4.13: Installation mit vorhandenem Windows.

Achtung! Sie haben jetzt die alles entscheidende Wahl zwischen zwei Möglichkeiten!

a) **Windows beibehalten und Ubuntu parallel dazu installieren. Der sichere Weg.**

Nach der Installation erscheint dann bei jedem Rechnerstart ein Bildschirm, auf dem Sie auswählen können, ob Sie mit Windows oder mit Ubuntu fortfahren möchten.

Vorteil: Sie können zunächst Ubuntu »in echt« testen bzw. sich in Ruhe einarbeiten, ohne gleich Gewohntes vollständig über Bord zu werfen. Wenn Sie beispielsweise immer mal wieder bestimmte Aufgaben unter Zeitdruck fertig stellen müssen, aber sich in den entsprechenden Linux-Programmen noch nicht gut genug auskennen, dann ist es natürlich besser, diese Aufgaben vorerst mit den gewohnten Windows-Mitteln zu erledigen. Außerdem haben Sie vielleicht tatsächlich noch ein Programm, das ausschließlich unter Windows läuft. Das betrifft vor allem spezialisierte Firmensoftware. In diesem Fall **muss** Windows parallel erhalten bleiben, weil Sie sonst nicht mehr arbeitsfähig sind.

Nachteil: Sie benötigen deutlich mehr Festplattenplatz. Windows und alle bereits vorhandenen Daten nehmen in aller Regel sehr viel Raum ein, der nun für Ubuntu und die künftig damit erzeugten Daten nicht mehr zur Verfügung steht. Zudem müssen Sie bei jedem Rechnerstart entscheiden, mit welchem der beiden Betriebssysteme Sie im Moment arbeiten wollen.

Wenn Sie sich für diesen Weg entscheiden, dann sollten Sie vorher Ihr Windows ordentlich aufgeräumt und von Altlasten befreit haben, um für Ubuntu möglichst viel Speicherplatz zu schaffen. Lesen Sie dazu gegebenenfalls noch einmal das Kapitel 3.2 »Platz schaffen«.

b) Windows komplett löschen und durch Ubuntu ersetzen. Der radikale Weg.

Nach der Installation haben Sie dann nur noch Ubuntu auf dem Rechner. Windows ist Geschichte!

Zu diesem Weg gibt es im Übrigen gar keine Alternative, wenn Sie einen sehr kleinen oder älteren Rechner verwenden – solche Geräte haben oftmals gar nicht die erforderlichen Kapazitäten für zwei parallel installierte Betriebssysteme.

Vorteil: Sie haben die gesamte Festplatte für Ubuntu und alle Daten zur Verfügung, und Sie müssen nicht immer zwischen zwei Betriebssystemen hin und her schalten. Ihr Rechner ist »aus einem Guss«.

Nachteil: Ein Zurück wird schwierig. Nun gut – wer einmal so richtig bei Ubuntu angekommen ist, wird vermutlich nie wieder zu Windows zurückkehren wollen. Und wenn Sie ohnehin keine Spezialsoftware Ihrer Firma oder ein Absolut-nur-Windows-Programm benötigen, dann ist das ganz sicher die richtige Entscheidung. Aber sollte daran der geringste Zweifel bestehen und Sie einen einigermaßen leistungsfähigen Rechner Ihr Eigen nennen, dann wäre es überlegenswert, Windows zumindest anfänglich parallel zu behalten – und sei es in einer abgespeckten Form, die nur noch die nötigsten Programme enthält.

Wenn Sie sich dafür entschieden haben, Windows zu löschen, oder gar kein Windows vorhanden war, dann gibt es jetzt noch zwei Dinge zu bedenken, bevor Sie fortfahren (siehe Abbildung 4.12):

- **Die neue Ubuntu-Installation zur Sicherheit verschlüsseln**
  Es ist eine der angenehmen Besonderheiten von Ubuntu (bzw. Linux), dass Sie den gesamten verwendeten Festplattenbereich verschlüsseln lassen können, sodass kein Unbefugter an Ihre Daten kommt. Sollte Ihr Rechner oder die Festplatte einmal gestohlen werden, dann findet der Angreifer darauf nur unverständliches Kauderwelsch. Ohne die entsprechende Passphrase kann er damit rein gar nichts anfangen. Wenn Sie sich für diese Option entscheiden, wird allerdings **bei jedem Start** von Ubuntu das Passwort verlangt. Wem das zu umständlich ist oder wer keinen Bedarf sieht, seine Ubuntu(!)-Installation komplett zu verschlüsseln, der kann dies problemlos ignorieren. Einige Schritte später kommt ohnehin noch die Möglichkeit, die **persönlichen Daten** gesondert verschlüsseln zu lassen, was in der Regel viel sinnvoller ist.

- **LVM für die neue Ubuntu-Installation benutzen**
  Hierdurch wird der sogenannte Logical Volume Manager (LVM) installiert. Für den Laien ist dies zunächst vollkommen irrelevant. Wenn Sie oder ein Fachmann aber später die Einteilung Ihrer Festplatte aus irgendwelchen Gründen ändern wollen, dann haben Sie damit

eine wunderbare Möglichkeit, dies schnell und unkompliziert durchzuführen. Aktivieren Sie daher diese Option gleich mit. LVM können Sie auch aktivieren, wenn Sie Ihr Dateisystem nicht verschlüsseln möchten.

Jetzt ist alles bereit für den nächsten Schritt – klicken Sie auf *Weiter* oder *Jetzt installieren* (je nachdem, was zur Verfügung steht).

4.3.2 Festplatten-Partitionierung

Haben Sie sich zuvor entschlossen, Ubuntu **parallel** zu Windows zu installieren, dann sehen Sie vor dem eigentlichen Start eventuell noch folgendes Fenster:

Abbildung 4.14: Festplatten-Partitionierung.

Hier müssen Sie entscheiden, wie viel Festplatten-Speicherplatz Sie für Windows und Ubuntu jeweils zur Verfügung stellen möchten.

Oben steht der Name der Festplatte, auf der Ubuntu installiert wird (hier: SCSI1...). Lassen Sie sich von der recht kryptischen Bezeichnung nicht abschrecken. In aller Regel muss man daran nichts ändern – die meisten Rechner haben ohnehin nur eine physische Festplatte, und es gibt daher gar keine andere Auswahl.

Sollten bei Ihnen jedoch mehrere Festplatten eingebaut sein, dann wäre es sinnvoll, eine andere auszuwählen, um Windows und Ubuntu auch physisch völlig getrennt zu halten. Das erhöht die Sicherheit, denn wenn eine Festplatte ausfällt, dann ist zumindest das auf der jeweils anderen Festplatte installierte Betriebssystem noch vollständig und funktionstüchtig vorhanden. Klicken Sie probehalber mal auf den angezeigten Namen, sehen Sie nach, ob sich eine Liste weiterer Festplatten auftut und wählen Sie gegebenenfalls eine passende aus. Achten Sie dabei aber unbedingt auf die Größenangaben (in Abbildung 4.14 ist das der Textteil *...500.1 GB...*) – wählen Sie keine kleine Festplatte oder Partition!

Unterhalb des Laufwerknamens sehen Sie zwei große orangefarbene Felder, die mit *Daten* und *Ubuntu* beschriftet sind. Dabei ist *Daten* im ersten Moment etwas irreführend, denn damit ist der Bereich außerhalb von Ubuntu gemeint, also in unserem Fall der für Windows (inklusive aller zugehörigen Daten). Sie können hier den Mauszeiger über dem senkrechten weißen Trennstrich zwischen beiden Rechtecken positionieren und diesen mit gedrückter Maustaste nach rechts oder links verschieben. Das geht natürlich nicht unbegrenzt weit – eine bestimmte Mindestgröße für den Datenbereich oder Ubuntu darf nicht unterschritten werden.

Dabei stellt sich die Frage: Welches Größenverhältnis soll man wählen?

Nun, wenn Sie Windows künftig nur noch für den Notfall oder für ein, zwei spezielle Programme verwenden möchten, die leider nicht unter Linux laufen, dann können Sie den Datenbereich sehr stark einschränken. Lassen Sie, wenn möglich, etwa 100 bis 150 GByte übrig, damit z. B. auch für künftige Windows-Updates etc. ausreichend Platz vorhanden ist und Sie vielleicht dort noch die eine oder andere größere Datei bearbeiten können.

Möchten Sie beide Betriebssysteme aber vollwertig parallel nutzen, dann lassen Sie es zunächst bei zwei gleich großen Bereichen. Sollte sich der Bedarf später ändern, dann können Sie das mit Unix-Bordmitteln jederzeit korrigieren.

Das Schöne an der Ubuntu-Installation ist ihre Einfachheit. Noch vor einigen Jahren war für eine Linux-Installation umfangreiches Fachwissen erforderlich, daher hatte dieses Betriebssystem auch den Ruf, eher eine Domäne für erfahrene oder enthusiastische Nutzer zu sein. Aber wenn Sie den Weg bis hierhin Schritt für Schritt mitgegangen sind, dann genügt diese kleine Einstellung, um ein solides Linux-System zu installieren, an dem Sie sehr lange Zeit Ihre Freude haben.

Es soll an dieser Stelle natürlich nicht verschwiegen werden, dass weitaus mehr Möglichkeiten denkbar sind, eine Festplatte aufzuteilen – nach oben ist eben alles irgendwie grenzenlos. Wenn Sie genau hinschauen, dann sehen Sie im unteren Teil des Fensters auch den Hinweis *1 kleinere Partition wird versteckt, verwenden Sie das erweiterte Partitionierungswerkzeug für weitere Optionen*. Wenn Sie selbst bereits über Erfahrungen mit der Partitionierung von Festplatten verfügen oder jemanden an Ihrer Seite haben, der etwas davon versteht, dann können Sie gern diesem Link folgen und weiterführende Festlegungen treffen.

Wählen Sie anschließend *Jetzt installieren*.

4.3.3 Einstellungen

Es folgen jetzt einige Dialoge, in denen Sie die Grundeinstellungen für Ihr zukünftiges Ubuntu vornehmen müssen.

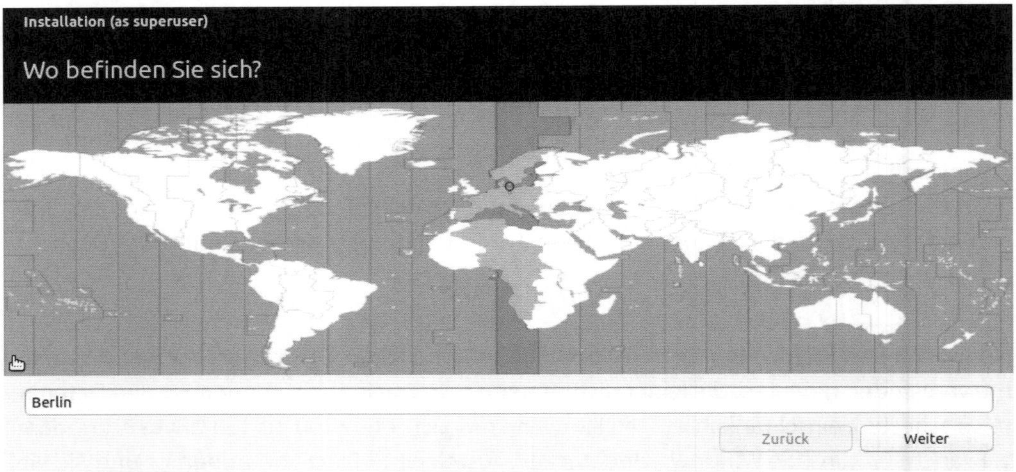

Abbildung 4.15: Installation – Zeitzone einstellen.

Zunächst möchte Ubuntu wissen, wo Sie sich befinden. Diese Angabe dient u. a. dazu, die Zeitzone, einige Regeln für Zahlenformate (Datum, Uhrzeit etc.), Spracheinstellungen u. a. festzulegen. Keinesfalls wird hier eine räumliche Nachverfolgung o. Ä. eingerichtet. Ubuntu legt großen Wert auf die Anonymität des Nutzers.

In der Regel ist der richtige Ort bereits vorgegeben, wobei es nicht darauf ankommt, den ganz präzisen Standort einzugeben – die nächstgrößere Metropole genügt vollkommen. Wenn Sie versuchen, den Ortsnamen zu ändern, dann erscheint automatisch eine Liste der von Ubuntu akzeptierten Städte und Regionen. Wählen Sie einfach einen passenden aus und klicken Sie dann auf *Weiter*.

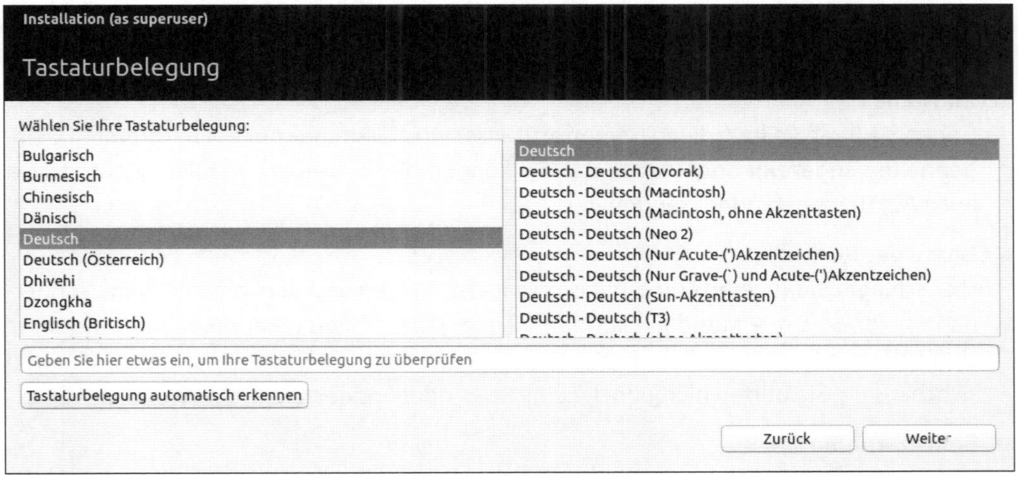

Abbildung 4.16: Installation – Tastatureinstellungen.

Der vorletzte Schritt betrifft die Auswahl der Tastaturbelegung. Sofern Sie es nicht mit einer besonderen Tastatur zu tun haben (z. B. mit einer Schweizer, die keine ß-Taste besitzt), wählen Sie links die Sprache *Deutsch* und rechts die Tastatur *Deutsch*.

Mit *Weiter* gelangen Sie zum letzten Schritt:

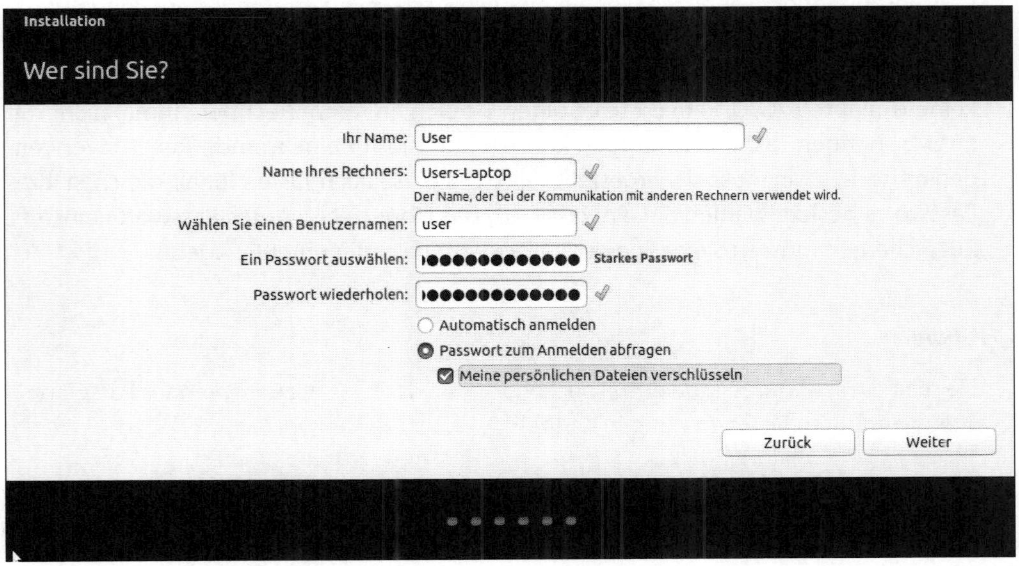

Abbildung 4.17: Installation – User-Account anlegen.

An dieser Stelle wird Ihr Rechnerzugang (»User-Account«) eingerichtet. Hierzu müssen Sie folgende Angaben machen:

- **Ihr Name**
  Geben Sie Ihren vollständigen Namen an. Dieser wird allerdings nur bei bestimmten Gelegenheiten angezeigt oder verwendet. Sie können hier schreiben, was Sie möchten, also auch Abkürzungen oder Pseudonyme.
- **Name des Rechners**
  Hier schlägt Ubuntu eine Kombination aus Ihrem Namen und dem eigentlichen Rechnernamen vor. Selbstverständlich können Sie hier jedes beliebige andere Wort eingeben. Unter diesem Namen wird Ihr Rechner gegebenenfalls in Netzwerken angemeldet und sichtbar sein. Sie dürfen hier jedoch keine Leer- oder Sonderzeichen verwenden.
- **Benutzername**
  Das wird der spätere Anmeldename, mit dem Sie sich einloggen und unter dem auch Ihre persönlichen Daten abgespeichert werden. Beispiel: Wenn Sie »Luise« als Benutzernamen angeben, dann liegen Ihre persönlichen Daten später im Ordner `/home/Luise`. Verwenden Sie am besten ein Wort ohne Leerzeichen – das ist zwar nicht zwingend erforderlich, vermeidet aber später die eine oder andere kleine Komplikation.
- **Passwort**
  Für die Anmeldung beim Rechnerstart (und eventuelle Verschlüsselungen) wird ein Passwort benötigt. Geben Sie hier ein möglichst schwer zu erratendes und langes Passwort an, das Groß-/Kleinbuchstaben, Sonderzeichen und Ziffern enthält. Verwenden Sie aber keine Zeichen, die eventuell auf anderen Tastaturen nicht vorhanden sind (also z. B. keine Umlaute Ä/Ö/Ü, kein ß etc.). Sollten Sie sich an Ihrem Rechner einmal nicht mit Ihrer bisherigen Tastatur einloggen können und hierfür eine fremde Tastatur verwenden müssen, dann muss sichergestellt sein, dass diese auch Tasten für alle Zeichen Ihres Passworts besitzt. Wählen Sie ein Passwort, das Ubuntu als »gutes Passwort« einstuft. Zur Sicherheit müssen Sie das gewählte Passwort darunter erneut eingeben.

Hinweis

Wie man ein sehr gutes, schwer zu knackendes und doch leicht zu merkendes Passwort erzeugt, erfahren Sie im Anhang in Kapitel 10.4 »Sichere Passwörter«.

- **Anmeldung**
  Hier können Sie wählen zwischen *Automatische Anmeldung* und *Passwort zum Anmelden abfragen*. Wählen Sie immer die zweite, also die Passwort-Variante! Eine automatische Anmeldung ist zwar vordergründig bequem, weil man sich das Eintippen eines Passworts spart, aber sie ist zugleich extrem unsicher, weil jeder, der Ihren Rechner in die Finger bekommt, sofort freien Zugang zu allen Daten erhält. Zusätzlich sollten Sie die Option *Meine persönlichen Daten verschlüsseln* aktivieren. Im Gegensatz zur Verschlüsselung der gesamten Ubuntu-Installati-

on (siehe Seite 99) führt das für Sie weder zu einem erhöhten Aufwand noch zu irgendeiner Behinderung – Sie bemerken dies zu keiner Zeit. Die Verschlüsselung erfolgt mit Ihrem User-Passwort, und solange Sie eingeloggt sind, finden Sie nur scheinbar unverschlüsselte Daten vor. Wenn jedoch ein Unbefugter Ihre Festplatte in die Hände bekommt, dann sieht er lediglich codierte Informationen, mit denen er nichts anfangen kann.

4.3.4 Fast geschafft!

Klicken Sie im letzten Fenster auf *Weiter* – und greifen Sie dann zu einem Kaffee, Tee oder wahlweise auch zu einem kühlen Getränk …

Die Installation startet und kann sehr viel Zeit in Anspruch nehmen, je nachdem, wie schnell Ihr Rechner, Ihr DVD-Laufwerk und Ihre Internetverbindung sind.

Ihnen werden übrigens während dieser Zeit **zwei** Prozentbalken angzeigt, lassen Sie sich also nicht vom ersten täuschen.

Die Installation kann zwar mit Klick auf *Skip* abgebrochen werden, aber **davon ist dringend abzuraten!** Bereits kurz nach dem Start hat Ubuntu entsprechend Ihren vorherigen Angaben so viele intensive Eingriffe in die Festplattenarchitektur vorgenommen, dass eine eventuelle Rücknahme nur mit erheblichem Aufwand und Fachwissen möglich wäre. Sollten Sie merken, dass Sie in den vorherigen Einstellungen etwas hätten ändern sollen, dann kann dies in jedem Fall auch später noch nachgeholt werden. Dazu zählt natürlich auch eine komplette Löschung von Ubuntu mithilfe der Installations-DVD – falls Sie es sich doch noch einmal anders überlegt haben.

Lassen Sie den Prozess einfach laufen und vertrauen Sie darauf, dass Ubuntu weltweit seine Sache in 99,99 % aller Fälle gut macht und dies auch bei Ihnen so sein wird. Genießen Sie, dass das Installationsprogramm hier einen wirklich großen Job erledigt und Sie nicht mit solchen Werkzeugen arbeiten müssen wie noch vor 20 Jahren:

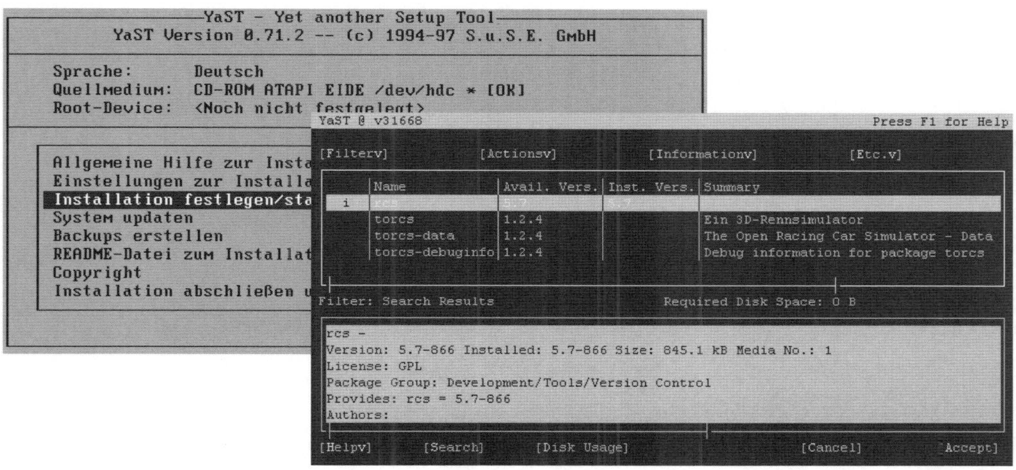

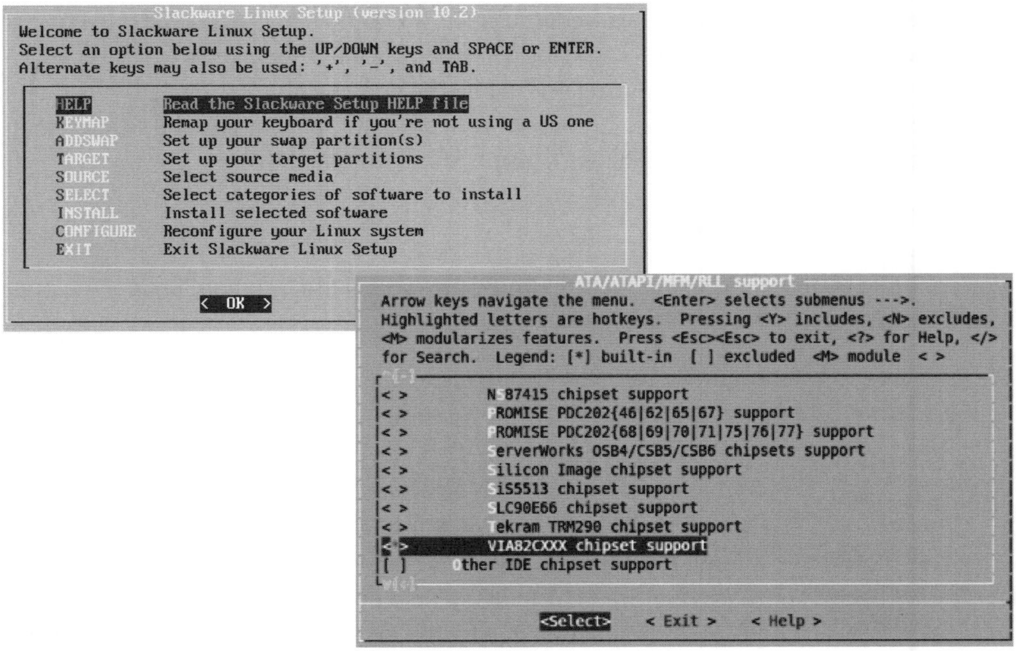

Abbildung 4.18: Linux-Installation in den 1990er-Jahren.

Irgendwann ist es dann aber wirklich geschafft:

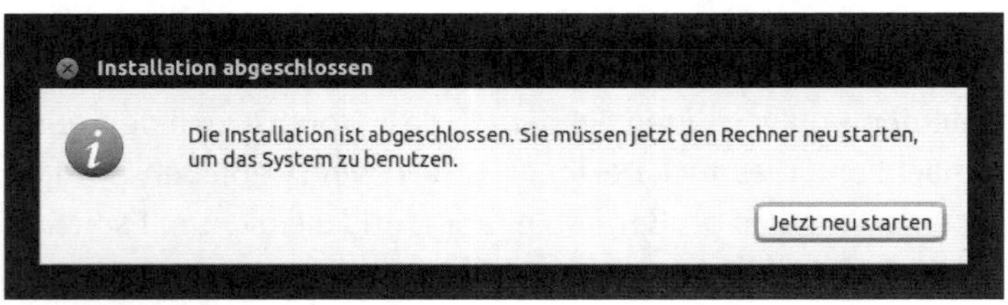

Abbildung 4.19: Installation beendet.

Gratulation und Respekt!

Sie haben Ihr eigenes Linux installiert! Ubuntu kann starten.

5 Erste Schritte

In diesem Kapitel erhalten Sie grundlegende Hinweise für einen ersten Einstieg in Ubuntu. Es werden der Aufbau des Bildschirms sowie die wichtigsten Techniken zur Bedienung des Betriebssystems erläutert. Damit sind Sie in der Lage, Ubuntu für den Alltag sicher zu handhaben. Wenn Sie später weiterführende Informationen benötigen, dann lesen Sie bitte Kapitel 9 ab Seite 311.

5.1 Unity-Desktop

Wenn Ubuntu zum ersten Mal startet, dann sehen Sie nach dem Einloggen folgendes Bild:

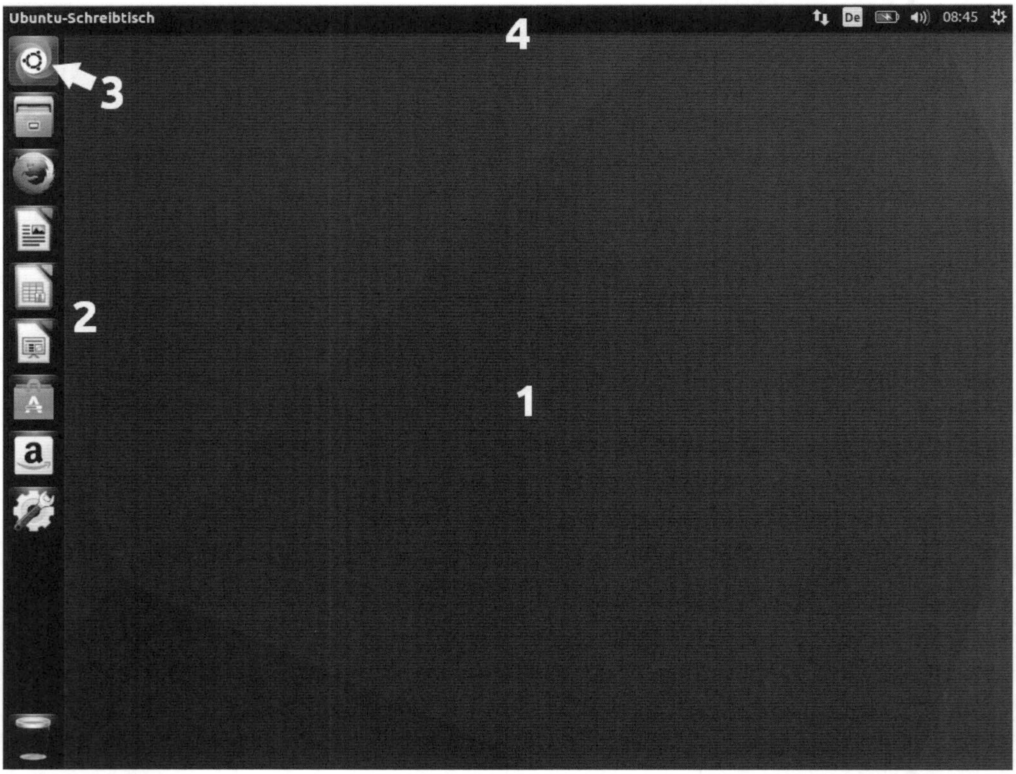

Abbildung 5.1: Ubuntu-Desktop.

Diese grafische Oberfläche (GUI = **G**raphical **U**ser **I**nterface), mit der Ubuntu arbeitet, heißt **Unity** und ist auf eine möglichst einfache, intuitive und alltagstaugliche Bedienung ausgerichtet. Sie ähnelt vom Aussehen her dem, was man von Windows oder macOS schon kennt, und ist in vier Bereiche unterteilt: den **Schreibtisch** (1), den **Starter** (2), die **Menüleiste** (3) und den **Dash** (4), der sich ganz oben links befindet und eine ähnliche Funktion hat wie das Startmenü in Windows.

5.1.1 Schreibtisch (Desktop)

Im Unterschied zu Windows heißt die große freie Fläche nicht Desktop, sondern »Schreibtisch« und ist in Ubuntu vornehmlich zur Ablage von Dokumenten und Ordnern vorgesehen. Von Windows ist man gewohnt, dass hier auch Symbole zum Starten von Programmen (sogenannte Verknüpfungen) zu finden sind. Das kann man zwar in Ubuntu/Linux auch hinbekommen, ist aber deutlich umständlicher. Daraus lässt sich schließen: Es ist nicht wirklich gewollt. Richtig: Damit auf dem Schreibtisch kein Wirrwarr aus Programmen und Dateien entsteht, wie man das von zahlreichen Windows-Bildschirmen her kennt, sollten Programme möglichst nur im Starter eingebunden werden, Dateien hingegen dürfen auf dem Schreibtisch landen.

Es gilt allerdings auch unter Linux-Menschen als nicht besonders toller Stil, alle möglichen Dateien irgendwie auf dem Schreibtisch abzulegen. Auf gut gepflegten Rechnern ist der Desktop sogar fast leer – wie ein schön aufgeräumter Schreibtisch im echten Leben. Lediglich die **wirklich täglich** benötigten Daten sind dort abgelegt, im Idealfall sogar in separaten Ordnern.

Einen solchen Ordner können Sie leicht anlegen, indem Sie eine freie Stelle des Schreibtischs mit der rechten Maustaste anklicken und im Kontextmenü *Neuer Ordner* wählen. Weitere Hinweise zu Dateien und Ordnern finden Sie im Abschnitt 5.3.

Kurz nach der Installation ist bei jedem Betriebssystem das Aussehen des Desktops neutral und daher ein wenig langweilig. Um dies zu ändern, klicken Sie mit der rechten Maustaste auf eine freie Stelle des Schreibtischs und wählen *Hintergrund des Schreibtischs ändern*.

5.1.2 Starter (Launcher)

Der Starter entspricht der Schnellstartleiste in Windows oder dem Dock in macOS und enthält Verknüpfungen (Links) zu den am häufigsten benötigten Programmen. Unmittelbar nach der Installation sind hier einige wenige Programme bereits vorgegeben, aber selbstverständlich können Sie sich das mit wenigen Handgriffen ganz individuell einrichten.

Auf den ersten Blick scheint der Platz allerdings zu knapp bemessen, zumal die Symbole auch ziemlich groß ausfallen. Um Letzteres direkt zu ändern, machen Sie auf dem Schreibtisch (!) einen Rechtsklick, wählen *Hintergrund des Schreibtischs ändern* aus und passen mit dem Schieberegler unten rechts die Größe der Startersymbole Ihren Vorstellungen an.

Die Platzfrage hingegen löst sich ganz von allein: Kommt es im Starter zu drangvoller Enge, dann wird die Darstellung zunächst nach unten hin gestaucht (siehe Abbildung 5.2 links). Bewegt man jedoch den Mauszeiger in den gestauchten Bereich des Starters, dann »entfalten« sich sofort alle Symbole und die Starterleiste kann mit Mausbewegungen (ohne gedrückte Maustasten!) nach oben oder unten ins Rollen gebracht werden, sodass man jedes Symbol bequem erreicht.

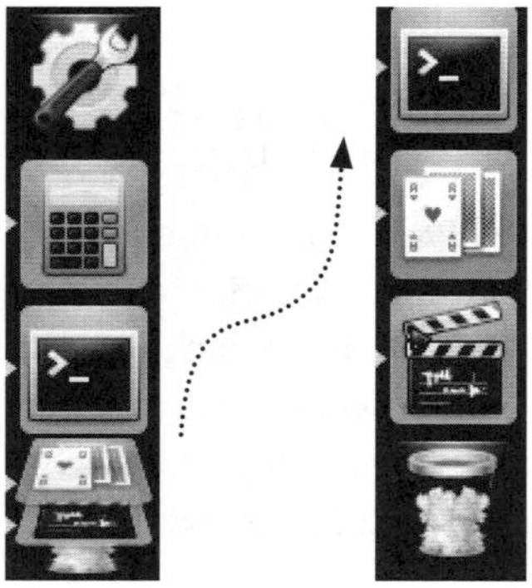

Abbildung 5.2: Starter bei Platzmangel.

Um ein Programm zu starten, genügt **ein** Klick auf das entsprechende Symbol. Nach dessen Start erscheint am Symbol links ein kleines weißes Dreieck, das signalisiert: Dieses Programm läuft. Sind von einem Programm mehrere Instanzen oder Fenster aktiv, dann werden hier zwei oder mehr Dreiecke angezeigt. Ein Dreieck rechts vom Symbol zeigt an, dass das Fenster des Programms derzeit im Vordergrund geöffnet ist.

Ein Rechtsklick auf ein Startersymbol öffnet das Kontextmenü, das weitere Optionen für das jeweilige Programm anbietet:

Abbildung 5.3: Starter – Programm-Kontextmenü.

Tipps

Für das Umschalten zu einem anderen laufenden Programmen ist nicht unbedingt ein Klick auf das jeweilige Startersymbol nötig – probieren Sie mal [Alt]+[Tab].

Mit [Win]+[1] ... [9] (Zifferntasten am oberen Rand der Tastatur) können Sie ein Programmsymbol auch direkt und ganz ohne Maus aktivieren.

Alternativ dazu können Sie auch [Alt]+[F1] drücken und danach mit den Pfeiltasten im Starter navigieren. Um ein solcherart ausgewähltes Programm dann zu starten, drücken Sie einfach [Enter].

Sind für ein Programm mehrere Fenster (Instanzen) geöffnet, dann bewirkt ein Klick auf das Programmsymbol, dass alle Fenster in einer verkleinerten Vorschau angezeigt werden und man das gewünschte anklicken kann, um es in den Vordergrund zu holen:

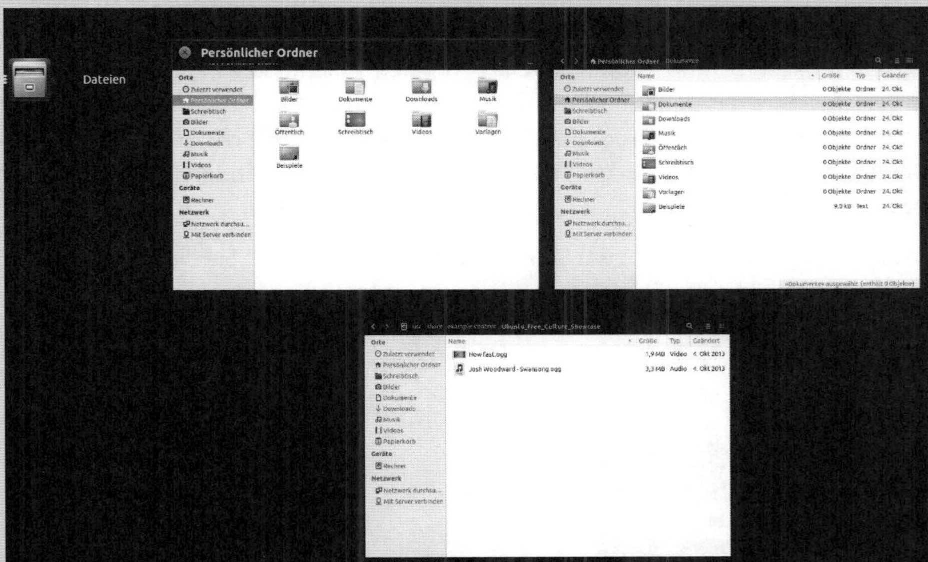

Abbildung 5.4: Starter: Programmfenster-Übersicht.

Ein schneller Wechsel zwischen mehreren Fenstern (Instanzen) eines Programms ist auch möglich, wenn Sie den Mauszeiger nur über dem Symbol platzieren (nicht klicken!) und am **Mausrad drehen**.

Wenn Sie auf einem Symbol einen **Mittelklick** ausführen (Druck auf das Mausrad), dann öffnet sich eine neue Instanz des Programms, also ein weiteres Fenster mit einer leeren neuen Datei (oder einem anderen Standardinhalt).

In Abbildung 5.3 (Seite 110) sehen Sie die Situation nach einem Rechtsklick auf den Ubuntu-Dateiexplorer.

1. Im oberen Bereich finden Sie mitunter verschiedene Direktstart-Varianten (jedoch nicht bei jedem Programm).

   Beispiel: Der Ubuntu-Dateiexplorer (Abbildung 5.3 oben) würde mit einem einfachen Klick auf das Symbol standardmäßig immer mit der Ansicht Ihres persönlichen Ordners (`/home/<IhrName>`) starten. In diesem Bereich des Menüs können Sie stattdessen direkt mit der Ansicht verschiedener anderer Ordner beginnen oder ein zusätzliches Nautilus-Fenster öffnen.

2. Im unteren Abschnitt sehen Sie die Titel der gegebenenfalls bereits geöffneten Fenster des jeweiligen Programms. Im Beispiel sind hier bereits drei Nautilus-Fenster aktiv, die die Inhalte der Ordner `Bilder`, `Musik` und `Downloads` anzeigen.

3. In der vorletzten Zeile besteht die Möglichkeit, ein Symbol **aus dem Starter zu entfernen**, falls Sie das zugehörige Programm nicht ständig benötigen (Sie können das ja gleich mal mit dem Amazon-Symbol probieren, das in der Regel niemand wirklich braucht). Natürlich verschwindet das betreffende Symbol erst, wenn alle zugehörigen Programmfenster geschlossen sind. Und das Programm ist damit auch **nicht gelöscht**, sondern kann jederzeit weiterhin über den Dash (siehe Abschnitt 5.1.3) oder auf anderen Wegen gestartet werden.

   Um ein Programm dauerhaft **zum Starter hinzuzufügen**, starten Sie dieses zunächst (z. B. über den Dash – klicken Sie mal darauf, geben Sie das Suchwort *rechner* ein und klicken Sie dann in den angezeigten Ergebnissen auf den Taschenrechner). Daraufhin erscheint dessen Symbol im Starter. Klicken Sie mit der rechten Maustaste darauf und wählen Sie im Kontextmenü *Im Starter behalten*.

   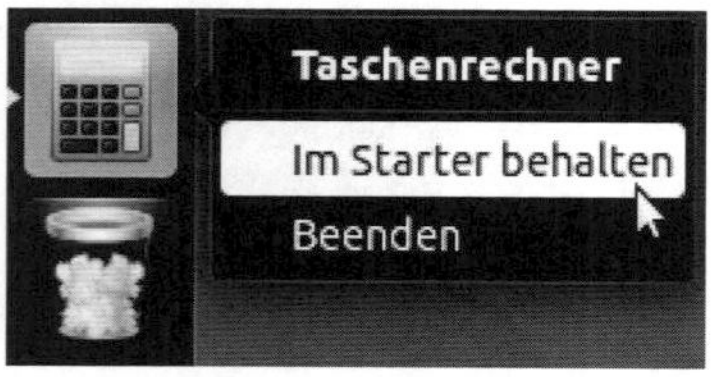

   Abbildung 5.5: Starter – Programm hinzufügen.

4. Am Ende des Kontextmenüs steht immer die Option *Beenden*, mit der Sie ein laufendes Programm jederzeit schließen können. Natürlich würden Sie das im Normalfall direkt im Programmfenster tun, aber dieser Menüpunkt ist besonders dann hilfreich, wenn ein Programm abstürzt, also auf keinerlei Aktionen mehr reagiert. Sie können es hier zuverlässig beenden (in Windows ist dafür meist ein umständlicher und zudem nicht immer erfolgreicher Weg über den Taskmanager erforderlich).

Möchten Sie ein Symbol innerhalb des Starters verschieben, dann klicken Sie mit der linken Maustaste darauf, halten die Taste gedrückt, bewegen es **leicht nach rechts** und anschließend an die gewünschte vertikale Position, in der es dann von selbst wieder einrastet.

Abbildung 5.6: Starter – Symbol verschieben.

Die kleine Rechtsbewegung am Beginn ist notwendig, weil sich andernfalls nur der Starter als Ganzes nach oben oder unten verschiebt.

5.1.3 Dash (Startmenü)

Der Dash, mitunter auch als HUD (**H**ead-**u**p-**D**isplay) bezeichnet, nimmt eine Sonderstellung ein und befindet sich deshalb immer an exponierter Position oben im Starter. Mit ihm können Sie Programme starten, Dateien suchen und sogar innerhalb von Programmen vorhandene Menüpunkte oder Informationen aufspüren.

Sie aktivieren den Dash durch Klick mit der Maus oder mit einmaligem Drücken der Taste [⊞].

Tragen Sie jetzt einen Suchbegriff ein – Groß- und Kleinschreibung spielt dabei keine Rolle (vgl. Abbildung 5.7 auf Seite 114). Bereits während Sie schreiben, wird versucht zu erraten, was Sie gemeint haben könnten.

Woher bekommt der Dash eigentlich seine Informationen?

Zum einen sind es die Dateien selbst. Ubuntu hat – wie alle modernen Betriebssysteme – eine sogenannte Indizierungsfunktion: Immer, wenn eine Datei bearbeitet wurde, hinzukommt oder einfach, wenn mal nichts passiert und etwas Rechenkapazität frei ist, durchsucht Ubuntu das Dateisystem und registriert die Namen von Dateien sowie deren Inhalte. Dazu gehören auch die Favoriten und Lesezeichen der Webbrowser.

Hinweis

Keine Angst! Im Gegensatz zu Windows werden diese sensiblen Informationen nirgendwo anders als auf Ihrem Rechner gespeichert, und Sie können sie auch jederzeit löschen (siehe Abbildung 9.3 auf Seite 315).

Darüber hinaus verwendet die Suchfunktion alle internen Beschreibungen, die u. a. bei jeder Installation eines Programms an Ubuntu übermittelt werden; so bringt z. B. LibreOffice Writer die Information mit, dass er ein **Text**bearbeitungsprogramm ist – folglich erscheint Writer auch in der Fundliste, wenn man nach **text** sucht, obwohl dieses Wort im Programmnamen selbst gar nicht vorkommt (siehe Abbildung 5.7).

Und schließlich werden auch Onlinequellen durchsucht, speziell Wikipedia, Amazon, eBay, Facebook, Flickr etc. Wenn Sie das nicht wünschen, dann können Sie es jederzeit abschalten. Lesen Sie hierzu Kapitel 9.1.4.

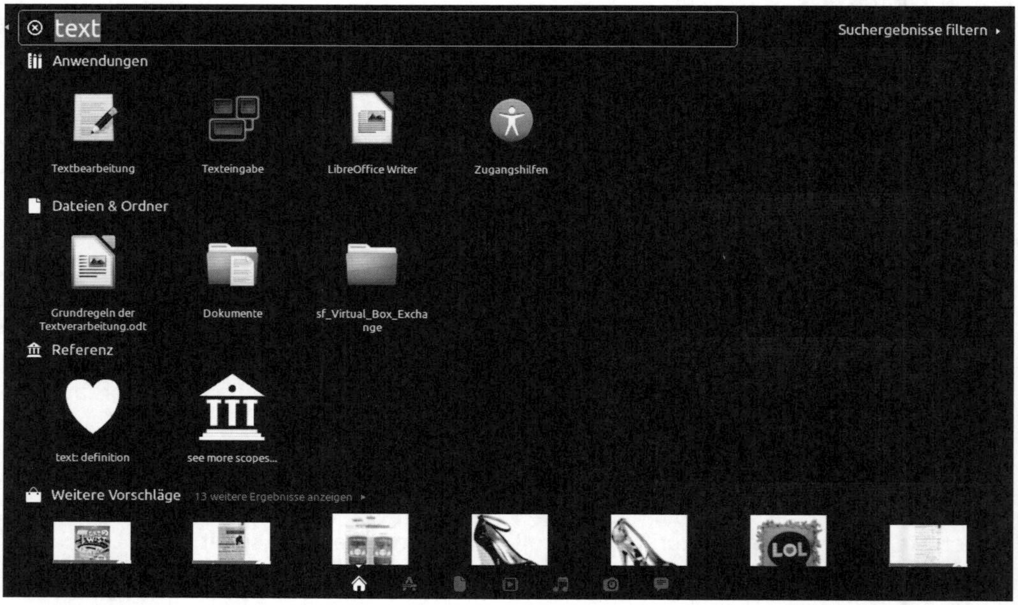

Abbildung 5.7: Dash – einfache Suche.

Ist das Gesuchte zugleich das, was in der ersten Zeile ganz links angezeigt wird (in Abbildung 5.7 die »Textbearbeitung«), dann können Sie dieses auch sofort mit einem einfachen [↵] öffnen bzw. starten. Ansonsten müssen Sie mit der Maus auf das entsprechende Symbol klicken.

Meist findet man das Gewünschte gleich beim ersten Mal. Sollte es jedoch nicht sichtbar sein, dann schauen Sie zunächst, ob neben einer Teilüberschrift noch *NN weitere Ergebnisse anzeigen* steht, und klicken Sie darauf (NN ist eine Anzahl).

Dadurch werden dann **alle** Suchergebnisse für diese Abteilung aufgelistet, und man findet vielleicht schon, was man sucht. Andernfalls muss ein anderer Suchbegriff her.

Und wenn es doch einmal sehr unübersichtlich werden sollte, dann gibt es verschiedene Filtermöglichkeiten.

1. Die einfachste sind die Rubriken-Filter, die Sie ganz unten am Bildschirmrand finden:

Abbildung 5.8: Rubriken-Filter (Lupen).

Sie werden auch Lupen genannt und filtern (von links nach rechts) folgende Einträge: Alles | Anwendungen | Dateien & Ordner | Videos | Musik | Fotos | Nachrichten.

Tipp

Sie wollen mal **alle** Programme sehen, die auf Ihrem Rechner installiert sind? Dann lassen Sie das Suchfeld oben leer und klicken Sie auf den Rubriken-Filter *Anwendungen* (das A). In der Zeile *Installiert* gehen Sie rechts auf *NN weitere Ergebnisse anzeigen*, und schon werden Ihnen alle Programme alphabetisch aufgelistet.

2. Rechts oben im Dash-Fenster finden Sie *Suchergebnisse filtern*. Damit öffnet sich eine Liste von Filtern, die für jede Rubrik unterschiedlich ist und Ihnen die Möglichkeit gibt, genauer festzulegen, welche Ergebnisse Sie sehen möchten.

Wichtig

Wenn Sie mehrere Filteroptionen gleichzeitig aktivieren, dann sind das immer sogenannte **ODER**-Verknüpfungen. Das bedeutet, dass alle Ergebnisse angezeigt werden, die **entweder** das eine **oder** auch das andere Kriterium erfüllen (oder gegebenenfalls beide gleichzeitig).

Manchmal finden Sie im unteren Teil eine Liste von »Quellen«. Hiermit können Sie noch genauer festlegen, wo Ubuntu suchen soll bzw. wo nicht. Mit dem folgenden Beispiel wurde nach Fotos gesucht, und diese sollten sich entweder auf dem Rechner (*Dateien & Ordner*), auf *Facebook* oder bei *Flickr* befinden.

Abbildung 5.9: Quellen-Filter.

Wenn Sie gefunden haben, wonach Sie suchten, dann können Sie das entsprechende Objekt mit einem einfachen Klick öffnen bzw. starten. Ein Rechtsklick darauf bietet hingegen detailliertere Informationen und eröffnet erweiterte Bearbeitungsmöglichkeiten. Im nachfolgenden Bild wurde mit der rechten Maustaste auf die Datei `Grundregeln der Textverarbeitung.odt` geklickt. Neben einigen Grundinformationen bietet sich nun die Gelegenheit, den Ordner anzeigen zu lassen, in dem die Datei liegt, oder sie gleich als E-Mail-Anhang zu versenden (vorausgesetzt, Sie haben ein E-Mail-Programm eingerichtet).

Abbildung 5.10: Erweiterte Vorschau im Dash.

Der Dash ist aber nicht nur eine zentrale Einrichtung zum Suchen und Öffnen von Dateien und Programmen, sondern unterstützt Sie auch bei der **Navigation innerhalb eines Programms**.

Während Sie in einem Programm arbeiten, aktivieren Sie den Dash über die Taste [Alt] und können ein Stichwort eingeben, um z. B. nach einem Menüpunkt zu suchen (in der nachfolgenden Abbildung wurde im Internetbrowser Firefox nach *lese* gesucht, um die Verwaltung der Lesezeichen zu finden).

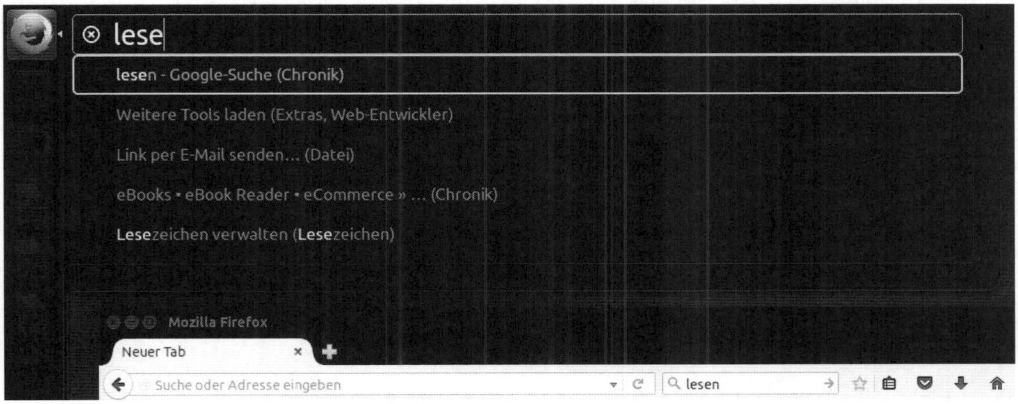

Abbildung 5.11: Dash – Suche innerhalb eines Programms.

Wie man gut erkennen kann, findet der Dash aber nicht nur Menüpunkte, auf die der Suchbegriff direkt zutrifft (hier ganz unten *Lesezeichen verwalten*), sondern auch solche, die thematisch mit dem Suchbegriff verbunden sind, und darüber hinaus sogar Programminhalte, auf die das Wort passt (im dargestellten Beispiel fanden sich zwei Einträge in der Browserchronik, die mit *lesen* zu tun haben).

Diese Funktion erleichtert nicht nur Einsteigern die ersten Schritte in einem neuen Programm, sondern beschleunigt generell den Zugriff auf ansonsten schwer zu findende Orte oder Informationen.

5.1.4 Menüleiste (Panel)

Die Menüleiste am oberen Bildschirmrand kann zwei Zustände einnehmen:

1. Systemmenü und Statusanzeige.

Abbildung 5.12: Menüleiste ohne aktives Programm.

2. Programm-Menü.

Abbildung 5.13: Menüleiste eines aktiven Programms.

Solange **kein** Programmfenster im Vordergrund ist (also z. B. wenn Sie mit der Maus auf einen freien Bereich des Schreibtischs geklickt haben), sehen Sie hier das Systemmenü bzw. diverse Statusinformationen.

Sobald Sie jedoch ein Programmfenster aktivieren und anschließend den Mauszeiger in die Menüleiste bewegen, erscheint hier das Menü des jeweils aktiven Programms. Das ist besonders für Umsteiger gewöhnungsbedürftig: In Windows war das Menü des aktiven Programms immer am oberen Rand des jeweiligen **Fensters** zu finden. In Linux, also auch in Ubuntu, finden Sie dieses dagegen stets oben am **Bildschirmrand**, und es wird auch erst sichtbar, wenn Sie den Mauszeiger dorthin bewegen.

Der Vorteil besteht darin, dass dadurch im aktiven Programmfenster die Menüzeile eingespart und etwas mehr Platz für andere Inhalte frei wird. Sie können das jedoch jederzeit ändern: Führen Sie auf dem Schreibtisch (!) einen Rechtsklick aus, wählen Sie *Hintergrund des Schreibtischs ändern* und dann den Reiter *Verhalten*. Im unteren Teil des Fensters finden Sie *Zeige die Menüs für ein Fenster* – wählen Sie dort *In der Titelleiste des Fensters*. Fortan findet sich das Menü jedes Programms ganz oben im jeweiligen Fenster (im nachfolgenden Bild am Beispiel von Firefox erkennbar).

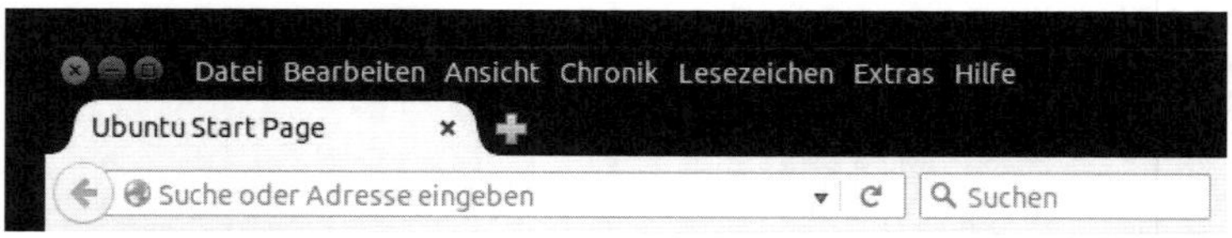

Abbildung 5.14: Menü in der Titelleiste eines Programmfensters.

Die Elemente im rechten Teil der Ubuntu-Menüleiste (siehe Abbildung 5.12) werden meist Indikatoren genannt, weil sie neben einer Menüfunktion oft auch Statushinweise geben. Im Folgenden sollen diejenigen erläutert werden, die nach dem ersten Start von Ubuntu bereits vorhanden sind. Durch Installation bestimmter Programme können später weitere hinzukommen (siehe Seite 277). Die Erläuterungen beschränken sich aber der Einfachheit halber auf das, was für den Ubuntu-Alltag hilfreich und erforderlich ist.

Kabelnetzwerk (LAN)

Funknetzwerk (WLAN)

Zeigt an, mit welchem Netzwerk der Rechner verbunden ist. Das zugehörige Menü ändert seinen Inhalt je nachdem, welche Netzwerke verfügbar sind (siehe Abbildung 5.15).

Im oberen Bereich sehen Sie das Netzwerk, mit dem der Rechner derzeit verbunden ist, darunter finden Sie alle Netzwerke, die aktuell verfügbar sind. Um sich mit einem davon zu verbinden, genügt ein Klick auf den Namen. Bei geschützten Netzwerken wird anschließend das Passwort erfragt.

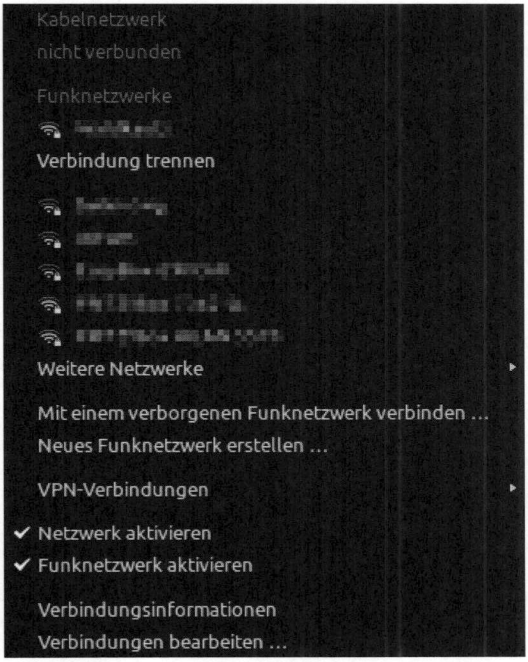

Abbildung 5.15: Panel – Netzwerk.

Sollten Sie die Meldung bekommen, dass Sie offline (also nicht mit einem Netzwerk verbunden) sind, dann prüfen Sie zuallererst, ob ein Haken vor *Netzwerk aktivieren* und/oder *Funknetzwerk aktivieren* steht – wenn nicht, dann klicken Sie die jeweilige Option an.

Einige Netzwerke müssen zunächst konfiguriert werden, bevor man sie nutzen kann. Hierfür steht Ihnen die Option *Verbindungen bearbeiten…* zur Verfügung. Weitere Hinweise dazu entnehmen Sie bitte dem Handbuch des Netzwerkservers oder erkundigen Sie sich im Internet bzw. bei einem Fachmann.

Sprache

Dieser Indikator informiert über die aktuell verwendete Tastatur- und Spracheneinstellung. Sie können u. a. mit einem Klick die Tastaturbelegung umschalten.

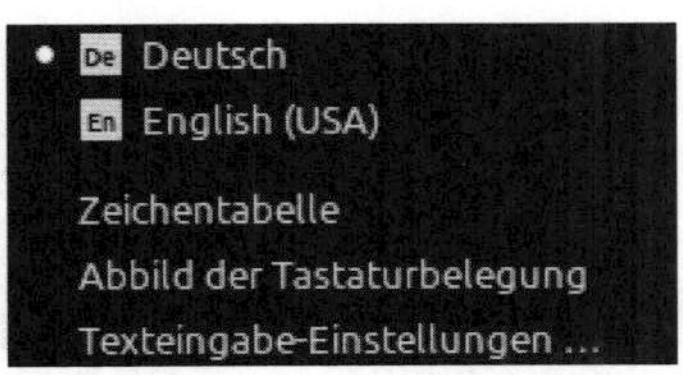

Abbildung 5.16: Panel – Sprache.

Die Zeichentabelle ermöglicht es Ihnen, Sonderzeichen zusammenzustellen, die Sie an anderer Stelle, z. B. in einem Textbearbeitungsprogramm, verwenden möchten.

Abbildung 5.17: Zeichentabelle.

Wählen Sie ganz oben die Schriftart und in der Liste darunter eine Unterform aus. Doppelklicken Sie dann auf alle Sonderzeichen, die Sie benötigen – diese erscheinen nacheinander unten in der Zeile *Zu kopierender Text*. Abschließend klicken Sie auf *Kopieren*. Die Zeichenfolge steht nun in der Zwischenablage zur Verfügung und kann in jedem geeigneten Programm mit Strg+V eingefügt werden.

Stromversorgung

Dieses Symbol zeigt den Ladezustand an und erscheint nur, wenn Ihr Rechner mit einem Akku arbeitet oder die Maus mit Batterien betrieben wird.

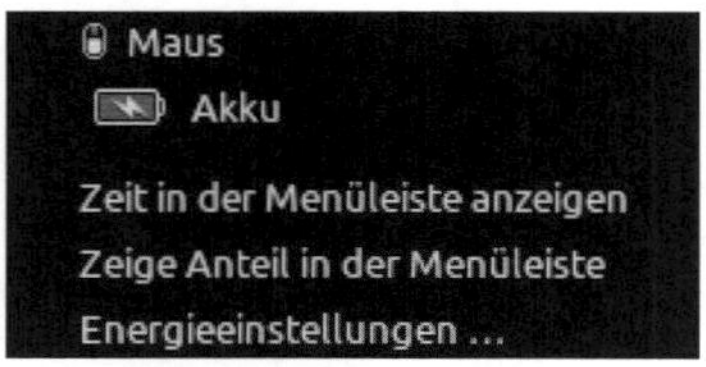

Abbildung 5.18: Panel –Stromversorgung.

Wenn Sie die Option *Zeit in der Menüleiste anzeigen* aktivieren, dann sehen Sie die verbleibende Zeit, bis der Akku entladen ist. Mit *Zeige Anteil in der Menüleiste* bekommen Sie den prozentualen Ladezustand angezeigt. Der letzte Menüpunkt *Energieeinstellungen* führt Sie zum Stromversorgungs-Management.

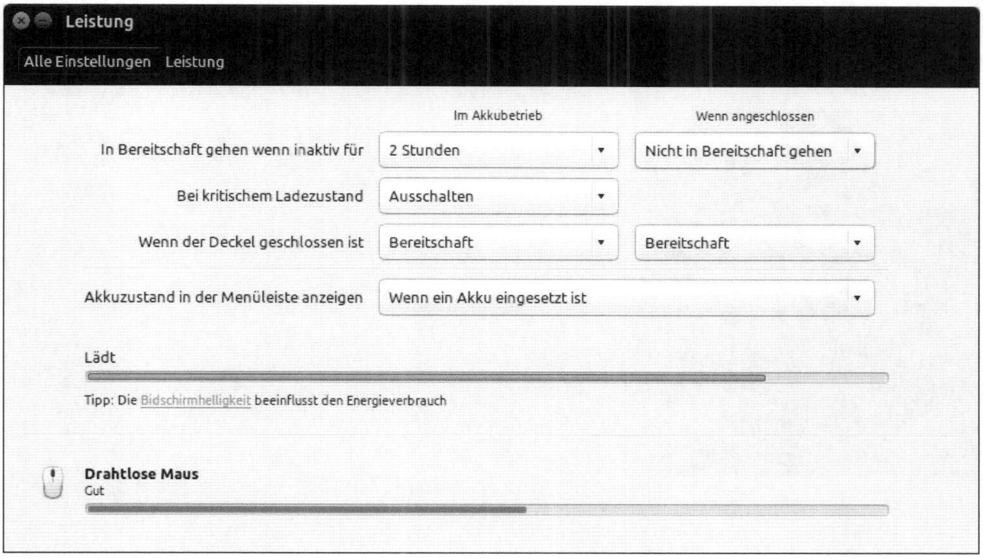

Abbildung 5.19: Einstellungen für die Stromversorgung.

Hier können Sie festlegen, was bei bestimmten Vorgängen, wie z. B. dem Schließen des Laptops, passieren soll.

Sound

An dieser Stelle regeln Sie nicht nur die Lautstärke oder schalten die Lautsprecher ganz stumm, sondern Sie können auch direkt bestimmte Audio- und Videoprogramme starten, soweit diese bereits installiert sind. Ganz unten im Menü findet sich der Zugang zu den allgemeinen Soundeinstellungen.

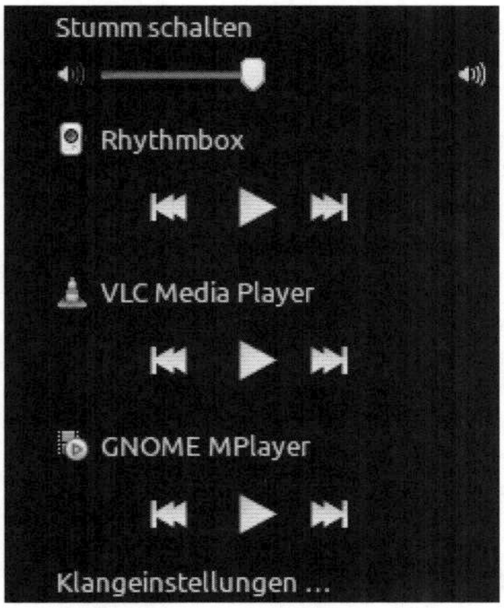

Abbildung 5.20: Panel – Sound.

Datum & Zeit

Beim Klick auf dieses Symbol fällt zuallererst ein Kalender auf:

Abbildung 5.21: Panel – Datum & Zeit.

Leider hat dieser in Ubuntu zunächst keine weitere Funktion – Sie können ihn lediglich anschauen und nach Datumsangaben oder Wochentagen suchen. Das ändert sich jedoch im Zusammenhang mit einigen Kalenderprogrammen, die einen direkten Zugriff über diesen Kalender ermöglichen. Thunderbird gehört allerdings **nicht** dazu.

Ganz unten im Menü finden Sie die Einstellungen für Datum und Uhrzeit.

System

Das Systemmenü enthält folgende Optionen:

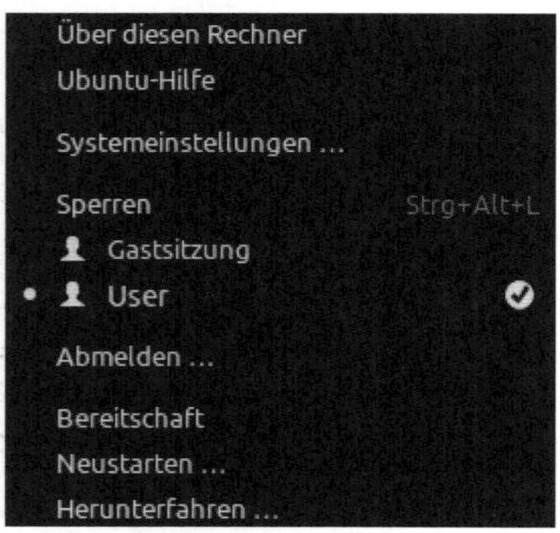

Abbildung 5.22: Panel – Systemmenü.

Über diesen Rechner gibt Ihnen nicht nur einen Überblick der technischen Parameter Ihres Rechners, sondern ermöglicht in der Rubrik *Vorgabeanwendungen* auch die Festlegung, mit welchem Programm bestimmte Dateitypen wie Musik, Video, Fotos, E-Mails etc. vorzugsweise geöffnet werden sollen. In der Rubrik *Wechselmedien* können Sie zudem festlegen, wie der Rechner z. B. auf das Einlegen einer Audio-CD reagieren soll.

Die *Ubuntu-Hilfe* ist – wie bei Hilfen zu Betriebssystemen oft – das Stiefkind: Über eher allgemein gehaltene Hinweise auf Einsteigerniveau kommt sie kaum hinaus. Es lohnt sich eigentlich nicht, darin viel Zeit zu investieren. Überzeugendere Hilfeangebote finden Sie bei:

- *https://www.ubuntuusers.de*
- Suchmaschinen, wenn Sie Ihren Stichwörtern ein *Ubuntu* voranstellen.
- YouTube

Mit den *Systemeinstellungen* können Sie die wichtigsten Verhaltensweisen von Ubuntu regeln. Dafür bedarf es keiner näheren Erläuterungen, weil die allermeisten Optionen selbsterklärend sind. Es lohnt sich, hier ein wenig länger herumzustöbern.

Mit der Option *Sperren* können Sie Ihren Bildschirm blockieren – beispielsweise wenn Sie Ihren Arbeitsplatz kurzzeitig verlassen müssen. Hierfür steht Ihnen auch die Tastenkombination Strg+Alt+L (L für **l**ock = engl. »verriegeln«) zur Verfügung.

In der Mitte des Menüs finden Sie alle *User*, die auf diesem Rechner eingerichtet worden sind. Mit einem einfachen Klick auf einen der Namen können Sie einen schnellen Benutzerwechsel einleiten, ohne sich vollständig abmelden zu müssen. Geöffnete Dateien und Programme bleiben bis zur Ihrer Rückkehr erhalten.

Mit *Abmelden* hingegen schließen Sie die Sitzung und damit auch alle Programme bzw. Dateien. Anschließend können Sie sich als ein anderer User wieder anmelden.

Bereitschaft versetzt Ihren Rechner in einen energiesparenden Ruhezustand, ohne die geöffneten Programme oder Dateien zu schließen (bei Laptops wird das meist auch durch das Zuklappen des Bildschirms ausgelöst – siehe Abbildung 5.19 auf Seite 121).

Die verbleibenden Menüpunkte dienen dem *Herunterfahren* des Rechners.

5.2 Bedienung

5.2.1 Maus

Die Mausbedienung in Ubuntu ist identisch zu anderen Betriebssystemen, insbesondere im Vergleich mit Windows, und wird daher hier nur als kurze Übersicht behandelt. Lediglich der Starter stellt eine Ausnahme dar, wurde aber bereits im Abschnitt 5.1.2 ausführlich erörtert.

- **Klick** (linke Maustaste)
  Markiert ein Objekt oder eine Position (z. B. in Texten) bzw. löst einen Button aus.

- **Doppelklick**
  Öffnet einen Ordner oder startet ein Programm (im Starter genügt jedoch ein einfacher Klick).
- **Rechtsklick**
  Öffnet ein Kontextmenü, das die wichtigsten Befehle für das angeklickte Objekt oder die entsprechende Bildschirmposition enthält.

Ansonsten gelten alle anderen bekannten Maustechniken, also auch das Ziehen und Fallenlassen oder das Klicken bei gedrückt gehaltenen Tasten [Strg] bzw. [⇧] (vgl. Kapitel 10.2).

5.2.2 Tastatur

Die meisten Menschen bedienen einen Rechner sehr gern mit der Maus – es ist intuitiv und man muss sich nicht viel merken, denn die jeweils verfügbaren Aktionen sind ja immer sichtbar. Aber es ist in Wirklichkeit nicht so bequem, wie es sich anfühlt, denn es kostet Zeit und Konzentration. In Zeitlupe betrachtet sieht das Ganze nämlich so aus: Zunächst löst man die Hände von der Tastatur und ergreift die Maus (mitunter geht dem auch erst mal eine kurze Suche voraus oder das Mousepad muss mal wieder neu positioniert werden …), dann ist vielleicht der Mauspfeil gerade nicht sofort erkennbar, und man muss ihn aufspüren, also Wackeln mit der Maus und konzentriertes Beobachten des Bildschirms: Wo tut sich was?

Anschließend gilt es, das Symbol oder die gewünschte Position zu finden, darauf zu zielen und schließlich zu klicken; gegebenenfalls folgen dem noch ein, zwei, drei weitere Klicks auf diverse Menüpunkte … Das geht meist sehr schnell und scheint gar nicht der langen Erklärung wert, aber diese Abfolge geschieht unzählige Male am Tag und ist einer der Gründe, warum man trotz aller Mühe und Erfahrung stets langsamer vorankommt als ein Profi und zudem schneller erschöpft ist oder gar über Kopfschmerzen klagt, denn das ist permanente Konzentrations- und Augenarbeit.

Daher bedienen professionelle User den Rechner sehr oft so weit wie möglich mithilfe der Tastatur. Die Geschwindigkeit und Zielgenauigkeit, die sie dabei erreichen, wirkt für Außenstehende mitunter wie Zauberei, ist aber nichts weiter als täglich trainierte Gewohnheit, ähnlich dem Schalten und Walten beim Autofahren. Und das Erstaunliche daran ist, dass etwa ein gutes Dutzend Tastenkombinationen bereits ausreichen, um gefühlte 80 % der Alltagsaktionen durchzuführen.

Natürlich ist es völlig abwegig, alle denkbaren Kombinationen auswendig zu lernen. Das macht auch ein Profi nicht. Stattdessen sollte man ein kleines Arsenal immer wieder benötigter (und oft sogar auf unterschiedlichen Betriebssystemen übereinstimmender) Tastenkombinationen zur Hand haben und dann vielleicht nur noch die eine oder andere Tastenfolge, mit der Aktionen erledigt werden, die man selbst wirklich oft durchführen muss. Letzteres ist auch meist von Programm zu Programm verschieden. Schauen Sie hier bitte mal in die Hilfen der jeweiligen Programme unter dem Stichwort *Tastenkombinationen* bzw. *Tastaturkürzel* etc. oder suchen Sie gegebenenfalls im Internet danach.

Um Ihnen den Einstieg zu erleichtern, finden Sie im Folgenden zwei Gruppen von Tastenkombinationen: die universellen, die sowohl in Windows als auch in Ubuntu (Linux) funktionieren, sowie einige spezielle, die nur für Ubuntu gelten.

Universelle Tastenkombinationen

Strg+C

Kopieren
Der jeweils ausgewählte/markierte Inhalt wird in die Zwischenablage kopiert.

Strg+X

Ausschneiden
Wie »Kopieren«, aber der Inhalt wird anschließend gelöscht.

Strg+V

Einfügen
Der zuvor mit »Kopieren« oder »Ausschneiden« gesicherte Inhalt wird an der aktuellen Position eingefügt – dies ist solange wiederholbar, bis ein anderer Inhalt kopiert oder ausgeschnitten wurde.

Strg+⇧+V (in Windows: Strg+Alt+V)

Erweitertes Einfügen
Wie »Einfügen«, aber zuvor kann noch festgelegt werden, in welchem Format der Inhalt aus der Zwischenablage eingefügt werden soll (z. B. nur als reiner Text ohne jegliche Formatierung).

Strg+S

Speichern
(engl. »save«) Speichert die momentan bearbeitete Datei.

Strg+P

Drucken
(engl. »print«) Druckt die aktuelle Datei.

Strg+O

Öffnen
(engl. »open«) Öffnet eine Datei.

Strg+W

Schließen
Mit dieser Tastenkombination wird das aktuelle Dokument, Bild etc. geschlossen, ohne das Programm selbst zu beenden.

Alt+Tab

Taskwechsel

(Task = Aufgabe bzw. Programm)

Wechselt zwischen dem aktuellen und dem vorher benutzten Programm hin und her. Wenn Sie die Alt-Taste gedrückt halten, während Sie die Tab-Taste betätigen, dann können Sie auch bequem zwischen mehreren laufenden Programmen hin und her schalten:

Abbildung 5.23: Taskwechsel mit Alt+Tab.

Mit Alt+Esc können Sie diesen Modus übrigens wirkungslos verlassen.

Besonderheit in Ubuntu: Sind bei einem Programm mehrere Fenster geöffnet (in Abbildung 5.23 das Textprogramm, mit dem gerade zwei Texte zugleich bearbeitet werden), dann kann man während des Umschaltens auf diesem Programmsymbol kurz innehalten. Daraufhin erscheinen alle geöffneten Fenster des Programms, die man jetzt mit weiteren Alt+Tab-Schritten einzeln anwählen kann:

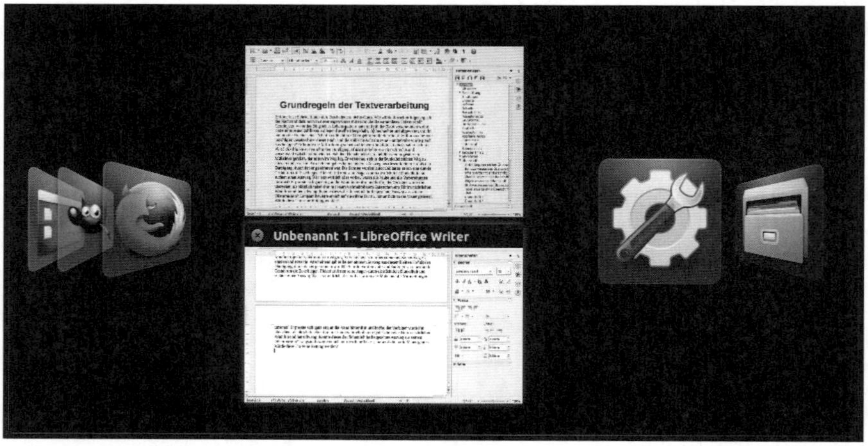

Abbildung 5.24: Taskwechsel durch einzelne Programmfenster.

Haben Sie das gewünschte Programm ausgewählt, lassen Sie die Alt-Taste einfach wieder los, woraufhin es im Vordergrund angezeigt wird.

Tastenkombinationen für Ubuntu

> **Hinweis**
>
> Weil wir uns hier in Ubuntu befinden und nicht (mehr) in Windows, muss eine spezielle Taste einen neuen Namen bekommen: die Windows-Taste ⊞. Sie heißt in Ubuntu »Supertaste«.

Da es in diesem Buch nicht darum geht, alle Aspekte von Ubuntu zu beleuchten, sondern der Schwerpunkt auf der Alltagstauglichkeit liegt, erscheint an dieser Stelle auch keine endlose Liste aller existierenden Tastenkombinationen, die sich sowieso niemand merken könnte. Stattdessen finden Sie nur die wirklich wichtigen – alle anderen können Sie sich in Ubuntu anzeigen lassen, indem Sie die Supertaste längere Zeit gedrückt halten.

⊞+1 ... 9 – Programm öffnen, das sich im Starter auf Position 1 bis 9 befindet

⊞+A – Programme suchen (A = **A**pplications)

⊞+F – Dateien suchen (F = **F**iles)

⊞+W – Alle geöffneten Fenster als Übersicht anzeigen (W = **W**indows)

⊞+L – Bildschirm sperren, auch mit Strg+Alt+L möglich (L = **L**ock)

Alt+Tab – Wechsel zwischen den aktiven Fenstern/Programmen (siehe Seite 126)

Alt+^ – Wechsel zwischen den Dokumenten **innerhalb** eines Programms

Alt+F1 – Starter mit Tastatur bedienen

Strg+Alt+T – Terminal öffnen (siehe Abschnitt 5.4)

Übrigens können Sie über die Systemsteuerung (und dort unter *Tastatur/Tastenkürzel*) noch viele weitere Tastenkombinationen kennenlernen und diese sogar nach eigenen Vorstellungen verändern (siehe Kapitel 9.2.4).

5.2.3 Fenster

Die Handhabung der Fenster in Ubuntu ist nahezu identisch mit anderen Betriebssystemen, sodass hierzu nichts weiter ausgeführt werden muss. Gegenüber Windows gibt es allerdings ein paar wenige Unterschiede, die im Folgenden erläutert werden sollen.

Die augenfälligste Besonderheit betrifft Form und Position der drei Bedienelemente am oberen Fensterrand zum Minimieren, Maximieren und Schließen der Fenster: 

Diese befinden sich in Ubuntu (allgemein in Linux) links statt – wie in Windows – rechts. Das könnten Sie aber auch in den Systemeinstellungen ändern.

Fenster in Ubuntu haben keinen sichtbaren Rand, können aber natürlich ebenso wie in Windows vergrößert und verkleinert werden. Bewegen Sie den Mauszeiger einfach in die Nähe des Randes. Wenn er zu einem Pfeil wird, dann können Sie den Rand oder die Ecke verschieben.

Abbildung 5.25: Fenster – Rand verschieben.

Ansonsten sind die Handhabungen in Ubuntu die gleichen wie in Windows, u. a.:

- **Fensterposition ändern**
  Fenstertitel oben mit gedrückter Maustaste anfassen und verschieben.
- **Fenster maximieren**
  - Entweder über die Bedienelemente oben links
  - oder mit Doppelklick im Fenstertitel (Rücknahme der Maximierung ebenso)
  - oder durch Verschieben des Fensters an den oberen Bildschirmrand.
- **Fenster halb maximieren**
  Verschieben des Fensters an den linken oder rechten Bildschirmrand. Mit dieser Technik können Sie u. a. zwei Fenster exakt nebeneinander positionieren und deren Inhalte gut vergleichen.

Zur besonders schnellen und raffinierten Bedienung der Fenster gibt es auch einige spezielle Tastenkombinationen – hier die wichtigsten:

Alt+F4 –Fenster schließen.

Win+W – Übersicht aller geöffneten Fenster.

Strg+Alt+1 ... 9 auf der Nummerntastatur (1 bis 9 nur auf dem Ziffernblock rechts!) – positioniert das aktuelle Fenster so, wie die jeweilige Taste auf dem Ziffernblock liegt (oben/unten/links/rechts …).

Strg+Win+↑ oder ↓ – Fenster maximieren oder minimieren.

Übrigens: Wenn ein Programm sehr beschäftigt ist und Ubuntu nach einer bestimmten Zeit keine Rückmeldung von ihm bekommen hat, dann wird dessen Fenster entfärbt und abgedunkelt als Zeichen dafür, dass hier zunächst keine Bedienung möglich ist. In aller Regel gibt sich das nach einer Weile von ganz allein, das Fenster erscheint wieder farbig und kann auch bedient werden. Sollte sich der Zustand aber sehr lange Zeit nicht ändern, ist das Programm vermutlich abgestürzt. Sie können dann im Starter mithilfe eines Rechtsklicks auf das Programmsymbol dessen Beendigung erzwingen (siehe Seite 112) – allerdings gehen damit auch alle ungesicherten Daten verloren (also vielleicht lieber doch noch etwas warten ...?).

5.3 Dateien und Ordner

Das Wichtigste auf einem Rechner sind die Dateien. Ausnahmslos alles hat mit ihnen zu tun: Das Betriebssystem besteht daraus, sämtliche Programme sind nichts anderes als eine Dateiensammlung, und letztendlich speichern Sie darin all das, was Ihnen lieb und teuer ist: Ihre kreativen Werke ebenso wie Ihre Briefe, Mails, Ausarbeitungen, Recherchen, Berechnungen, Kontakte, Termine, Geheimnisse etc. und nicht zu vergessen so wichtige Selbstverständlichkeiten wie die Lesezeichen für das Internet oder auch alle Einstellungen, die man am Betriebssystem bzw. an den Programmen vorgenommen hat.

Das bedeutet im Umkehrschluss auch: **Sich mit Dateien auszukennen, ist existenziell!**

Aber keine Sorge: Ebenso, wie Sie zum Telefonieren keine Ausbildung zum Telekommunikations-Facharbeiter benötigen, braucht es auch kein Studium der Informatik, um dennoch ein routinierter PC-User zu sein. Ein paar substanzielle Kenntnisse sind jedoch unerlässlich, sonst wird das nichts mit dem Spaß am Arbeiten.

Erleichternd kommt hinzu, dass wir uns hier weitestgehend nicht mit den Feinheiten und Tiefen von Programmen oder des Betriebssystems beschäftigen. Wenn also im Folgenden von Dateien die Rede ist, dann sind damit ausschließlich **Ihre eigenen Daten** gemeint, also Texte, Tabellen, Fotos, Videos, E-Mails etc.

5.3.1 Dateinamen und Strukturen

Ich erlaube mir hier eine etwas ausführlichere Darstellung des Themas, weil ich in meinen langjährigen Erfahrungen aus Coachings in Firmen und Einrichtungen aller Art weiß, dass selbst dort, wo man von Berufs wegen annehmen sollte, hochprofessionelle PC-User vorzufinden, oft erstaunlich große Wissenslücken klaffen, die letztendlich nicht nur die Betroffenen nerven oder gar benachteiligen, sondern darüber hinaus für den Betrieb teuer und mitunter sogar gefährlich werden können, weil z. B. Zeit durch überflüssiges Suchen verloren geht oder Daten im schlimmsten Fall unauffindbar sind.

Wenn Sie bereits zu den erfahreneren Usern gehören, die mit diesem Thema keine Probleme mehr haben, dann sollten Sie vielleicht trotzdem entspannt diesen Abschnitt lesen – möglicherweise ist ja auch für Sie noch die eine oder andere hilfreiche Information dabei.

Das große Ziel ist:

Finden! Nicht suchen.

Alle Dateien auf einem Rechner sind wie Akten in einem Büroregal in sogenannten Ordnern organisiert. Aber anders als in der Welt der Rechner hat man im täglichen Leben keine Suchmaschinen oder ähnlich hilfreiche Tools zur Verfügung, um das, was man gerade braucht, auch schnell zu finden. Was tut man also? Man schafft sich eine möglichst einfach zu merkende oder logisch schlüssige Ordnung und hält diese im besten Fall streng ein. Niemand wird sämtliche Briefe, Faxe, Planungen, Fotos, Ausarbeitungen etc. wild durcheinander in einer Kiste ablegen in der Hoffnung, im Bedarfsfall irgendwie schon das Richtige zu finden.

Aber genau das findet erschreckend oft auf vielen Rechnern statt: Alles wird an ein und demselben Ort gespeichert, am besten noch auf dem Desktop, damit man es auch immer »vor Augen hat«. Das ist vielleicht menschlich verständlich, aber tun Sie das auch in Ihrem Alltag? Legen Sie alles in großen Haufen auf Ihrem Schreibtisch ab, damit Sie es immer »vor Augen haben«? Wohl eher nicht. Sie beschaffen sich ein oder mehrere Regale, beschriften vielleicht sogar die einzelnen Fächer, stellen dort gut gekennzeichnete Ordner hinein, die wiederum wahrscheinlich in einzelne Rubriken unterteilt sind etc. Je näher dieses Ordnungssystem an Ihrem Alltagsleben ist, umso einfacher merken Sie es sich und umso schneller finden Sie, was Sie gerade benötigen. Und um Letzteres geht es am Ende immer: **schnelles Auffinden von Informationen und Dokumenten**.

Dabei werden Sie ganz sicherlich darauf achten, Ihre Ordner so zu beschriften, dass Sie nur einen Griff benötigen, um ans Ziel zu kommen. Bezeichnungen wie »Sonstiges« verbieten sich da natürlich – das sind die Keimzellen für zukünftiges Chaos. Aber es geht noch besser: Versuchen Sie sich vorzustellen, wie es wäre, wenn ein (natürlich Ihnen wohlgesonnener!) Fremder in Ihrem Auftrag auf die Suche gehen soll. Findet der auch, was Sie haben wollen?

Beschriften Sie daher alles so, als ob Sie der Fremde wären, denn heute wissen Sie noch, was mit »Privates« gemeint war, aber ist das auch noch in sechs Monaten der Fall? Immer, wenn Sie einen Ordner fälschlicherweise in die Hand genommen haben, weil Sie glaubten, da drin sei das Gesuchte, dann wissen Sie: Die Beschriftung ist falsch oder der Sinn dieses Ordners muss überdacht werden (vielleicht sollte man ihn endlich mal umbenennen oder besser gleich auf mehrere Ordner verteilen). Übrigens gibt es im Internet unter Stichwörtern wie *ablagesysteme büro* etc. hierzu sehr hilfreiche Tipps.

Auch die Akten, Briefe, Dokumente etc. selbst werden Sie sicherlich in irgendeiner Weise eindeutig kennzeichnen. Wenn Sie z. B. eine Quittung aufheben, dann werden Sie in der Regel eine Notiz anbringen, aus der hervorgeht, worum es hier ging, denn nicht immer sieht man einem schmalen Kassenzettel an, was da im Einzelnen gekauft wurde – und wofür. Denken Sie auch hier daran, dass Sie zwar im Moment genau wissen, was »PC« bedeutet, aber können Sie das auch noch in zwei Jahren sagen? War es der PC im Büro (und wenn ja, welcher) oder der Laptop für Ihr Kind? Und zu welchem Zweck wurde das Gerät angeschafft – wäre es also u. U. steuerlich relevant?

Wenn Sie auf diesem Weg eine wirklich effiziente Ordnung geschaffen haben, dann können Sie auch einem Dritten sagen, wo er suchen muss, und er wird es mit traumwandlerischer

Sicherheit finden: »Gehe bitte in das Büro an das Regal ‚Projekte', im Fach ‚Hausbau' findest du einen Ordner ‚Handwerker', dort in der Abteilung ‚Meier & Co' gibt es einen Vertrag zum Thema ‚Dachreparatur'.«

Das ist ein eindeutiger Pfad zum Ziel – und ganz genau so werden auch die Daten auf einem Rechner organisiert. Allerdings gibt es eine Besonderheit in der Wortwahl: Das zuletzt Genannte – der Vertrag zum Thema »Dachreparatur« – wird immer als **Datei** bezeichnet, weil nur hier die eigentlichen Informationen stehen. Alles andere sind **Ordner** (auch wenn es im genannten Beispiel wechselweise »Raum«, »Regal«, »Ordner« oder »Abteilung« hieß). Den oben beschriebenen Pfad würde man dann so schreiben können:

```
Büro/Projekte/Hausbau/Handwerker/Meier & Co/Dachreparatur.txt
```

> **Hinweis**
>
> In Windows werden die Schrägstriche / ersetzt durch sogenannte Backslashs \.

Nun befindet sich aber im echten Leben Ihr Büro auch nicht im luftleeren Raum, sondern an einem bestimmten Ort, z. B. in Ihrem eigenen Haus, in Englisch Ihrem »home«. Und genauso gibt es auf jedem Rechner für jeden User, der sich dort anmeldet, einen sogenannten Home-Ordner:

- in Windows: C:\User\<IhrName>[3]
- in Ubuntu/Linux: /home/<IhrName>

Damit würde sich nun folgender Pfad ergeben:

- in Windows: C:\User\<IhrName>\Büro\Projekte\...\Dachreparatur.txt
- in Ubuntu/Linux: /home/<IhrName>/Büro/Projekte/.../Dachreparatur.txt

Natürlich kann sich das Büro auch außerhalb Ihres »homes« befinden, etwa im Nachbarhaus oder einer anderen Stadt. Dann würden Sie den Pfad vielleicht folgendermaßen schreiben:

```
Glückstadt/FirmaX/Büro/Projekte/.../Dachreparatur.txt
```

Übertragen auf die Welt der Rechner wäre das z. B. ein anderes Laufwerk, also vielleicht eine externe Festplatte oder eine gesonderte Partition (vgl. Kapitel 2.3). Dann sähe die Schreibweise u. U. so aus:

- in Windows: **D:**\Büro\Projekte\...\Dachreparatur.txt
- in Ubuntu/Linux: **/media/ExtHD**/Büro/Projekte/.../Dachreparatur.txt
  (fett hervorgehoben: ein anderes Laufwerk)

3 <IhrName> ist der Name, mit dem Sie sich am Rechner anmelden, C: ist die Hauptfestplatte.

Sie sehen: Es ist eigentlich alles wie im echten Leben, lediglich die Bezeichnungen und Schreibweisen unterscheiden sich etwas.

Schlussfolgerung: **Organisieren Sie Ihre Daten genauso wie im täglichen Leben!**

Natürlich gibt es Suchfunktionen und Programme, die eine Fahndung sehr effizient unterstützen. Aber die sind nicht dazu gedacht, täglich verwendet zu werden, zumal deren Bedienung auch wieder Zeit kostet. Solche Tools sollen lediglich in schwierigen Fällen helfen, also dann, wenn man doch einmal vergessen hat, wo das Gesuchte liegt oder wie es benannt wurde. Sie bedienen sich ja in Ihrem Büro auch nicht ständig eines Assistenten, der für Sie die Dinge heraussucht – nur in besonderen Situationen wird mal jemand dazu abgestellt, intensiv nach etwas zu forschen.

Ein wenig abweichend vom normalen Alltag, in dem die Papiere innerhalb eines Ordners eher selten einen konkreten Namen erhalten, müssen auf einem Rechner alle Dateien, also Texte, Bilder, Videos etc., stets einen eindeutigen Namen bekommen, weil der Rechner sie sonst nicht mehr auffinden könnte. Sie erleben das immer dann, wenn Sie etwas zum ersten Mal speichern wollen: Es erscheint eine Aufforderung, dieser Sache einen **Dateinamen** zu geben.

Obwohl: So abweichend ist das eigentlich gar nicht, denn was sagen Sie, wenn Sie jemanden bitten, eine bestimmte Rechnung herauszusuchen? »Gib mir bitte mal die Rechnung an Meier vom 03.04.2017, da ging es um eine Fahrzeuganmietung.« Dieser Zettel hat also streng genommen bereits einen eindeutigen Namen: »Rechnung 03.04.2017 Meier Fahrzeuganmietung«. Und Sie würden mit diesen Stichworten auch noch in 10 (!) Jahren wissen, worum es auf diesem Zettel ging. Der heißt also nicht »Rechnung Meier« … Aber warum machen es dann trotzdem so viele Menschen auf dem Rechner genauso (falsch)?

Der Grund ist vermutlich einfach: Man macht sich seine eigene Vorgehensweise aus dem täglichen Leben nicht bewusst, man reflektiert nicht, dass bei der Bitte um die Rechnung ja genau all diese Stichworte verwendet worden sind, damit der andere diesen Zettel auch finden kann. Und es muss immer irgendwie schnell gehen, also schreibt man doch wieder nur »Rechnung Meier« als Dateinamen. Dummerweise wird später immer ein Vielfaches der auf diese Weise gesparten Zeit benötigt, um das Gesuchte wiederzufinden.

Schlussfolgerung: **Benennen Sie Dateien so, wie Sie sie anderen beschreiben würden.**

In unserem Beispiel oben hieße das:

»Das ist die Rechnung an Meier vom 03.04.2017 wegen der Fahrzeuganmietung«

Wenn Sie jetzt alle überflüssigen Wörter streichen, kommt ganz von selbst ein aussagekräftiger Dateiname heraus:

```
Rechnung Meier 03.04.2017 Fahrzeuganmietung
```

Eine Besonderheit ist aber trotzdem zu beachten: Wenn Sie auf einem Rechner Dateien suchen, dann arbeiten Sie mit einem sogenannten Dateiexplorer. Dieses Programm listet Ihnen jedoch alle Dateien eines Ordners (zumindest anfänglich) immer in **alphabetischer** Reihenfolge auf.

Auf unser Beispiel bezogen würde das aber dann vielleicht so aussehen:

1	`Angebot Lehmann 02.03.2017 Fahrzeuganmietung`
2	`Angebot Meier 05.03.2017 Fahrzeuganmietung`
3	`Angebot Meier 05.03.2017 Transportauftrag`
4	`Rechnung Lehmann 01.04.2017 Fahrzeuganmietung`
5	`Rechnung Meier 03.04.2017 Fahrzeuganmietung`
6	`Rechnung Meier 03.05.2016 Fahrzeuganmietung`
7	`Rechnung Meier 03.05.2017 Fahrzeuganmietung`
8	`Rechnung Meier 10.04.2017 Fahrzeuganmietung`

Aufgrund der Sortierung von A nach Z (bzw. von 0 nach 9) stehen zuerst alle **A**ngebote, dann alle **R**echnungen untereinander, und innerhalb aller Angebote bzw. Rechnungen wird nach den Nachnamen der Kunden sortiert. Soweit mag das ja sogar gewünscht und hilfreich sein, aber wenn man auf die Zeilen 5 bis 8 schaut, wird das Problem besonders deutlich: Weil die Wörter »Rechnung« und »Meier« jeweils gleich sind, wird nun sortiert nach den anschließenden Datumsangaben. Die jedoch beginnen mit dem Tag (!), und daher stehen alle Dritten eines Monats untereinander. Das ist natürlich unsinnig.

Verwenden Sie daher für Datumsangaben nach Möglichkeit das Schema **JJMMTT**.

JJ = Jahr, **MM** = Monat, **TT** = Tag (jede Angabe immer zweistellig)

Das führt ganz automatisch zu einer chronologischen Reihenfolge, in unserem Beispiel zu:

1	`Angebot Lehmann 170302 Fahrzeuganmietung`
2	`Angebot Meier 170305 Fahrzeuganmietung`
3	`Angebot Meier 170305 Transportauftrag`
4	`Rechnung Lehmann 170401 Fahrzeuganmietung`
6	**`Rechnung Meier 160503 Fahrzeuganmietung`**
5	**`Rechnung Meier 170403 Fahrzeuganmietung`**
8	**`Rechnung Meier 170410 Fahrzeuganmietung`**
7	**`Rechnung Meier 170503 Fahrzeuganmietung`**

Beachten Sie die nunmehr zeitlich richtige Reihenfolge der Einträge 5 bis 8!

Man muss sich also ein möglichst **einheitliches System** für die Reihenfolge der Stichwörter überlegen, die für Dateinamen verwendet werden sollen. Denken Sie hierbei hierarchisch. Wonach soll sortiert werden? Was ist für Sie das Übergreifende und muss daher nach vorn? Wenn Sie beispielsweise im Schriftverkehr mit einem Anwalt stehen, dann sollten die Schriftstücke in der zeitlichen Reihenfolge aufgelistet werden, weil dies gerade bei juristischen Vorgängen wegen der häufigen Terminproblematik von vorrangiger Bedeutung ist. Hier würde sich z. B. folgende Namensgebung anbieten:

`170304 Meier Mahnung Rechnung 1234567`
`170306 Meier Widerspruch`
`170313 Meier Letzte Mahnung Rechnung 1234567`
`170414 Meier Widerspruch`
`170429 RA Lehmann Klage Meier Rechnung 1234567`

Auf diese Weise bekommt die Dateireihenfolge sogar eine Protokollfunktion. Und wenn jetzt jemand nach dem Schreiben vom 06.03.2017 fragt, dann finden Sie dieses auch problemlos innerhalb von Sekunden.

Die Mühe, die Sie auf das Finden eines möglichst effizienten Dateinamens verwenden, bedeutet zwar im Moment einen kleinen Mehraufwand, aber der bewegt sich meist wirklich nur im Sekundenbereich. Und Sie werden es sich mehrfach danken, wenn Sie später die entsprechende Datei suchen – denn dann würden Sie bei einer unsystematischen Benennung immer wieder mehrere Minuten brauchen oder die Hilfe eines Suchprogramms in Anspruch nehmen müssen. Das macht auf die Dauer keinen Spaß.

5.3.2 Dateimanager (Nautilus)

Dieser Abschnitt ist etwas ausführlicher, weil ich in meiner langjährigen Praxis oft erlebt habe, dass auch erfahrenere User gerade im Umgang mit dem Hauptwerkzeug, dem Dateimanager, und mit dem Verständnis des Ordner- und Dateisystems teilweise große Probleme haben. Wenn Sie jedoch bereits ausreichend sicher sind im Umgang mit diesem Thema, dann ist nur der Abschnitt »Bedienung« ab Seite 135 für Sie interessant – den Rest überfliegen Sie einfach.

Um Ordner einzurichten, Dateien umzubenennen, zu kopieren oder zu löschen etc. hat jedes Betriebssystem einen hauseigenen Dateimanager. Dieser bietet die Möglichkeit, alle relevanten Operationen allein mithilfe der Maus durchzuführen. Was im vorherigen Satz so völlig selbstredend klingt, war vor wenigen Jahrzehnten noch keineswegs selbstverständlich, denn damals konnten solche Prozesse nur durch Eingabe bestimmter Befehle ausgelöst werden. Interessanterweise gibt es diese Möglichkeit auch heute noch, und in einigen Fällen ist die Verwendung von Befehlen sogar deutlich effizienter als das Arbeiten mit der Maus (siehe

Abschnitt 5.4 »Das Terminal« ab Seite 162), aber für den einfachen Alltag ist das zunächst nicht erforderlich.

Der Dateimanager von Ubuntu heißt **Nautilus**. Mit ihm können Sie alle grundlegenden Dateioperationen durchführen und darüber hinaus noch zusätzliche Funktionen nutzen, u. a. für die Dateisuche oder Netzwerkzugriffe. Es sei an dieser Stelle jedoch nicht verschwiegen, dass Nautilus, wie alle Standard-Dateimanager, nur die einfachen Funktionen abdeckt. Wenn man etwas vertrauter mit dem jeweiligen Betriebssystem ist, dann wünscht man sich recht bald die eine oder andere Zusatzfunktion. Für Nautilus gibt es zu diesem Zweck diverse Erweiterungen, die u. a. auf der Website *https://wiki.ubuntuusers.de/Nautilus* beschrieben werden. Darüber hinaus stehen auch zahlreiche alternative Dateimanager mit deutlich größerem Funktionsumfang zur Verfügung. Sie finden auf *https://wiki.ubuntuusers.de/Dateimanager* eine Zusammenstellung der gebräuchlichsten, und einer davon wird in Kapitel 6.6.8 (Seite 269) genauer vorgestellt. Weiterführende Informationen und Tipps finden Sie u. a. auf *https://wiki.debianforum.de/Nautilus*.

Wie startet man Nautilus?

Abbildung 5.26: Starten von Nautilus.

Standardmäßig ist bereits im Starter oben ein Programmsymbol eingerichtet (der »Karteikasten«, siehe Abbildung 5.26, linker Rand). Ein Klick darauf öffnet Nautilus. Alternativ dazu können Sie den Dateimanager auch manuell starten (die beiden hellen Pfeile in Abbildung 5.26): Öffnen Sie den Dash und geben Sie das Suchwort *Dateien* ein. Dann findet sich das Nautilus-Symbol gleich an oberster Stelle in den Suchergebnissen. Sie müssen daher nicht unbedingt auf das Symbol klicken, sondern können das Programm auch sofort mit ↵ starten. In Kapitel 9.2.4 auf Seite 326 wird gezeigt, wie Sie den Dateimanager mit einer eigenen Tastenkombination aufrufen können.

Bedienung

Nautilus startet immer im persönlichen Ordner des aktuellen Users (/home/<IhrName>).

Auf der linken Seite sehen Sie im oberen Teil zunächst unter der Rubrik *Orte* eine Liste von Ordnern, die man direkt anwählen kann, ohne sich erst lange durch eine mögliche Kette anderer Ordner klicken zu müssen (zur Auswahl genügt hier ein **einfacher Klick**).

Darunter findet sich die Rubrik *Geräte*, in der Sie alle angeschlossenen Festplatten, USB-Sticks etc. finden. Der Eintrag *Rechner* ist hierbei die Systemfestplatte – Sie gelangen damit also zum Wurzelverzeichnis / (vgl. das Kapitel 2.4 »Dateistruktur«).

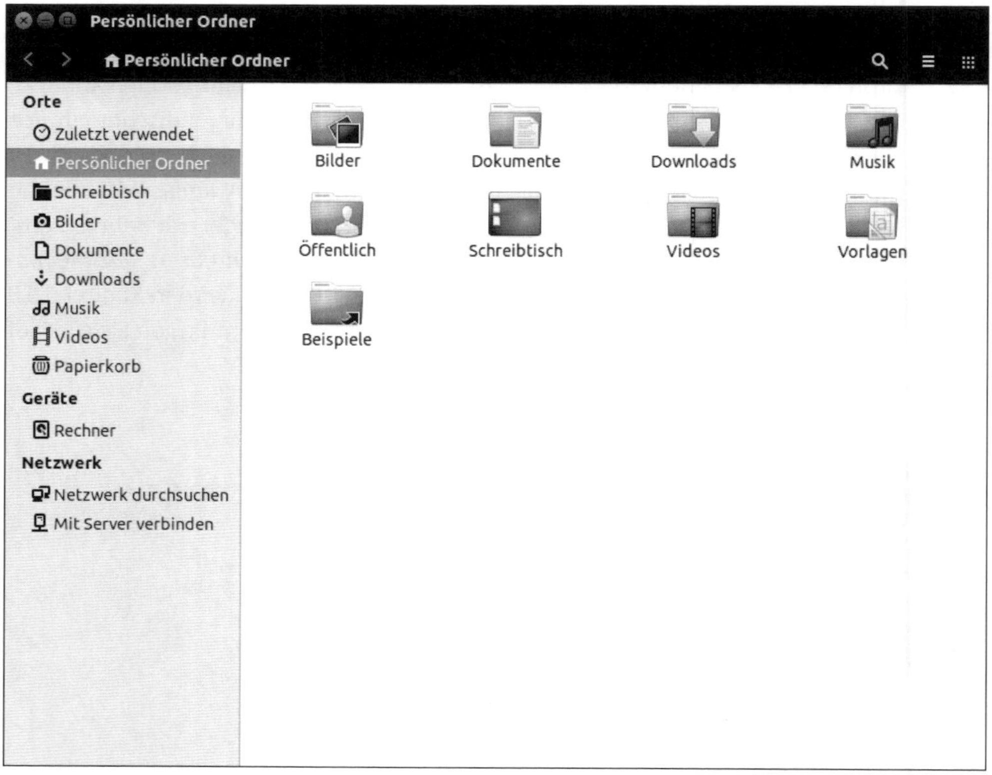

Abbildung 5.27: Nautilus unmittelbar nach dem Start.

In der letzten Abteilung *Netzwerk* haben Sie die Möglichkeit, sich mit anderen Rechnern zu verbinden, wenn Sie an ein LAN oder WLAN angeschlossen sind.

Ganz oben unterhalb des Fenstertitels befindet sich die Pfadanzeige, an der Sie erkennen können, in welchem Ordner Sie sich gerade befinden:

Abbildung 5.28: Pfadanzeige in Nautilus.

Im Beispiel aus Abbildung 5.28 befinden Sie sich im Ordner `Freunde`, der ein Unterordner von `Privat` ist, der sich wiederum im Ordner `Dokumente` befindet, der seinerseits ein Unterordner Ihres persönlichen Ordners ist – Ihr momentanes Arbeitsverzeichnis lautet also `/home/<IhrName>/Dokumente/Privat/Freunde`. Mit dieser Pfadanzeige können Sie auch sehr schnell zu übergeordneten Ordnern wechseln, indem Sie einfach auf einen der angezeigten

Ordnernamen des Pfades klicken. In Abbildung 5.29 ist der User auf diesem Weg wieder in den Ordner `Dokumente` zurückgesprungen. Im Unterschied zum Windows-Dateimanager bleibt dabei der ursprüngliche Pfad so lange wie möglich in der Anzeige stehen, sodass man sehr bequem auch wieder zu einem der untergeordneten Ordner zurückwechseln kann.

Abbildung 5.29: Pfadanzeige (übergeordneter Ordner).

Ist Ihnen der Pfad zu einem Ordner bereits vollständig bekannt, dann können Sie auch ohne umständliches Klicken mit der Maus direkt dorthin wechseln. Drücken Sie [Strg]+[L], womit sich die Pfadanzeige zu einem Eingabefeld ändert. Tragen Sie hier den gewünschten Pfad ein, getrennt durch Schrägstriche /, und wechseln Sie mit einem abschließenden [Enter] direkt zu diesem Ordner (das klappt natürlich nur, wenn der Pfad vollständig und korrekt ist).

In Abbildung 5.30 sehen Sie dies beispielhaft für den gleichen Ordner, der in Abbildung 5.28 angezeigt wird.

Abbildung 5.30: Direkte Pfadeingabe in Nautilus.

Tipp

Wenn Sie einen Pfadnamen aus anderer Quelle kopiert haben (z. B. von einer Internetseite durch Markieren und [Strg]+[C]), dann können Sie diesen hier mit [Strg]+[V] sofort einfügen.

Falls Sie den Pfad manuell eintragen möchten, dann müssen Sie nicht jeden Ordnernamen innerhalb des Pfades komplett ausschreiben. Es genügen die ersten Buchstaben und – sofern diese den Ordner eindeutig beschreiben – ein Drücken der [Tab]-Taste. Dann wird der Name automatisch vervollständigt. Den oben angegebenen Pfad könnte man also auch wie folgt eingeben: **/h[Tab]u[Tab]Dok[Tab]P[Tab]F[Tab]**.

Achtung!

Anders als Windows unterscheidet Linux sehr wohl zwischen Groß- und Kleinschreibung bei den Namen von Dateien und Ordnern!

Sollten Sie häufiger in bestimmten Ordnern zu tun haben, dann können Sie hierfür auch *Lesezeichen* einrichten. Um das zu erreichen, navigieren Sie zunächst in den gewünschten Ordner, sodass dessen Inhalt im rechten Teil des Fensters angezeigt wird.

Wichtig: Der Ordnername muss in der Pfadanzeige (Abbildung 5.28) erscheinen; es genügt nicht, wenn Sie den Ordner im rechten Teil des Fensters nur **sehen** oder mit einem Klick **ausgewählt** haben! Drücken Sie dann Strg+D, um den Ordner als Lesezeichen zu registrieren.

Tipp

Sind schon Lesezeichen eingerichtet, dann können Sie den gewünschten Ordner, sobald dieser im rechten Fenster aufgelistet wird, auch mit gedrückter Maustaste direkt in diese Liste ziehen.

Soll ein Lesezeichen wieder entfernt werden, klicken Sie mit der **rechten** Maustaste darauf und wählen *Entfernen*.

Der rechte Teil des Dateimanager-Fensters zeigt Ihnen immer den Inhalt des Ordners an, den Sie momentan ausgewählt haben. Standardmäßig ist diese Anzeige so organisiert, dass oben alle eventuell vorhandenen Unterordner stehen und darunter dann erst die Dateien aufgelistet werden, die sich im aktuellen Ordner befinden.

In Abbildung 5.27 auf Seite 136 befinden sich demnach im `persönlichen Ordner`, der momentan keine Dateien enthält, nur abzweigende Unterordner. In Abbildung 5.31 auf der folgenden Seite dagegen sind im Ordner `Dokumente` neben Unterordnern auch Dateien vorhanden.

Hinweis

In bestimmten Situationen (z. B. nach intensiven Kopierprozessen) zeigt Nautilus die geänderten Dateien und Ordner nicht sofort an, sondern zeitverzögert. Sie können die Anzeigeaktualisierung jedoch erzwingen, indem Sie die Taste F5 drücken.

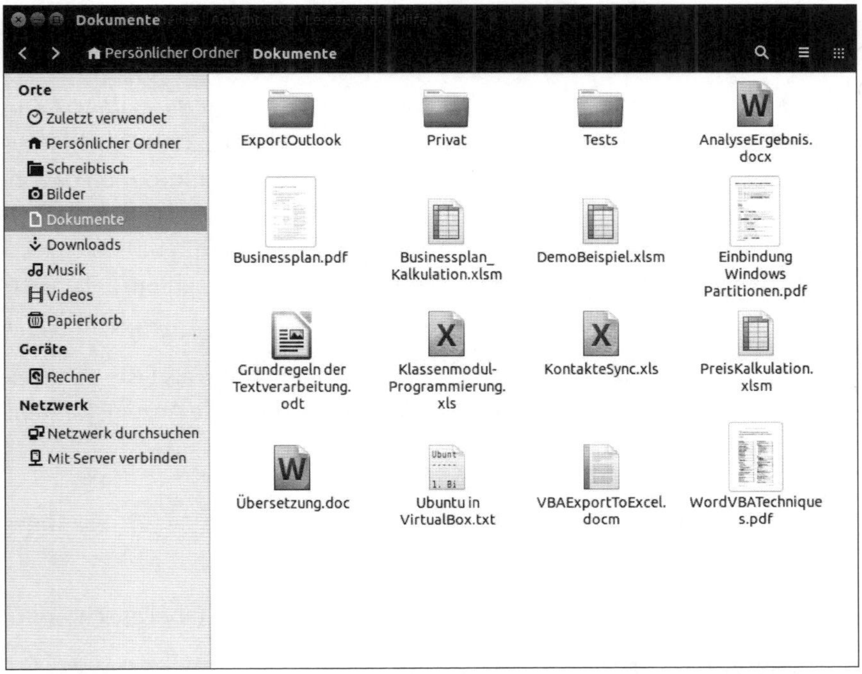

Abbildung 5.31: Nautilus – Dokumente als Icons.

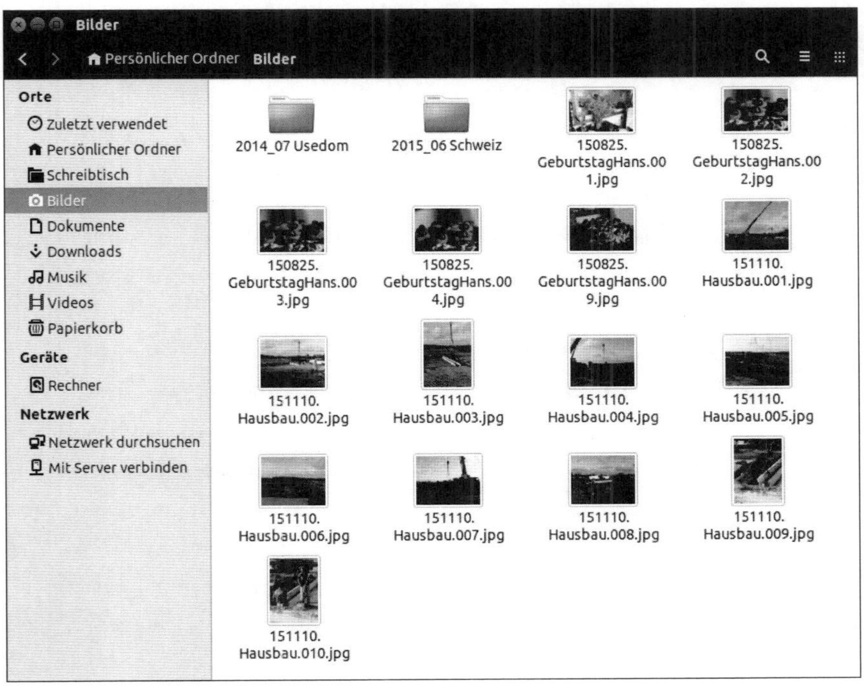

Abbildung 5.32: Nautilus – Bilder als Icons.

Von sich aus stellt der Dateimanager die Inhalte immer in Form von alphabetisch sortierten Symbolen (Icons) dar.

Das ist bei Bildern (Abbildung 5.32) durchaus von Vorteil, weil man auf diese Weise eine schnelle Vorschau bekommt. Bei allgemeinen Dokumenten (Abbildung 5.31) versucht Nautilus zwar auch, soweit wie möglich eine Vorschau zu generieren, aber abgesehen davon, dass diese in der Regel viel zu klein ausfällt, ist diese Auflistungsform für das tägliche Arbeiten ungeeignet. Die Übersicht geht verloren und eine Suche nach bestimmten Dateien wird sehr erschwert (zumal lange Dateinamen in völlig willkürlicher Weise auf mehrere Zeilen verteilt werden).

Daher bietet der Dateimanager auch die Möglichkeit, die Ordnerinhalte als Liste anzuzeigen. Oben rechts im Programmfenster finden Sie den Umschalter für beide Anzeigeformen:

Abbildung 5.33: Nautilus – Anzeigewechsel.

Wenn Sie das linke Symbol anklicken, dann erscheinen die Ordnerinhalte tabellarisch:

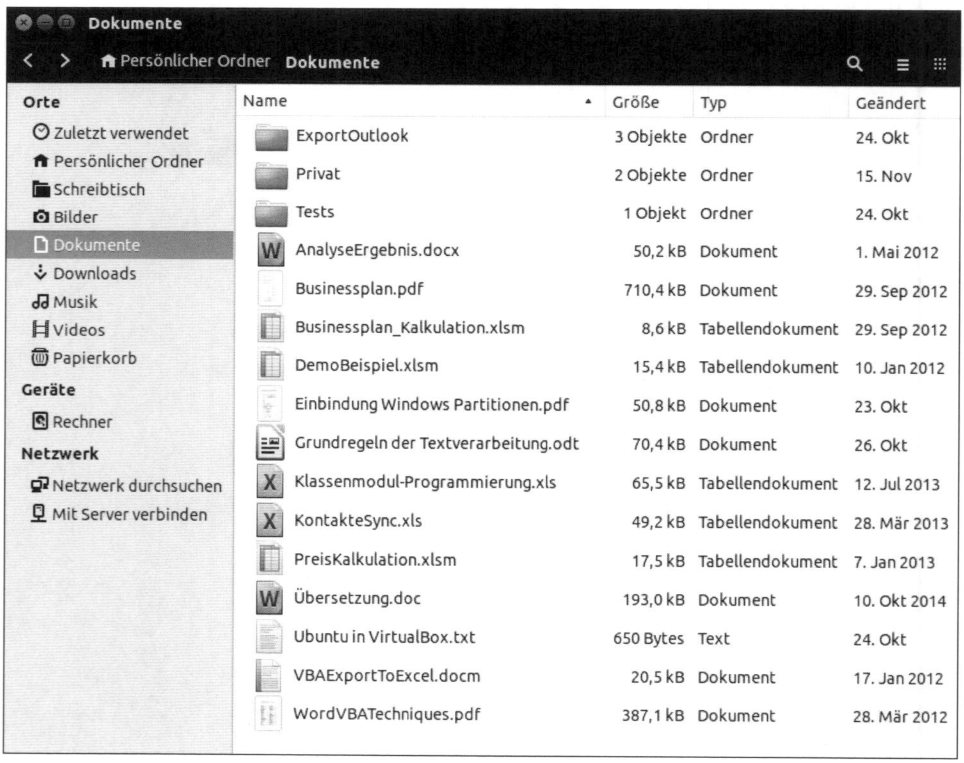

Abbildung 5.34: Nautilus – Dokumente als Liste.

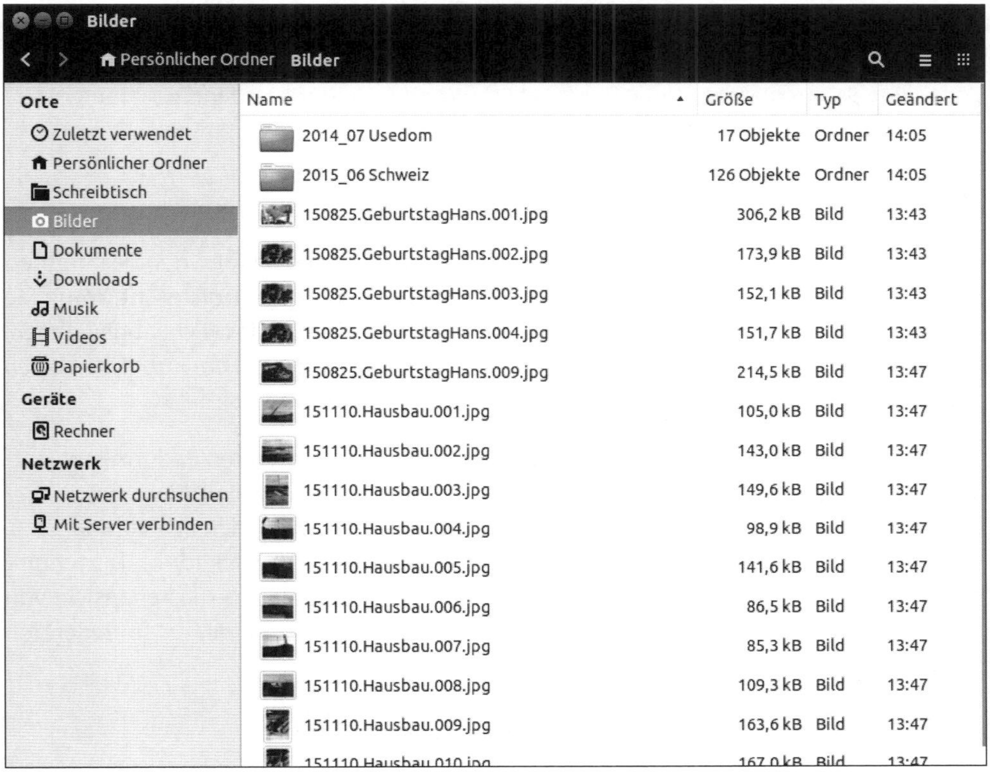

Abbildung 5.35: Nautilus – Bilder als Liste.

Der unschlagbare Vorteil dieser Ansicht besteht nicht nur in der besseren Übersichtlichkeit, sondern vor allem darin, dass zusätzliche Informationen angezeigt werden wie Größe, Dateityp, letzter Zugriff etc., nach denen man die Listen zudem auch sortieren kann! Dadurch wird das Auffinden bestimmter Dateien erheblich erleichtert.

Eine Umsortierung der Listen erfolgt ganz einfach durch einen Klick auf einen der Spaltenköpfe. Klickt man beispielsweise auf *Größe*, dann sieht man oben in der Liste die kleinsten und unten die größten Dateien. Ein erneuter Klick auf *Größe* kehrt die Sortierfolge um. Das ist u. a. sehr praktisch, wenn man mal auf der Festplatte aufräumen möchte und die größten »Speicherfresser« finden will. Oder suchen Sie eine Datei, deren Namen Sie nicht mehr genau kennen, von der Sie aber wissen, in welchem Zeitraum sie erstellt worden ist? Dann klicken Sie einfach auf *Geändert* und scrollen in der Liste (z. B. mithilfe des Mausrads), bis Sie zu den Dateien gelangen, die zur fraglichen Zeit geändert worden sind.

Tipp

Sollte eine Spalte mal zu schmal für die vollständige Anzeige sein, dann positionieren Sie den Mauszeiger einfach genau auf der Trennlinie zwischen zwei Spaltenköpfen (z. B. zwischen *Name* und *Größe*) und ziehen die fragliche Spalte breiter.

Allerdings merkt sich Nautilus leider nicht, welche Anzeigeform man für einen bestimmten Ordner kürzlich verwendet hat – er verfällt immer wieder in die Symbolansicht. Wenn Sie jedoch generell die Listenansicht bevorzugen, dann können Sie ihm dies leicht abgewöhnen. Gehen Sie in das Menü *Bearbeiten/Einstellungen* und ändern Sie dort in der Rubrik *Ansichten* die Vorgabe *Neue Ordner anzeigen mit* auf *Listenansicht* (Abbildung 5.36).

Im selben Dialogfeld können Sie auch gleich noch die Listenansicht Ihren Bedürfnissen entsprechend anpassen. In der Rubrik *Listenspalten* besteht nämlich die Möglichkeit, bestimmte Informationsspalten zu aktivieren oder bislang angezeigte auszublenden (Abbildung 5.37). Diese Einstellungen werden dann dauerhaft übernommen. Wenn Sie allerdings bestimmte Informationsspalten nur **vorübergehend** einrichten wollen, genügt in der Listenansicht von Nautilus ein Rechtsklick auf einen der Spaltenköpfe und die Auswahl der entsprechenden Informationsspalte.

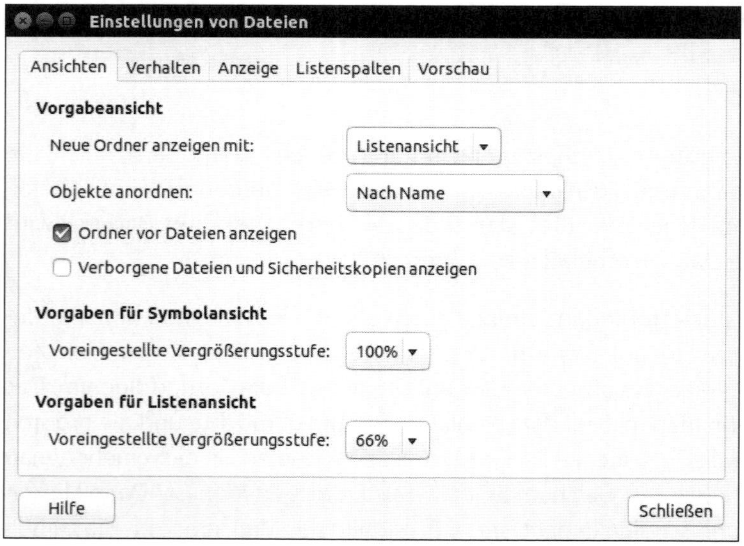

Abbildung 5.36: Einstellungen der Listenansicht dauerhaft ändern.

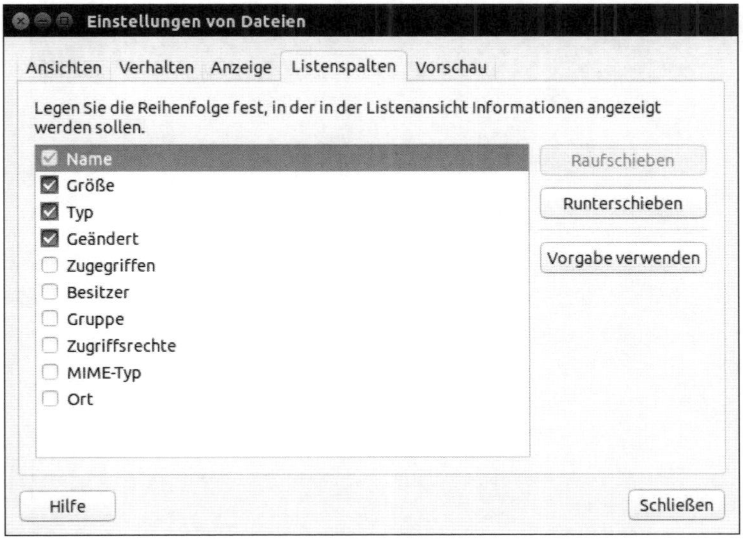

Abbildung 5.37: Listenansicht konfigurieren.

Ubuntu ist von Haus aus so konzipiert, dass der User bei der Bedienung möglichst wenige Fehler machen kann. Dazu gehört auch, dass bestimmte Dateien in Nautilus ausgeblendet werden, obwohl sie vorhanden sind. Dies betrifft z. B. Dateien, die zur Steuerung des Betriebssystems notwendig sind und daher möglichst unversehrt bleiben müssen, oder solche, die Einstellungen für bestimmte Programme enthalten, aber im Dateimanager nicht als störender »Datenmüll« inmitten der Anwenderdateien erscheinen sollen.

Sie können sich diese Dateien und Ordner aber natürlich jederzeit anzeigen lassen – ein einfaches Strg+H (= »**H**idden«) genügt, und Sie sehen alle bislang versteckten Inhalte (vergleichen Sie mit Abbildung 5.27 auf Seite 136), wie Sie im Screenshot auf der nächsten Seite erkennen können.

Tipp

Wie man gut erkennen kann, unterscheiden sich versteckte Dateien von normalen Dateien allein durch einen **Punkt am Anfang des Dateinamens**. Wenn Sie also mal eine Datei vor den Blicken Fremder verbergen wollen, dann stellen Sie einfach dem Dateinamen einen Punkt voran. Natürlich ist das kein sicherer Schutz vor Hackern, aber es verhindert zumindest ein vorschnelles Entdecken sensiblerer Daten.

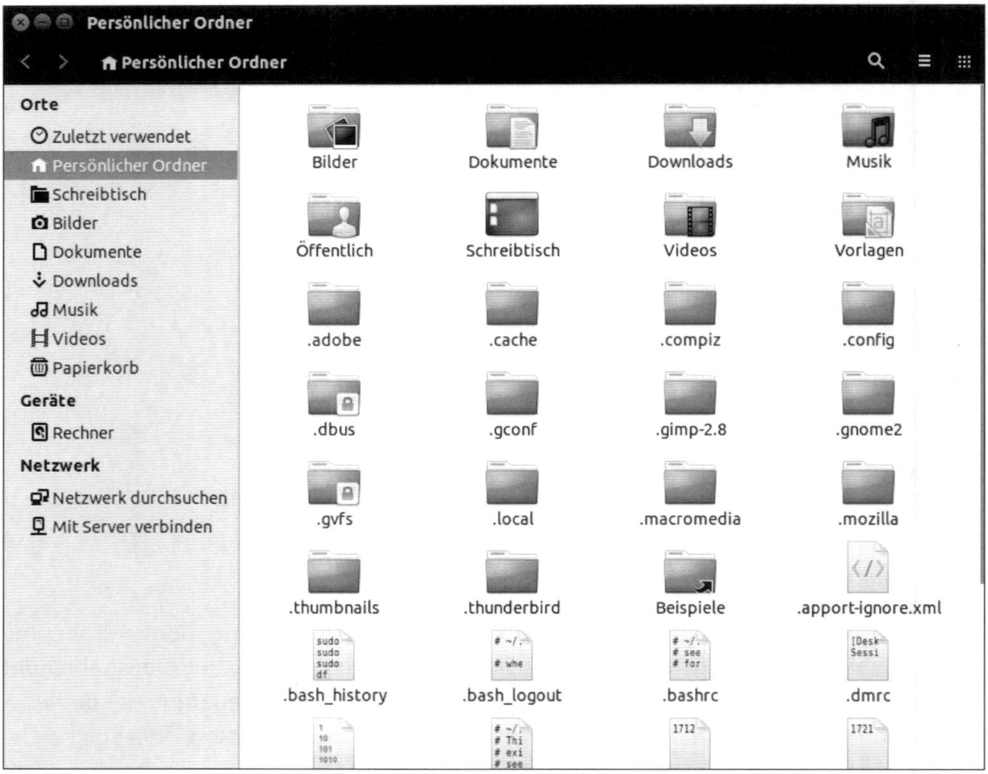

Abbildung 5.38: Nautilus – versteckte Dateien und Ordner anzeigen.

Ordner anlegen

Was ein gutes Ordnungssystem ist und wie man es planen kann, wurde bereits im Abschnitt 5.3.1 »Dateinamen und Strukturen« ausführlich beschrieben. Hier soll nun gezeigt werden, wie man Ordner einrichtet.

Als Beispiel dient uns folgende einfache Struktur – sie soll im Ordner `Bilder` entstehen, der in Ubuntu bereits existiert:

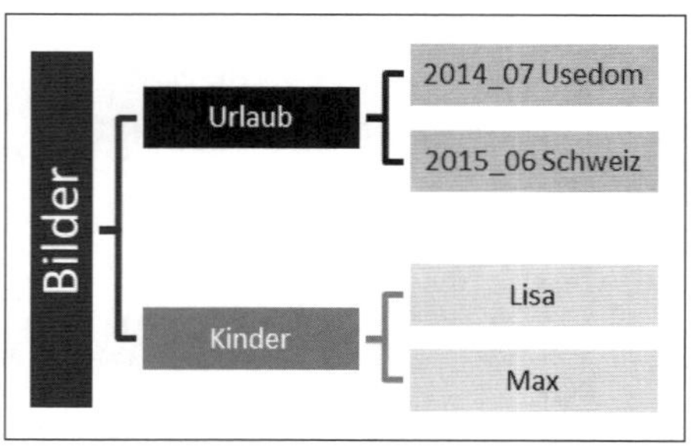

Abbildung 5.39: Beispiel für eine Ordnerstruktur.

Starten Sie Nautilus und klicken Sie zunächst links auf den Ordner *Bilder*. Wir gehen hier davon aus, dass dieser Ordner zunächst leer ist. Dann sieht die Situation wie folgt aus:

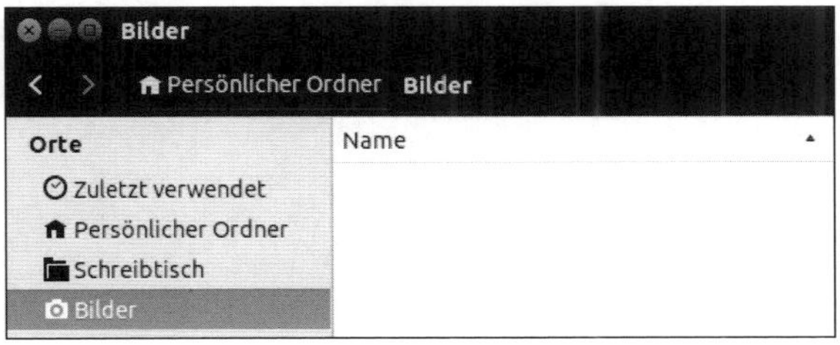

Abbildung 5.40: Leerer Bilderordner (Nautilus).

Abbildung 5.41: Leerer Bilderordner (Struktur). In dieser und den nachfolgenden Abbildungen wird der aktuelle Ordner mit grauem Rahmen dargestellt.

Entscheidend bei der Einrichtung eines neuen Ordners ist immer der Ausgangspunkt, den Sie im Moment einnehmen! Denn ein neuer Ordner wird grundsätzlich als Unterordner angelegt, ausgehend vom aktuellen Ordner, in dem Sie sich gerade befinden.

Den aktuellen Ordner erkennen Sie im Nautilus-Fenster an der Pfadanzeige oben im Fenster (siehe Erläuterungen auf Seite 136).

Um einen neuen Ordner anzulegen, verwenden Sie entweder den Menüpunkt *Datei/Neuer Ordner* oder drücken die Tastenkombination [Strg]+[⇧]+[N].

Daraufhin erscheint rechts ein neuer Eintrag mit der Bezeichnung `Unbenannter Ordner`. Dieser ist farbig hinterlegt – tippen Sie jetzt **direkt** den neuen Namen `Urlaub` ein und schließen Sie mit [↵] ab. Dies ist nun ein Unterordner des Ordners `Bilder`.

Tipp

Farbig hinterlegte Einträge (auch in Dialogfeldern etc.) können sofort durch Eintippen von Text überschrieben werden – man muss sie nicht erst anklicken und löschen.

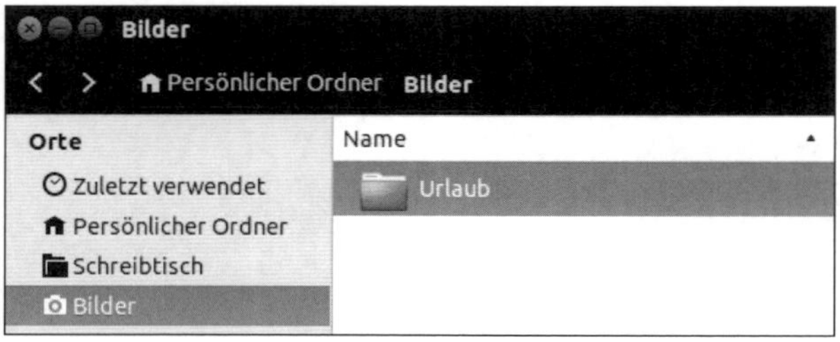

Abbildung 5.42: Ordner `Urlaub` *angelegt (Nautilus).*

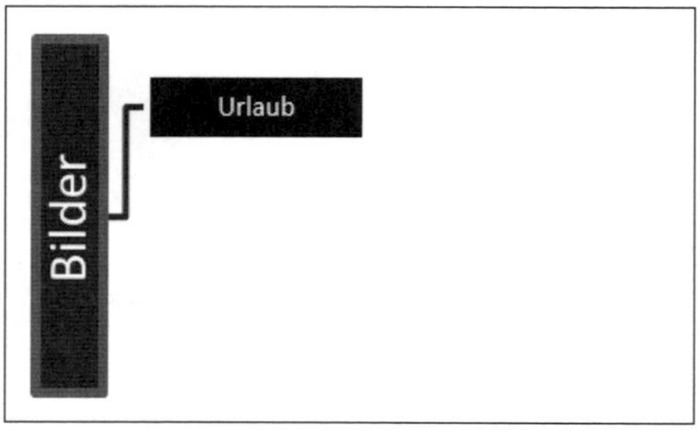

Abbildung 5.43: Ordner `Urlaub` *angelegt (Struktur).*

In unserem Beispiel ist natürlich von vornherein klar, welche Ordnerstruktur insgesamt entstehen soll. Man könnte also jetzt – ausgehend von `Bilder` – auch gleich noch den Ordner `Kinder` anlegen. Lassen Sie uns aber hier mal den normalen Alltag simulieren: Dort erzeugen Sie in der Regel bedarfsweise nur einen einzigen neuen Ordner und in diesem höchstens noch den einen oder anderen Unterordner – nur sehr selten entsteht gleich eine ganze Hierarchie. Daher sollen nun zunächst im neuen Ordner `Urlaub` die Unterordner `2014_07 Usedom` und `2015_06 Schweiz` entstehen.

Würden Sie aber jetzt ohne weitere Vorbereitungen **sofort** den Ordner `2014_07 Usedom` anlegen, dann sähe das so aus – und wäre falsch:

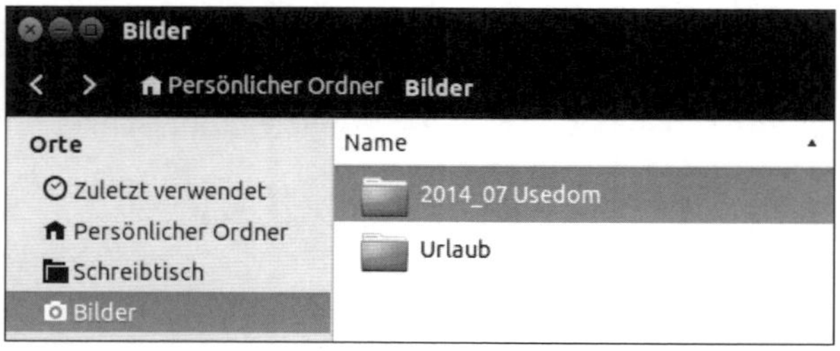

Abbildung 5.44: Unterordner falsch angelegt (Nautilus).

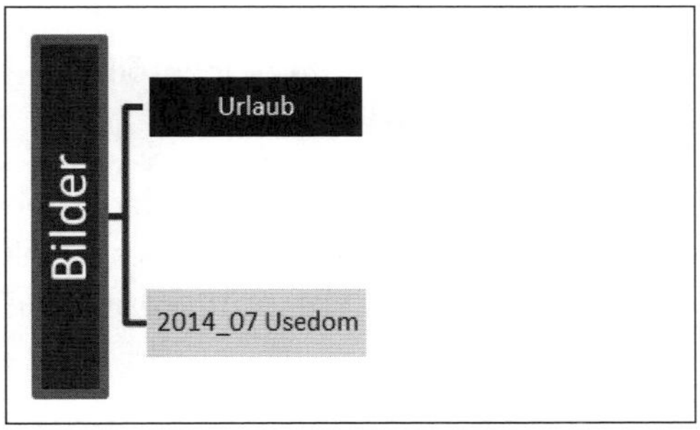

Abbildung 5.45: Unterordner falsch angelegt (Struktur).

Warum? Weil der Ausgangspunkt nicht stimmt! Sie befinden sich immer noch im Ordner `Bilder` (siehe Pfadanzeige oben in Nautilus). Zuerst müssen Sie also in den Ordner `Urlaub` wechseln, denn von **dort** sollen später die beiden Unterordner abzweigen.

Doppelklicken Sie auf `Urlaub` (oder bewegen Sie die Auswahlmarkierung mithilfe der Pfeiltasten darauf und drücken Sie [↵]), um dorthin zu wechseln. Beachten Sie die Pfadanzeige in Nautilus – der Ordner `Urlaub` muss als aktiver Ordner angezeigt werden.

Legen Sie jetzt die beiden Unterordner `2014_07 Usedom` und `2015_06 Schweiz` an, wie auf Seite 145 beschrieben.

Wenn alles gutgegangen ist, dann ergibt sich folgendes Bild:

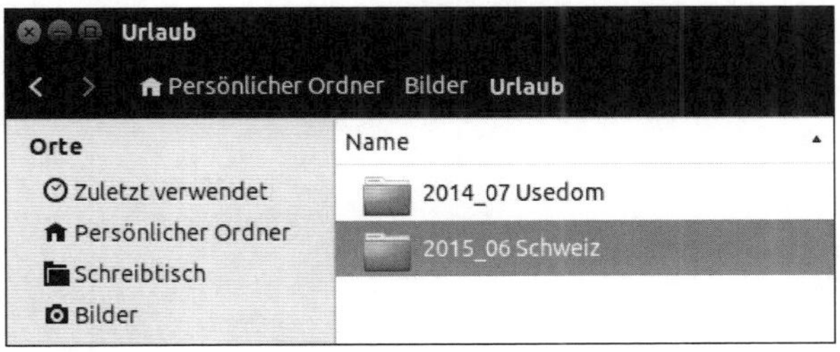

Abbildung 5.46: Unterordner richtig angelegt (Nautilus).

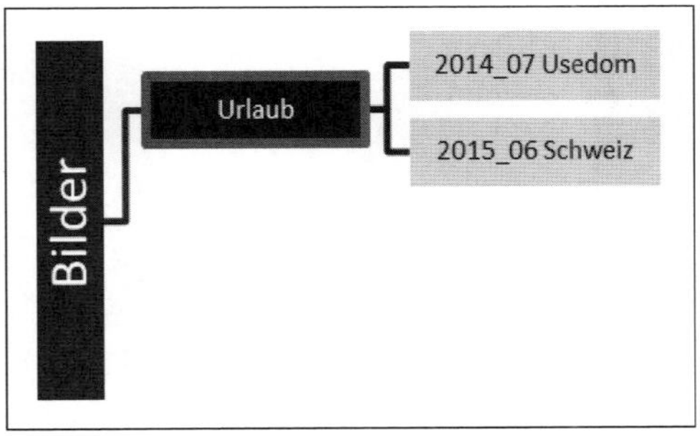

Abbildung 5.47: Unterordner richtig angelegt (Struktur).

Um nun noch den Unterordner `Kinder` wie in Abbildung 5.39 (Seite 144) zu erzeugen, müssen Sie jetzt zunächst einmal zurück in den Ordner `Bilder`, denn der Unterordner soll ja von **dort** abzweigen, nicht von `Urlaub` (in dem Sie sich momentan noch befinden).

Den Wechsel erreichen Sie entweder mit einem Klick auf *Bilder* ganz oben in der Pfadanzeige oder mit einem Klick auf den Linkspfeil, der sich vor der Pfadanzeige befindet. Dieser Pfeil führt Sie – genauso wie in Webbrowsern – immer an die jeweils zuletzt besuchte Position, in unserem Fall also zum Ordner `Bilder`.

Dort angekommen, legen Sie den Ordner `Kinder` an:

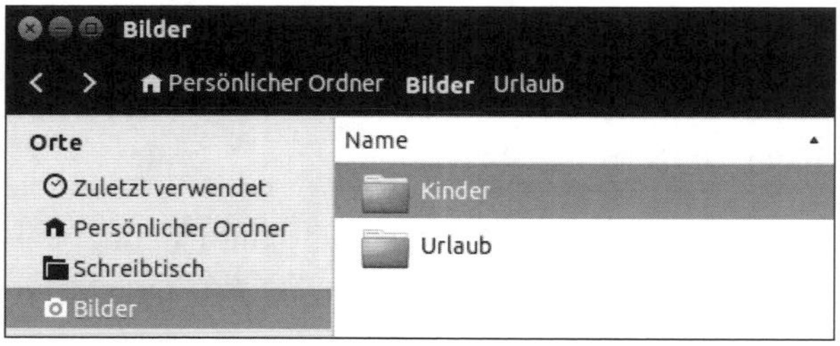

Abbildung 5.48: Ordner `Kinder` *angelegt (Nautilus).*

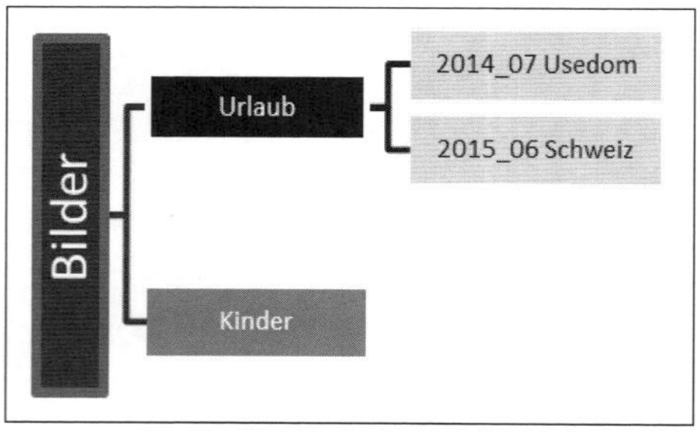

Abbildung 5.49: Ordner `Kinder` *angelegt (Struktur).*

Anschließend wechseln Sie mit Doppelklick oder ↵ in `Kinder` hinein und legen dort noch die beiden Unterordner `Lisa` und `Max` an. Am Ende sollte es so aussehen:

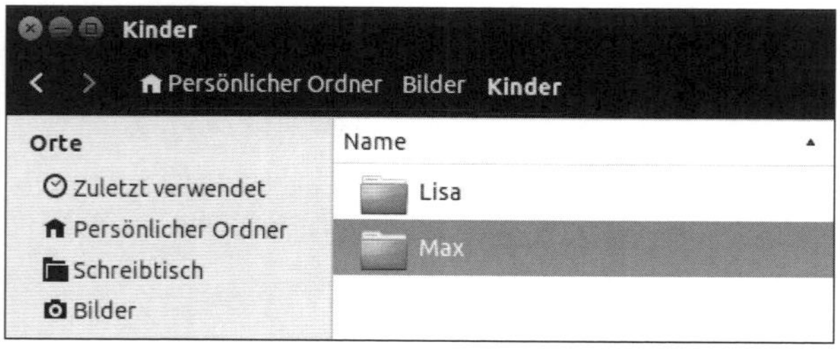

Abbildung 5.50: Unterordner `Lisa` *&* `Max` *angelegt (Nautilus).*

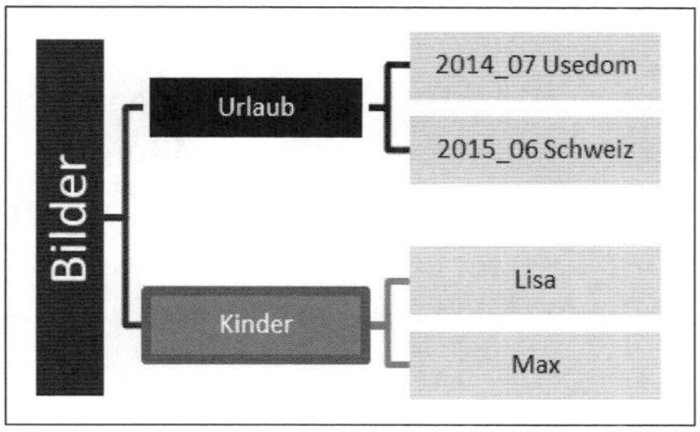

Abbildung 5.51: Unterordner `Lisa` *&* `Max` *angelegt (Struktur).*

Gratulation! Und jetzt können Sie sich ans Werk machen: Entwickeln Sie Ihr ganz eigenes Ordnersystem und richten Sie es ein.

Tipp

In Ubuntu kann man die recht gleichförmigen Ordnersymbole auch mit eigenen Bildern versehen und somit etwas mehr Farbe ins Spiel bringen. Das gewünschte Bild muss allerdings bereits auf Ihrer Festplatte vorhanden sein. Um damit das Ordnersymbol zu ändern, machen Sie einen Rechtsklick auf einem Ordnernamen und wählen *Eigenschaften*. Im darauf folgenden Dialogfenster klicken Sie links auf das Ordnersymbol (Abbildung 5.52) und wählen im nächsten Fenster ein passendes Foto oder eine Grafik von Ihrer Festplatte aus. Jetzt noch auf *Schließen* klicken und fertig ist das neue Ordnersymbol.

Möchten Sie diese Änderung wieder rückgängig machen, dann gehen Sie genauso vor. Wählen Sie aber im letzten Schritt kein Bild von Ihrer Festplatte, sondern klicken Sie stattdessen nur unten auf den Button *Zurücknehmen*.

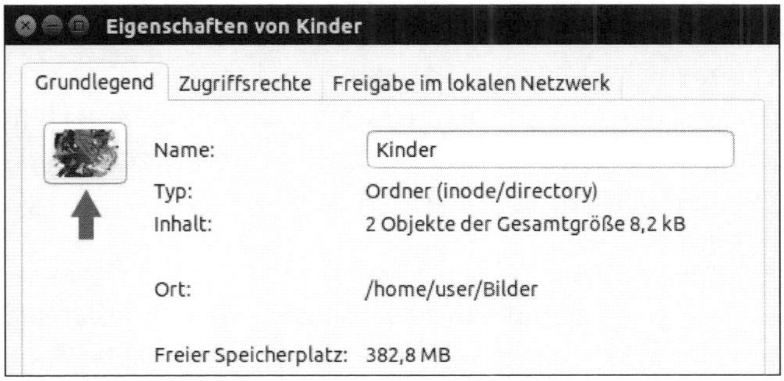

Abbildung 5.52: Nautilus – Ordnersymbol ändern.

Dateien erzeugen

Ein solcher Abschnitt ist an dieser Stelle eigentlich ungewöhnlich, denn Dateien werden kaum direkt mit dem Dateimanager »erzeugt« – der ist weitestgehend nur für die Verwaltung vorhandener Dateien gedacht. Aber um die anschließenden Schritte nachvollziehen zu können, benötigen Sie ein paar Dateien zum Spielen, und ganz nebenbei erfahren Sie hier, wie man z. B. Fotos von Bildschirminhalten oder Ausdrucke von Webseiten erzeugen kann.

Wie also werden Dateien erstellt?

Datei erzeugen mit Anwenderprogrammen

Normalerweise entstehen Dateien allein dadurch, dass man einen Text, ein Foto, eine Tabelle etc. mit einem bestimmten Programm bearbeitet und dann **speichert**. Sie können das ganz leicht simulieren, indem Sie mal das Textprogramm Writer starten. Zu finden ist es im Ubuntu-Starter, erkennbar am blauen Textsymbol:

Abbildung 5.53: Writer-Symbol.

Nach dem Start geben Sie einfach nur die Kleinbuchstaben **bt** ein, gefolgt von einem Druck auf [F3]. Dies erzeugt einen **B**eispiel**t**ext und Sie sparen sehr viel Tipparbeit. Speichern Sie nun diesen Text mit [Strg]+[S].

Im daraufhin erscheinenden Fenster geben Sie oben den Dateinamen `Beispiel` ein (Sie können gleich mit dem Tippen beginnen, weil der vorgeschlagene Name `Unbenannt1` farbig hinterlegt ist) und doppelklicken Sie darunter in der Ordnerliste auf `Dokumente`. Danach muss die Anzeige so aussehen wie in Abbildung 5.54 auf Seite 151.

Dieses Prozedere – sinnvoller Dateiname (vergleiche Seite 132ff) **und** passender Ordner – sollten Sie bei jedem Anlegen einer Datei praktizieren, um zu verhindern, dass Ihre Dateien schlecht betitelt sind und zudem auf einem »Haufen« im standardmäßig vorgeschlagenen Ordner landen (in Ubuntu ist dies meist der Ordner `/home/<IhrName>`).

Sie werden es sich danken, wenn Sie später eine bestimmte Datei suchen!

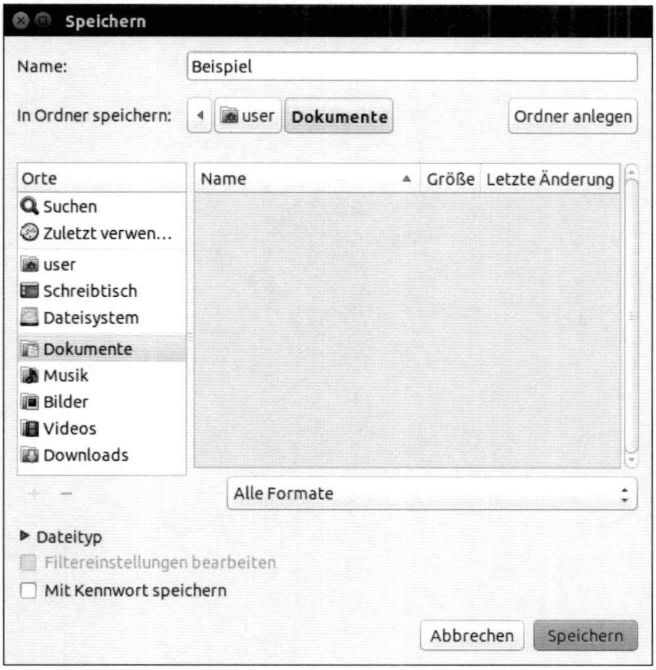

Abbildung 5.54: Writer-Datei speichern.

Im Übrigen können Sie über den Button *Ordner anlegen* im aktuellen Ordner jederzeit einen neuen Unterordner erstellen, falls der Bedarf dafür besteht.

Bei jedem weiteren Speichern erfolgt natürlich keine erneute Nachfrage zum Dateinamen oder Zielordner. Stattdessen wird die bereits bestehende Datei einfach mit dem aktuellen Inhalt überschrieben.

Klicken Sie nun auf *Speichern* und schließen Sie danach Writer wieder. Sie haben eine erste Datei erzeugt, und die meisten anderen werden auch auf diese Weise entstehen.

Dateien erzeugen durch Exportieren oder Drucken von Inhalten aus Programmen

Als Beispiel hierfür soll eine Webseite dienen. Starten Sie zu diesem Zweck den Webbrowser Firefox, den Sie ebenfalls im Ubuntu-Starter finden (Abbildung 5.55). Geben Sie dann ganz oben in der Adressleiste *https://wiki.ubuntuusers.de* ein und drücken Sie ⏎.

Es öffnet sich eine der weltweit besten Seiten zum Thema Ubuntu: Hier erhält man auf so ziemlich jede Frage eine fundierte Antwort und weiterführende Anregungen.

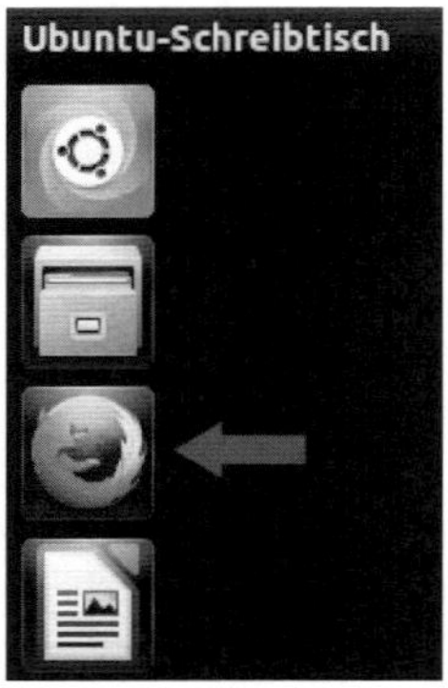

Abbildung 5.55: Firefox-Symbol.

Abbildung 5.56: UbuntuUsers.de Logo.

Abbildung 5.57: Download-Symbol.

Auf dieser Seite finden Sie u. a. eine Rubrik *Download* – das dazugehörige Symbol ist eine Grafik, die Sie nun auf Ihrer Festplatte speichern möchten. Klicken Sie mit der rechten Maustaste auf das Symbol und wählen Sie im Kontextmenü *Grafik speichern unter*. Geben Sie im darauffolgende Fenster oben den Dateinamen `Download` ein (ändern Sie die Dateiendung *.png* nicht!) und wählen Sie links als Zielordner `Bilder`. Klicken Sie dann auf *Speichern*.

Mit dieser Schrittfolge können Sie sich jede Grafik von Webseiten herunterladen.

Achtung! Urheberrecht

Beachten Sie bitte, dass die meisten Inhalte im Internet urheberrechtlichen Bestimmungen unterliegen! Informieren Sie sich vor der Weiterverwendung eines Inhalts darüber, ob und in welchem Umfang das jeweils erlaubt ist.

In Firefox kann man auch sehr leicht ein Abbild der gesamten Webseite erstellen und als PDF speichern. Gehen Sie hierfür in das Menü *Datei/Drucken*, wählen Sie dort aus der Liste *In Datei drucken* aus und geben Sie darunter einen sinnvollen Dateinamen an, z. B. `UbuntuUsers` (ändern Sie aber bitte nicht die Dateiendung *.pdf*). Eine Zeile tiefer können Sie noch einen

Zielordner wählen – dieser ist aber mit `Dokumente` passend vorgegeben und muss für unser Beispiel nicht geändert werden. Klicken Sie abschließend auf *Drucken*.

Dateien erzeugen mit Screenshots

Nicht zuletzt ist es sehr einfach, ein fotografisches Abbild Ihres Bildschirms, einen sogenannten Screenshot zu erstellen. Hierzu müssen Sie lediglich auf die Taste [Druck] tippen (auf Laptops muss meist zusätzlich noch die Taste [Fn] gehalten werden, um die Funktion der Taste [Druck] auszulösen), und schon entsteht ein Foto des gesamten Bildschirms. Oder Sie drücken [Alt]+[Druck], dann wird nur das momentan aktive Programmfenster erfasst.

In jedem Fall erscheint folgender Dialog:

Abbildung 5.58: Bildschirmfoto speichern.

Geben Sie oben einen passenden Dateinamen ein, z. B. *FirefoxScreenshot* (ändern Sie nicht die Dateiendung *.png*). Darunter können Sie einen Zielordner wählen, in unserem Fall ist aber die Vorgabe `Bilder` ausreichend.

Klicken Sie anschließend auf *Speichern*. Auf genau die gleiche Weise sind übrigens die meisten Abbildungen in diesem Buch entstanden.

Datei erzeugen durch Import externer Quellen

Eine weitere Möglichkeit, zu Dateien zu kommen, ist das Kopieren oder Verschieben aus externen Quellen, z. B. durch Downloads aus dem Internet oder Übertragung der Dateien von einer per USB angeschlossenen Digitalkamera etc. Die Vorgehensweise hierfür wird ab Seite 155 ausführlich erläutert.

Wenn Sie die oben genannten Beispiele genau nachvollzogen haben, dann existieren jetzt folgende Dateien, mit denen Sie die nächsten Schritte durchspielen können:

Ordner	Dateiname
Bilder	`Download.png`
Bilder	`Firefox Screenshot.png`
Dokumente	`Beispiel.odt`
Dokumente	`UbuntuUsers.pdf`

Dateien und Ordner auswählen

Bevor man irgendeine Aktion im Dateimanager durchführt, müssen die gewünschten Dateien und Ordner ausgewählt werden. Hierzu finden Sie eine ausführliche Erläuterung im Anhang in Kapitel 10.2 »Dateigruppen markieren und löschen«.

Für Nautilus sei an dieser Stelle nur noch eine nützliche Zusatzfunktion erwähnt: Mitunter ist es erforderlich, eine Dateigruppe auszuwählen, die bestimmte Merkmale besitzt, wie z. B. alle Bilddateien, deren Endung *.jpg* ist, oder alle Dateien, deren Namen mit einer Zeichenfolge beginnen. Dies sind sogenannte Namensmuster, und Nautilus bietet eine gute Möglichkeit, solche Dateigruppen zu markieren.

Begeben Sie sich in einen Ordner, der verschiedenartige Dateien enthält (z. B. `Dokumente`) und drücken Sie dort [Strg]+[S] (= **S**election).

Es öffnet sich ein kleines Fenster, in das Sie das Schema der gesuchten Dateinamen eintragen können. Dafür stehen zwei Sonderzeichen zur Verfügung:

* – Platzhalter für beliebig viele Zeichen.

? – Platzhalter für genau ein Zeichen.

Beispiele:

`Urlaub*.jpg` – alle Dateien, deren Name mit *Urlaub* beginnt, danach beliebig (oder gar nicht) weitergeht und mit *.jpg* endet.

`M??er*` – alle Dateien, deren Namen z. B. mit *Meier, Meyer, Maier, Mayer, Maler* etc. beginnen und dann beliebig weitergehen.

`*.jpg` – Dateiname egal, Endung *.jpg* – also zum Beispiel alle Fotos.

Aber: Aufgrund eines Fehlers in Nautilus funktioniert dies alles nur in der Symbolansicht. In der Listenansicht ist diese Auswahlmöglichkeit leider wirkungslos.

Achtung!

Linux und damit auch Ubuntu unterscheiden zwischen Groß- und Kleinschreibung! Während es in Windows egal ist, ob Sie *a** oder *A** schreiben, um z. B. Dateien zu markieren, deren Name mit A beginnt, ist das bei Linux keineswegs so. Sie werden jeweils zwei unterschiedliche Ergebnisse erzielen, je nachdem, ob es Dateien gibt, deren Namen mit einem großen bzw. einem kleinen A beginnen.

Kopieren und verschieben

Für das Kopieren und Verschieben gibt es zwei grundsätzlich verschiedene Methoden: die Zwei-Fenster-Technik und die Zwischenablage.

Die Zwei-Fenster-Technik

Hierfür öffnen Sie zwei Nautilus-Fenster, die nebeneinander platziert werden.

Klicken Sie zunächst auf das Nautilus-Symbol im Starter. Positionieren Sie danach die Maus über dem oberen Rand des geöffneten Fensters und ziehen Sie es mit gedrückter Maustaste ganz nach links an den äußersten Bildschirmrand. Damit wird das Fenster automatisch so vergrößert, dass es oben und unten den gesamten Bildschirm einnimmt, aber horizontal nur dessen Hälfte. Klicken Sie anschließend mit der **rechten** Maustaste erneut auf das Nautilus-Symbol und wählen Sie aus dem Kontextmenü *Ein neues Fenster öffnen*. Ziehen Sie es an den äußersten rechten Bildschirmrand, um es exakt neben dem ersten Fenster zu platzieren (Abbildung 5.59).

Jetzt können Sie z. B. links den Quellordner auswählen und rechts den Zielordner.

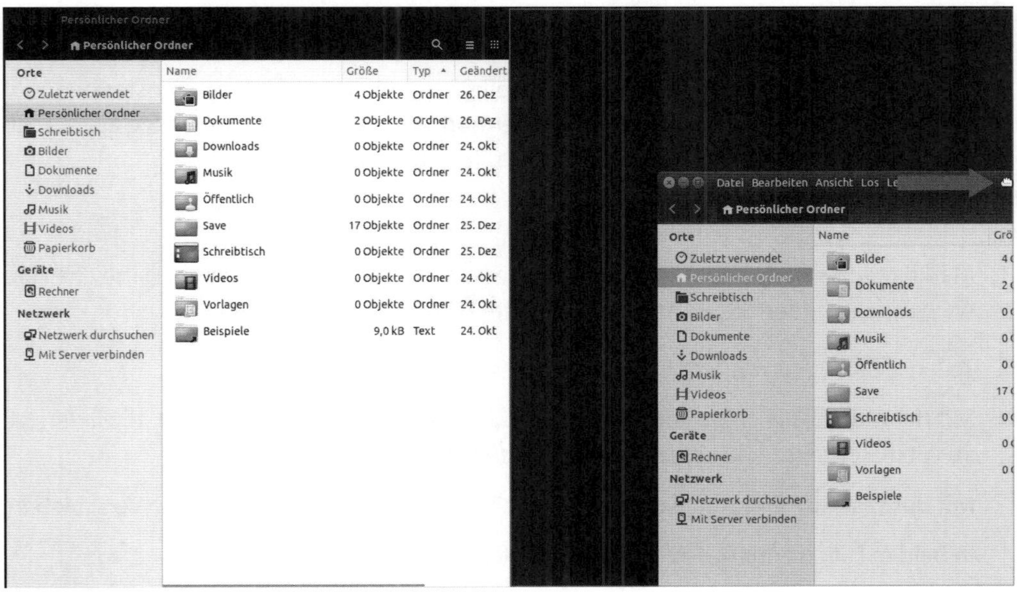

Abbildung 5.59: Nautilus mit Zwei-Fenster-Technik.

Anschließend markieren Sie im Quellordner alle Elemente, die Sie kopieren oder verschieben möchten, und ziehen sie mit gedrückter Maustaste in das rechte Fenster.

Aber Achtung! Ohne weitere Vorkehrungen entscheidet Nautilus, ob der Vorgang ein Kopieren oder ein Verschieben wird! Zwischen unterschiedlichen Laufwerken oder Partitionen wird es immer ein Kopieren, andernfalls ein Verschieben.

Um selbst zu bestimmen, was passieren soll, müssen Sie zusätzlich eine der folgenden Tasten drücken – den jeweiligen Vorgang erkennen Sie dann am Mauszeigersymbol:

Taste	Vorgang	Symbol
Strg	Kopieren	
⇧	Verschieben	

Lassen Sie diese Tasten aber immer erst nach der Maustaste los!

Übrigens: Solange die Maustaste gedrückt ist, können Sie auch noch zwischen Strg- bzw. ⇧-Taste wechseln und damit den Vorgang ändern.

Die Zwei-Fenster-Technik ist besonders dann hilfreich, wenn man vorhat, viele Elemente zu kopieren oder zu verschieben oder wenn eine gute Übersicht über zwei Ordner erforderlich ist.

Über die Zwischenablage

Diese Technik ist für den Alltag geeigneter, weil sie nur ein Dateimanager-Fenster benötigt und zudem ein viel entspannteres Arbeiten ermöglicht. Obendrein können Sie auch noch wählen, ob Sie lieber mit der Maus oder mit der Tastatur arbeiten.

Sie gehen in vier Schritten vor:

1. Markieren Sie die Elemente, die Sie kopieren oder verschieben möchten. Hilfreiche Hinweise hierzu finden Sie im Anhang in Kapitel 10.2.

2. Teilen Sie Nautilus mit, was Sie jetzt mit diesen Dateien vorhaben:

   Mit der Maus: Klicken Sie mit der rechten Maustaste auf die Markierung und wählen Sie aus dem Kontextmenü *Kopieren* oder *Ausschneiden* (für Verschieben).[4]

   Mit der Tastatur: Drücken Sie Strg+C für ein Kopieren oder Strg+X für ein Verschieben.

   In beiden Fällen ändert sich zunächst auf dem Bildschirm noch nichts.

3. Wechseln Sie in den Zielordner.

4 Sie können auch *Kopieren nach* oder *Verschieben nach* wählen und sparen damit Schritt 3, verbleiben aber nach Abschluss des Vorgangs im Quellordner, nicht im Zielordner. Das ist nur vorteilhaft, wenn Sie anschließend vorhaben, noch weitere Elemente aus dem Quellordner zu kopieren oder zu verschieben.

4. Jetzt wird der eigentliche Kopier- bzw. Verschiebevorgang vollendet.

   Mit der Maus: Klicken Sie mit der rechten Maustaste im Zielordner (im rechten Teil des Nautilus-Fensters) auf einen freien Bereich und wählen Sie *Einfügen*.

   Mit der Tastatur: Drücken Sie Strg+V, um die Dateien am Ziel einzufügen.

Tipp

Der Vorteil der Tastenkürzel-Variante mit der Tastatur besteht zusätzlich darin, dass dieselbe Technik auch immer dann verwendet werden kann, wenn Sie beliebige andere Inhalte (Textteile, Bilder etc.) kopieren oder verschieben wollen. Sie müssen sich also nichts Neues einprägen.

Sie können Dateien auch **innerhalb desselben Ordners** kopieren und damit vervielfältigen. Da jedoch niemals zwei Elemente im selben Ordner gleichnamig sein dürfen, ergänzt Nautilus den Namen der Kopie automatisch mit `... (Kopie)`.

Für das Kopieren im selben Ordner kann es zwei Gründe geben:

1. Sie möchten den momentanen Zustand einer Datei oder eines Ordners sichern, um mit dem Original zunächst etwas zu experimentieren. Ist das Experiment gelungen, dann kann man später die Kopie löschen – andernfalls löscht man das misslungene Original und benennt die Kopie wieder in den vorherigen Namen um.

2. Eine Datei soll als Vorlage für eine ähnliche Datei dienen, aber das Original selbst darf nicht verändert werden. Also wird es kopiert und die Kopie anschließend dem eigentlichen Zweck entsprechend umbenannt und danach bearbeitet.

Umbenennen

Um den Namen eines Ordners oder einer Datei zu ändern, müssen Sie diesen zunächst anklicken, damit er markiert ist. Anschließend drücken Sie entweder die Taste F2 oder machen auf dem Namen einen Rechtsklick und wählen *Umbenennen*. Daraufhin wird der Name farbig hinterlegt. (Beachten Sie, dass die Markierung nicht die Endung des Dateinamens einschließt. Das ist gut so, weil Sie die Endung möglichst nie verändern sollten! Sie dient vielen Programmen als Erkennung des Dateityps.) Sie können den Namen nun vollständig ändern, indem Sie einfach den neuen eintippen und damit den bestehenden überschreiben, oder Sie klicken auf die Stelle im Namen, die Sie bearbeiten möchten.

Wenn Sie mehrere Dateien gleichzeitig umbenennen wollen, müssen Sie Nautilus mit einem Add-on erweitern. Suchen Sie im Internet nach *nautilus-renamer*.

Löschen und wiederherstellen

Wie im wirklichen Leben, so geht auch auf dem Rechner ein Vernichten sehr schnell: Markieren Sie die Elemente, die gelöscht werden sollen, und drücken Sie dann einfach die Taste Entf. Alternativ dazu können Sie mit der rechten Maustaste auf die markierten Objekte klicken und *In den Papierkorb verschieben* auswählen. Das war's.

In beiden Fällen landet die Datei oder der Ordner im sogenannten **Papierkorb**. Dieser ist aber in Wahrheit nichts weiter als ein Ordner mit besonderen Eigenschaften. Es handelt sich also nicht wirklich um ein Löschen im engeren Sinne, sondern um ein Verschieben. Der Speicherplatz, den das Objekt belegt, wird daher nicht freigegeben, sondern nur an eine andere Stelle verlagert.

Das ist zunächst auch sinnvoll, denn eine Löschung erfolgt in Ubuntu ohne Rückfrage. Wenn man sich dabei mal geirrt hat, dann kann man die betroffenen Elemente sehr leicht wiederherstellen: Klicken Sie unten im Starter auf das Papierkorbsymbol. Es öffnet sich ein neues Fenster, in dem alle gelöschten Objekte in zeitlich absteigender Reihenfolge aufgelistet sind – die zuletzt gelöschten befinden sich oben. Markieren Sie die Elemente, die Sie aus dem Papierkorb zurückholen wollen, und klicken Sie oben auf den Button *Wiederherstellen*. Diese Elemente erscheinen dann wieder in den ursprünglichen Ordnern, aus denen sie vormals gelöscht wurden.

Möchten Sie jedoch einmal wirklich Platz auf Ihrem Datenträger schaffen, dann müssen Sie den Papierkorb leeren.

Hierzu können Sie einzelne Elemente im Papierkorb, die Sie ganz sicher nicht mehr benötigen, markieren und mit ⇧+Entf endgültig löschen (bzw. mit einem Rechtsklick und dem Menüpunkt *Löschen*). In beiden Fällen erscheint zunächst eine Warnung, die Sie bestätigen müssen:

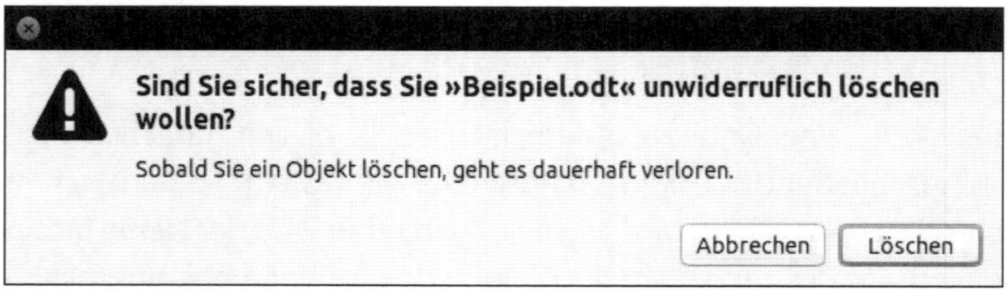

Abbildung 5.60: Datei endgültig löschen.

Wenn Sie jedoch ganz mutig und hundertprozentig sicher sind, dass Sie nie wieder eines der Elemente benötigen, die sich gerade im Papierkorb befinden, dann können Sie auch alle auf einmal beseitigen. Dazu genügt ein Klick auf *Leeren* oben im Papierkorb-Fenster.

Aber Vorsicht!
Jedes Löschen im Papierkorb ist unwiderruflich – es gibt kein Zurück! Mit keinem Trick!

Dateien und Ordner kann man übrigens auch direkt und ohne Umweg über den Papierkorb endgültig löschen: Markieren Sie diese und drücken Sie ⇧+Entf. Aber hier gilt natürlich die gleiche Warnung: **Es ist irreversibel!**

Suchen

Wer Ordnung hält, ist nur zu faul zum Suchen. Das trifft auch auf die Welt der Rechner zu. Wenn man seine Ordner gut passend zu seinem Alltag eingerichtet hat und sich strikt an ein sinnvolles System zur Benennung von Dateien hält (vgl. Abschnitt 5.3.1), dann wird man die Suchfunktion wohl nur selten benötigen. Dennoch gibt es hin und wieder Situationen, in denen man darauf angewiesen ist. Und jeder gute Dateimanager verfügt natürlich über eine, also auch Nautilus. Allerdings ist dieses Hilfsmittel hier sehr vereinfacht – man kann nur nach Dateinamen suchen, die eine bestimmte Zeichenfolge enthalten. Wer eine komfortablere Suche nach Namensmustern oder gar nach Datei-Inhalten gewöhnt ist, wird enttäuscht (findet aber auf Seite 271 schon einen Hinweis auf eine wesentlich bessere Lösung).

Wie funktioniert nun die Suche mit Nautilus? Oben im Fenster finden Sie ein Lupensymbol (Abbildung 5.61). Wenn Sie darauf klicken, öffnet sich eine Eingabezeile, in der Sie eintragen können, nach welchem Dateinamen Sie suchen. Leider ist es hier nicht möglich, Platzhalter zu verwenden. Wenn Sie also z. B. PDF-Dateien suchen, dann dürfen Sie hier nur *.pdf* eingeben. Mit **.pdf* werden Sie gar kein Ergebnis erzielen, denn die Funktion sucht nur nach **Zeichenfolgen in Dateinamen** – und Namen, die ein * enthalten, gibt es nicht. Alles in allem eine sehr schlichte Funktionalität, aber für den Alltag durchaus brauchbar, zumal Sie rechts neben dem Eingabefeld noch die Möglichkeit haben, die Suche auf den aktuellen Ordner zu beschränken oder auf *Alle Dateien* auszudehnen. Letzteres braucht allerdings viel Zeit, denn es wird die gesamte Festplatte bzw. Partition durchsucht.

Darüber hinaus eröffnet Ihnen das Pluszeichen ganz rechts neben der Eingabezeile noch weitere Einschränkungsmöglichkeiten. Sie können dann filtern, also sich z. B. von allen Fundstellen nur die anzeigen lassen, die PDF-Dateien sind.

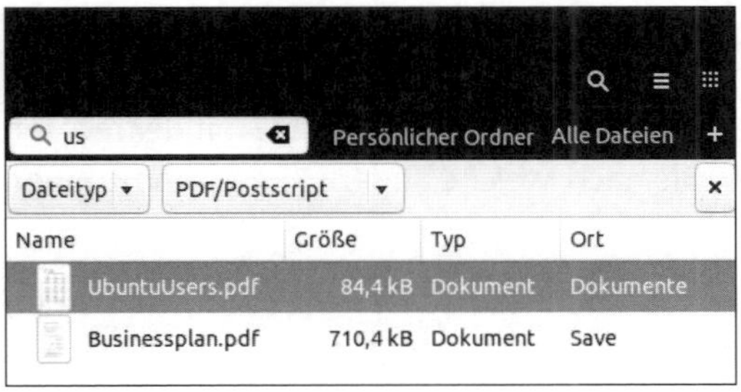

Abbildung 5.61: Suchfunktion von Nautilus. In diesem Beispiel wurde nach PDF-Dokumenten gesucht, deren Name die Zeichenfolge us *enthält.*

Die Suchfunktion wird durch einen erneuten Klick auf das Lupensymbol beendet.

Öffnen und starten

Die Sache scheint zu einfach zu sein, um hier erwähnt zu werden: Hat man eine Datei gefunden, dann führt man auf dem entsprechenden Namen einen Doppelklick aus oder bewegt die Markierung mithilfe der Pfeiltasten dorthin und drückt [↵] – schon öffnet sich die Datei.

So weit, so richtig, aber jede Datei wird mit einem bestimmten Programm angezeigt – und woher weiß das Betriebssystem eigentlich, welches Programm es starten muss?

In Windows ist diese Frage sehr einfach zu beantworten: Hier entscheidet allein die Dateiendung (also z. B. *jpg*). Sie trifft eine Aussage darüber, um welchen Dateityp es sich handelt, und anhand einer internen Liste sucht Windows dann das dazu passende Programm aus.

In Ubuntu (Linux) ist das nicht so simpel. Versuchen Sie's mal. Ändern Sie z. B. die Endung eines PDF-Dokuments von *.pdf* in *.xyz*. In Windows käme beim nächsten Doppelklick eine Rückfrage, mit welchem Programm dieser komische Dateityp angezeigt werden solle. In Linux wird wie von Zauberhand weiterhin klaglos der passende PDF-Viewer gestartet. Die Lösung ist einfach: Das Betriebssystem schaut zunächst für einen kurzen Moment in die Datei hinein und erkennt an den ersten 3 bis 5 Bytes, den sogenannten Magic Numbers, die für jeden Dateityp weltweit eindeutig sind, um welchen Dateityp es sich handelt, und öffnet dann erst ein hierfür geeignetes Programm. Das ist natürlich deutlich näher am Leben dran, denn der Inhalt ist entscheidend, nicht das Etikett.

> **Hinweis**
>
> So beginnen beispielsweise alle Bilddateien vom Typ JPEG (Standardendung *.jpg*) intern mit den Bytes `FF E0 00 10 4A 46 49 46 00`. Hierbei sind `4A 46 49 46` die Codes für die Textzeichen JFIF. Und das steht für JPEG File Interchange Format.

Aber was ist, wenn Ubuntu die Datei mit einem Programm öffnet, das zwar geeignet ist, Ihnen aber nicht gefällt, weil Sie z. B. längst ein viel besseres Programm installiert haben?

Dann haben Sie zwei Möglichkeiten:

1. Falls Sie **nur jetzt** ein anderes Programm verwenden möchten: Klicken Sie mit der rechten Maustaste auf den Dateinamen und schauen Sie nach, welche anderen Programme Ihnen Linux als ebenfalls geeignet vorschlägt:

   In Abbildung 5.62 sehen Sie z. B. im linken Kontextmenü zunächst ganz oben den Namen des Standardprogramms, das Ubuntu starten würde, um eine JPEG-Bilddatei anzuzeigen: den Linux-internen *Bildbetrachter*.

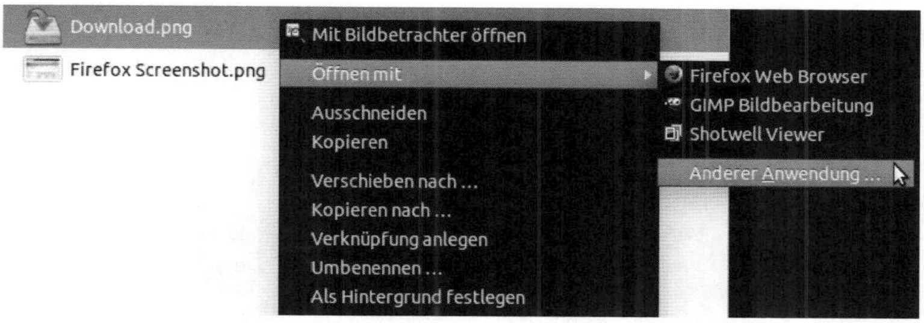

Abbildung 5.62: Nautilus – Standardprogramm ändern.

Bewegen Sie den Mauszeiger jedoch darunter auf *Öffnen mit*, dann erscheinen noch weitere Programme, die für die Darstellung von Fotos geeignet sind. (Wer hätte gedacht, dass das auch mit dem Webbrowser Firefox möglich ist?) Wenn Sie also zuvor ein Programm installiert haben, das aus Ihrer Sicht schöner ist (in unserem Beispiel sei das mal stellvertretend *GIMP*), dann wird dieses sehr wahrscheinlich in dieser Liste aufgeführt. Sollte jedoch Ihr Lieblingsprogramm auch dort nicht vertreten ist, dann wählen Sie *Andere Anwendung* und suchen sich aus einer erweiterten Auflistung das passende heraus.

2. Falls Sie **dauerhaft** ein anderes Programm verwenden möchten: Dann ändern Sie das Standardprogramm. Klicken Sie mit der rechten Maustaste auf den Dateinamen und wählen Sie *Eigenschaften*. Im nachfolgenden Fenster gehen Sie in die Rubrik *Öffnen mit*, suchen das passende Programm aus und klicken abschließend unten auf den Button *Als Vorgabe festlegen*. Jetzt wird Linux immer dieses Programm starten, wenn Sie eine solche Datei per Doppelklick oder [↵] öffnen.

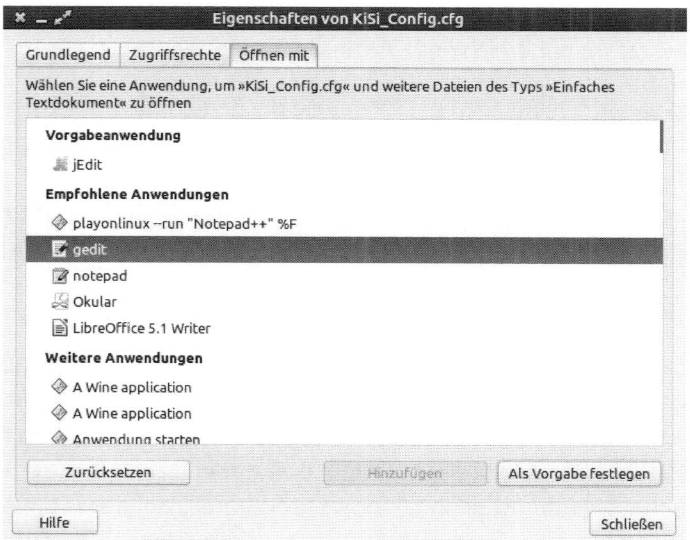

Abbildung 5.63: Zuordnung zu einem Standardprogramm ändern.

5.4 Das Terminal

Kommen Sie von Windows? Wenn ja: Kennen Sie dieses Fenster?

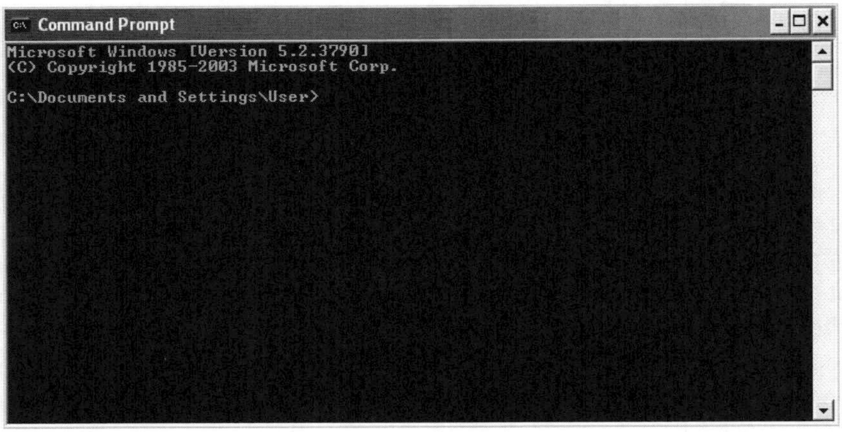

Abbildung 5.64: DOS-Terminal.

Nein? Oder nur flüchtig? Dann sind Sie in bester Gesellschaft von sehr vielen Menschen. Kaum ein Windows-User verwendet dieses Fenster, mancher hat es sogar noch nie gesehen.

Dabei handelt es sich um das DOS-Terminal. Hier kann man Computerbefehle eintippen, und die Ergebnisse werden in Form von Texten oder Zahlen ausgegeben. Eigentlich ist es ein Relikt aus längst vergangenen Zeiten, in denen es weder Maus noch Fenster gab, sondern ein Rechner einzig und allein über solche Befehle gesteuert werden konnte. Damals sahen alle Bildschirme so aus wie der schwarze Innenbereich des Fensters in Abbildung 5.64.

Warum ist dieses Fenster so wenig bekannt? Weil mittlerweile die Bedienung ausschließlich über sogenannte GUIs (**G**raphical **U**ser **I**nterfaces = grafische Benutzeroberflächen) erfolgt: Der Anwender klickt, zieht, scrollt, toucht etc. Das ist bequem und intuitiv und daher eine tolle Sache. Die Entwicklung von Windows ging nahezu ausschließlich in diese Richtung – der Anwender sollte nie mehr umständliche Befehle eintippen müssen.

Das klingt doch gut – warum dann ein eigenes Kapitel zu diesem Thema?

Weil es in Linux, also auch in Ubuntu, etwas anders ist. Nicht, dass Linux besonders altbacken oder unterentwickelt wäre – im Gegenteil: Auch hier kann man natürlich fast alles mit der Maus und anderen Eingabemethoden steuern. Aber gleichzeitig hat man, anders als in Windows, die Fähigkeiten der Befehle, die man in so ein Terminal eintippen kann, über die Jahrzehnte kontinuierlich ausgebaut, während sie in Windows größtenteils auf dem Stand der 80er-Jahre verblieben sind. Damit hat der Linux-/Ubuntu-Anwender, wenn er sich auch nur mit wenigen Befehlen auskennt, mächtige und leistungsstarke Werkzeuge in der Hand, die allen GUI-Techniken haushoch überlegen sind.

Weil Linux schon immer auch eine Domäne für Freaks, Nerds, Profis und Hacker war, die solches Handwerkszeug natürlich enorm schätzen, hat sich hier eine richtige »Kultur des Terminals« erhalten. Auf vielen Webseiten findet man deshalb oft den einen oder anderen Terminalbefehl, der im Handumdrehen ein Problem löst. Das erspart Ihnen langwieriges oder umständliches Bedienen von Hilfsprogrammen (sogenannten Tools). In Windows ist man fast immer davon abhängig, dass es ein solches Tool gibt. Und auch in Linux/Ubuntu können Sie jede Menge solcher nützlichen Programme bekommen, aber abgesehen davon, dass man diese zunächst finden und kennenlernen muss: Selbst wenn Sie gar kein einziges dieser Programme hätten oder bekämen – mit einem Terminal können Sie Ihren Linux-Rechner immer steuern, ihn abfragen, Probleme lösen, Verbindungen herstellen etc.

Daher gilt der Satz:

Where there's a shell, there's a way.
Wo eine Shell ist, ist auch ein Weg.

Hinweis

Streng genommen ist »Shell« nicht korrekt, aber dieser Begriff wurde in Fachkreisen inzwischen zum Synonym für »Terminal«.

Und deshalb kommt man als Linux-/Ubuntu-Anwender auch nicht um dieses Thema herum.

Nun kann ich Sie aber zugleich beruhigen: Das hier wird kein Profi-Seminar, und man kann Linux auch sehr wohl genießen, ohne je von einem Terminal gehört zu haben. Aber es ist in vielen Fällen außerordentlich hilfreich, wenigstens über Grundkenntnisse zu verfügen und so ein Terminal zumindest bedienen zu können. Denn wie gesagt: Auf so mancher Webseite stehen sehr nutzbringende oder mitunter sogar rettende Befehle (und die muss man noch nicht mal abtippen – kopieren und einfügen genügt). Aber es sind eben Terminalbefehle, und wenn man nicht weiß, was man damit anfangen soll, dann entgeht einem sehr wahrscheinlich die entscheidende Hilfe, eine schöne Vereinfachung oder auch nur eine gute Idee. Und oftmals sind solche Befehle sogar unerlässlich, wenn es um die Einrichtung von Linux/Ubuntu oder die Installation bestimmter Programme geht.

Natürlich kann man im Rahmen eines einführenden Buches das Thema »Terminal« nur andeuten. Es ist einfach zu umfangreich. Aber als Einsteiger braucht man erst mal nur das Wissen, das zur Lösung der aktuell anstehenden Aufgaben erforderlich ist. Für alles andere gibt es das Internet, Fachbücher oder notfalls den Spezialisten (wenn man nicht im Laufe der Zeit gleich selbst einer wird, was Ihnen bei Linux schnell passieren kann …).

Dieser Abschnitt soll Sie daher nur mit der Bedienung des Terminals vertraut machen und in die Lage versetzen, Befehle auszuführen. Zudem sollen Sie erfahren, worauf man achten muss, damit nichts schiefgeht.

Lediglich um Ihnen zu demonstrieren, wie mächtig und hilfreich das Terminal sein kann, finden Sie am Ende des Abschnitts ein Beispiel, in dem ein einziger Befehl unglaublich viel stumpfsinnige Arbeit übernimmt.

Wie startet man nun das Terminal? Sie können entweder [Strg]+[Alt]+[T] drücken oder öffnen den Dash (vgl. Abschnitt 5.1.3) und geben dort als Suchwort die Buchstaben *term* ein – dann zeigt sich das Programmsymbol gleich an oberster Stelle. Klicken Sie darauf oder drücken Sie [↵].

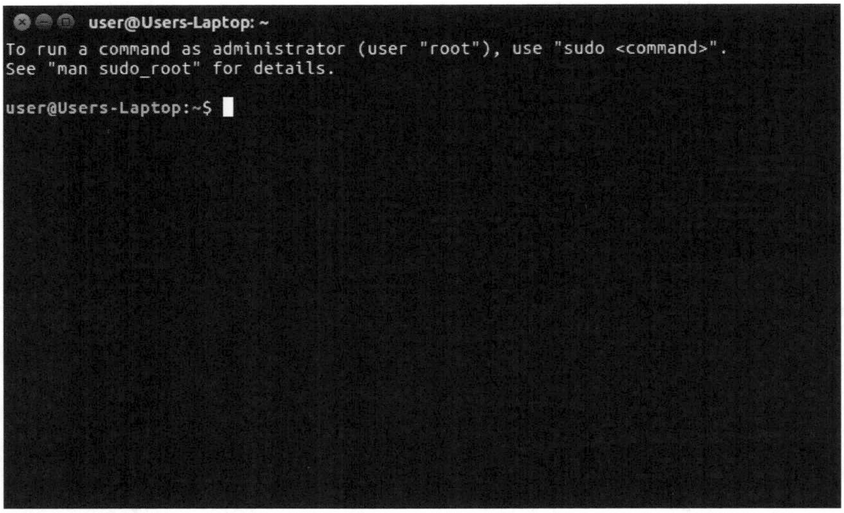

Abbildung 5.65: Terminalstart.

Der Look ist spartanisch, aber ein Terminal ist auch etwas ziemlich Nüchternes, und das macht es vielen so schwer, sich damit anzufreunden – bis sie erlebt haben, wie leistungsfähig dieses Werkzeug sein kann.

Was Sie oben sehen, ist ein kryptischer Text gefolgt von einem weißen Rechteck. Das ist der sogenannte Prompt, zu Deutsch: die Eingabeaufforderung. An dieser Stelle erwartet das Terminal Ihre Eingabe, also einen Text, der ein gültiger Computerbefehl sein muss. Die möglichen Befehle sind von Betriebssystem zu Betriebssystem unterschiedlich, manchmal ähnlich und in einigen Fällen auch sehr umfangreich, aber darauf kommen wir noch zurück.

Allerdings erwartet der Prompt nicht nur eine Eingabe, sondern er gibt Ihnen auch zahlreiche Informationen darüber, wer Sie sind, welche Rechte Sie haben und wo Sie sich gerade befinden. Solange man keine eigenen Änderungen daran vorgenommen hat, besteht er aus folgenden Einzelangaben (die Leerzeichen dienen nur der optischen Trennung):

```
<UserName> @ <RechnerName> : <AktuellerOrdner> <Abschlusskennung>
```

Bestandteil	**in Abbildung 5.65**	**Bedeutung**
`<UserName>`	`user`	Der User-Name, mit dem der Anwender momentan am Rechner eingeloggt ist.
@	@	»at« – kann wörtlich gelesen werden als »am« (der User X am Rechner Y)
`<RechnerName>`	`Users-Laptop`	Name des Rechners
:	:	Trennung
`<AktuellerOrdner>`	~	Der Ordner, in dem man sich gerade befindet (das Arbeitsverzeichnis). ~ steht dabei unter Linux als Abkürzung für den persönlichen Ordner des aktuellen Users, also für `/home/<IhrName>`.
`<Abschlusskennung>`	$	Ende der Eingabeaufforderung und zugleich Hinweis, ob der User normale Rechte hat ($) oder über Administratorrechte verfügt (#).

Aus dem Prompt in Abbildung 5.65 entnimmt man also: Sie sind mit dem Namen *user* eingeloggt an einem PC mit dem Namen *Users-Laptop*, befinden sich momentan im Ordner `/home/user` und besitzen normale Zugriffsrechte (keine Admin-Rechte).

Um das Terminal zu entdecken, lassen Sie uns nun einfach Schritt für Schritt ein paar harmlose Dinge tun, anhand derer Sie bestimmte Techniken kennenlernen können – so etwas wie eine kleine Platzrunde in der Flugschule.

> **Hinweis**
>
> Jeden der nachfolgend angegebenen Befehle müssen Sie mit [↵] abschließen, damit er ausgeführt wird.

1. Wo bin ich?

Sollten Sie einmal vergessen haben, was ~ bedeutet, oder auf einem fremden Rechner arbeiten, auf dem der Prompt ganz anders aussieht, und nicht wissen, in welchem Arbeitsverzeichnis Sie sich gerade befinden, dann lassen Sie sich den aktuellen Ordner anzeigen.

Befehl: `pwd` (**p**rint **w**orking **d**irectory)

Abbildung 5.66: Terminalbefehl `pwd`.

Unter dem Befehl sehen Sie die Ausgabe: Sie befinden sich im Verzeichnis `/home/user`.

Anschließend erscheint wieder der Prompt und wartet auf die nächste Eingabe.

2. Was ist hier zu finden?

Um sich anzeigen zu lassen, was der aktuelle Ordner enthält, gibt es ebenfalls einen Terminalbefehl:

Befehl: `ls` (**list**)

Abbildung 5.67: Terminalbefehl `ls`.

Die Einträge sind farblich gekennzeichnet, je nachdem, ob es sich um Dateien, Ordner, Links oder andere Formen von Elementen handelt. Weiß sind Dateien (hier `examples.desktop`), blau sind Unterordner (hier grau).

3. Den Ort wechseln

Der Wechsel in einen anderen Ordner kann ebenfalls mit einem Befehl erfolgen.

Befehl: `cd <Ordnername>` (**c**hange **d**irectory)

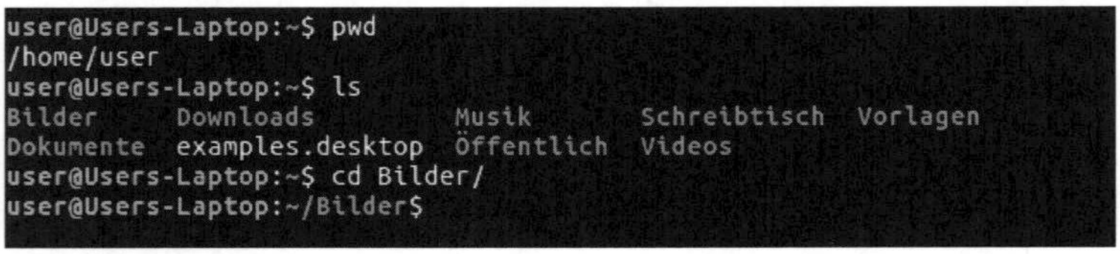

Abbildung 5.68: Terminalbefehl `cd`.

Hier erkennt man sehr gut, dass es meist nicht ausreicht, lediglich einen Befehl einzugeben (`cd`), man muss in der Regel noch weitere Angaben machen (in diesem Fall muss der Zielordner angegeben werden, in den man wechseln möchte). Solche Befehlszusätze werden »Parameter« genannt und durch Leerzeichen getrennt hinzugefügt. Weitere Hinweise zu Parametern finden Sie unten bei Punkt 4.

Tipp

Wenn Sie cd als alleinstehenden Befehl (ohne Parameter) eingeben, dann gelangen Sie sofort in Ihren Home-Ordner zurück.

Zudem können Sie gleich noch eine praktische Vereinfachung bei der Eingabe von Parametern ausprobieren: Wenn Sie nämlich den Namen eines Ordners oder einer Datei eingeben möchten, der im aktuellen Arbeitsverzeichnis bereits existiert, dann genügt es, einen eindeutigen Anfang zu schreiben und anschließend die [Tab]-Taste zu drücken.

Linux ergänzt – sofern die bisherige Eingabe eindeutig ist – den Namen bis zu dessen Ende. In unserem Fall hätte es ausgereicht, `cd B` einzugeben und dann die [Tab]-Taste zu drücken, denn im aktuellen Ordner gibt es kein anderes Objekt, dessen Name mit B beginnt.

Linux vervollständigt dann den Namen `Bilder` (hier sogar einschließlich des /, sodass man gegebenenfalls gleich mit Namen weiterer Unterordner oder Dateien im Ordner `Bilder` hätte fortfahren können). Beginnen mehrere Elemente mit der gleichen Buchstabenfolge, dann ergänzt Linux allerdings nur so weit, bis es wieder Unterschiede zwischen diesen Elementen gibt.

Beispiel: Nehmen wir an, es gebe nicht nur einen `Bilder`-Ordner, sondern auch noch ein Foto namens `Billard.jpg`. Nach Eingabe von `cd B` und Drücken der [Tab]-Taste würde Linux nur erweitern bis `cd Bil` und dann anhalten, denn bis hierhin sind beide Elemente gleichnamig, und nun müssen Sie sagen, wie es weitergehen soll. Sie könnten z. B. ein `d` eingeben, gefolgt von der [Tab]-Taste, und Linux würde ergänzen zu `cd Bilder/`, weil die Sache nun eindeutig ist.

Dass Sie jetzt tatsächlich in den Unterordner `Bilder` gewechselt sind, ist wiederum am Prompt erkennbar: Dort steht jetzt hinter dem Doppelpunkt der aktuelle Ordner `~/Bilder`, was so viel heißt wie *Persönlicher Ordner/Unterordner Bilder*, oder ausführlich geschrieben `/home/<UserName>/Bilder` (Sie können es ja mal mit dem Befehl `pwd` testen).

Achtung!

Linux unterscheidet – anders als Windows – zwischen Groß- und Kleinschreibung! Sie müssen also demzufolge auch ein großes *B* eintippen. Mit einem kleinen wäre nicht nur die automatische Ergänzung wirkungslos, es würde auch der ganze Befehl nicht funktionieren, weil es keinen Unterordner mit dem Namen `bilder` gibt.

4. Mehr Details, bitte

Unter Punkt 2 haben Sie `ls` als Befehl zur Auflistung von Ordnerinhalten kennengelernt, und unter Punkt 3 war von Parametern die Rede. Anhand des Befehls `ls` soll das hier ein wenig ausführlicher erläutert werden.

Befehl: `ls -al` (**l**ist & **a**ll & **l**ong)

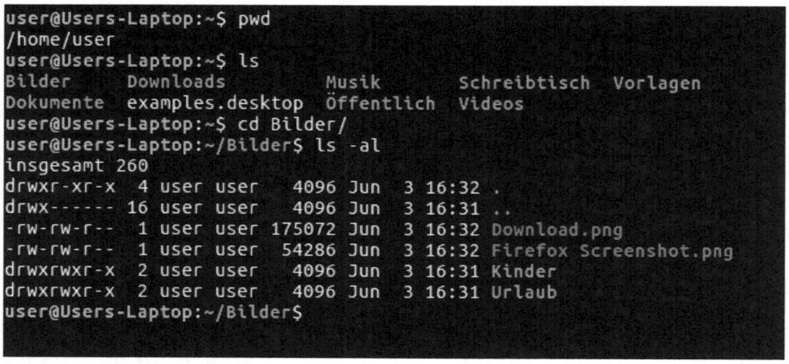

Abbildung 5.69: Terminalbefehl `ls -al`.

Der hier verwendete Parameter beginnt mit einem Minuszeichen. Das wird in Linux häufig benutzt, um Parameter zu kennzeichnen, die **steuernd** auf die Ausführung des Befehls wirken – im Unterschied zu solchen, die z. B. Namen darstellen, wie bei `cd Bilder`. Dabei handelt es sich genau genommen sogar um zwei Parameter, nämlich ein `a` und ein `l`, die hier nur zu einem zusammengefasst worden sind. Der durch diese Parameter hervorgerufene Effekt ist im Vergleich mit Abbildung 5.67 gut zu erkennen: Die Auflistung erfolgt jetzt in Form einer Tabelle und enthält für jedes Element zahlreiche Zusatzinformationen. Außerdem erscheinen zwei Einträge, die mit `.` und `..` benannt sind und in der vorherigen Auflistung nicht vertreten waren.

Der Parameter `l` (= `long`) hat bewirkt, dass der Ordnerinhalt in der Langform angezeigt wird (also als Tabelle mit den Zusatzinformationen vor jedem Namen).

Und a (= `all`) führte dazu, dass auch versteckte Dateien oder Ordner erscheinen, deren Name mit einem Punkt beginnt (oder nur aus Punkten besteht). Der Eintrag »`..`« ist dabei ein Verweis auf den übergeordneten Ordner, quasi die Ausgangstür zurück nach oben, und »`.`« verweist auf den aktuellen Ordner selbst, was hier aber nicht weiter erörtert werden soll und muss.

Nun fragt man sich natürlich, welche Parameter gegebenenfalls sonst noch existieren, wie diese angewendet werden und was sie bewirken. Das ist selbstverständlich bei jedem Befehl anders, und bis auf wenige Anweisungen, die man immer wieder verwendet, hat das eigentlich niemand wirklich im Kopf. Das muss man auch nicht, denn dazu finden sich in Fachbüchern oder im Internet ausführliche Hinweise, und als Anfänger ist man sehr gut beraten, zuerst an diesen Orten Hilfe zu suchen, weil Sie dort in aller Regel auch weiterführende Informationen und Beispiele finden.

Aber was ist, wenn man jetzt mal ganz schnell eine Hilfe benötigt? Für diesen Fall gibt es in Linux zu nahezu jedem Befehl sogenannte Hilfeseiten (engl. »manual page« oder kurz »manpage«):

Befehl: `man <Befehl>` (**man**page)

Wenn Sie also z. B. `man ls` eingeben, dann erscheint im Terminal folgender Inhalt:

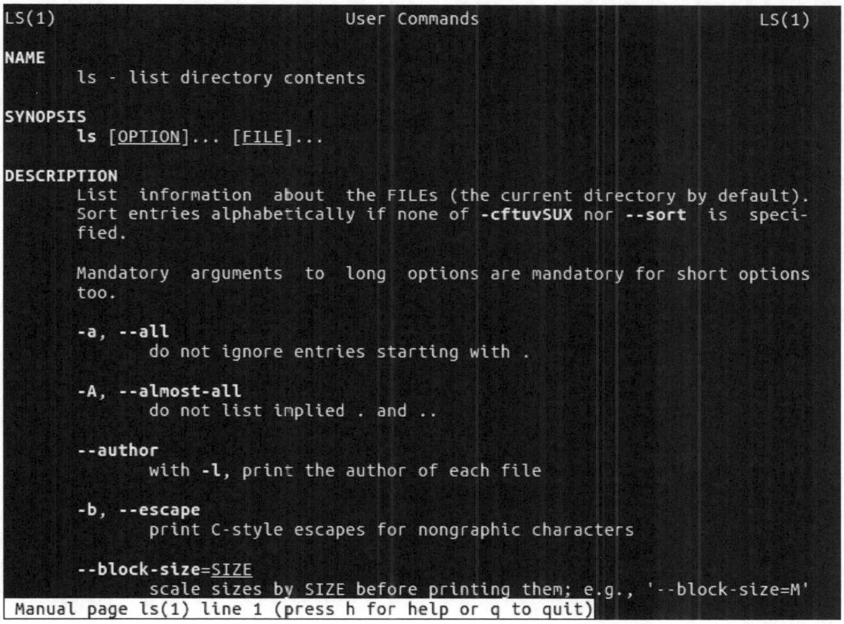

```
LS(1)                          User Commands                          LS(1)

NAME
       ls - list directory contents

SYNOPSIS
       ls [OPTION]... [FILE]...

DESCRIPTION
       List  information  about  the FILEs (the current directory by default).
       Sort entries alphabetically if none of -cftuvSUX nor --sort  is  speci-
       fied.

       Mandatory  arguments  to  long  options are mandatory for short options
       too.

       -a, --all
              do not ignore entries starting with .

       -A, --almost-all
              do not list implied . and ..

       --author
              with -l, print the author of each file

       -b, --escape
              print C-style escapes for nongraphic characters

       --block-size=SIZE
              scale sizes by SIZE before printing them; e.g., '--block-size=M'
 Manual page ls(1) line 1 (press h for help or q to quit)
```

Abbildung 5.70: Terminal – Manpage.

Keine Sorge, wir werden jetzt hier nicht die Unmenge der möglichen Varianten des `ls`-Befehls durchdeklinieren. Es geht nur darum, dass Sie wissen, wo man gegebenenfalls schnell Hilfe finden kann.

Auf der Manpage können Sie sich mit den Pfeiltasten [↓] und [↑] nach unten und oben bewegen. Und wenn Sie genug gelesen haben, dann drücken Sie auf [Q] (= **Q**uit), um die Hilfe wieder zu verlassen. Sie kehren direkt zum vorherigen Terminalinhalt zurück.

Manche Befehle bringen auch eine Kurzhilfe mit, sodass man nicht die oft sehr langen Manual-Informationen lesen muss. Hierzu geben Sie einfach mal probehalber nach dem Befehl **nur** den Parameter `--help` an (beachten Sie die **zwei** Minuszeichen!).

Mit `ls --help` erhalten Sie beispielsweise folgende Informationen:

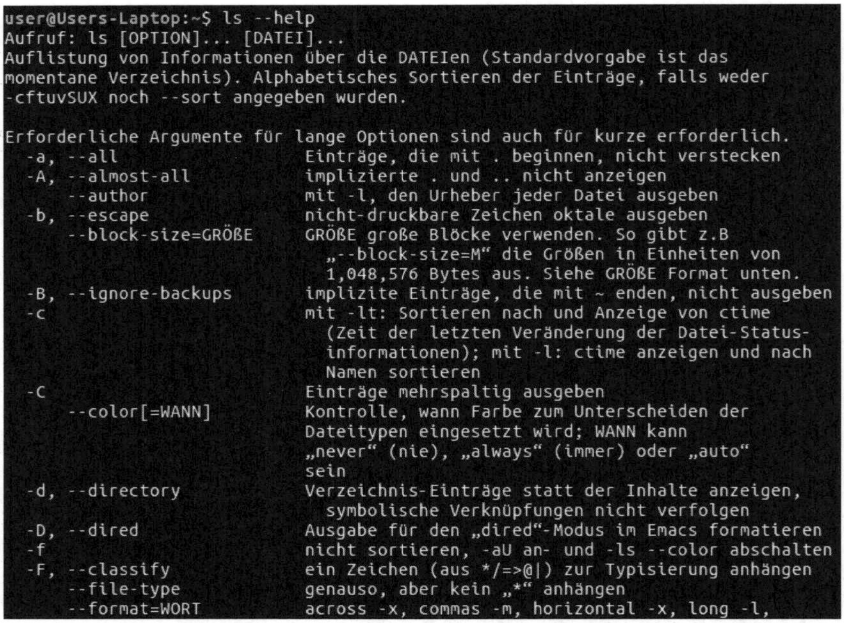

```
user@Users-Laptop:~$ ls --help
Aufruf: ls [OPTION]... [DATEI]...
Auflistung von Informationen über die DATEIen (Standardvorgabe ist das
momentane Verzeichnis). Alphabetisches Sortieren der Einträge, falls weder
-cftuvSUX noch --sort angegeben wurden.

Erforderliche Argumente für lange Optionen sind auch für kurze erforderlich.
  -a, --all                  Einträge, die mit . beginnen, nicht verstecken
  -A, --almost-all           implizierte . und .. nicht anzeigen
      --author               mit -l, den Urheber jeder Datei ausgeben
  -b, --escape               nicht-druckbare Zeichen oktale ausgeben
      --block-size=GRÖßE     GRÖßE große Blöcke verwenden. So gibt z.B
                               „--block-size=M“ die Größen in Einheiten von
                               1,048,576 Bytes aus. Siehe GRÖßE Format unten.
  -B, --ignore-backups       implizite Einträge, die mit ~ enden, nicht ausgeben
  -c                         mit -lt: Sortieren nach und Anzeige von ctime
                               (Zeit der letzten Veränderung der Datei-Status-
                               informationen); mit -l: ctime anzeigen und nach
                               Namen sortieren
  -C                         Einträge mehrspaltig ausgeben
      --color[=WANN]         Kontrolle, wann Farbe zum Unterscheiden der
                             Dateitypen eingesetzt wird; WANN kann
                             „never“ (nie), „always“ (immer) oder „auto“
                             sein
  -d, --directory            Verzeichnis-Einträge statt der Inhalte anzeigen,
                               symbolische Verknüpfungen nicht verfolgen
  -D, --dired                Ausgabe für den „dired“-Modus im Emacs formatieren
  -f                         nicht sortieren, -aU an- und -ls --color abschalten
  -F, --classify             ein Zeichen (aus */=>@|) zur Typisierung anhängen
      --file-type            genauso, aber kein „*“ anhängen
      --format=WORT          across -x, commas -m, horizontal -x, long -l,
```

Abbildung 5.71: Anzeige der Kurzhilfe im Terminal mit `--help`.

Diese Übersicht ist viel knapper und besonders dann hilfreich, wenn man den Befehl eigentlich schon ganz gut kennt und nur noch mal eine kurze Erinnerung benötigt. Im Unterschied zu `man` wird aber der bisherige Inhalt des Terminals durch den Hilfetext verschoben.

Zugegeben: Für den Anfang sind sowohl `man` als auch `--help` nicht wirklich geeignet, um sich zurechtzufinden. Nutzen Sie deshalb bevorzugt das Internet als universelle Quelle oder ein weiteres Fachbuch.

> **Tipp**
>
> Gehen Sie doch spaßeshalber auch mal bei YouTube auf die Suche! Sie werden erstaunt sein, zu wie vielen Themen Sie dort mitunter sehr gut gemachte Videoanleitungen (Tutorials) finden.

5. Zurück

An dieser Stelle noch ein kurzer Hinweis auf die ominösen zwei Punkte `..` in Abbildung 5.69 (Seite 168). Diese haben nur eine Funktion: Sie führen zusammen mit dem Befehl `cd` immer zurück zum übergeordneten Ordner:

Befehl: `cd ..` (**c**hange **d**irectory)

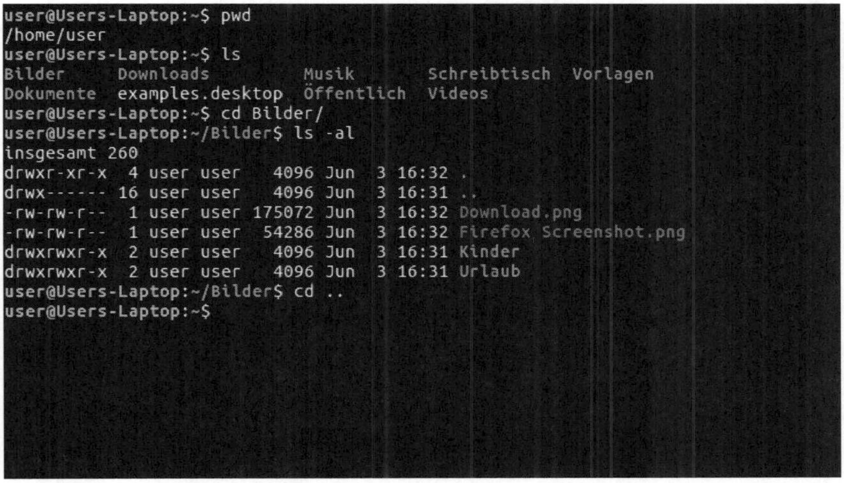

Abbildung 5.72: Terminalbefehl cd.

Sie erkennen am letzten Prompt, dass der aktuelle Ordner nun wieder ~ ist, Sie also zurück in Ihrem persönlichen Ordner sind.

Die Platzrunde wäre damit eigentlich beendet, aber wir fliegen noch einen kleinen Schlenker, denn manchmal braucht man …

6. Mehr Rechte!

In jedem modernen Betriebssystem, also auch in Linux, ist es möglich, für jeden Anwender (= User) einen individuellen Zugang (= Account) einzurichten, der mit <UserName> und Passwort gesichert ist. Damit sind auch bestimmte Rechte verbunden: Jeder User darf seine eigenen Dateien und Ordner nach Belieben einsehen und verändern, nicht jedoch die eines anderen Users, und Zugriffe auf das Betriebssystem selbst sind meist weitgehend eingeschränkt oder verboten – jeder Versuch in dieser Richtung wird mit einer Fehlermeldung zurückgewiesen.

Aber einer muss ja in der Lage sein, am Betriebssystem Änderungen vorzunehmen, also z. B. Programme zu installieren, einen neuen Benutzer einzurichten etc. Dieser User wird **Administrator** oder auch **Superuser** genannt, und er hat uneingeschränkte Rechte. Er darf wirklich alles, sogar die Dateien und Ordner der anderen User einsehen und bearbeiten. Aber diese Freiheit hat – wie so oft – ihren Preis: Er trägt zugleich die volle Verantwortung für sein Handeln! Ein Superuser wird nämlich in keiner Weise an irgendetwas gehindert und könnte so das Betriebssystem auch versehentlich beschädigen. Er sollte also sehr genau wissen, was er da tut.

Natürlich könnte jemand mit Superuser-Rechten auch in böser Absicht handeln und Anwenderdateien oder das Betriebssystem mutwillig zerstören, z. B. durch einen Hacker-Angriff oder mit einem Virus. Um das zu verhindern, ist Linux so organisiert, dass es keinen User gibt, der dauerhaft Admin-Rechte besitzt (so wie in Windows). Vielmehr muss man sich die Administratorrechte immer wieder aufs Neue geben lassen, wenn man am Betriebssystem eine Änderung vornehmen will. Und wenn man die Rechte hat, dann verfallen sie auch automatisch wieder nach einer gewissen Zeit. Neben vielen anderen Eigenschaften ist es genau dieses Prinzip, das Linux so enorm sicher macht.

Aber wann benötigt der einfache Anwender denn nun Administrationsrechte? Öfter, als Sie vielleicht denken, nämlich fast immer beim Installieren von Software, weil dies einen Eingriff in das Betriebssystem darstellt. Und wie kommt man zu diesen Rechten? In Ubuntu gibt es hierfür ebenfalls einen Befehl:

`sudo ...` (**s**ubstitute **u**ser and **do**, oft auch als **S**uper **U**ser **Do** bezeichnet)

Er wird dem eigentlich auszuführenden Befehl vorangestellt und bewirkt, dass Linux zunächst nach dem Administratorpasswort fragt und, wenn dieses korrekt angegeben wurde, dann den nachfolgenden Befehl mit Superuser-Rechten ausführt.

Woher kennt man das Administratorpasswort? Ganz einfach: In der Regel ist der User, der in Linux als **Erster** am Rechner eingerichtet wurde (also sehr wahrscheinlich Sie selbst!), automatisch auch immer der Administrator. Geben Sie daher dasselbe Passwort ein, mit dem sich dieser User einloggt.

Beispiel:
Versuchen Sie mal bitte, den Befehl `ls /proc/1/cwd` auszuführen (er soll den Inhalt des Systemordners `/proc/1/cwd` auflisten).

Ergebnis:

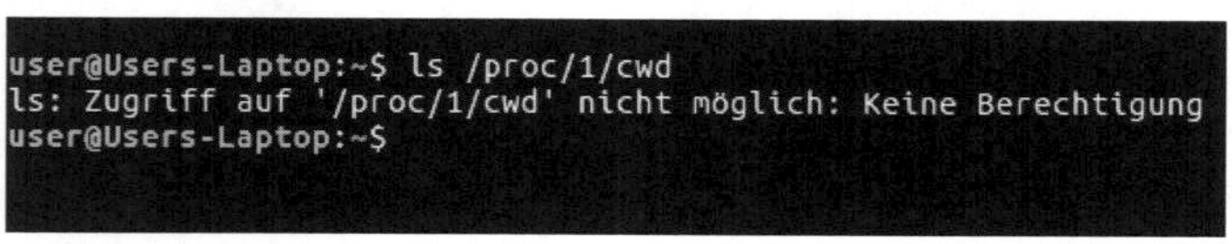

Abbildung 5.73: Ausführung eines Befehls ohne sudo.

Sie haben als normaler User keinen Zugang zu diesem Ordner (auch das scheinbar harmlose Auflisten von internen Daten wird verhindert, wenn man mit den Informationen später Unfug treiben könnte).

Nun testen Sie mal `sudo ls /proc/1/cwd`. Wenn Sie das (Ihr!) Passwort richtig eingegeben haben, dann erhalten Sie für die Befehlsausführung die Rechte eines Administrators und damit den vollen Zugriff auf diesen Ordner.

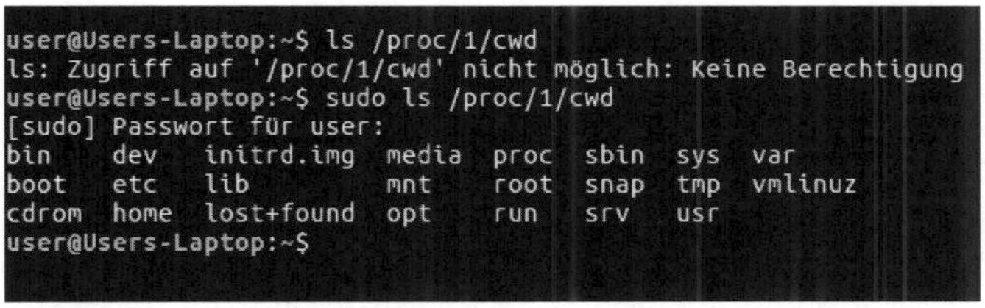

Abbildung 5.74: Ausführung eines Befehls mit sudo*.*

Soweit also der erste Einblick in die Arbeitsweise des Terminals, der aber für den Anfang auch vollkommen genügt. Letztendlich geht es darum, zu verstehen, wie es prinzipiell funktioniert, um in der Lage zu sein, bestimmte Befehle auszuführen, die man auf Webseiten oder in Büchern etc. gefunden hat.

Zu guter Letzt möchte ich Ihnen noch einige Verfahren zeigen, die den Umgang mit dem Terminal bedeutend erleichtern.

1. **Wiederholen und korrigieren**

   Manche Befehle sind wirklich lang und kompliziert. Da kommt es schnell vor, dass man sich vertippt und im besten Fall nur eine Fehlermeldung erntet. Jetzt müsste man den ganzen langen Befehl erneut eingeben, aber diesmal hoffentlich richtig …

   Nein, das müssen Sie nicht – Linux merkt sich alle eingegebenen Befehle in einer sogenannten History, und Sie können durch alle zuletzt eingegebenen Befehle scrollen.

   Benutzen Sie hierfür die Tasten [↑] und [↓]. Haben Sie den betreffenden Befehl gefunden, dann können Sie mit den Tasten [←] bzw. [→] die Schreibmarke hin und her bewegen oder mit [Strg]+[←] bzw. [Strg]+[→] wortweise nach links bzw. rechts springen.

   An der jeweiligen Cursorposition ist es dann möglich, Ergänzungen einzufügen oder Löschungen vornehmen, Letzteres mit den Tasten [Entf] bzw. [⇦].

   Mit [Pos 1] oder [Ende] können Sie den Cursor zum Anfang oder zum Ende der Befehlszeile bewegen.

   Die History steht Ihnen übrigens auch dann noch zur Verfügung, wenn Sie ein Terminal längst geschlossen haben und später erneut starten. Dadurch kann man auch auf Befehle zurückgreifen, deren Ausführung vielleicht schon Tage zurückliegt.

2. **Kopieren und einfügen**

   Natürlich müssen Sie nicht jeden Befehl, den Sie auf einer Webseite oder in einer Textdatei finden, mühselig abtippen. Markieren Sie diesen einfach und kopieren Sie ihn mit [Strg]+[C] in die Zwischenablage.

   Wechseln Sie dann zum Terminal und fügen Sie ihn ein mit [Strg]+[⇧]+[V].

Achtung! Im Unterschied zum normalen Einfügen (Strg+V) müssen Sie im Terminal immer zusätzlich noch die ⇧-Taste drücken!

Das gilt auch, wenn Sie Text innerhalb des Terminals markieren und kopieren möchten. Hier müssen Sie den gewünschten Text markieren, dann Strg+⇧+C drücken, anschließend das Ziel aufsuchen und ihn dort wieder mit Strg+⇧+V einfügen. Das Einfügen eines zuvor markierten Textes ist übrigens auch durch einen **Mittelklick mit der Maus** (Drücken des Mausrads) möglich.

Eingangs habe ich davon geschwärmt, wie mächtig Terminalbefehle sind und welche Vorteile man gegenüber der Arbeit mit grafisch orientierten Hilfsprogrammen hat (wenngleich diese natürlich intuitiver zu bedienen sind).

Aber diese Stärke des Terminals ist zugleich auch eine Gefahr:

Kleine Tippfehler können ungewollte und schlimmstenfalls verheerende Folgen haben.

Arbeiten Sie bitte stets so langsam und präzise wie möglich!

Beispiel: Der Befehl `rm -f *` löscht im aktuellen Ordner ohne Rückfrage alle Dateien (`rm` = **rem**ove = löschen, `-f` = keine Rückfrage, `*` = Platzhalter für sämtliche Dateinamen). Ganz in der Nähe der Taste F befindet sich aber dummerweise auch die Taste R, und so kann es bei flüchtigem Arbeiten passieren, dass stattdessen `rm -rf *` eingegeben wird.

Doch das kleine `r` ist ein weiterer möglicher Parameter für den `rm`-Befehl und bedeutet »rekursiv«. Das heißt, nun werden nicht nur alle Dateien im **aktuellen** Ordner gelöscht, sondern auch alle Dateien **in sämtlichen Unterordnern** inklusive der Unterordner selbst! Das kann verhängnisvoll sein, insbesondere wenn Sie diesen Befehl im Stammverzeichnis der Festplatte bzw. Partition starten – dann ist Ihre Festplatte oder Partition hinterher komplett leer!

Im Anhang ab Seite 360 finden Sie noch ein paar weitere gefährliche Befehle.

Aber es gibt natürlich auch positive Beispiele, und ein solches hatte ich Ihnen ja eingangs versprochen: Stellen Sie sich also bitte vor, Sie möchten alle Fotos, die sich in Ihrem persönlichen Ordner sowie sämtlichen Unter- und Unterunterordnern befinden, auf eine externe Festplatte kopieren. **Wirklich alle!** Es soll keines vergessen werden, auch nicht, wenn Sie es irgendwann versehentlich in einem unpassenden Ordner abgelegt haben.

Sie schließen also die externe Festplatte an und richten darauf vielleicht noch einen Zielordner ein, nennen wir ihn einfach `Backup`.

Was aber jetzt käme, wäre mithilfe eines Dateiexplorers wie z. B. Nautilus jedoch eine langwierige, nervtötende und zudem fehleranfällige Arbeit, weil Sie tatsächlich **jeden** Ordner durchsuchen und die darin befindlichen Bilddateien dann auch noch manuell auf die Festplatte in den Ordner `Backup` kopieren müssten.

Ganz anders mit dem Terminal! Folgender Befehl genügt:

```
find ~ -name"*.jpg" -exec cp {} /media/<Festplatte>/Backup \;
```

Nun können Sie sich zurücklehnen und warten, bis der Befehl abgearbeitet ist. Und Sie können sicher sein: Er hat keine JPEG-Datei vergessen, garantiert!

Da der Befehl etwas kryptisch aussieht, folgt hier schnell noch eine kurze Erläuterung:

Befehlsteil	**Bedeutung**
`find`	Der eigentliche Suchbefehl.
`~`	Der Startordner in dem gesucht wird – einschließlich aller Unterordner und deren Unterordner etc. `~` steht für Ihren persönlichen Ordner. Man könnte an dieser Stelle z. B. auch `/` schreiben, dann würde `find` die gesamte Festplatte bzw. Partition durchsuchen (was aber für gewöhnlich so lange dauert, dass Sie ohne Weiteres eine Kaffeepause einplanen können).
`-name "*.jpg"`	`-name` gibt an, welchem Muster die Namen der gesuchten Dateien entsprechen sollen, hier ist es `*.jpg`, was so viel bedeutet wie: Der Name (vor dem Punkt) ist völlig egal, aber nach dem Punkt muss der Dateityp JPEG stehen (ein gängiges Format für Digitalfotos).
`-exec` .... `\;`	**exec**ute = »Führe aus ...«: Wenn eine Datei mit dem oben genannten Muster gefunden wurde, dann soll mit dieser ein bestimmter Befehl ausgeführt werden. Dieser Befehl steht zwischen `-exec` und `\;` (Letzteres markiert das Ende des auszuführenden Befehls).
`cp {} /.../...`	Das ist der Befehl, der mit jeder gefundenen Datei ausgeführt werden soll: `cp` = Kopiere, `{}` = Platzhalter für den Namen der jeweiligen Datei, die gerade vom `find`-Befehl gefunden wurde, `/.../...` ist der Zielordner, hier `/media/<Festplatte>/Backup`.

Sollte es noch weitere Bilddateien z. B. im PNG-Format oder im TIF-Format geben, dann drücken Sie anschließend die Taste ↑, um den Befehl erneut aufzurufen, ändern das `"*.jpg"` in `"*.png"` oder `"*.tif"` und drücken danach einfach wieder ↵.

Zugegeben: Auf eine solche Befehlszeile kommt man nicht durch einfaches Nachdenken oder Probieren. Hierfür muss man entweder die Hilfeseiten studieren (Befehl: `man find`), was allerdings recht trocken und mitunter mühselig ist, oder man geht den viel besseren Weg und befragt das Internet. Die Suchanfrage für diesen Fall könnte *linux dateien aus unterordner kopieren* lauten. Das vorangestellte *linux* ist wichtig, weil Sie ansonsten alle möglichen Hinweise bekommen, die dann aber Windows oder macOS betreffen. Man könnte auch *ubuntu* verwenden, aber *linux* ist allgemeiner und führt zu besseren Ergebnissen.

6 Programme

Auch wenn Sie möglicherweise schon darauf brennen, jetzt endlich Ihre Daten, die Sie in Kapitel 3.1 gesichert haben, nach Ubuntu zu übertragen und damit (weiter) zu arbeiten – noch ist ein wenig Geduld erforderlich. Denn bevor Sie das tun können, müssen Sie zunächst etwas über Programme wissen. Daten kann man nun mal nicht ohne Software bearbeiten, und solide Kenntnisse über die Installation und Wartung von Programmen sind in jedem Betriebssystem hilfreich, ja eigentlich sogar notwendig.

6.1 Grundlagen

Warum muss man Programme eigentlich installieren – und was geht dabei vor?

Nun, früher hat tatsächlich schon ein einfaches Kopieren gereicht, weil die Programme in den Anfangstagen der Computer meist nur aus einer einzigen Datei bestanden, die man auf den Rechner kopierte und dann startete. Aber schon nach kurzer Zeit zeigte sich, dass das nicht genügt. Programme benötigen verschiedene Hilfsdateien, in denen bestimmte Informationen, Daten oder Funktionen untergebracht sind. Außerdem sollte das Betriebssystem darüber informiert sein, dass ein Programm vorhanden ist – u. a. um im Startmenü das entsprechende Symbol anzuzeigen oder um das Programm automatisch zu starten, wenn man eine damit erzeugte Datei per Doppelklick öffnet.

Zudem muss das Programm selbst diverse Verbindungen aufbauen können – zum Drucker, zum Internet, zu Komponenten des Betriebssystems etc. Und das alles soll natürlich auch noch beim nächsten Start des Programms so sein. Es müssen also diverse Zustandsinformationen irgendwo dauerhaft gespeichert werden. Das alles sind z. T. sehr komplexe Zusammenhänge – und dafür ist ein eigenständiges Installationsprogramm erforderlich. Genauso wie für das spätere Entfernen eines Programms ein entsprechendes Deinstallationsprogramm notwendig ist.

In Windows war die Sache eigentlich schön einfach: Man lädt sich ein Installationspaket herunter, startet es, beantwortet ein paar Fragen, klickt ein paarmal (mehr oder weniger oft) auf *Weiter* und wartet, bis die Installation beendet ist. Fertig. Gut, vor einigen Jahren kam es irgendwie zum Missbrauch von Fortschrittsbalken und seitdem erscheinen immer beliebig viele davon während einer Installation, sodass man nie weiß, wann das Ganze nun wirklich zu Ende ist, aber die meisten Anwender scheinen sich auf wundersame Weise damit abgefunden zu haben und finden es nicht mehr seltsam.

Aber: Jeder Anbieter kocht hier sein eigenes Süppchen (auch wenn einige auf bestimmte Softwarebausteine zurückgreifen, sodass viele Installationsprogramme ähnlich aussehen und ablaufen). Der Programmierer des Ganzen muss sich gut mit dem Zielbetriebssystem auskennen, damit alles fehlerfrei läuft, und er muss auch dafür sorgen, dass ein Deinstallationsprogramm vorhanden ist – entweder ein selbst geschriebenes oder ein entsprechendes Windows-Werkzeug. Und nicht zuletzt sollte eine eventuelle Deinstallation vollständig sein, also alle vom Programm im Laufe seiner Existenz erzeugten Hilfsdaten und Einstellungen beseitigen.

Aber es ist auch klar, dass auf diese Weise niemand wirklich einen Überblick hat, was auf dem Rechner tatsächlich passiert. Keiner weiß, wer vielleicht von wem abhängig ist, welche Daten oder Verbindungen gelöscht bzw. nicht gelöscht werden dürfen, wenn man ein Programm installiert, deinstalliert oder auch nur ein Update aufspielt. Alles liegt in den Händen der jeweiligen Hersteller, die natürlich im Wesentlichen ihre eigenen Interessen vor Augen haben. Das kann man ihnen zwar nicht direkt zum Vorwurf machen, es führt aber dazu, dass sie nur sehr selten über den eigenen Tellerrand hinaus schauen.

Das Ergebnis sind gegenseitige Störungen (mitunter sogar bei unterschiedlichen Versionen desselben Herstellers – so wie bei der Microsoft-Office-Suite), unzählige für immer vergessene Dateileichen auf der Festplatte und eine mehr oder weniger verwahrloste Registry, dem Ort in Windows, an dem jedes Programm u. a. die Daten abspeichert, die es sich bis zum nächsten Start »merken« muss. Dafür gibt es dann zwar wieder Tools, die den ganzen Schmutz wegputzen, aber auch diese sind von höchst unterschiedlicher Qualität und können irren – was sie auch regelmäßig tun, sodass es nach solcherlei Säuberungsaktionen immer wieder zu teilweise ernsthaften Problemen mit dem Rechner kommt.

Was Windows hier fehlt, das gibt es in Linux: eine **zentrale Paketverwaltung**, die den Überblick behält und das einzige Programm ist, mit dem man installieren, updaten und deinstallieren kann. Möchte man unter Linux eine neue Software einrichten, dann erhält man vom Anbieter nur ein Installationspaket, das – anders als in Windows – nicht lauffähig ist, also nicht direkt nach dem Herunterladen gestartet werden kann. Stattdessen wird es mit der Paketverwaltung geöffnet, geprüft und verarbeitet. Ein solches Paket enthält neben den Dateien, die für das Programm benötigt werden, auch vier sogenannte Skripte, also Handlungsabfolgen, die abgearbeitet werden: Jeweils eins für Aktionen vor und nach der Installation sowie vor und nach der Deinstallation.

Da die Paketverwaltung naturgemäß nur bestimmte Befehle versteht und ausführen kann, verhindern solche Skripte schon mal diverse Alleingänge und seltsame Vorgehensweisen seitens der Programmanbieter, weil man in einem solchen Skript nicht alles Mögliche programmieren kann, sondern sich an die Regeln der Paketverwaltung halten muss. Außerdem gibt es nun jemanden, der über die Zusammenhänge wacht, der weiß, welche Daten zu welchem Programm gehören, wer von wem abhängig ist etc.

Da auch die Deinstallationen und sämtliche Updates mit dieser Paketverwaltung durchgeführt werden, ist somit gewährleistet, dass das System sauber und weitestgehend frei von Dateileichen oder überflüssigen Einträgen bleibt. Mehr noch: Der Anwender wird z. B. gewarnt, wenn er bei einer Deinstallation übersieht, dass das negative Auswirkungen auf andere Programme haben könnte, oder wenn mit dem Löschen des Programms auch bestimmte Komponenten überflüssig werden, die gleich mit gelöscht werden sollten.

Also: Statt mit Herunterladen und selbst Starten wie in Windows, erfolgt eine Installation unter Linux durch Herunterladen und Ausführen mit der Paketverwaltung.

Für dieses Paketmanagement stehen sowohl Terminalbefehle als auch diverse grafische Programme zur Verfügung (siehe Abschnitt 6.3).

6.2 Quellen

Woher bekommt man nun Software für Ubuntu? Zunächst einmal aus den gleichen Quellen, aus denen auch Windows-Software erhältlich ist, also in erster Linie aus dem Internet, entweder kostenlos oder als kostenpflichtige Software, wobei Letzteres im Fall von Linux bzw. Ubuntu eher sehr selten ist, weil die allermeisten Programme frei erhältlich sind.

Aber Ubuntu bietet zusätzlich eine angenehme Besonderheit: das Software-Center.

Daher sollen beide Wege etwas genauer beleuchtet werden.

6.2.1 Ubuntu Software (Software-Center)

Die Suche nach einem passenden Programm ist oft mühselig. Stundenlang surft man durch zahllose Webseiten, probiert hier und da etwas aus, nur um dann festzustellen, dass das Richtige noch immer nicht dabei war oder dass das bevorzugte Programm nicht zum Betriebssystem passt. Diese Problematik ist nicht neu, und daher bietet Ubuntu schon sehr lange ein Software-Center an, das seit Version 16.04 *Ubuntu Software* heißt und eine Weiterentwicklung des schon existierenden **Gnome Software Centers** ist. Das alte »Ubuntu Software Center« wird ab Version 16.04 nicht mehr weiterentwickelt.

Die Idee ist einfach: An einem zentralen Ort findet man schön sortiert nach Kategorien zahlreiche Programme, die nicht nur daraufhin überprüft worden sind, dass sie perfekt zum momentanen Betriebssystem passen und keine Schäden anrichten, sondern auch von anderen Nutzern weltweit bewertet werden. Zu jedem Programm gibt es überdies seitens der Hersteller eine mehr oder weniger ausführliche Beschreibung sowie Vorschaubilder (Screenshots), anhand derer man schon einen Eindruck davon bekommt, was einen erwartet.

Statt lange im Internet zu suchen, starten Sie einfach *Ubuntu Software*, stöbern in den Kategorien oder geben einen Suchbegriff ein, lassen sich Detailinformationen anzeigen und installieren das gewünschte Programm dann mit einem einzigen Klick. Ebenso bequem erfolgt an gleicher Stelle später gegebenenfalls auch die Deinstallation.

Sollte das Programmsymbol (Einkaufstasche mit »A«) nicht im Starter sichtbar sein, geben Sie oben im Dash das Stichwort *soft* ein – daraufhin erscheint Ubuntu-Software zumeist an erster Stelle.

Klicken Sie auf dieses Symbol, um *Ubuntu Software* zu starten. Die Bedienung ist sehr einfach und intuitiv:

Abbildung 6.1: Starter mit Software-Center.

Ganz oben befindet sich die Navigationsleiste mit den drei Rubriken *Alle*, *Installiert* und *Aktualisierungen*:

- **Alle**
  Dies ist zugleich der Startbildschirm, und hier sehen Sie im oberen Teil zunächst einzelne Empfehlungen bzw. Neuvorstellungen. Unten befinden sich dann die Kategorien, in denen es sich lohnt, herumzustöbern und nach interessanten Programmen Ausschau zu halten. Bereits auf Ihrem Rechner verfügbare Anwendungen sind mit *Installiert* gekennzeichnet.

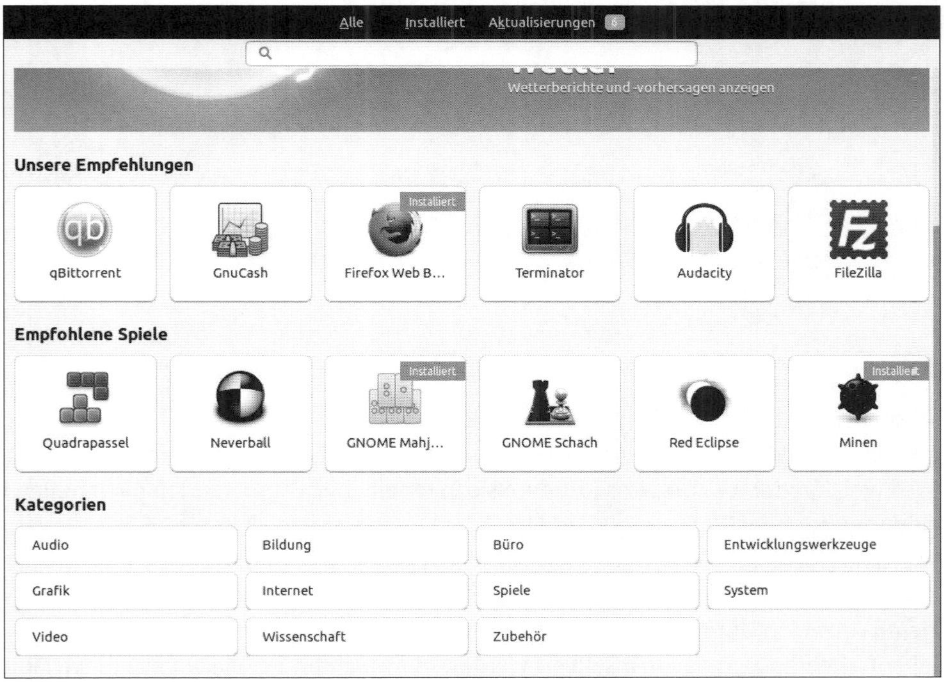

Abbildung 6.2: Ubuntu-Software: Startbildschirm.

- **Installiert**
  Hier finden Sie alle Programme, die mithilfe von Ubuntu Software auch wieder deinstalliert werden können. Diese Einschränkung ist für das Verständnis wichtig, denn Ubuntu Software kann nur Programme verwalten, die mithilfe der betriebssystemeigenen Bordmittel (`dpkg`, `apt` etc.) regulär installiert wurden und zugleich nicht essenzielle Bestandteile von Ubuntu sind. Hier werden Sie daher z. B. keine Stand-alone-Programme finden (siehe Abschnitt 6.3.2). In diesem Fenster können Sie Programme sehr bequem deinstallieren, indem Sie einfach auf den jeweiligen *Entfernen*-Button klicken. Anschließend erfolgt die Frage nach dem Admin-Passwort, und dann wird das Programm entfernt. So einfach geht es!

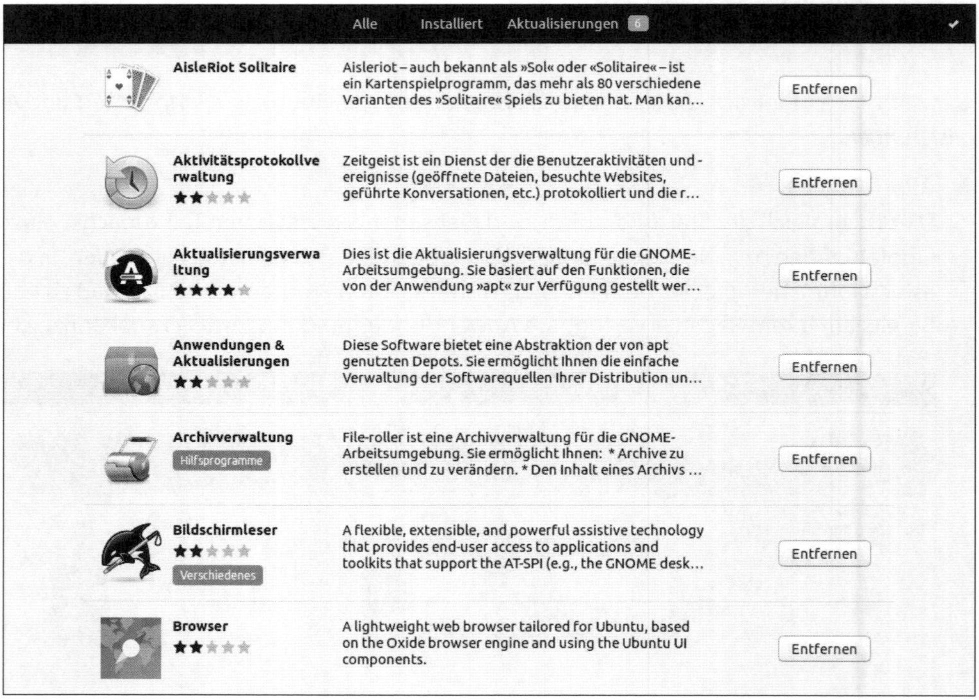

Abbildung 6.3: Installierte Programme.

- **Aktualisierungen**
  Die Ubuntu-Aktualisierungsverwaltung sorgt dafür, dass Sie stets auf dem neuesten Stand sind (vgl. Kapitel 9.3 »Updates«), indem sie in regelmäßigen Abständen nach neuen Programmversionen, Ergänzungen und Updates sucht (siehe auch Kapitel 6.3.8). Dabei wird allerdings nicht auf Teufel komm raus alles, was gerade verfügbar ist, auch sofort installiert, sondern das letzte Wort hat immer der User. Stehen Aktualisierungen zur Verfügung, wird deren Anzahl in Ubuntu Software oben in der Menüleiste angezeigt. Klicken Sie hier, um zu entscheiden, was davon installiert werden soll. Möchten Sie alle angebotenen Objekte installieren, klicken Sie oben rechts in der Menüleiste auf *Installieren*.

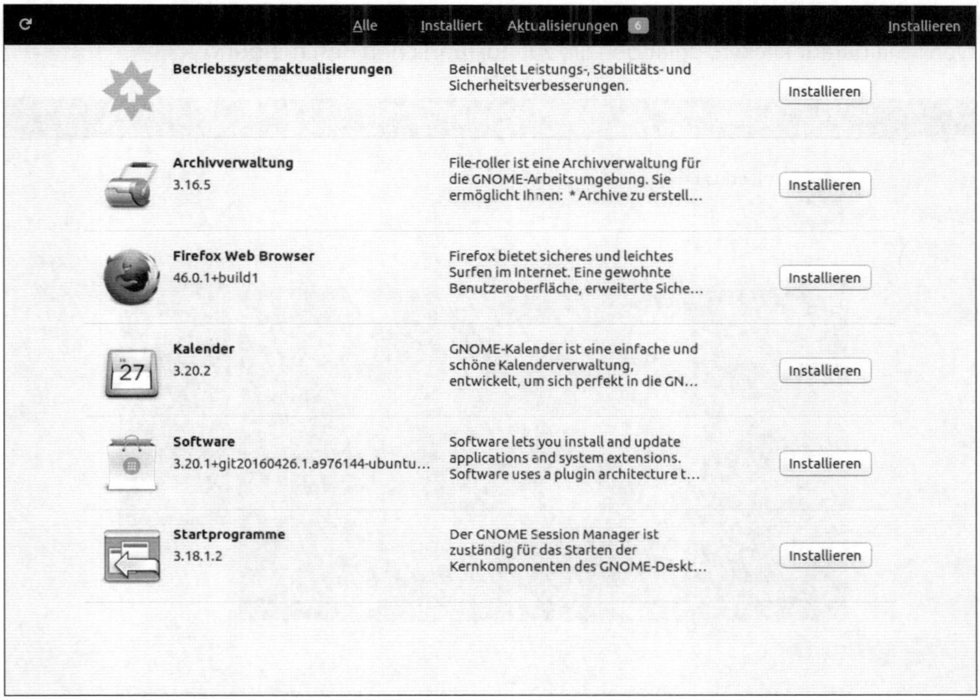

Abbildung 6.4: Ubuntu Software – Aktualisierungen.

Zuvor können Sie sich aber noch mit einem Klick auf einen der Paketnamen links jeweils genauer informieren, worum es sich im Einzelnen handelt. Wenn Sie beispielsweise in Abbildung 6.4 auf *Betriebssystemaktualisierungen* klicken, erscheint ein Fenster wie dieses hier:

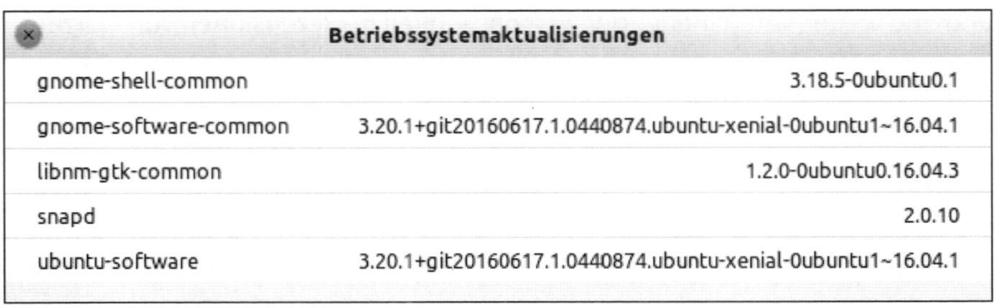

Abbildung 6.5: Detailinformationen in Ubuntu Software.

Wie findet man nun ein passendes Programm?

Stöbern Sie zuerst einmal durch die Kategorien (Abbildung 6.2). Das ist nicht nur bequem, sondern auch anregend, weil man auf diese Weise überhaupt erst mal ein Bild davon bekommt, welche Vielfalt im Angebot ist. Zu jedem Programm gibt es zunächst eine Kurzinformation.[5] Wenn Sie darauf klicken, gelangen Sie zur ausführlichen Beschreibung.

Abbildung 6.6: Detaillierte Programmbeschreibung.

Die Programmbeschreibung enthält Screenshots, Funktionsbeschreibungen, Angaben zur Ausstattung und weiter unten mehr oder weniger zahlreiche Rezensionen von Nutzern.

Sagt Ihnen das Programm nicht zu, dann klicken Sie auf den Zurück-Button < oben links in der Navigationsleiste, um wieder zur vorherigen Übersicht zu gelangen.

Haben Sie sich entschieden, ein Programm auf Ihrem Rechner einzurichten, dann genügt ein Klick auf den *Installieren*-Button ganz oben in der Beschreibung. Danach werden Sie sehr wahrscheinlich noch nach dem Admin-Passwort gefragt, und dann geht's auch schon los. Es ist kinderleicht!

Sollten Sie beim Stöbern durch die Kategorien nicht fündig geworden sein, dann können Sie auch ausprobieren, das gewünschte Programm mithilfe der Suchfunktion unterhalb der Navi-

5 Dabei ist es keineswegs unbedingt so, dass Programme mit englischen Beschreibungen später auch in Englisch erscheinen. Diese Informationstexte sind oft nur teilweise übersetzt, und Sie müssen gegebenenfalls selbst durch eine Installation testen, ob das jeweilige Programm in Ihrer bevorzugten Sprache verfügbar ist. Da wird man mitunter sehr angenehm überrascht!

gationsleiste ausfindig zu machen. Geben Sie aber möglichst nur **einen** Suchbegriff ein – das hier ist keine Internetsuchmaschine und funktioniert meist nur mit Einzelbegriffen wirklich zuverlässig. Das Ergebnis ist daher leider auch sehr stark davon abhängig, wie zutreffend Sie Ihr Suchwort gewählt haben. Dieses kann sowohl der Name des Programms selbst sein als auch ein Begriff, der die Funktion irgendwie umschreibt. Hier hilft tatsächlich nur geduldiges Probieren. Wenn man z. B. nach dem Astronomieprogramm »Stellarium« mit dem Stichwort *astro* sucht, dann wird das Programm nicht aufgelistet. Erst der Begriff *planet* führt zum Erfolg (weil es streng genommen auch nur ein **Planet**arium ist ...).

In Ubuntu Software können Sie aber nicht nur nach Programmen suchen, sondern auch diverse Einstellungen vornehmen, die das Verhalten der Aktualisierungsverwaltung steuern. Klicken Sie hierzu oben in der Menüleiste (nicht zu verwechseln mit der darunterliegenden Navigationsleiste **innerhalb** des Programmfensters) auf *Ubuntu Software/Software & Updates*.

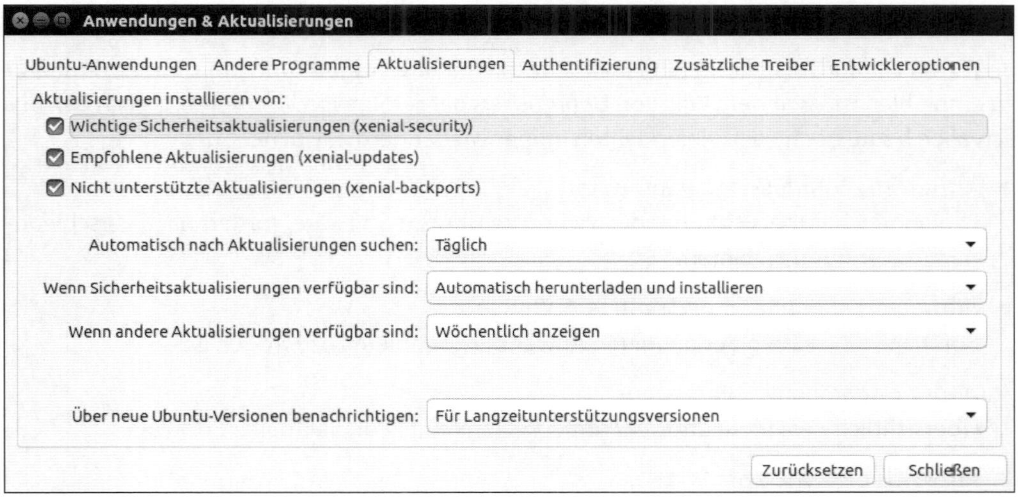

Abbildung 6.7: Aktualisierungseinstellungen.

In der Rubrik *Aktualisierungen* haben Sie u. a. die Möglichkeit, die Art und Weise der Behandlung von Updates zu steuern.

Achtung!

Diese Optionen setzen teilweise professionelle Kenntnisse über Ubuntu voraus. Ändern Sie daher nichts, wenn Sie sich nicht sicher sind, was Sie damit auslösen! Andernfalls kann es zu Problemen bei späteren Aktualisierungen kommen.

6.2.2 Internet

Weltweit existieren nahezu 1 Milliarde indizierte, also durch Suchmaschinen auffindbare Webseiten (Schätzung vom Januar 2016 ohne Berücksichtigung des Darknets, von dem man annimmt, dass es noch bis zu 500-mal größer ist). Da wäre es vermessen zu behaupten, man würde die besten oder wichtigsten eines Fachgebiets kennen. Dennoch ist es für den Anfang immer gut, ein paar der Seiten vorgestellt zu bekommen, die andere bereits geprüft und für hilfreich befunden haben.

Das erleichtert den Einstieg, und deshalb sollen hier einige Webseiten vorgestellt werden, die ich selbst als sehr nützlich auf der Suche nach Ubuntu-Software erlebt habe. Für alle anderen Fundstellen, die das schier unendliche Internet noch bereithält, ist entscheidend, mit welchen Stichwörtern man seine Suche startet. Hier hat es sich bewährt, **jeder** Suchanfrage die Begriffe *ubuntu* oder *linux* voranzustellen, um dadurch die Anzahl der Fundstellen bereits entschieden einzugrenzen.

Beginnen wir die Vorstellung mit einer Seite, die für **alle Fragen** rund um Ubuntu dringend zu empfehlen ist – mit dem Wiki von *UbuntuUsers.de*, gefolgt von Webseiten, die ich persönlich auch heute noch nach vielen Jahren immer wieder gern aufsuche.

- *https://wiki.ubuntuusers.de/Software*
  Umfangreiche Übersicht über die wichtigste Ubuntu-Software, sortiert nach verschiedenen Anwendungsgebieten.
- *https://wiki.ubuntuusers.de/Sonstige_Software*
  Software, die keinem der gängigen Anwendungsgebiete zuzuordnen ist.
- *https://de.uptodown.com/ubuntu*
  Übersichtlich gestaltete und sehr umfangreiche Auflistung aktueller Software.
- *https://de.malavida.com/linux*
  Gut sortierte umfangreiche Liste inklusive User-Bewertungen, Top-Downloads und Sortierfunktionen.
- *https://www.heise.de/download/products#?os=LINUX*
  Mit fast 300 Seiten eine der umfangreichsten Sammlungen überhaupt. Jedes Programm wird ausführlich erläutert, inklusive Querverweisen und User-Bewertungen.
- *http://www.getdeb.net*
  Für Ubuntu benötigt man im Idealfall Installationspakete, die Debian-kompatibel, also vom Typ DEB sind. Mitunter sucht man diese aber im Internet vergebens. Diese Webseite hat es sich zur Aufgabe gemacht, jedes DEB-Paket, das für eine bestimmte Ubuntu-Version existiert, ausfindig zu machen und zum Download anzubieten. Vielleicht werden Sie ja hier fündig.

Zum Abschluss noch ein paar Hinweise auf Seiten, die sich mit Linux-Alternativen zu Windows-Programmen beschäftigen. Dieses Thema ist naturgemäß am spannendsten, wenn man von Windows auf Ubuntu umsteigt. Ich selbst habe damals, als ich begann, mich für Linux zu interessieren, an Ubuntu eine Bedingung gestellt: **Alles**, was ich bisher unter Windows getan habe (und das war nicht wenig), muss ich auch unter Ubuntu tun können – und zwar ohne nennenswerte Einschränkungen. Dies sollte entweder mit einer Linux-Variante des Originalprogramms funktionieren, mit gleichwertigen alternativen Programmen oder aber mit der ursprünglichen Originalsoftware, die unter Ubuntu zum Laufen gebracht werden konnte.

Und was soll ich sagen? Es hat funktioniert!

Damit auch Sie das richtige Pendant zu Ihrem bisherigen Lieblingsprogramm finden, hier stellvertretend nur vier Fundstellen als Anregung. Wenn Sie nach weiteren Seiten suchen, dann verwenden Sie am besten Stichwörter wie *linux software alternative windows*.

- *https://www.netzwelt.de/news/126871-xp-ubuntu-alternativen-xp-programme.html*
  Etwas in die Jahre gekommen und dennoch sehr gut brauchbar als Einstieg in das Thema, weil die hier vorgestellten Programme zeitlose »Must-haves« sind.
- *http://ubuntuguide.org/wiki/Alternatives*
  Umfangreiche Sammlung, sortiert nach Kategorien mit abschließender Liste weiterführender Links zu weiteren Alternativ-Webseiten.
- *http://www.linuxrsp.ru/win-lin-soft/table-german.html*
  Eine der Alternativ-Webseiten, auf die die vorhergehende verweist.
- *https://alternativeto.net*
  Äußerst umfangreich und sehr komfortabel durch eine intelligente Suchfunktion.

Wenn Sie – wo auch immer – eine passende Software gefunden haben, dann müssen Sie diese natürlich herunterladen und installieren.

6.3 Installation

Eigentlich würde für dieses Kapitel ein einziger Satz genügen: **Installieren Sie jedes Programm möglichst nur über *Ubuntu Software*** (das Software-Center – siehe Seite 180).

Dieser Weg ist nicht nur super bequem, weil mit zwei Klicks alles erledigt ist, sondern es funktioniert vor allem sehr sicher. Damit wäre dieses Kapitel dann eigentlich schon beendet …

Nein – ein paar Fragen bleiben noch, zum Beispiel: Wo ist das neue Programm nach der Installation zu finden? Nun, wenn sich nicht automatisch nach der Installation ein Symbol im Starter findet, dann schauen Sie einfach im Dash nach (siehe Abbildung 5.2 auf Seite 110). Geben Sie dort den Programmnamen als Suchbegriff ein oder klicken Sie ganz unten im Dash-Fenster auf das A-ähnliche Symbol, um sich alle Applikationen (also Programme) anzeigen zu lassen.

Und was ist, wenn das gewünschte Programm nicht bei *Ubuntu Software* zu finden ist?

In diesem Fall begibt man sich in aller Regel auf die Suche im Internet und wird meist auch schnell fündig. Gerade die Linux-Welt ist eine unübersehbare Fundgrube unterschiedlichster Software für nahezu alle Lebensbereiche!

Hat man ein interessantes Programm gefunden, dann war bei Windows der nächste Schritt sehr einfach: Dort herrscht Monokultur und es gibt eigentlich nur zwei Dateiformate, die man zum Download angeboten bekommt: `EXE` und `MSI`. Beide können in Windows direkt ausgeführt werden und sorgen für die Installation – fertig.

Die Linux-Welt hingegen lebt durch die Vielfalt. Das hält sie stabil, gesund und beweglich, hat aber mitunter auch den Nachteil, dass nicht immer alles so einfach gestrickt ist. Lassen Sie sich jedoch davon nicht beeindrucken. Es ist nur eine Frage der Zeit, bis man sich (meist recht schnell) daran gewöhnt hat, zumal es sich eigentlich immer um die gleiche Schrittfolge handelt, die nur in unterschiedlichen »Gewändern« daherkommt.

Und jetzt ist dieses Kapitel doch erforderlich …

Damit Sie da möglichst schnell durchkommen, sollen Ihnen die folgenden Abschnitte eine Orientierung geben, wie die Linux-Welt in Sachen Installation tickt und was Sie Schritt für Schritt tun müssen, um sicher ans Ziel zu gelangen.

6.3.1 Die richtige Datei

Beginnen wir mit einem Beispiel:

Sie möchten ein Spiel installieren, z. B. Scrabble, haben im Internet eine tolle Version gefunden und nun die Seite aufgesucht, die Sie zum Download führt:

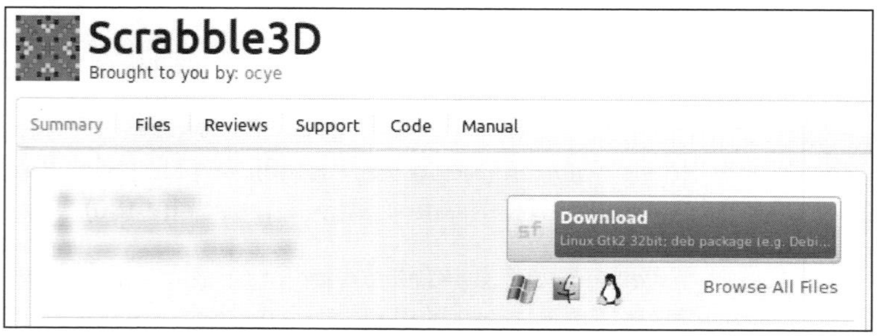

Abbildung 6.8: Download-Auswahl.

Bevor Sie aber jetzt voller Freude schwungvoll auf den Download-Button klicken, sollten Sie kurz innehalten und prüfen, ob Sie auch im »richtigen Film« sind. Denn Sie können das Programm nur dann erfolgreich installieren, wenn Sie die passende Datei herunterladen.

Hierzu müssen drei Dinge geprüft werden:

1. Das Betriebssystem

Nicht jede angebotene Datei ist für Ubuntu, also Linux, geeignet. Halten Sie Ausschau nach Symbolen, die Ihnen zeigen, für welches Betriebssystem das Programm erstellt wurde:

oder	Linux bzw. Ubuntu
oder	Macintosh (das **X** steht für OS X)
oder	Windows

2. Die Linux-Distribution

Historisch hat sich die heutige Linux-Welt aus zwei unterschiedlichen Urversionen entwickelt: RedHat und Debian (siehe Abbildung 1.1 auf Seite 14). In beiden haben sich auch zwei sehr verschiedene Paketverwaltungen etabliert, und deshalb gibt es heute zwei Dateitypen für Installationspakete:

- RPM für RedHat-Abkömmlinge (z. B. Fedora, OpenSuse, Mandriva)
- DEB für Debian-Abkömmlinge (z. B. Ubuntu, Linux Mint)

Wenn Sie mit Ubuntu arbeiten, sollten Sie also grundsätzlich nur Installationsdateien im DEB-Format downloaden.

3. Der Rechnertyp

Auch Linux unterscheidet zwischen 32- und 64-Bit-Betriebssystemen (vgl. Kapitel 2.1). Es ist daher wichtig, eine Installationsdatei zu verwenden, die auf die Architektur Ihres Rechners abgestimmt ist. Es ist zwar vielleicht möglich, ein 32-Bit-Programm auf einem 64-Bit-Rechner laufen lassen – aber umgekehrt klappt das nie. Den Rechnertyp, mit dem Sie gerade arbeiten, können Sie in Ubuntu ermitteln, indem Sie oben im Dash das Suchwort *info* eingeben und anschließend das Programm *Informationen* starten, das als erste Fundstelle aufgelistet wird.

Hier finden Sie das Gesuchte:

Abbildung 6.9: Rechnertyp ermitteln.

Woran erkennt man nun die richtige Installationsdatei, die zu Ihrem Rechnertyp passt?

Entweder an den Beschreibungstexten auf der Webseite oder – ganz oft – direkt am Dateinamen selbst. Dort finden Sie nämlich Textteile wie:

- `i386` oder `i486` für 32-Bit-Rechner
- `amd64` oder `x86` für 64-Bit-Rechner (siehe Abbildung 6.10)

Wenn Sie nun noch einmal die Abbildung 6.8 auf Seite 188 betrachten, werden Sie sehen, dass hier für eine Installation unter Ubuntu auf einem 32-Bit-Rechner alles richtig gemacht wurde.

Im Button selbst kann man nämlich lesen: *Download **Linux** Gtk2 **32bit deb** package.*

Vor einer ähnlichen Entscheidung stehen Sie auch in folgendem Fall: Auf der Webseite eines namhaften Druckerherstellers finden Sie für Linux folgendes Angebot an Treibern, aus dem Sie die richtige Datei wählen müssen:

File name	File size	
inkjet-printer-201212w-1.0.0-1lsb3.2.i486.rpm	1.61 MB	Download
inkjet-printer-201212w_1.0.0-1lsb3.2_i386.deb	1.61 MB	Download
inkjet-printer-201212w-1.0.0-1lsb3.2.x86_64.rpm	1.64 MB	Download
inkjet-printer-201212w_1.0.0-1lsb3.2_amd64.deb	1.64 MB	Download
inkjet-printer-201212w-1.0.0-1lsb3.2.src.rpm	2.17 MB	Download

Abbildung 6.10: Dateiauswahl.

Hinweis

Treiber sind Programme, mit denen Sie Drucker oder andere Geräte an Ihrem Rechner betreiben können.

Die Lösung ist hier: Für Ubuntu (Debian-Linux) kommen nur die beiden Dateien vom Typ `*.deb` infrage, für einen 32-Bit-Rechner also Nummer 2 (`..._i386.deb`) und für einen 64-Bit-Rechner Nummer 4 (`..._amd64.deb`).

6.3.2 Vier Möglichkeiten

Haben Sie nun die richtige Webseite und dort die richtige Datei gefunden, dann steht Ihnen in der Regel einer von vier unterschiedlichen Wegen zur Verfügung, über den Sie die Installation ausführen können:

1. Es existiert ein Button, mit dem Sie die Installation **sofort** starten können.
2. Sie können ein DEB-**Programmpaket** herunterladen, das installiert werden muss.
3. Sie finden einen (oder mehrere) **Terminalbefehl(e)**, die das Programm auf Ihren Rechner übertragen und installieren.
4. Man bietet Ihnen eine **Softwaresammlung** an, meist eine Archivdatei vom Typ TAR, RAR oder ZIP. Diese enthält mehrere (Teil-)Programme, die Sie entpacken und installieren müssen.

Zugegeben, die erste Option ist natürlich die beste, weil Sie hier am wenigsten zu tun haben. Aber letztlich steckt hinter allen vier Varianten exakt der gleiche folgende Ablauf, der lediglich entweder vollautomatisiert und dadurch versteckt daherkommt oder manuell abläuft und daher in jedem Schritt erkennbar wird:

1. **Herunterladen der Installationsdateien**
   Das erledigt meist ein Programm mit dem Namen *apt* (Advanced Packaging Tool)[6] oder *AptURL* (Letzteres arbeitet direkt mit dem Webbrowser zusammen) – beide sorgen für den fehlerfreien Download des Softwarepakets.

2. **Entpacken aller Dateien**
   Dieser Vorgang ist nicht in jedem Fall erforderlich, aber wenn, dann wird er vom Programm *tar* (bzw. *unrar*[7] oder *unzip*[8]) ausgeführt – je nachdem, um was für eine Archivdatei es sich handelt (TAR, RAR oder ZIP).

---

6 In früheren Ubuntu-Versionen auch *apt-get*.

7 Sollte *unrar* noch nicht installiert sein, dann müssen Sie zuvor den Befehl `sudo apt install unrar` eingeben (in früheren Ubuntu-Versionen müssen Sie `apt-get` statt `apt` verwenden).

8 Sollte *unzip* noch nicht installiert sein, dann müssen Sie zuvor den Befehl `sudo apt install unzip` eingeben (in früheren Ubuntu-Versionen müssen Sie `apt-get` statt `apt` verwenden).

3. **Installation**
   Hierfür wiederum ist neben *apt* auch *dpkg* zuständig, der Debian Package Manager, der die zentrale Verwaltung aller Programme in Linux übernimmt (siehe Seite 179).

Im Folgenden sollen die vier oben genannten Möglichkeiten der Installation eines Programms Schritt für Schritt erläutert werden.

Um es auch ganz praktisch nachvollziehen zu können, sollten wir uns ein Beispiel suchen, das auf möglichst vielen verschiedenen Wegen installiert werden kann. Ein wirklich guter Kandidat hierfür ist das Astronomieprogramm **Stellarium** – ein spannendes Planetarium für Ihren Rechner. Die bequemste Methode und damit diejenige, die Sie **immer zuerst versuchen** sollten, wird hier allerdings nicht erläutert: Die Installation direkt aus *Ubuntu Software* (dem Software-Center) heraus. Hinweise dazu finden Sie ab Seite 180.

Wir betrachten jetzt jedoch nur die Installation von Software, die Ihnen auf Webseiten angeboten wird.

6.3.3 Sofortinstallation

Diese Methode ist die bequemste, weil nach ein paar Klicks alle Schritte vollautomatisch ablaufen:

Download:	automatisch
Entpacken:	automatisch
Installation:	automatisch

Gehen wir von unserem Beispiel aus: Auf der Suche nach **Stellarium** findet man u. a. die Website *https://wiki.ubuntuusers.de/Stellarium*. Hier gibt es einen Button mit der Beschriftung *Jetzt installieren*.

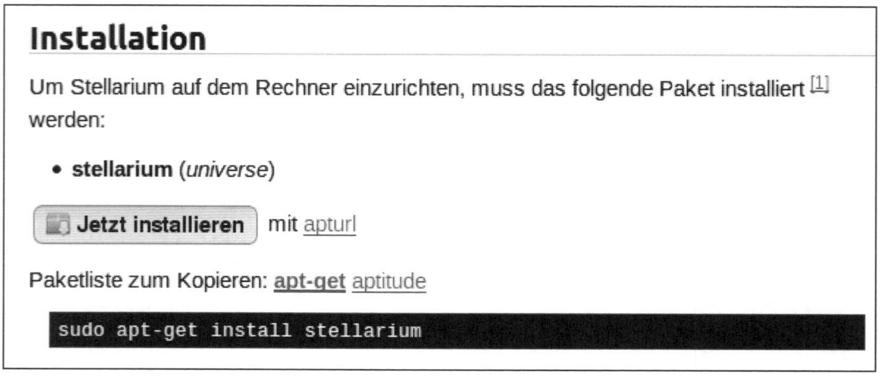

Abbildung 6.11: Sofortinstallation.

Wenn Ihnen ein solcher Button begegnet, dann können Sie sich freuen: Die Sache ist für Sie mit wenigen Klicks erledigt.

Achtung! Der Button darf keine Texte wie »Download« oder »Herunterladen« etc. enthalten. Ist dies der Fall, dann sollten Sie im nächsten Abschnitt (Seite 194) weiterlesen. Um zu überprüfen, dass es sich hier tatsächlich um die Möglichkeit einer Sofortinstallation handelt, können Sie einfach mal den Mauszeiger auf dem Button platzieren, **ohne** zu klicken. Bei einem guten Webbrowser zeigt sich dann irgendwo ein Fähnchen (neben dem Button oder am Fensterrand unten bzw. oben etc.), auf dem man erkennen kann, welcher Link mit einem Klick auf diesen Button aufgerufen wird. Dort muss zu lesen sein: `apt://...` (also nicht http://.. oder Ähnliches).

Klicken Sie auf den Button, um die Installation zu starten. Möglicherweise erscheint jetzt noch eine Zwischenfrage seitens Ihres Webbrowsers, der wissen will, mit welchem Programm das Ganze ausgeführt werden soll.

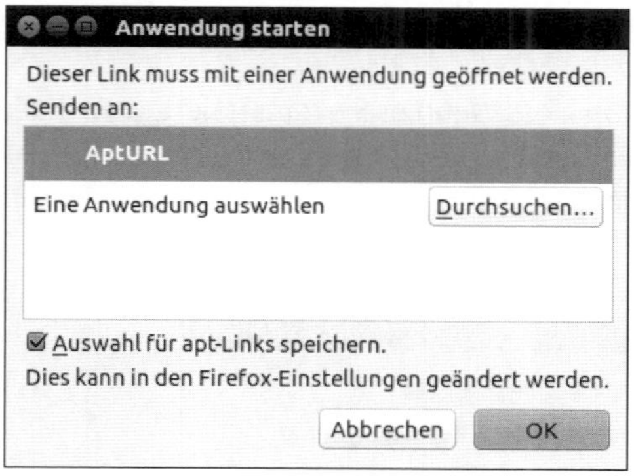

Abbildung 6.12: Sofortinstallation – ausführendes Programm zuordnen.

Dort ist in der Regel das richtige Programm *AptURL* bereits voreingestellt. Andernfalls wählen Sie es aus. Aktivieren Sie aber in jedem Fall gleich noch unten die Option *Auswahl für apt-Links speichern*, damit Sie nicht jedes Mal erneut gefragt werden. Bestätigen Sie dann alles mit *OK*.

Hinweis

Sollte *AptURL* nicht wie in Abbildung 6.12 angezeigt werden, muss es manuell aktiviert werden: Klicken Sie auf *Durchsuchen*, wählen Sie links im Dateifenster *Dateisystem* und doppelklicken Sie anschließend im rechten Bereich nacheinander auf die Ordner `usr` und dann `bin`. Scrollen Sie dann nach unten, bis Sie *AptURL* sehen, und doppelklicken Sie darauf.

Die eigentliche Installation beginnt mit einem Fenster, in dem Sie zustimmen müssen, dass Sie dieses zusätzliche Programm jetzt einrichten wollen. Klicken Sie dort auf *Installieren*, um fortzufahren. In den meisten Fällen werden Sie nun noch nach dem Admin-Passwort gefragt, denn ohne Admin-Rechte gibt's in Linux nun mal keinen Zugriff auf das Betriebssystem.

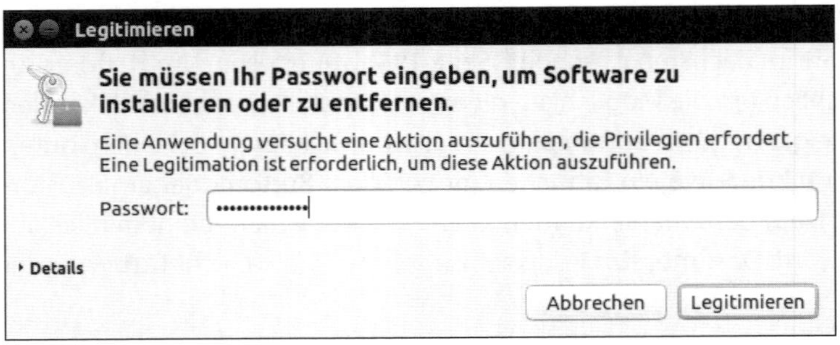

Abbildung 6.13: Sofortinstallation – Eingabe des Admin-Passworts.

Gefragt ist hier das Passwort des Users, der auf Ihrem Rechner als Erster eingerichtet wurde, vermutlich also Ihr eigenes, soweit keine anderen User existieren. Geben Sie es ein und klicken Sie dann auf *Legitimieren*.

Jetzt können Sie sich zurücklehnen – die Installation läuft. Wenn es Sie interessiert, was in der Zwischenzeit so alles passiert, dann klicken Sie auf *Details*. Hier lassen sich drei auf Seite 191 beschriebene Ablaufschritte sehr gut nachverfolgen: Herunterladen, Entpacken und Installieren.

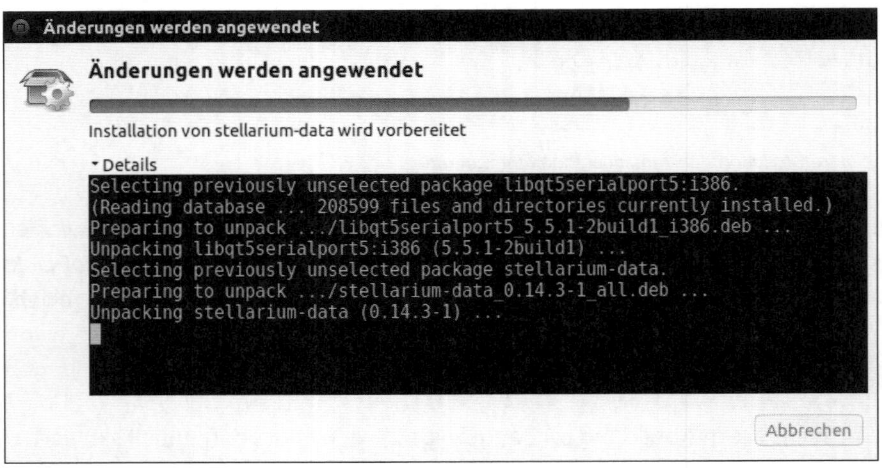

Abbildung 6.14: Sofortinstallation – Detailanzeige.

6.3.4 DEB-Paket herunterladen und installieren

Sehr häufig trifft man den Fall an, dass die gewünschte Software als DEB-Paket zum *Download* angeboten wird (siehe Abbildung 6.8 auf Seite 188). In diesem Fall übernehmen Sie manuell den ersten Schritt der Installation – der Rest läuft über das Ubuntu Software Center.

Download:	manuell
Entpacken:	automatisch
Installation:	automatisch

Um bei unserem Programmbeispiel **Stellarium** zu bleiben, können Sie diese Vorgehensweise nachvollziehen, wenn Sie eine Webseite aufrufen, die das Programm als DEB-Package anbietet. Gehen Sie z. B. zu *https://packages.debian.org/de/sid/all/stellarium-data/download*. Dort finden Sie eine Reihe von Quellen, aus denen man das Stellarium-DEB-Paket herunterladen kann. Klicken Sie am besten auf den ersten Eintrag der Rubrik *Europa*.

Wenn man einen Download startet, wird der Webbrowser in aller Regel nachfragen, was mit der Datei passieren soll, also ob sie anschließend gleich mit einem Programm verarbeitet oder nur gespeichert werden soll.

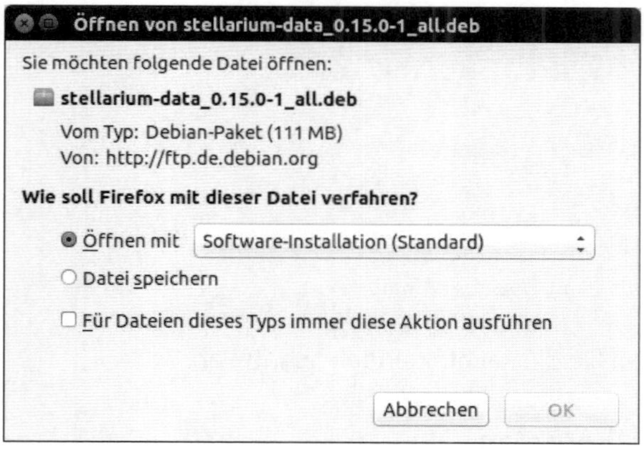

Abbildung 6.15: Installation eines DEB-Pakets – Aktion erfragen.

Standardmäßig sollte hier *Öffnen mit* vorausgewählt sein und daneben *Software-Installation* oder *Ubuntu Software* oder etwas Vergleichbares stehen, das irgendwie auf das Software-Center hinweist (wird dort *xdg-open* angeboten, ist das auch in Ordnung). In diesem Fall nehmen Sie keine Änderungen vor. Finden Sie jedoch nichts dergleichen, also auch nicht, wenn Sie die Auswahlliste öffnen, dann wählen Sie *Datei speichern*. Starten Sie anschließend den Download mit *OK*.

Haben Sie *Öffnen mit* gewählt, dann startet die Installation nach Abschluss des Downloads automatisch. Andernfalls, wenn Sie *Datei speichern* gewählt haben, müssen Sie noch einen Zwischenschritt machen:

Drücken Sie Strg+J, um die Liste aller heruntergeladenen Dateien zu öffnen.

Doppelklicken Sie auf die zuletzt gespeicherte Datei (meist zuoberst in der Liste).

Die Installation wird jetzt an *Ubuntu Software* übergeben und verläuft so, als ob das Programm schon vorher dort angeboten worden wäre.

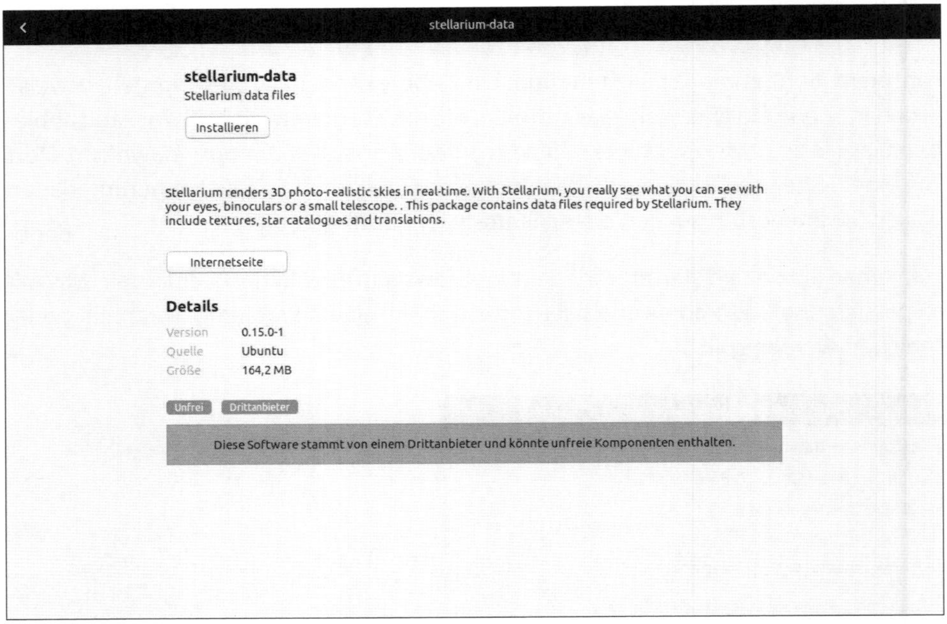

Abbildung 6.16: Installation eines DEB-Pakets – Ausführung in Ubuntu Software.

Klicken Sie hier auf *Installieren* und warten Sie die nachfolgenden Schritte ab.

6.3.5 Installation mit Terminalbefehlen

Bei dieser Methode übernimmt man alle Schritte einer Installation selbst:

Download:	manuell
Entpacken:	manuell
Installation:	manuell

Ehemalige Windows-Anwender scheuen anfänglich immer wieder diesen Weg – sie sind gewohnt, für alles ein fertiges Programm vorzufinden, in dem man nur klicken muss. Aber der Weg über das Terminal ist mitunter deutlich schneller und bequemer als die bisher besprochenen Methoden. Aus diesem Grund finden Sie auf vielen Webseiten, die sich mit Software für Linux bzw. Ubuntu beschäftigen, oft auch die eine oder andere Zeile mit Terminalbefehlen (vgl. auch Kapitel 5.4).

Für unser Beispiel – das Programm **Stellarium** – schauen Sie bitte noch mal in Abbildung 6.11 auf Seite 192. Dort finden Sie eine solche Befehlszeile. Sie ist schwarz unterlegt:

```
sudo apt-get install stellarium
```

Gehen Sie damit wie folgt vor:

1. Markieren Sie den Text und kopieren Sie ihn mit Strg+C in die Zwischenablage. Sollte es sich um mehrere Zeilen handeln, dann markieren Sie zunächst nur **eine** Zeile.
2. Öffnen Sie mit Strg+Alt+T das Terminal.
3. Fügen Sie dort mit Strg+⇧+V den Befehl ein und drücken Sie ↵.
4. Beginnt der Befehl mit sudo, dann wird jetzt zunächst das Administratorpasswort abgefragt (in der Regel Ihr Log-in-Passwort) und anschließend startet die Installation. Beobachten Sie die Textausgaben und nehmen Sie gegebenenfalls die gewünschten Angaben vor (meist J für *Ja* oder ↵ für Bestätigungen und Ähnliches).
5. Sollten auf der Webseite noch weitere Befehlszeilen stehen, dann wiederholen Sie diese Schritte mit allen anderen Zeilen.
6. Schließen Sie danach das Terminal wieder.

Das ist schon alles.

6.3.6 Installation einer Softwaresammlung (Archiv)

Eine Softwaresammlung ist eine Zusammenfassung mehrerer DEB-Softwarepakete in einem Archiv vom Typ TAR, RAR oder ZIP.

Auch in diesem Fall nehmen Sie alle Schritte der Installation in die eigenen Hände:

Download:	manuell
Entpacken:	manuell
Installation:	manuell

Der Unterschied zum vorherigen Abschnitt besteht darin, dass jetzt eine gleichzeitige Installation mehrerer DEB-Pakete erfolgt.

Die nachfolgenden Schritte erscheinen auf den ersten Blick vielleicht sehr umfangreich, aber sie sind effektiv und sorgen vor allem dafür, dass die Installation immer gelingt – egal, wie die Softwarepakete aufgebaut sind.

Als typisches Beispiel für eine solche Installation kann **LibreOffice** dienen – das kostenlose Office-Paket mit Textverarbeitung, Tabellenkalkulation, Präsentationsprogramm u. v. m. Jedes dieser Teilprogramme muss mitsamt aller jeweils dazugehörigen Pakete für die Benutzeroberfläche, für Hilfetexte etc. entpackt und installiert werden. Hierfür bietet der Hersteller mehrere Sammlungen an, sogenannte Archivdateien: ein Hauptteil mit den Programmen und zwei Zusatzarchive mit Onlinehilfe und Sprachpaket.

Wir werden daher im Folgenden dieses Beispiel verwenden, um zu zeigen, wie Sie in einem solchen Fall vorgehen müssen. Sie können es selbst nachvollziehen, indem Sie die Webseite *https://de.libreoffice.org/download* besuchen.

Die Strategie ist folgende: Wir laden zunächst alle Archive herunter und verlagern sie in einen eigenen Ordner, damit die nachfolgende Bearbeitung einfacher wird. Dort werden sie alle entpackt. Anschließend werden die erstellten DEB-Pakete installiert. Zu guter Letzt löschen wir den Ordner wieder, weil er nicht mehr benötigt wird.

Laden Sie zunächst einmal die Softwaresammlung(en) herunter. In unserem Beispiel müssen Sie nacheinander auf jeden der *Herunterladen*-Buttons klicken, um das vollständige deutsche Paket zu erhalten.

Wählen Sie bei jedem Download jeweils die Option *Datei speichern* (siehe Abbildung 6.15 auf Seite 195).

Abbildung 6.17: Softwaresammlung auf einer Download-Webseite (LibreOffice).

Sind alle Archive heruntergeladen, öffnen Sie die Liste der zuletzt heruntergeladenen Dateien – bei den meisten Webbrowsern mit [Strg]+[J].

Wir benötigen für die folgenden Schritte den Namen des Ordners, in dem die Dateien liegen. Klicken Sie mit der rechten Maustaste auf die zuletzt gespeicherte Datei, die sich zumeist ganz oben in der Liste befindet. In dem daraufhin erscheinenden Menü finden Sie dann einen Eintrag wie *Übergeordneten öffnen*, *Zielordner öffnen*, *Ordner anzeigen* oder etwas Ähnliches. Klicken Sie darauf.

Abbildung 6.18: Softwaresammlung – Download-Ordner öffnen.

Gehen Sie jetzt in folgenden Schritten vor:

	Was?	**Warum?**	**Wie?**
1.	Neuen Unterordner mit dem Namen X anlegen	Die folgenden Aktionen laufen dadurch in einem geschützten Bereich ab, Überschneidungen mit anderen Dateien werden vermieden.	[Strg]+[⇧]+[N] Danach Namen X eingeben und [↵] drücken
2.	Heruntergeladene Dateien nach X verschieben		Die zuletzt heruntergeladenen Dateien einzeln mit gedrückter Maustaste auf X verschieben
3.	Ordner X öffnen		Doppelklick auf X
4.	Ordnerpfad als Text kopieren	Der vollständige Pfad zu diesem Ordner wird in den nächsten Schritten benötigt.	Rechtsklick auf X und *Kopieren* wählen 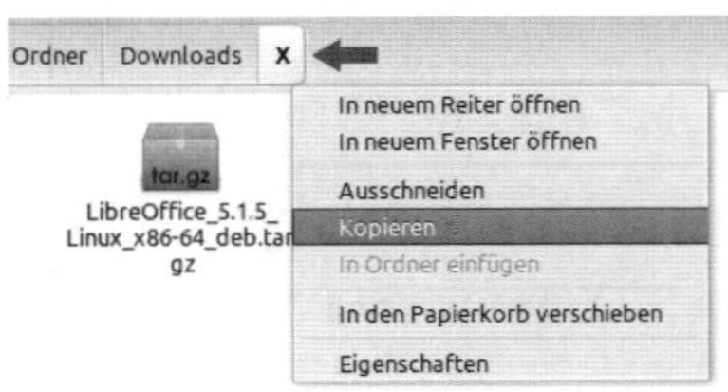

	Was?	Warum?	Wie?
5.	Terminal öffnen	Darin wird die Installation durchgeführt.	Strg+Alt+T
6.	Ordner-Pfad einfügen	Dorthin muss zunächst gewechselt werden.	Strg+⇧+V und ↵
7.	Cursor nach links verschieben, genau auf den / direkt vor home	Der Textteil vor /home wird nicht benötigt.	file:///home/matthias/Downloads/X
8.	Alles links von /home löschen und durch cd <Leerzeichen> ersetzen, anschließend ↵ drücken	cd ist der Befehl zum Wechsel in einen Ordner (hier Download-Ordner)	cd /home/matthias/Downloads/X **Leerzeichen nach cd beachten!**
9.	Alle Softwaresammlungen (Archive) entpacken	Die DEB-Softwarepakete, die sich in den Archiven befinden, müssen entpackt werden, um sie installieren zu können.	Terminalbefehle: Für TAR- oder TAR.GZ-Archive (das sind fast alle!) find -type f -exec tar xzf {} \; Für RAR-Archive find -type f -exec unrar x {} \; Für ZIP-Archive find -type f -exec unzip {} \;
10.	Alle DEB-Pakete in den **gemeinsamen** Ordner X verschieben	Nur so ist es möglich, danach alle DEB-Pakete auf einmal zu installieren.	Befehl find -name '*.deb' -exec mv {} . \; **Achtung! Punkt zwischen {} und \; beachten!**
11.	DEB-Pakete installieren		Befehl sudo dpkg -i *.deb
12.	Ordner X verlassen	Um X zu löschen	Befehl cd ..
13.	Ordner X löschen	Wird nicht mehr benötigt	Befehl rm -rf X

Tipp

Beobachten Sie in Schritt 11 die Informationen, die Ihnen während der Installation angezeigt werden. Oft wird z. B. noch eine Bestätigung verlangt, dass die Installation starten kann – meist durch Drücken von J (für *Ja*) oder ↵.

Respekt! Wer so eine Schrittfolge beherrscht, ist wirklich an der Schwelle zum Profi angekommen!

Noch ein paar Hinweise: Viele Pakete hängen von anderen Installationen ab, und mitunter kann es vorkommen, dass diese Abhängigkeiten nicht korrekt eingerichtet sind. In diesem Fall bricht die Installation ab und im Meldungstext finden Sie Hinweise wie *unerfüllte Abhängigkeiten* oder *Abhängigkeitsprobleme*. Wenn das so ist, dann können Sie mit dem folgenden Befehl eine automatische Korrektur versuchen:

```
sudo apt -f install
```
[9]

Sollte es mal vorkommen, dass Ihre Paketverwaltung abstürzt und Sie weder Paketlisten aktualisieren noch ein Update durchführen können, dann bringen Sie mit dem Befehl

```
sudo dpkg --configure -a
```

die Sache wieder in Ordnung (beachten Sie die **zwei** Minuszeichen vor `configure`!).

Weitere Hilfestellungen zu *dpkg* finden Sie unter *https://wiki.ubuntuusers.de/dpkg*.

6.3.7 Sonderfall: Stand-alone-Programme

Als Stand-alone-Programm wird Software bezeichnet, deren Dateien man nur an einen beliebigen Ort auf der Festplatte kopieren muss und die dann sofort ohne weitere Schritte (wie z. B. eine Registrierung beim Betriebssystem etc.) von dort aus gestartet werden kann. Eigentlich ist eine solche Vorgehensweise veraltet, unüblich und sogar verpönt, weil das Programm auf diese Weise völlig isoliert bleibt. Es erscheint deshalb z. B. in keinen Menüs oder kann keine Verbindungen mit anderen Programmen herstellen etc. Und die Deinstallation muss man auch manuell vornehmen.

Sie werden daher nur noch selten mit solcher Software konfrontiert. Aber manchmal findet man eine Perle, auf die man nicht verzichten möchte, weil sie genau das tut, was man dringend benötigt. Also muss man auch einen solchen Außenseiter installieren können.

Diese Programme werden fast immer in TAR-, RAR- oder ZIP-Archiven bereitgestellt. Insofern ähnelt die Vorgehensweise zunächst dem, was Sie bereits im vorherigen Abschnitt kennengelernt haben.

Woran erkennt man nun, dass es sich um ein solches Stand-alone-Programm handelt?

Spätestens, wenn Sie in Schritt 11 auf Seite 200 die Installation starten. Dann nämlich erhalten Sie die Meldung *Fehler beim Bearbeiten des Archivs *.deb*, weil beim Entpacken im vorherigen Schritt keine DEB-Pakete zum Vorschein kamen.

In diesem Fall brechen Sie die Installation ab und fahren mit den nachfolgenden Anweisungen fort.

9 In früheren Ubuntu-Versionen müssen Sie `apt-get` statt `apt` verwenden.

Damit wir ein Beispiel haben, an dem die Prozedur getestet werden kann, nehmen wir hier **Bibisco** (zu finden unter *www.bibisco.com*). Das ist eine sogenannte Autorensoftware, also ein Programm, das den Autor einer Erzählung oder eines Romans bei der Entwicklung der Charaktere, der Erzählstränge etc. unterstützt.

Folgen Sie zunächst den Schritten im Abschnitt 6.3.6 ab Seite 197 bis zum Öffnen des Download-Ordners (Abbildung 6.18).

Ab hier ändert sich das Verfahren. Zunächst muss das Programm an einen sinnvolleren Ort verlagert werden – im Download-Ordner nützt es reichlich wenig. Klicken Sie daher mit der rechten Maustaste auf die soeben heruntergeladene Archivdatei und wählen Sie *Ausschneiden*.

Wählen Sie anschließend im linken Bereich des Dateimanagerfensters `Persönlicher Ordner` aus, legen Sie dort mit [Strg]+[⇧]+[N] einen neuen Unterordner an, und geben Sie ihm einen passenden Namen – schreiben Sie in diesem Fall also `Bibisco`. Drücken Sie danach [↵].

Öffnen Sie diesen Ordner mit einem Doppelklick und fügen Sie nun mit [Strg]+[V] die vorher ausgeschnittene Archivdatei hier ein.

Führen Sie auf dieser Datei einen Rechtsklick aus und wählen Sie *Hier entpacken*. Damit wird der Inhalt des Archivs in den aktuellen Ordner kopiert. Anschließend können Sie die Archivdatei mit der Taste [Entf] löschen – sie wird nicht mehr benötigt.

Meist wird beim Entpacken ein separater Unterordner erstellt. In diesem Fall doppelklicken Sie darauf, um an das Startprogramm zu gelangen. Sie erkennen dieses sehr schnell, wenn Sie die Darstellung auf Listenform umschalten (Pfeil oben in Abbildung 6.19) und dann nach einer Datei suchen, für die als Typ `Programm` angegeben ist (Pfeil unten). Meist heißt diese Datei genauso wie das Programm selbst – in diesem Fall also `bibisco`.

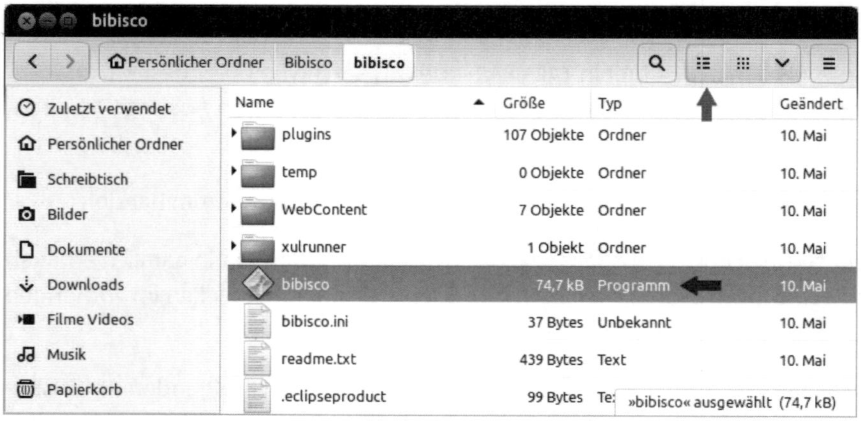

Abbildung 6.19: Stand-alone-Software – Startprogramm finden.

Mit einem Doppelklick auf diese Datei startet nun Ihr Programm.

Dummerweise müssten Sie diesen Weg jetzt jedes Mal beschreiten, wenn Sie Ihr Programm starten wollen: `Persönlicher Ordner` -> Ordner `Bibisco` -> Datei `bibisco` und dann Doppelklick. Das ist natürlich unglaublich umständlich, aber Stand-alone-Programme werden nun mal nicht beim Betriebssystem angemeldet, erscheinen daher auch nirgendwo mit Buttons, Links oder als Menüeinträge.

Um das zu vereinfachen, sollten Sie sich eine eigene Verknüpfung für Ihr Programm erstellen. Dazu sind nur zwei Schritte erforderlich: zunächst ein Rechtsklick auf die Startdatei des Programms und die Auswahl von *Verknüpfung anlegen*.

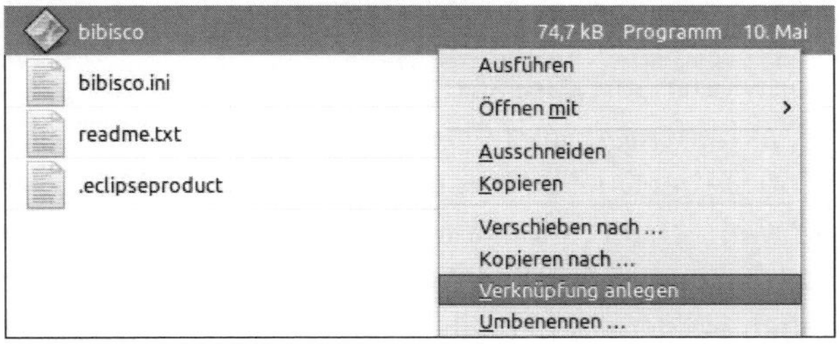

Abbildung 6.20: Stand-alone-Software – Verknüpfung anlegen.

Anschließend muss die Verknüpfung noch an einen sinnvollen Ort verschoben werden, an dem sie schnell erreichbar ist. Hier bietet sich der Desktop an. Ziehen Sie die Verknüpfung einfach mit der Maus aus dem Dateimanager heraus auf den Bildschirmhintergrund. Nun können Sie das Programm jederzeit bequem per Doppelklick starten.

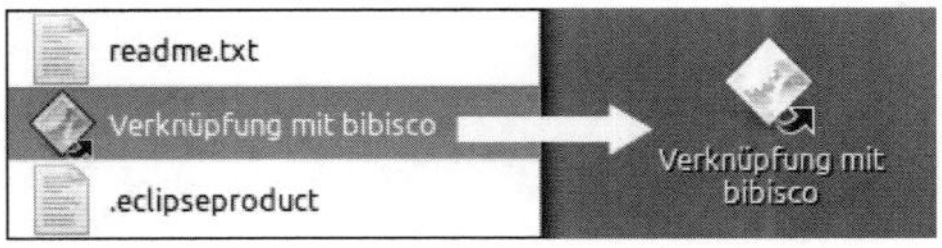

Abbildung 6.21: Stand-alone-Software – Verknüpfung auf Desktop verschieben.

Zur eventuellen Deinstallation des Programms genügt es, den Ordner zu löschen, in dem es sich befindet (also in unserem Fall `Bibisco` im `persönlichen Ordner`). Und wenn Sie Verknüpfungen angelegt haben, dann müssen diese natürlich ebenfalls noch beseitigt werden. Ob Ordner oder Verknüpfung: Klicken Sie einfach darauf und drücken Sie die [Entf]-Taste – fertig.

6.3.8 PPAs

Noch eine neue Abkürzung!

PPA steht für **P**ersonal **P**ackage **A**rchive und ist zunächst nichts weiter als ein Speicherplatz im Internet, auf dem Programmierer ihre Installationsdateien nebst allem, was dazugehört, ablegen und veröffentlichen können. Dieser Speicherplatz wird auf der Webseite *https://launchpad.net* von Canonical Group Ltd. zur Verfügung gestellt und verwaltet.

Die Idee, die dahinter steht, ist folgende: Statt selbst immer wieder beim Programmierer oder auf einer von ihm verwendeten Webseite vorbeizuschauen und umständlich zu prüfen, ob es für das eine oder andere Programm schon Updates oder neue Versionen gibt, überlässt man diese lästige Aufgabe der Aktualisierungsverwaltung von Ubuntu. Diese braucht nichts weiter als einen Link auf den Speicherplatz, auf dem der Programmierer stets die neuesten Installationspakete hinterlegt. Das ist dann genau so ein PPA. Die Aktualisierungsverwaltung prüft in festen Zeitabständen, ob es dort Neuigkeiten gibt. Ist dies der Fall, werden die Updates etc. automatisch heruntergeladen und installiert.

Das ist sehr bequem und man ist auf diese Weise ganz einfach immer auf dem neuesten Stand. Aber wie alles, was das Leben bequem macht, birgt es auch Gefahren. Hier wird nämlich **automatisch** und **ungeprüft** immer wieder Software aus einer bestimmten Quelle auf Ihren Rechner geladen und installiert. Das bedeutet: Sie müssen noch intensiver als in den vorangegangenen Abschnitten prüfen, ob Sie der Quelle vertrauen! PPAs sind **kein** Mittel der Wahl, um mal eben von einer ansonsten weitgehend unbekannten Webseite ein Programm zu installieren. Prüfen Sie durch Internetrecherchen, was die Community zu der jeweiligen Webseite oder dem Hersteller sagt, fragen Sie gegebenenfalls Bekannte und Freunde und benutzen Sie Ihren gesunden Menschenverstand, bevor Sie eine PPA-Verbindung einrichten.

Wann sollten Sie mit PPAs arbeiten?

Wenn Sie der Quelle absolut vertrauen und für das betreffende Programm immer den neuesten Stand auf Ihrem Rechner haben wollen.

PPAs sollten immer vor der Installation des dazugehörigen Programms eingerichtet werden.

Wie richtet man PPAs ein?

1. Suchen Sie auf der Webseite des Anbieters den sogenannten PPA-String, eine Zeichenfolge, die immer mit `ppa:` beginnt. Diese markieren Sie und kopieren sie in die Zwischenablage.

2. Hier sehen Sie als Beispiel die PPA-Zeile für das Bildschirmfoto-Programm »Shutter«:

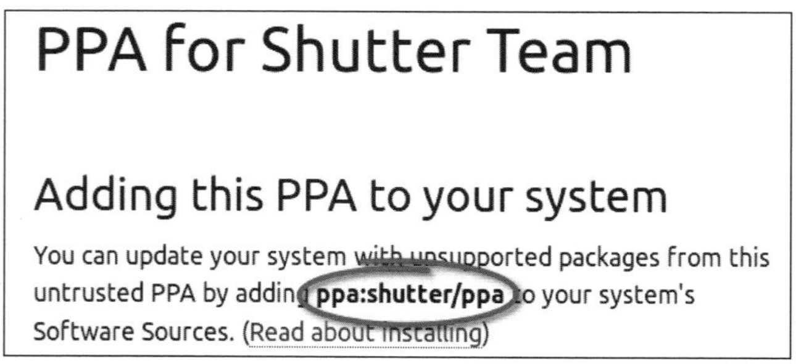

Abbildung 6.22: Manuelle Installation – Beispiel für eine PPA-Zeile.

3. Starten Sie *Ubuntu Software*. Wählen Sie dort den Menüpunkt *Ubuntu Software/Software & Updates*. Klicken Sie im neuen Fenster oben auf den Reiter *Andere Programme*.
4. Klicken Sie auf den Button *Hinzufügen* und fügen Sie die PPA-Zeile aus der Zwischenablage ein.
5. Klicken Sie anschließend auf *Paketquelle hinzufügen* und geben Sie das jetzt angeforderte Admin-Passwort ein.

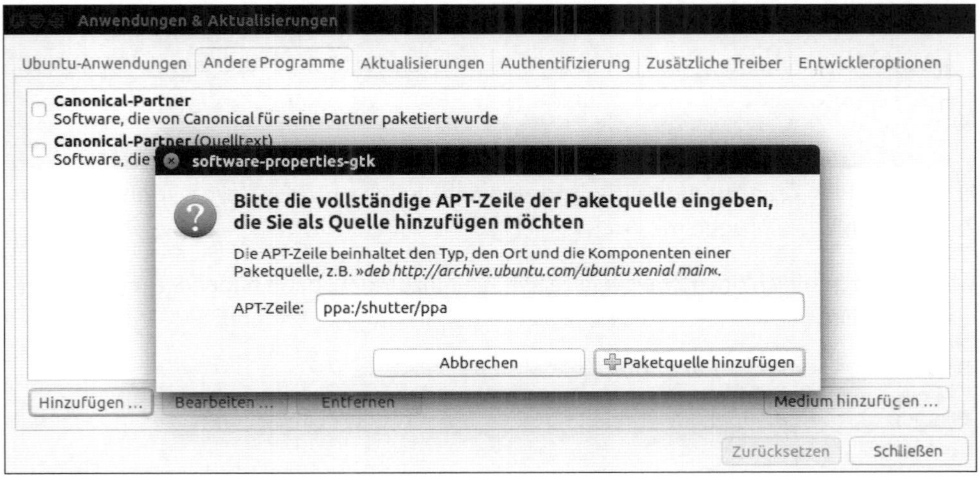

Abbildung 6.23: Manuelle Installation – PPA-Quelle hinzufügen.

6. Wenn alles gutgegangen ist, dann findet sich jetzt für Ihr Programm ein neuer Eintrag in der PPA-Liste.

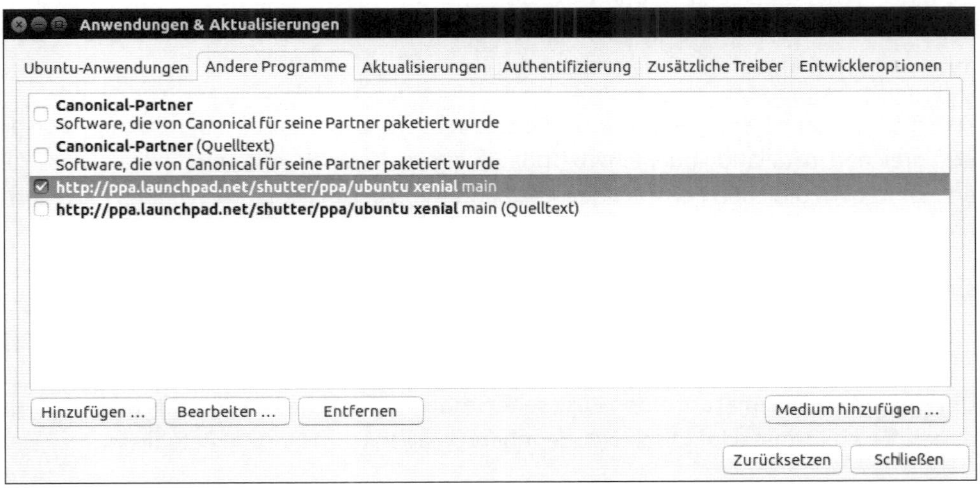

Abbildung 6.24: Manuelle Installation – PPA-Liste.

7. Klicken Sie nun auf *Schließen* und beenden Sie danach auch das Software-Center.

Sie können diese Schritte auch mit weniger Mausklick-Aufwand erledigen, indem Sie das Terminal öffnen und folgenden Befehl eingeben:

```
sudo add-apt-repository <PPA-Zeile>
```

Hinweis

Sollte *add-apt-repository* nicht auf Ihrem Rechner installiert sein, können Sie dies schnell nachholen, und zwar durch den Befehl `sudo apt install python-software-properties` (in älteren Ubuntu-Versionen müssen Sie `apt-get` statt `apt` verwenden).

Er fügt die PPA-Zeile zur Aktualisierungsverwaltung hinzu. <PPA-Zeile> können Sie aus der Zwischenablage einfügen mit Strg+⇧+V.

Wenn Sie jetzt gleich noch zwei weitere Befehle hinzufügen, dann haben Sie mit weniger Aufwand deutlich mehr erreicht, als über die Aktualisierungsverwaltung:

- `sudo apt update` – Paketlisten aktualisieren
- `sudo apt dist-upgrade` – Pakete neu einlesen und ggf. installieren.

Von nun an wird bei jedem Aktualisierungslauf von Ubuntu auch für dieses Programm nach einem Update gesucht und dieses gegebenenfalls automatisch durchgeführt.

Allerdings sollte man mit PPAs nicht allzu verschwenderisch umgehen. Zu viele automatische Aktualisierungen im Blindflug können durchaus mal Probleme im System bereiten. Schon ziemlich oft hat die Deaktivierung von selten gebrauchten PPAs geholfen, um »seltsame Verhaltensweisen« von Ubuntu zu beseitigen (die eigentlich nur auf die Seltsamkeiten einer der automatischen Aktualisierungen zurückzuführen waren).

Daher ist es angeraten, PPA-Einträge, die Sie nicht wirklich dringend benötigen, nach einer erfolgreichen Installation oder einem Update des jeweiligen Programms zu deaktivieren. Dies erfolgt in dem gleichen Fenster wie in Abbildung 6.24. Dort können Sie auch PPA-Einträge komplett **löschen** – dies ginge auch mit diesen beiden Terminalbefehlen:

```
sudo add-apt-repository -r <PPA-Zeile>

sudo apt update
```

Übrigens: Wenn Sie mal auf einen Blick sehen möchten, welche PPAs gerade aktiv sind, dann geben Sie im Terminal folgenden (zugegebenermaßen recht langen) Befehl ein:

```
cat /etc/apt/sources.list /etc/apt/sources.list.d/* | grep http: |
grep -v ^# | cut -d" " -f2- | sort | uniq
```

> **Achtung!**
>
> Der Befehl besteht aus **einer** Zeile. Er musste hier nur aus Platzgründen auf zwei verteilt werden. Achten Sie bitte genauestens auf jedes einzelne Zeichen, insbesondere das **Leerzeichen** bei `cut -d" "`.

Wenn Sie hingegen sehen wollen, welche PPAs zwar eingerichtet, aber derzeit <u>de</u>aktiviert sind, dann ändern Sie in diesem Befehl den Part

```
grep -v ^# | cut -d" " -f2-
```

in

```
grep ^# | cut -d" " -f3-
```

6.3.9 Autostart

Es gibt immer das eine oder andere Programm, das so wichtig ist, dass es gut wäre, wenn es nach dem Einloggen ganz von selbst starten würde. So etwas ist zum Beispiel typisch für E-Mail-Programme, Kalender, Notizen etc.

Zu diesem Zweck gibt es in Ubuntu die Startprogramm-Verwaltung – sie ist das Gegenstück zum Autostart-Ordner in Windows.

Die Startprogramme rufen Sie auf, indem Sie im Dash das Stichwort *startp* eingeben.

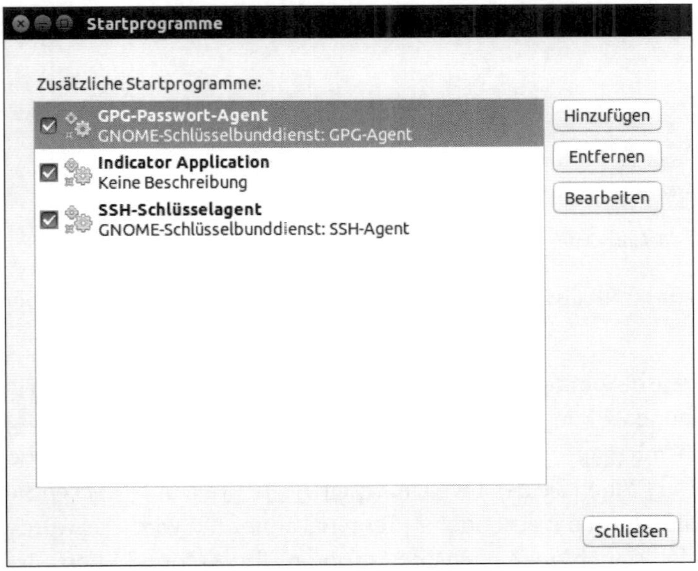

Abbildung 6.25: Startprogramme.

Wenn Sie nun ein Programm dazu bringen wollen, gleich nach dem Einloggen zu starten, dann müssen Sie hier auf *Hinzufügen* klicken. Daraufhin erscheint ein Fenster mit drei Zeilen:

- **Name**

  Tragen Sie an dieser Stelle eine beliebige Bezeichnung des Programms ein.

- **Befehl**

  Hier muss der korrekte Befehl stehen, mit dem das Programm gestartet wird. Das ist ganz oft sein »Rufname«, unter dem es u. a. im Startmenü zu finden ist oder der später im Fenstertitel steht. So lautet z. B. der Befehl zum Starten des E-Mail-Programms Thunderbird ganz einfach `thunderbird`. Es gibt aber auch Programme, bei denen entweder der Befehl anders lautet oder noch einige Zusatzparameter angegeben werden müssen, damit das Programm richtig arbeitet. Typisches Beispiel ist LibreOffice: Der Befehl `libreoffice` allein funktioniert zwar, startet aber nur die Office-Übersicht, aus der heraus man dann eines der Programme wählen kann. Wenn Sie hingegen beispielsweise direkt das Textverarbeitungsprogramm Writer starten möchten, würde der Befehl `libreoffice --writer` lauten. Woher erfährt man so etwas? Suchen Sie einfach im Internet nach *commandline <Programmname>*, in unserem Beispiel also nach *commandline libreoffice writer*.

  Sie können neben der Verwendung der Befehlszeile auch auf *Durchsuchen* klicken und dann den passenden Befehl heraussuchen. Den finden Sie in der Regel im Ordner `/usr/bin`. Klicken Sie hierfür im Dateiauswahlfenster links oben auf das Symbol mit dem Bleistift und tragen Sie in der sich nun öffnenden Zeile diesen Ordnernamen ein, gefolgt von [↵].

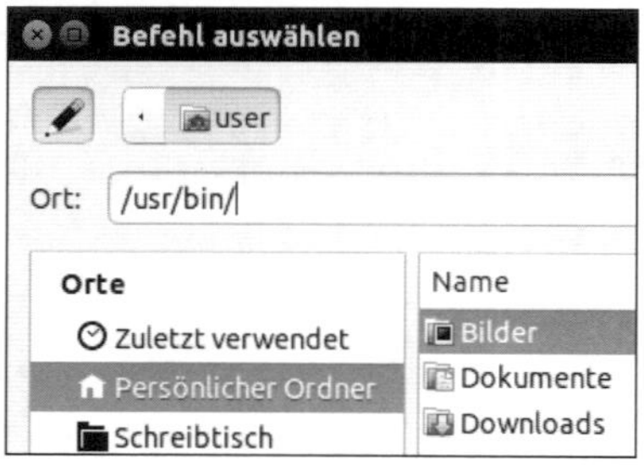

Abbildung 6.26: Startprogramme – Befehle-Ordner auswählen.

Durchforsten Sie dann die gesamte Liste und wählen Sie den entsprechenden Befehl per Doppelklick aus.

Egal, wie Sie den Befehl herausbekommen haben, der jetzt in der Zeile steht – Sie sollten in jedem Fall seine Richtigkeit und Wirkung testen! Markieren Sie die ganze Zeile mit [Strg]+[A] und kopieren Sie den Befehl mit [Strg]+[C] in die Zwischenablage. Starten Sie anschließend das Terminal mit [Strg]+[Alt]+[T], fügen Sie den Befehl mit [Strg]+[⇧]+[V] ein und drücken Sie [↵]. Was jetzt auf Ihrem Bildschirm passiert oder im Terminal angezeigt wird, das würde bei Ausführung dieses Befehls auch beim nächsten Start von Ubuntu geschehen – im besten Fall also die korrekte Ausführung des Programms. Sollte etwas schiefgegangen sein (Programm startet nicht, stattdessen gibt es Fehlermeldungen im Terminal), dann korrigieren Sie den Befehl. Informieren Sie sich im Internet über richtige Schreibweisen oder notwendige Parameter. Testen Sie so lange, bis alles reibungslos läuft. Den schließlich richtigen Befehl markieren Sie dann im Terminal mit der Maus und kopieren ihn mit Strg+⇧+C in die Zwischenablage (drei Tasten!). Wechseln Sie dann zurück zur Eingabemaske der Startprogramme und fügen Sie ihn dort mit Strg+V ein.

- **Beschreibung**

  Dies ist die unwichtigste Angabe und gewissermaßen ein Kommentar zum Programm. Wenn Sie aber den Namen bereits selbsterklärend gewählt haben, dann ist hier kein Eintrag mehr notwendig.

Mit einem abschließenden Klick auf *Hinzufügen* erscheint jetzt das Programm in der Liste und wird beim nächsten Einloggen automatisch starten.

In diesem Fenster können Sie natürlich auch Programme, die nicht mehr selbstständig starten sollen, deaktivieren (Haken davor entfernen) oder vollständig aus der Liste löschen.

Übrigens ist diese Liste anfänglich (wohl aus Sicherheitsgründen) nicht vollständig – es starten in Wahrheit mehr Programme automatisch, als Sie hier angezeigt bekommen. Um eine vollständige Anzeige zu erzwingen, müssen Sie kurz das Terminal starten und folgenden Befehl eingeben:

```
sudo sed -i "s/NoDisplay=true/NoDisplay=false/g" /etc/xdg/autostart/*.
desktop
```

Zu jedem der Programme, die sich in der Autostart-Liste befinden, gibt es auch sogenannte Starter-Dateien, in denen gegebenenfalls noch weitere Anweisungen enthalten sein können. Sie finden alle diese Dateien im Ordner `/etc/xdg/autostart`.

6.4 Deinstallation

Hin und wieder möchte man sich von bestimmten Programmen trennen. Hierfür stehen Ihnen unter Ubuntu drei Wege zur Verfügung:

1. Sie können das **Software-Center** starten, den Namen des betreffenden Programms als Suchbegriff eingeben und dann, wenn das Programm in der Fundstellenliste erscheint, dort auf *Entfernen* klicken. Jetzt noch das Admin-Passwort eingeben, warten, fertig.

2. Sollte Ihr Programm jedoch trotz aller Bemühungen nicht im Software-Center zu finden sein, dann ist es vermutlich auf andere Weise auf Ihren Rechner gelangt und muss über ein spezielles Hilfsprogramm deinstalliert werden, den **Synaptic-Paketmanager**. Dieser ist aber in aller Regel noch nicht in Ubuntu installiert. Starten Sie daher zunächst das

Software-Center und geben Sie dort als Suchbegriff *synap* ein – alles Weitere kennen Sie ja schon (siehe Seite 180).

3. Der Synaptic-Paketmanager ist ein mächtiges Werkzeug zur Pflege aller Softwarepakete. Hier soll jedoch nur seine Verwendung für die Deinstallation interessieren.

4. Starten Sie das Programm über den Ubuntu Dash (Suchwort *synap*). Nach Eingabe des Admin-Passworts haben Sie nun Zugriff auf alle Pakete Ihres Systems.

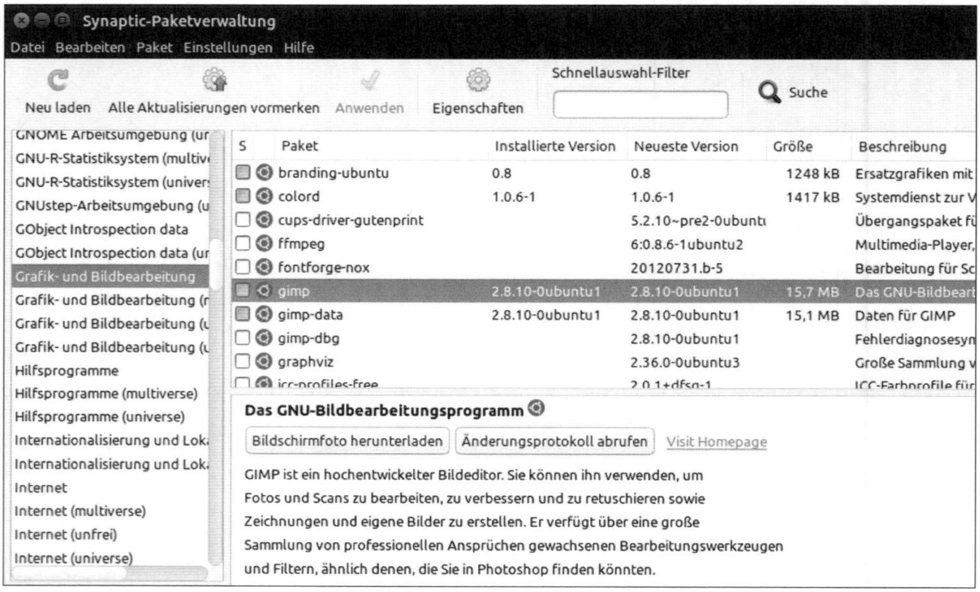

Abbildung 6.27: Synaptic-Paketmanager (Ausschnitt).

Achtung!

Sie haben jetzt vollen Zugriff auf alle Teile Ihres Systems, einschließlich Ubuntu selbst. Gehen Sie daher mit größter Sorgfalt vor, um irreparable Fehler zu vermeiden!

Am oberen Fensterrand sehen Sie das Textfeld der Suchfunktion (*Schnellauswahl-Filter*). Geben Sie hier den Namen des Programms ein, das Sie deinstallieren möchten. Bereits während Sie schreiben, ändert sich die darunter befindliche Liste. Sie zeigt die Softwarepakete, die irgendetwas mit dem eingegebenen Begriff zu tun haben. Einträge mit einem grünen Punkt sind installierte Pakete. Da Sie ein Programm deinstallieren möchten, müssen Sie genau nach solchen Fundstellen Ausschau halten. Man kann die Liste auch nach dem Installationsstatus sortieren und damit schneller die installierten Pakete erkennen: Klicken Sie im Kopf der Liste ganz links auf die Spalte *S*.

Ist das gesuchte Paket gefunden, klicken Sie zunächst auf den entsprechenden Eintrag und lesen gegebenenfalls die darunter angezeigten Erläuterungen, damit Sie sicher sein können, auch das richtige Paket ausgewählt zu haben. Ist dies der Fall, dann klicken Sie mit der rechten Maustaste auf den Eintrag und wählen aus dem Kontextmenü *Zum Entfernen vormerken*. (**Achtung! Nicht *Zum vollständigen Entfernen vormerken* – es sei denn, Sie wissen, was Sie tun!**).

Unter Umständen erscheint anschließend ein weiteres Fenster, das Sie auf Pakete aufmerksam macht, die ebenfalls betroffen sind:

- Es könnte sein, dass durch die Deinstallation andere Pakete in Mitleidenschaft gezogen werden, weil sie vom aktuellen Paket abhängig sind. In diesem Fall sollten Sie die Deinstallation unbedingt mit *Abbrechen* unterbinden!
- Andererseits ist es auch möglich, dass noch weitere Pakete entfernt werden müssen, die nur dazu da waren, das aktuelle Paket mit wichtigen Daten oder Funktionen zu versorgen. Dann sollten Sie der Entfernung dieser Pakete auch mit *Vormerken* zustimmen, um keinen Datenmüll auf der Festplatte zu hinterlassen.

Wenn das Paket zur Deinstallation vorgemerkt ist, dann wird in der Statusspalte des entsprechenden Eintrags ein Kreuz angezeigt und er ist rot markiert. Sind alle Pakete ausgewählt, klicken Sie oben in der Symbolleiste auf *Anwenden*. Jetzt können Sie noch ein letztes Mal prüfen, ob alles seine Richtigkeit hat, und dann die Deinstallation mit *Anwenden* endgültig starten.

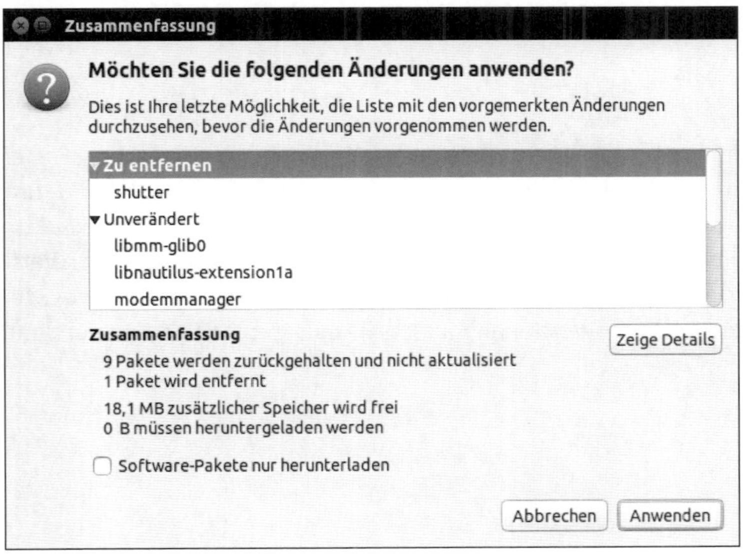

Abbildung 6.28: Abschlussprüfung der Deinstallation.

5. Natürlich bleibt Ihnen – wie immer unter Linux – schlussendlich immer auch noch der Weg über das Terminal:

`dpkg-query -l`	alle installierten Pakete auflisten
`dpkg-query -l *office*`	nur Pakete mit »office« im Namen auflisten
`sudo apt remove <ProgrammName>`	Paket(e) löschen
`sudo apt autoremove`	automatisch installierte Pakete ebenfalls
`sudo apt update`	Paketeindex synchronisieren

Allerdings muss man hier genau wissen, wie der *<ProgrammName>* lautet. Dummerweise ist dieser nicht immer identisch mit dem Rufnamen, den man z. B. in Startmenüs findet. Wiederum eröffnet diese Befehlsfolge aber auch die Möglichkeit, umfangreiche mehrteilige Programmpakete in einem Abwasch zu entsorgen, denn Sie können mit Platzhaltern arbeiten.

Wenn Sie beispielsweise die komplette LibreOffice-Suite deinstallieren möchten, dann wären hierfür normalerweise viele Schritte notwendig – es sind eben ziemlich viele Einzelpakete. Aber das Gute ist: Die Namen aller Pakete beginnen mit `libreoffice...`. Daher genügt es, beim dritten Befehl zu schreiben:

```
sudo apt remove libreoffice*
```

Der Platzhalter * am Ende bedeutet: Suche alle Pakete, deren Namen mit `libreoffice` beginnen und denen dann beliebige Zeichen folgen. Den Rest erledigt `apt` für Sie – fertig.

Tipp

Sie können auch die Eingabe des Paketnamens (hier `libreoffice*`) vereinfachen. Schreiben Sie zunächst nur die ersten Buchstaben, z. B. `sudo apt remove libreoff`, und drücken Sie dann die [Tab]-Taste. Ubuntu ergänzt dann z. B. zu `sudo apt remove libreoffice5.1` (die Nummer am Schluss richtet sich nach der bei Ihnen installierten Version). Wenn Sie jetzt noch * ergänzen, ist Ihr Befehl vollständig: `sudo apt remove libreoffice5.1*` (in älteren Ubuntu-Versionen müssen Sie `apt-get` statt `apt` verwenden).

6.5 Wichtige Programme

Was tut man in der Fremde? Man sucht sich jemanden, der sich auskennt, der einem erst mal die wichtigsten Dinge zeigt. Allerdings sieht man dann die neue Welt zunächst auch mit **dessen** Augen – solange, bis man selbst sicher genug ist, um seinen eigenen Weg zu gehen.

Nicht anders verhält es sich beim Wechsel zu einem neuen Betriebssystem. Jeder, den Sie sich als Fremdenführer auswählen, hat seine eigenen Erfahrungen gemacht, seine individuellen Schwerpunkte und einen bestimmten Blick auf die Dinge. Daher sind die Inhalte unter der Überschrift »Wichtige Programme« (oder »Hilfreiche Programme« ab Seite 234) selbstverständlich immer persönlich gefärbt. Sie werden hier auf jeden Fall einiges Wichtige finden, aber es ist eben das, was ich in diesem Fall für wichtig oder hilfreich halte. Allerdings glaube ich auch, aus meiner langjährigen Erfahrung als Dozent und Coach ein recht gutes Bild davon zu haben, was die meisten Menschen hauptsächlich mit ihrem Rechner anstellen, und leite daraus ab, was tatsächlich wichtig sein könnte, was hilfreich ist und was eben eher nicht.

Alle Programme, die hier beschrieben werden, sind erprobt und haben den Praxistest bestanden. Falls für eine Aufgabe mehrere Programme zur Auswahl stehen (und das ist fast immer so), habe ich dasjenige mit den besten Bewertungen oder das flexibelste oder das professionellste oder einfach das ausgewählt, welches bei mir und Freunden schon seit Jahren erfolgreich und zuverlässig läuft.

Dies muss natürlich nicht unbedingt auch das sein, was Sie persönlich zufriedenstellt. Sinn und Zweck dieses Abschnitts ist es, Ihnen aufzuzeigen, welche Programme unter Ubuntu zu den »Must-haves« gehören, damit Sie schnell und zuverlässig arbeitsfähig werden. Zudem sollen Sie eine erste Orientierung und weiterführende Anregungen zum Stöbern erhalten.

Die Linux-Welt ist spannend! Der Weg ist frei – finden Sie Ihre eigenen Favoriten!

Achtung!

In den folgenden Steckbriefen zu den Programmen finden Sie auch den Punkt *PPA*. Es ist allerdings für eine korrekte Installation keineswegs erforderlich, jedes Mal auch die jeweilige PPA-Zeile in der Paketverwaltung einzurichten (vgl. Abschnitt 6.3.8). Sie sollten dies nur tun, wenn Sie das jeweilige Programm unbedingt automatisiert auf dem neuesten Stand halten müssen. Alternativ dazu können Sie auch jederzeit manuelle Updates vornehmen.

Zu viele PPAs können dem System schaden!

6.5.1 Office

Text, Tabelle, Grafik, Präsentation

LibreOffice

Funktion:	Vollwertige Office-Suite
Autor:	Community unter Leitung der Stiftung The Document Foundation
Webseite:	*https://de.libreoffice.org*
PPA:	ppa:libreoffice/libreoffice-5-3 (für die Version 5.3, für andere Versionen analog)
Installation:	Software-Center (Stichwort: *libreoffice*) In Ubuntu bereits vorinstalliert
Hilfen:	Onlinehandbuch *https://de.libreoffice.org/get-help/documentation* YouTube (Stichwörter: *tutorial libreoffice [writer/calc/...]*) Zahlreiche Bücher
Und sonst?	Weitere alternative Office-Programme *https://wiki.ubuntuusers.de/Büroanwendungen*

Diese Office-Suite ist in Ubuntu der Platzhirsch in Sachen Bürosoftware – wie Microsoft Office unter Windows. Sie hat einen absolut vergleichbaren Umfang und enthält die folgenden Programme:

- **Writer** – Textverarbeitung

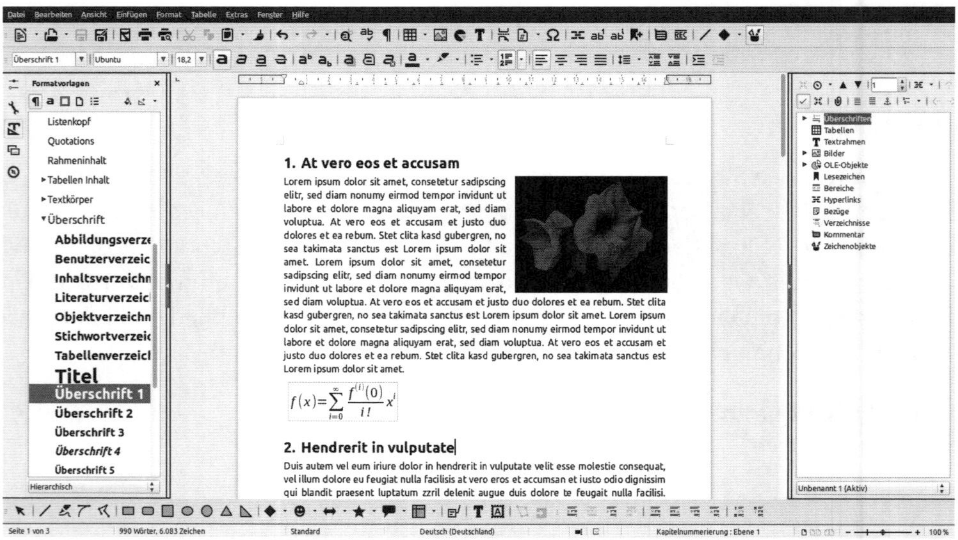

Abbildung 6.29: LibreOffice Writer.

- **Calc** – Tabellenkalkulation

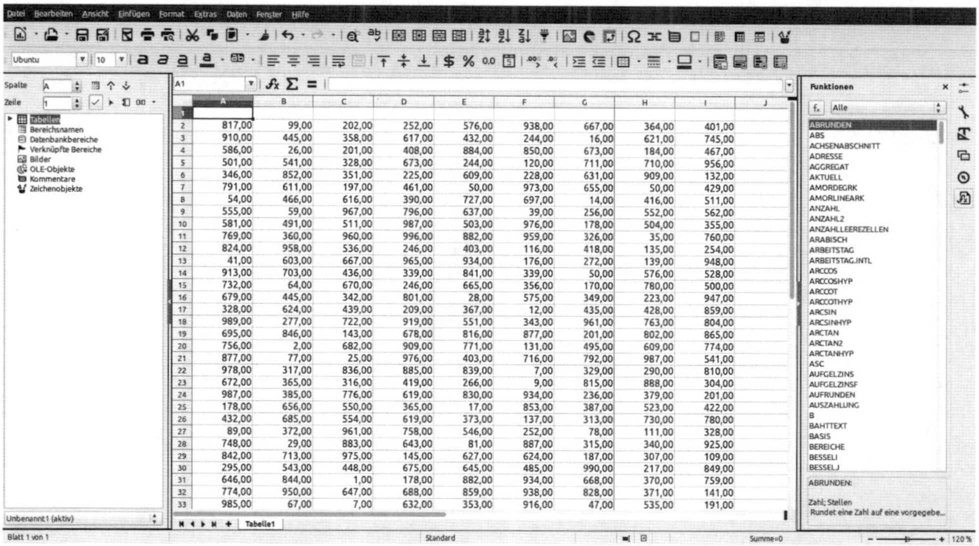

Abbildung 6.30: LibreOffice Calc.

- **Impress** – Präsentationen

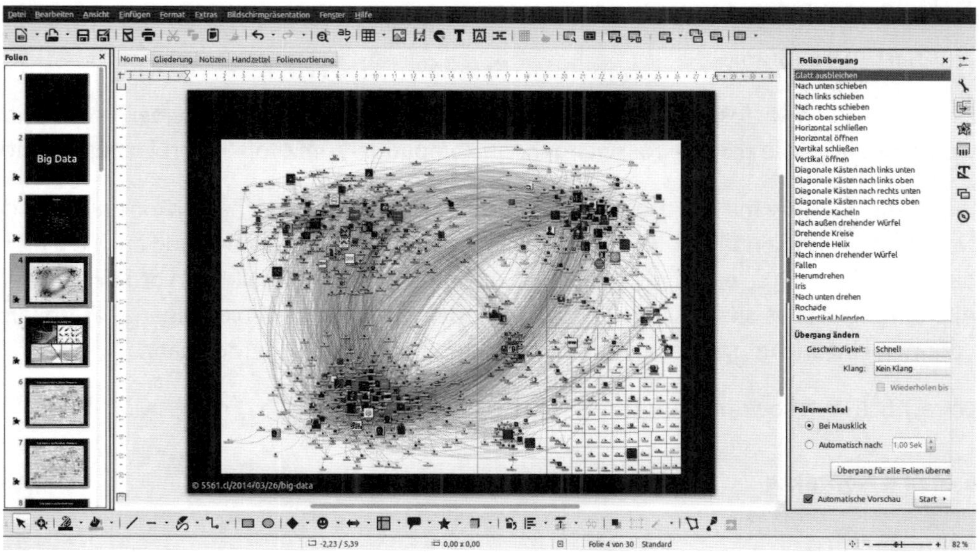

Abbildung 6.31: LibreOffice Impress.

- **Draw** – Grafiken

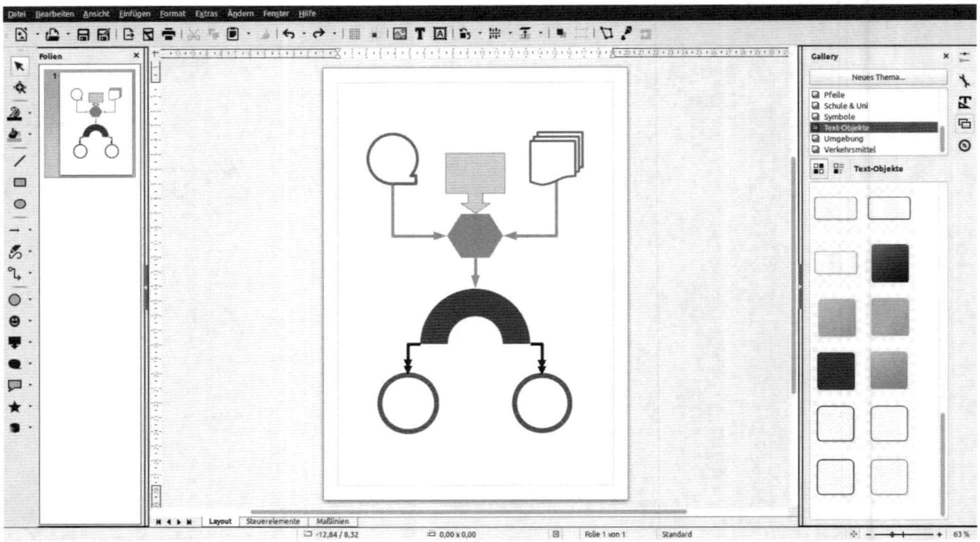

Abbildung 6.32: LibreOffice Draw.

- **Base** – Datenbank
- **Math** – Formeleditor
- **Chart** – Diagramme

LibreOffice kann Microsoft-Office-Dokumente sowohl lesen als auch schreiben und ist bis auf wenige Punkte (wie z. B. Makros) weitgehend kompatibel zum großen Vorbild aus Redmond.

Wer bisher intensiv mit Word, Excel und Co. gearbeitet hat, wird sicherlich eine kleine Eingewöhnungsphase benötigen, weil einige Technologien etwas abweichen und auch die Befehle bisher wie in der 2003er-Microsoft-Version in Menüs statt in Symbolleisten organisiert waren. Allerdings geht das relativ schnell und es ist zudem möglich, beliebige eigene Tastenkombinationen einzurichten, sodass Gewohntes leicht übernommen werden kann.

LibreOffice läuft sowohl unter Linux als auch unter Windows.

E-Mail & Kontakte

Thunderbird

Funktion:	PIM (Personal Information Manager) für E-Mails und Kontakte
Autor:	Mozilla Foundation
Webseite:	*https://www.mozilla.org/de/thunderbird*
PPA:	ppa:mozillateam/thunderbird-stable

Installation: Software-Center (Stichwort: *thunderbird*)

Hilfen: Onlinehandbuch
https://www.thunderbird-mail.de/lexicon/lexicon/12-anleitungen-zu-thunderbird

YouTube (Stichwort: *tutorial thunderbird*)

Und sonst? Add-ons
https://addons.mozilla.org/de/thunderbird

Weitere alternative PIMs
https://www.heise.de/download/linux/office/adressen-termine/pims

Abbildung 6.33: E-Mail-Programm Thunderbird.

Thunderbird ist mit allem ausgerüstet, was ein E-Mail-Programm (E-Mail-Client) benötigt, inklusive lernfähigem Spam-Filter. Das Programm ist schnell einzurichten und intuitiv zu bedienen.

Zu einem wirklichen Highlight wird das Programm aber durch die über 1.200 Add-ons, die von der Internetgemeinde geschaffen wurden. Diese stellen sowohl Funktionen zur Verfügung, die man von Outlook oder vergleichbaren PIMs gewöhnt ist, als auch solche, die völlig einzigartig sind, wie z. B. »ThreadVis«, eine grafische Rückverfolgung von E-Mail-Unterhaltungen (siehe Linien in der Mitte von Abbildung 6.33).

Thunderbird läuft sowohl unter Linux als auch unter Windows.

Die Datenübernahme aus Microsoft Outlook ist allerdings nicht trivial (vgl. Kapitel 3.1.1).

Termine & Aufgaben

Lightning

Funktion:	Thunderbird-Add-on für Termine und Aufgaben
Autor:	Mozilla Calendar Project
Webseite:	*https://www.mozilla.org/de/thunderbird*
PPA:	–
Installation:	Thunderbird-Menü ≡ */Add-Ons/Add-Ons suchen/Stichwort: lightning*
Hilfen:	Onlineanleitungen *https://support.mozilla.org/de/kb/kalender-erweiterung-lightning-verwenden* *https://support.mozilla.org/de/products/thunderbird/calendar* *https://www.thunderbird-mail.de/lexicon/entry/56-lightning*
Und sonst?	Weitere alternative Terminplaner *https://www.heise.de/download/search?terms=terminplaner*

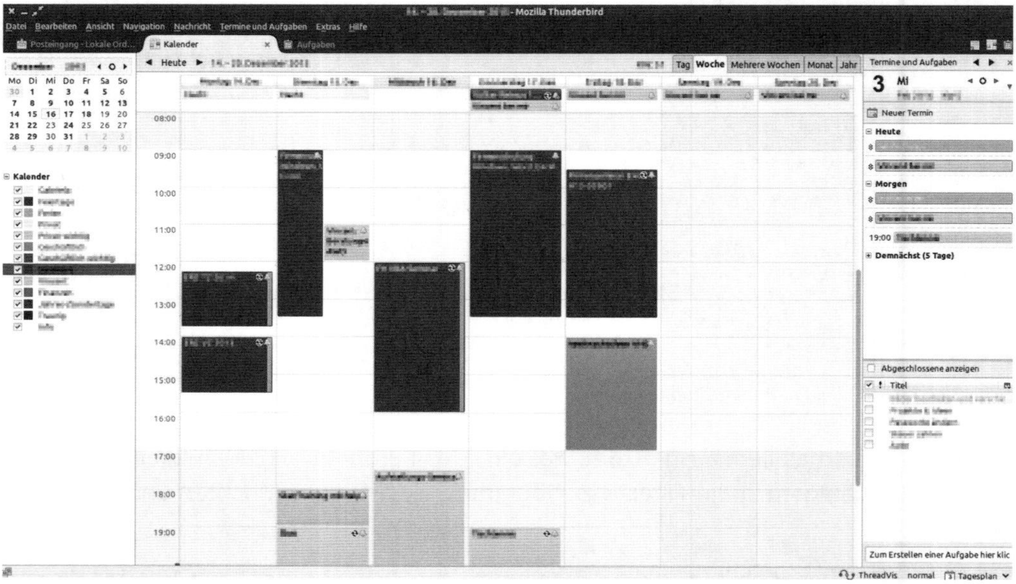

Abbildung 6.34: Thunderbird-Add-on Lightning (Kalender).

Dieses Add-on ist ein »Must-have« und macht aus Thunderbird ein vollwertiges Gegenstück zu Microsoft Outlook. Ab Thunderbird-Version 38 ist es bereits integriert und muss nicht mehr manuell nachinstalliert werden.

Die Terminplanung arbeitet mit einzelnen Kalendern und Kategorien, denen Farben zugeordnet werden können, sodass die Eintragungen optisch gut unterscheidbar sind. Es gibt eine Tages-, Wochen-, Monats- und dank eines weiteren Add-ons auch eine Jahresansicht. Jeder

Termin kann vielfältige Wiederholungsmuster erhalten und natürlich eine Erinnerung zugeordnet bekommen. Außerdem gibt es eine Aufgabenliste.

Zur Datenübernahme aus Microsoft Outlook siehe Kapitel 3.1.1.

Notizen & Projektplanung

CherryTree

Funktion:	Hierarchischer Editor für Ideen, Notizen und Projekte
Autor:	Giuseppe Penone
Webseite:	*www.giuspen.com/cherrytree*
PPA:	ppa:vincent-c/cherrytree
Installation:	Software-Center (Stichwort: *cherrytree*)
Hilfen:	Onlineanleitung (in Englisch) *http://giuspen.com/cherrytreemanual*
Und sonst?	Alternative Gliederungseditoren *https://wiki.ubuntuusers.de/Notizen/#Outliner* Mindmap-Programme *https://wiki.ubuntuusers.de/Mind_Map*

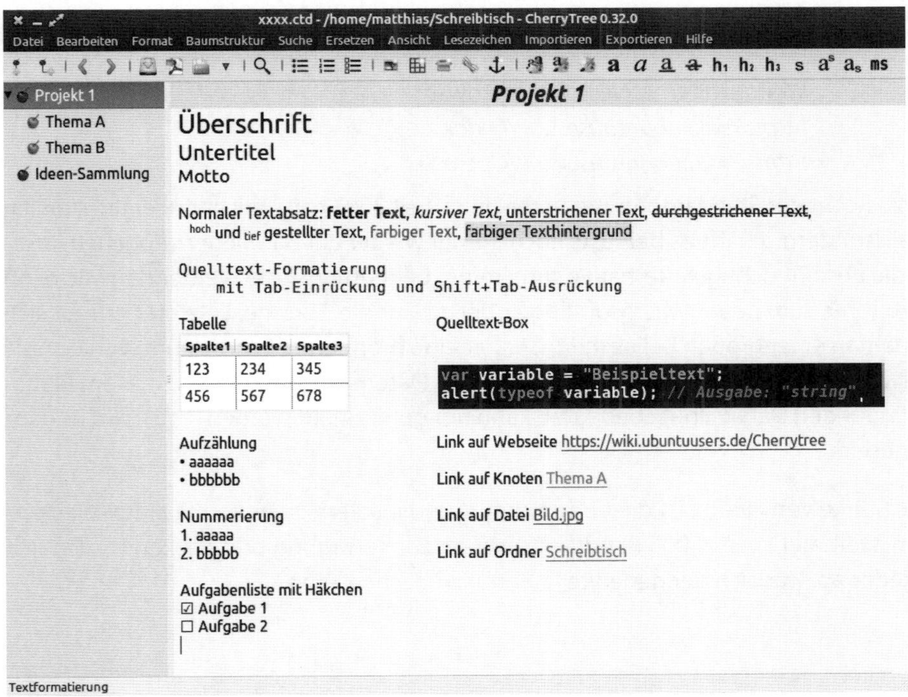

Abbildung 6.35: CherryTree.

CherryTree könnte der Bruder von Microsofts OneNote sein: Er ist die perfekte Unterstützung bei der Planung und Abarbeitung von Projekten oder einfach nur beim schnellen, geordneten Sammeln von Ideen. Er ermöglicht ähnliche Features wie hierarchische Seitenstrukturen oder Links auf andere Notizen, Dateien oder Internetadressen.

6.5.2 Internet & Kommunikation

Browser

Firefox

Funktion:	Internetbrowser
Autor:	Mozilla Foundation
Webseite:	*https://www.mozilla.org/de/firefox*
PPA:	ppa:mozillateam/firefox-stable
Installation:	Software-Center (Stichwort: *firefox*) In Ubuntu bereits vorinstalliert
Hilfen:	Onlineanleitungen *https://support.mozilla.org/de/products/firefox* *http://firefox-anleitung.net*
Und sonst?	Add-ons *https://addons.mozilla.org/de/firefox*
	Weitere alternative Internetbrowser
Midori	*https://wiki.ubuntuusers.de/Midori*
Opera	*https://wiki.ubuntuusers.de/Opera*

Firefox ist zu Recht **der** Standardbrowser unter Linux. Seit 2002 hat er nicht nur einen stabilen Marktanteil, sondern schafft es bei Tests auch immer wieder auf das Siegertreppchen. Insofern ist er die absolut richtige Alternative zum immer bedeutungsloser werdenden Microsoft Internet Explorer, zum neuen Microsoft Edge oder zu Google Chrome. Letzterer erfreut sich zwar momentan einer großen Beliebtheit, ist aber eine proprietäre Entwicklung von Google und damit ein Produkt des erklärtermaßen größten Datenstaubsaugers auf diesem Planeten. Was das für den Datenschutz bedeutet, kann nur gemutmaßt werden – gut wird es ganz sicher nicht sein.

Die größte Stärke von Firefox ist die Community – und insofern ist er für die Linux-Welt wie geschaffen. Weit mehr als 15.000 (!) Add-ons stehen zur Verfügung und decken so ziemlich alles und jedes ab, was sich der geneigte User nur wünschen kann.

Abbildung 6.36: Browser Firefox.

Wem es um entspanntes Surfen bei gleichzeitig hoher Sicherheit geht, der sollte unmittelbar nach der Installation die folgenden drei Add-ons einrichten, von denen die ersten beiden geradezu unverzichtbar sind:

- **uBlock Origin**
  Ein Werbeblocker, der allen besuchten Webseiten eine herrliche Ruhe verpasst.
- **NoScript**
  Erhöht die Sicherheit ganz erheblich durch die Unterbindung von JavaScript. Damit sind Angriffe aus dem Internet wirksam blockiert. Ganz nebenbei werden auch viele störende Werbeeinblendungen und anderes Beiwerk unterbunden. Dieses Add-on braucht jedoch anfänglich für einige Tage Ihre Mitarbeit, ähnlich wie ein lernender Spam-Filter, nur schneller. Eine sehr gut gemachte Erläuterung hierzu finden Sie auf YouTube von SemperVideo unter dem Stichwort *Firefox: NoScript*.
- **TrackMeNot**
  Verhindert die Ausforschung Ihres Surfverhaltens. Das Add-on sendet in bestimmten Abständen vollkommen sinnfreie Anfragen an alle Suchmaschinen Ihrer Wahl und verwässert damit den Anfrageverlauf derart, dass unabhängig von Ihren echten Anfragen daraus kein sinnvolles Nutzerprofil mehr erstellt werden kann.
- **CanvasBlocker**
  Verhindert das Auslesen von HTML5-Canvas-Elementen und damit ein Fingerprinting des Browsers (zu Deutsch: Sie werden nicht mehr eindeutig identifiziert).

Zum Abspielen bestimmter Videos ist außerdem das Flash-Plug-in erforderlich. Sie installieren dies am besten über das Terminal mit dem Befehl:

```
sudo apt install flashplugin-installer
```

Allerdings wird Flash zukünftig nicht weiter unterstützt. Das Plug-in dient nur dazu, noch darauf angewiesene Videos zum Laufen zu bringen. Weitere Informationen hierzu finden Sie unter *https://wiki.ubuntuusers.de/Adobe_Flash*.

Chat

Skype

Funktion:	Chat-Programm und Instant-Messenger
Autor:	Microsoft Corporation
Webseite:	*www.skype.com/de*
PPA:	ppa:skype-wrapper/ppa
Installation:	Software-Center (Stichwort: *skype*)
Hilfen:	Onlineanleitungen *https://support.skype.com/de*
Und sonst?	Alternative: TorChat (abhörsicher) *https://github.com/prof7bit/TorChat/downloads*

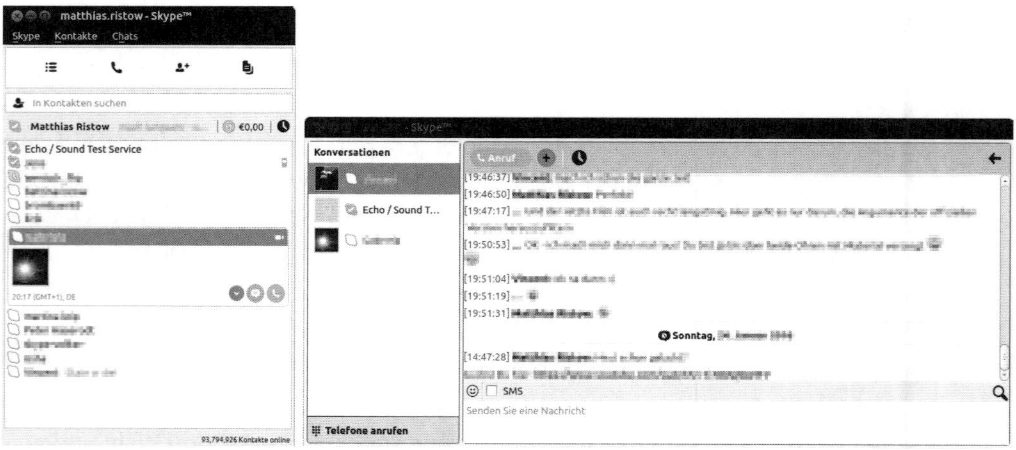

Abbildung 6.37: Skype.

Zu Skype muss man vermutlich nicht viel sagen, außer: schön, dass es eine originäre Linux-Version gibt, und diese auch noch aus dem Hause Microsoft!

6.5.3 Fotos

XnView

Funktion:	Fotoverwaltung und -bearbeitung
Autor:	Gougelet Pierre-Emmanuel
Webseite:	*www.xnview.com/de*
PPA:	ppa:dhor/myway
Installation:	Software-Center (Stichwort: *xnview*)
Hilfen:	Onlineanleitungen sind leider rar *www.netzwelt.de/news/81689_2-foto-freeware-test-bildbetrachtung-xnview.html* *http://wikis.fu-berlin.de/display/vetmeditfaqs/XnView* YouTube-Tutorials
Und sonst?	Alternative Bildverwaltungsprogramme *https://wiki.ubuntuusers.de/Grafik*

Abbildung 6.38: Bildbearbeitung mit XnView.

Dieses Programm ist so unverwüstlich und universell, dass es sogar auf den Rechnern der Profis seinen Dienst tut. Sie können mit ihm nicht nur Bilder ansehen, sortieren, filtern, suchen, neu zusammenstellen, beschneiden, farbkorrigieren, automatisch richtig herum drehen, auf Webseiten veröffentlichen etc., sondern z. B. auch Bildfolgen intelligent umbenennen.

Letzteres ist eine der nützlichsten Funktionen dieses Programms überhaupt. Denn was passiert jedes Mal, wenn Sie von einer Reise zurückkehren? Dann finden Sie auf Ihrer Kamera hunderte Fotos, die alle so vielsagende Namen wie `DSC00123.jpg` haben. Wie schön wäre es doch, wenn die Namen ein sortierbares Datum, eine kurze Beschreibung und eine laufende Nummer hätten! Mit XnView kein Problem: Markieren Sie alle Fotos, aktivieren Sie mit [F2] die Funktion zum Umbenennen und geben Sie als neuen Namen Folgendes ein:

```
<Date Taken [ymd]>.Ereignisbeschreibung.###
```

(Die spitzen Klammern müssen Sie hier schreiben! Und »Ereignisbeschreibung« sollte natürlich ersetzt werden durch »Urlaub Paris« o. Ä., je nachdem, was auf den Bildern zu sehen ist.)

XnView fügt jetzt im Namen jedes Bildes nicht nur hinten eine fortlaufende dreistellige Nummer ein (###), sondern liest aus den internen (EXIF-) Datei-Informationen auch das Datum, an dem das jeweilige Foto entstanden ist, und fügt es als `JJMMTT` in den Dateinamen ein.

Für ein Bild, das beispielweise am 24. August 2015 im Paris-Urlaub gemacht wurde, wird dann daraus `150824.Urlaub Paris.012.jpg` (wenn Sie beim Umbenennen für die Ereignisbeschreibung *Urlaub Paris* eingesetzt haben). Jetzt sortiert jeder Dateiexplorer Ihre Bilder auch gleich noch alphanumerisch korrekt nach deren Entstehungszeit.

Die Bildbearbeitungsfunktionen von XnView sind zwar im Wesentlichen technisch orientiert (Helligkeit, Farben, Kontrast, Bildgröße etc.) und nur sehr eingeschränkt für künstlerische Effekte geeignet, aber dafür kann man mithilfe einer Stapelverarbeitung alle Änderungen gleichartig auf mehrere Bilder zugleich anwenden.

6.5.4 Musik

Rhythmbox

Funktion:	Musikwiedergabe
Autor:	GNOME Team
Webseite:	*https://wiki.gnome.org/Apps/Rhythmbox*
PPA:	ppa:webupd8team/rhythmbox
Installation:	Software-Center (Stichwort: *rhythmbox*) In Ubuntu bereits vorinstalliert
Hilfen:	Onlineanleitung *https://wiki.ubuntuusers.de/Rhythmbox*
Und sonst?	Alternative Audioplayer *https://wiki.ubuntuusers.de/AudioPlayer*

Ein solides Abspielprogramm für Ihre Musikdateien mit Sortierung nach Alben oder Interpreten, Wiedergabelisten, Autoplay und Internetradio.

Abbildung 6.39: Musik abspielen mit Rhythmbox.

6.5.5 Video & DVD

Codecs

Funktion:	Sammlung wichtiger Audio- und Video-Codecs
Autor:	diverse
Webseite:	–
PPA:	–
Installation:	siehe unten
Hilfen:	*https://wiki.ubuntuusers.de/Codecs* *https://wiki.ubuntuusers.de/ubuntu-restricted-extras*
Und sonst?	–

Codecs sind kleine Programme, die das Abspielen von Audio- und Videodateien bzw. DVDs ermöglichen. Obwohl in Ubuntu – wie in jedem modernen Betriebssystem – schon zahlreiche Codecs enthalten sind, ist es dennoch sinnvoll, einige zusätzlich zu installieren, damit u. a. verschlüsselte Video-DVDs abgespielt werden können und Probleme mit Sonderformaten von vornherein vermieden werden.

Sie finden hier eine Sammlung von Befehlen, die Sie am besten hintereinander in einem Terminal eingeben. Am Ende steht Ihnen ein Ubuntu zur Verfügung, das so ziemlich allen Codec-Anforderungen gewachsen ist. Sollten Sie Fragen zu den einzelnen Paketen haben, die jetzt gleich installiert werden, dann geben Sie einfach `ubuntu Paketname` in Ihre Suchmaschine ein, wobei »Paketname« eines der unten fett markierten Codec-Pakete ist.

```
sudo apt install libdvdread4
sudo aptitude install libdvdread4
sudo sh /usr/share/doc/libdvdread4/install-css.sh
sudo apt install ubuntu-restricted-extras
sudo apt install gstreamer0.10-plugins-ugly gxine libdvdread4
sudo apt install icedax tagtool easytag id3tool
sudo apt install lame nautilus-script-audio-convert libmad0
sudo apt install mpg321 gstreamer1.0-libav libavcodec-extra
sudo apt install icedtea-7-plugin openjdk-7-jre
sudo apt install mpg123 lamevorbis-tools flac sox
```

VLC Media Player

Funktion:	Musikwiedergabe
Autor:	VideoLAN
Webseite:	*https://www.videolan.org*
PPA:	ppa:videolan/stable-daily
Installation:	Software-Center (Stichwort: *vlc*)
Hilfen:	PDF-Handbuch *https://www.vlc.de/VLC-Handbuch.pdf* YouTube-Tutorials
Und sonst?	Alternative Videoplayer *https://wiki.ubuntuusers.de/VideoPlayer*

Abbildung 6.40: VLC Media Player.

Der VLC Media Player hat sich mittlerweile zum verbreiteten Standardplayer für Videos entwickelt, für den es sowohl eine Linux- als auch eine Windows-Version gibt. Er zeichnet sich vor allem durch einen souveränen Umgang mit den unterschiedlichen Codecs (Videoformaten) aus und ist einfacher in der Bedienung als viele seiner Mitbewerber.

Achtung! Für eine einwandfreie Funktion unter Ubuntu müssen die »Ubuntu Restricted Extras« installiert sein (siehe Seite 226 oben).

6.5.6 Finanzen

Hibiscus

Funktion:	Kontoführungsprogramm, SEPA-fähig
Autor:	Olaf Willuhn
Webseite:	*https://www.willuhn.de/products/hibiscus*
PPA:	ppa:dennis-benndorf/ppa
Installation:	Software-Center (Stichwort: *hibiscus*)
Hilfen:	Onlineanleitung *https://www.willuhn.de/wiki/doku.php?id=handbuch*
Und sonst?	Alternative Finanzsoftware *https://wiki.ubuntuusers.de/Finanzverwaltung*

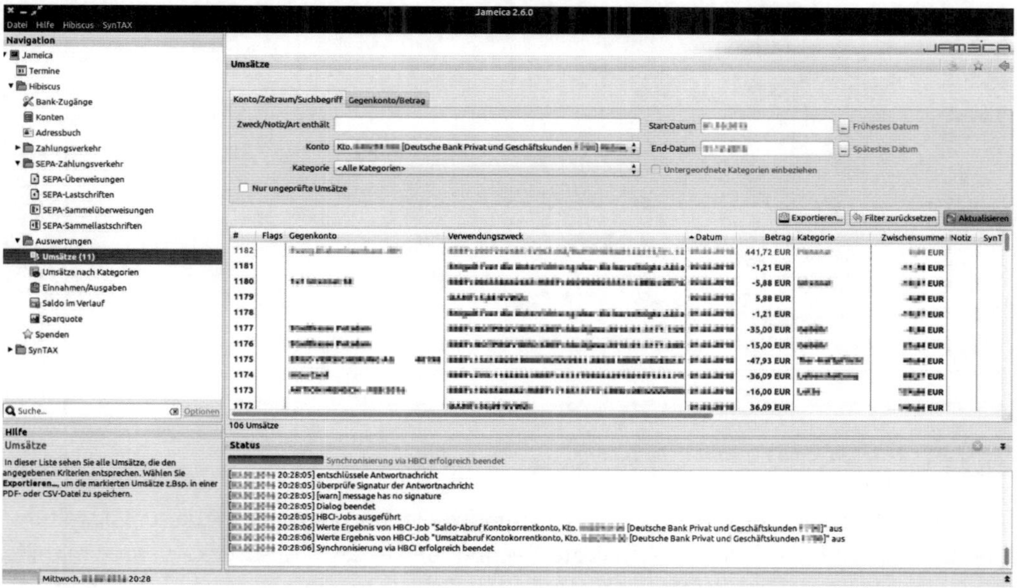

Abbildung 6.41: Kontoführung mit Hibiscus.

Hibiscus ist eine ausgereifte und dabei einfach zu bedienende, SEPA-fähige Onlinebanking-Software, vergleichbar mit Quicken, die sich allerdings mehr auf die Verwaltung von Konten konzentriert. Verschiedene Auswertungen und Exportfunktionen gehören ebenso dazu wie ein Plug-in zur Berechnung von Steuern.

Facturama

Funktion: Warenwirtschaftsprogramm (Rechnungen, Lieferscheine, Bestellungen, Mahnungen, Angebote, Auftragsbestätigungen, Webshop-Anbindung etc.)

Autor: Ralf Heydenreich

Webseite: *https://www.fakturama.info*

PPA: –

Installation: Software-Center (Stichwort: *facturama*)

Hilfen: PDF-Handbuch
http://fakturama.sebulli.com/download/1_6_4/Handbuch_V1.6_2014-01-26.pdf

Und sonst? Alternative Finanzsoftware
https://wiki.ubuntuusers.de/Finanzverwaltung

Abbildung 6.42: Facturama Warenwirtschaftsführung.

Das ideale Werkzeug für Einzelunternehmer, Handwerker und kleine Betriebe zur Verwaltung Ihrer Dienstleistungen, Kunden, Angebote, Rechnungen etc. Alle Ausdrucke werden mithilfe von Makros in LibreOffice Writer erstellt und zusätzlich als separate Dateien gespeichert. Die dafür verwendeten Vorlagen können daher auch völlig frei angepasst werden.

6.5.7 System

KSysGuard

Funktion:	Taskmanager
Autor:	KDE Team
Webseite:	–
PPA:	ppa:kubuntu-ppa/staging-plasma
Installation:	Software-Center (Stichwort: *ksysguard*)
Hilfen:	Onlineanleitung *https://docs.kde.org/stable5/de/kde-workspace/ksysguard*
Und sonst?	Hinweise zur Prozessüberwachung *https://wiki.ubuntuusers.de/Prozesse*

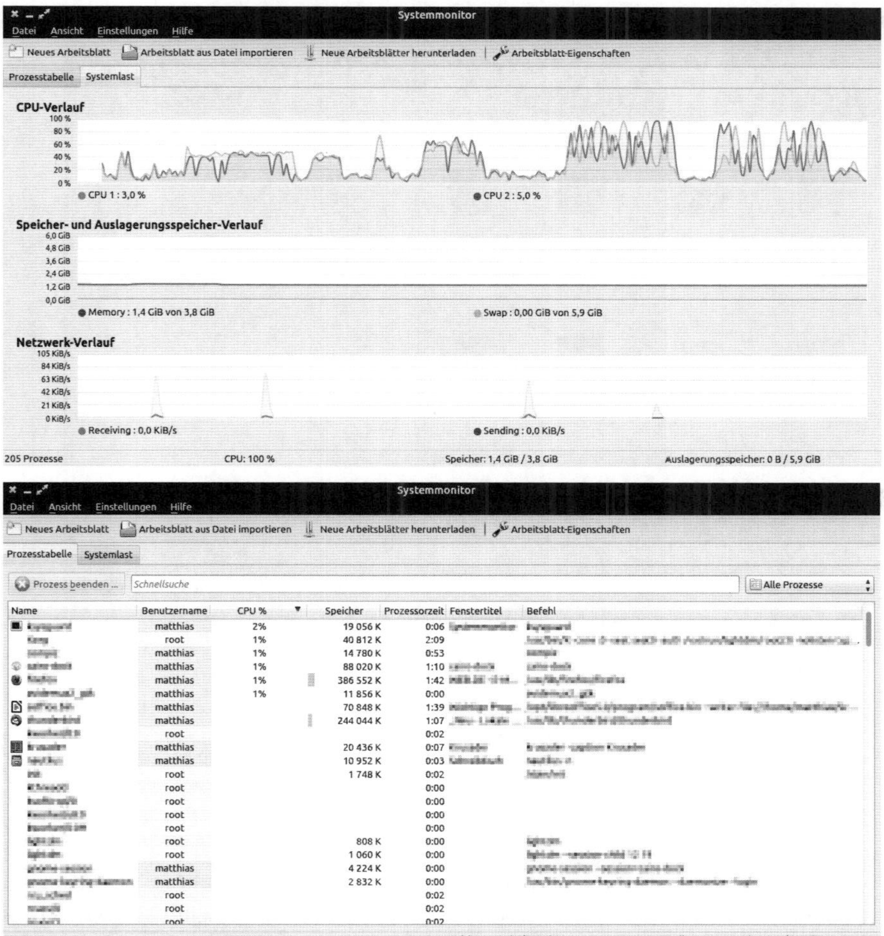

Abbildung 6.43: KSysGuard für die Prozessüberwachung.

Kein Betriebssystem ohne guten Taskmanager! Hier können Sie nicht nur sehen, was gerade läuft und wer gegebenenfalls zu viel Rechnerleistung fordert, sondern auch sehr bequem und zuverlässig Prozesse beenden, wenn diese den Ablauf stören.

Unity Tweak Tool

Funktion:	Werkzeug zur Systemkonfiguration
Autor:	Ubuntu-Team
Webseite:	*https://apps.ubuntu.com/cat/applications/saucy/unity-tweak-tool*
PPA:	–
Installation:	Software-Center (Stichwort: *unitytweak*)
Hilfen:	–
Und sonst?	–

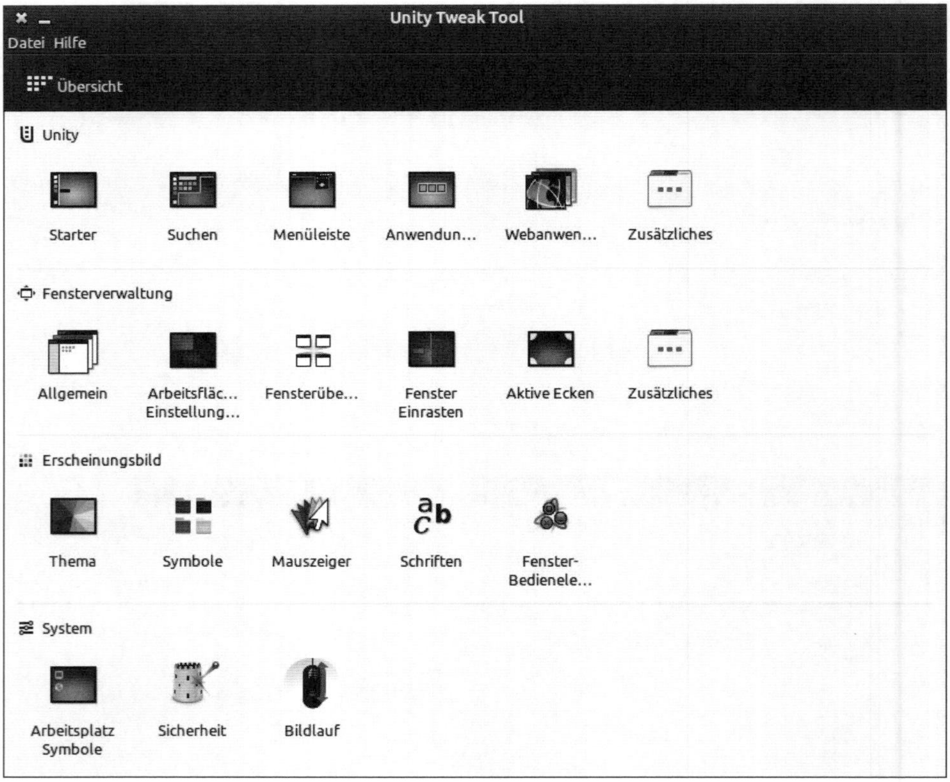

Abbildung 6.44: Unity Tweak Tool.

Tweak heißt »justieren, optimieren«. Wer sich in Linux gut auskennt, kann alles – wirklich alles – über entsprechende Systembefehle einstellen. Aber das setzt umfangreiches Wissen voraus und ist zudem oft sehr aufwendig. Da sind solche Tools sehr willkommen, weil sie diese Vorgänge automatisieren, das System pflegen und komplexe Prozesse durchführen. Diese Programme können also nur selten mehr, als Linux ohnehin bietet – aber eben viel bequemer und mitunter auch sicherer.

Mit diesem Tool stehen Ihnen erstaunlich viele Möglichkeiten zur Verfügung, Ubuntu ganz nach Ihrem Geschmack zu gestalten. Optik, Verhalten, Tastenkombinationen – es gibt fast nichts, was Sie hiermit nicht verändern könnten. Eine Hilfe wird kaum benötigt, weil die Einstellungen weitestgehend selbsterklärend sind.

Lediglich die Bedienung ist anfänglich etwas verwirrend: Wenn man das Symbol einer Themenreihe anklickt, dann öffnet sich ein Fenster mit mehreren Reitern. Diese sind jedoch keine Unterthemen zum angeklickten Symbol, sondern nichts anders als die Wiederholung der Themenreihe, in der sich das Symbol selbst befand.

An dieser Stelle soll lediglich auf das Symbol *Themen* gesondert hingewiesen werden. Hier können Sie ein Anzeigeschema (»Theme«), das Sie zuvor heruntergeladen haben, aktivieren und damit schlagartig das Aussehen Ihres Ubuntus vollkommen verändern. Die Vielfalt an Themes ist riesig! Sie finden einige Anregungen in Kapitel 9.2.1.

In seltenen Fällen kann nach dem Übergang zu einer neuen Ubuntu-Version die Meldung *The following schema is missing…* erscheinen. Dies könnte u. U. durch folgenden Terminalbefehl behoben werden:

```
sudo apt install unity-webapps-common.
```

Ubuntu Tweak

Funktion:	Werkzeug zur Systemkonfiguration
Autor:	Ding Zhou & Community
Webseite:	*http://ubuntu-tweak.com*
PPA:	ppa:tualatrix/ppa
Installation:	Nur über Terminal `sudo apt install ubuntu-tweak`
Hilfen:	Programmübersicht *https://wiki.ubuntuusers.de/Ubuntu_Tweak*
Und sonst?	–

Weil es im Internet kaum zusammenfassende Hilfestellungen gibt, soll Ubuntu Tweak an dieser Stelle ein klein wenig ausführlicher vorgestellt werden, allerdings nur die wirklich interessanten Features, denn es gibt in diesem Programm auch sehr lieblose Passagen (wie z. B. den Abschnitt *Anwendungen* – da nutzt man doch lieber das Software-Center).

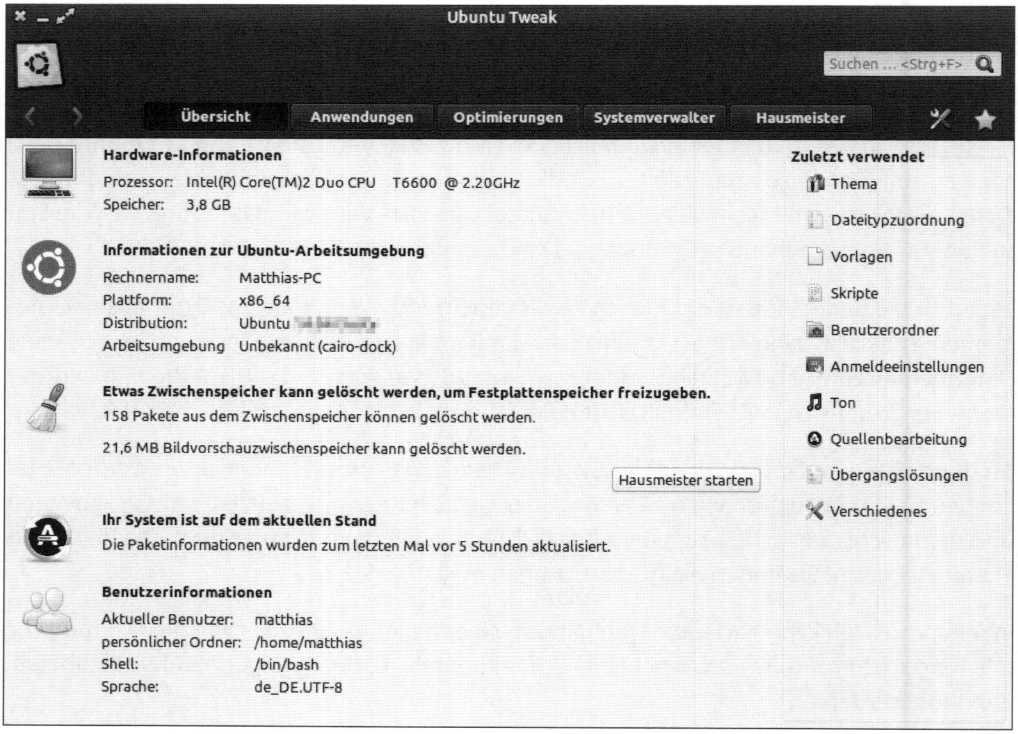

Abbildung 6.45: Ubuntu Tweak für die Systempflege.

Optimierungen/Thema
Dies ist das Gleiche wie das Symbol *Themen* im »Unity Tweak Tool« (siehe Seite 230).

Optimierungen/Anmeldeeinstellungen
In diesem Bereich können Sie den Ubuntu-Anmeldebildschirm (der Sie nach Nutzername und Passwort fragt) entsprechend den eigenen Wünschen umgestalten und u. a. festlegen, ob ein Gastzugang angeboten wird oder wie der Hintergrund des Bildschirms aussehen soll.

Systemverwalter/Benutzerordner
Nautilus und andere Dateiexplorer zeigen meist im linken Fensterteil eine Liste von vordefinierten Orten an wie z. B. *Filme, Bilder* etc. (vgl. Kapitel 5.3.2). Mit Ubuntu Tweak können Sie hier festlegen, welcher konkrete Ordner auf Ihrer Festplatte jeweils mit diesen Ortsbezeichnungen verknüpft werden soll. Markieren Sie den betreffenden Eintrag und klicken Sie dann auf *Ändern*.

Systemverwalter/Dateitypzuordnung
Ubuntu startet immer ein festgelegtes Standardprogramm, wenn Sie eine Datei eines bestimmten Typs öffnen wollen. So werden z. B. normale Fotos (Dateityp **.jpg*) immer mit dem etwas schlichten Ubuntu-Bildbetrachter angezeigt. Das können Sie hier jederzeit ändern.

Suchen Sie den entsprechenden Dateityp heraus, doppelklicken Sie darauf und wählen Sie das gewünschte Programm aus der nun angebotenen Liste oder fügen Sie ein neues hinzu.

Hausmeister
Das ist die wohl nützlichste Funktion dieses Programms. Der Hausmeister räumt gründlich auf und entsorgt überflüssige Dateien, die sich auch in Linux ansammeln können.

Wählen Sie zunächst links aus, in welchen Bereichen unnütze Dateien – soweit vorhanden – entfernt werden sollen. Anschließend beginnt sofort die Suche, und Sie müssen dann rechts in den Fundstellen auswählen, was konkret zu löschen ist (klicken Sie gegebenenfalls auf das Dreieck vor den Einträgen).

Anschließend klicken Sie ganz unten auf *Aufräumen* – und weg ist der Müll.

Allerdings ist hier Vorsicht geboten. Dieses Aufräumen geht gründlich vonstatten und ist vor allem **irreversibel**! Wenn Sie in einzelnen Fällen nicht sicher sind, was Sie da tun, dann wählen Sie den entsprechenden Eintrag lieber nicht aus – einen Fehler machen Sie damit nicht.

Der Hausmeister ist zusammen mit BleachBit (siehe Seite 264) ein perfektes Reinigungsteam.

SpiderOak ONE

Funktion:	Cloud
Autor:	Alan Fairless & Team
Webseite:	*https://spideroak.com*
PPA:	–
Installation:	*https://spideroak.com/opendownload*
Hilfen:	–
Und sonst?	Alternative Cloud-Dienste *https://wiki.ubuntuusers.de/Cloud-Dienste*

Cloud-Computing ist angesagt. Plötzlich braucht scheinbar jeder einen Onlinezugang und muss seine Daten ständig in Rufweite haben. Aber niemand kann einem sagen, wie belastbar die Versprechen in den allgemeinen Geschäftsbedingungen der Anbieter sind und was letztlich mit den eigenen Daten wirklich geschieht. Spätestens seit dem überaus mutigen Schritt eines gewissen Edward Snowden wissen wir aber, dass alles, was technisch **möglich** ist, auch tatsächlich früher oder später **getan** wird.

Abbildung 6.46: Cloud-Dienst SpiderOak ONE.

Da wäre es doch toll, wenn einem jemand eine Empfehlung geben könnte, welchem Cloud-Dienst man denn nun wirklich vertrauen kann. Und den gibt es: Der Meister höchstselbst, Edward Snowden, empfiehlt ganz explizit SpiderOak, weil hier ein »Null-Wissen«-Prinzip gepflegt wird. Das bedeutet, der Anbieter möchte nicht nur **so wenig wie möglich** über seine Kunden wissen, nein, er möchte **rein gar keine Informationen** haben. Das ist – insbesondere für einen amerikanischen Anbieter – ein Novum und Grund genug, diesem zu vertrauen.

6.6 Hilfreiche Programme

Im vorangegangenen Abschnitt wurden Programme vorgestellt, die die Minimalausrüstung sind, mit der man in Ubuntu sehr gut starten kann. Was nun folgt, ist gewissermaßen die Komplettierung des Reisekoffers – alles, was die Annehmlichkeit erhöht, flexibler macht, den Spaßfaktor oder die Effizienz steigert, nicht zuletzt die Neugier auf mehr schürt und anregen soll, sich auf den eigenen Entdeckungspfad zu begeben.

Stöbern Sie doch beispielsweise auch mal bei *https://wiki.ubuntuusers.de/Software*. Oder geben Sie in der Suchfunktion oben rechts auf *https://wiki.ubuntuusers.de* das gewünschte Thema ein, zu dem Sie ein passendes Programm suchen, z. B. *Diagramme*. Lassen Sie sich überraschen!

Jedenfalls haben Sie mit dem Gesamtpaket aus den Abschnitten 6.5 und 6.6 dann einen wirklich komfortabel ausgestatteten Rechner beisammen.

Und das völlig kostenlos!

6.6.1 Internet

Tor-Browser

Funktion:	Anonymes Surfen
Autor:	Matej Pfajfar + US-Verteidigungsbehörde (u. a. DARPA)
Webseite:	*https://www.torproject.org*
PPA:	Nur über Terminal sudo add-apt-repository ppa:webupd8team/tor-browser
Installation:	Nur über Terminal `sudo apt install tor-browser`
Hilfen:	Tor-Browser-Menü ≡ / unten Fragezeichen / Tour durch Tor-Browser
Und sonst?	Weiterführende Informationen zum Tor-Projekt *https://wiki.ubuntuusers.de/Tor* *https://de.wikipedia.org/wiki/Tor_(Netzwerk)*

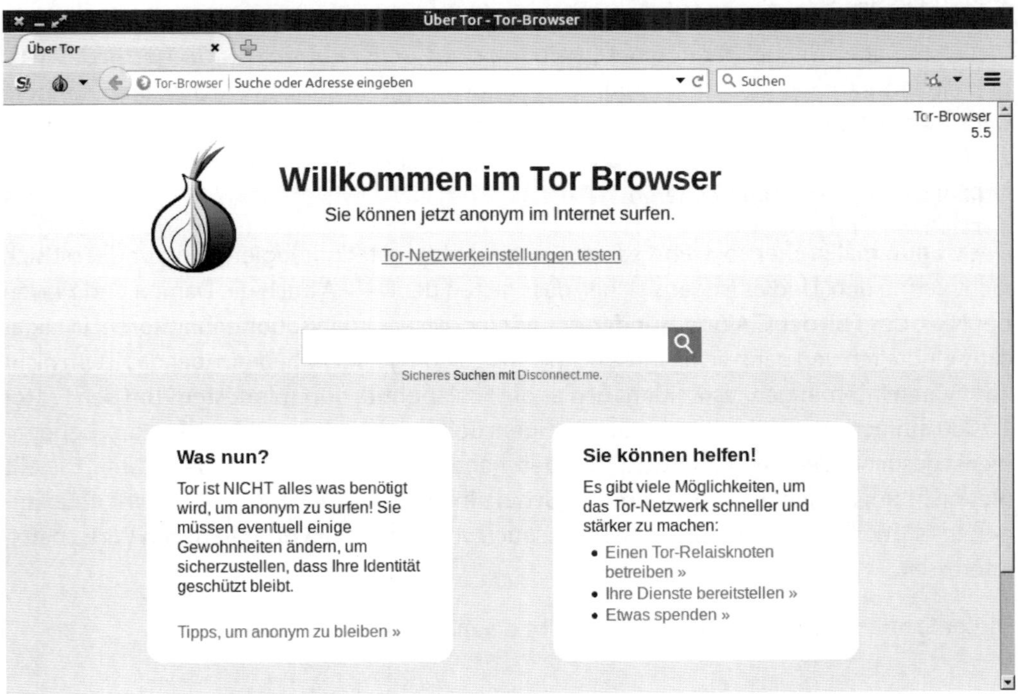

Abbildung 6.47: Der Tor-Browser.

TOR steht hier für **T**he **O**nion **R**outer (engl. onion = »Zwiebel«) – es geht also um mehrere Schichten, die Sie schützen sollen. Tor ist ein Netzwerk, in dem Ihre Webadressenanfrage nicht direkt über Ihren Internetprovider läuft, sondern über viele Zwischenrechner, die jeweils sämtliche verräterischen Metadaten durch gefälschte Informationen ersetzt. (Welche IP-Nummer haben Sie? Mit welchem Browser surfen Sie? Welches Betriebssystem wird verwendet? etc. – Daraus kann man einen eindeutigen »Fingerabdruck« Ihres Rechners erstellen.) Mit Tor ist nicht mehr nachvollziehbar, woher die Anfrage kam und wohin sie ging. Sie bleiben anonym.

Tipp

Im Internet gibt es unzählige gute Artikel über Tor – suchen Sie nach *tor netzwerk einführung.*

Und das Ganze ist völlig legal. Natürlich bedienen sich auch Kriminelle und anderweitig fragwürdige Menschen und Organisationen dieses Systems. Sie können mit Tor ohne Weiteres in das sogenannte Darknet (oder »DeepWeb«) gelangen, in dem sich so ziemlich alles tummelt, was aus gutem Grund das Tageslicht scheut. Aber das allein ist kein Argument, auf eine Anonymisierung verzichten zu müssen. Schließlich fahren Sie ja vermutlich auch Auto – und das, obwohl sich tausende Kriminelle, Betrunkene und Verrückte des gleichen Mittels zur Fortbewegung bedienen.

Vielleicht haben Sie bei der Kurzbeschreibung oben in der Rubrik »Autor« gestutzt, wieso hier ein Programm auftaucht, das ausgerechnet vom amerikanischen Militär, insbesondere der DARPA (**D**efense **A**dvanced **R**esearch **P**rojects **A**gency) unterstützt wird. Nun – das Prinzip Tor ist so gut, dass sich natürlich und insbesondere auch das Militär und ähnlich gelagerte Organisationen dafür interessieren.

Das ist nun mal immer so, wenn es um Geheimhaltungstechnologien geht, und lässt sich nicht vermeiden. Und es ist ganz sicher, dass neben der DARPA auch die Damen und Herren der NSA, des FBI, der CIA und Hunderter anderer dieser Organisationen mithören, ja sogar aktiv eingreifen und ganz sicher ihre Rechner in Position gebracht haben. Aber das ist im nicht anonymen Internet genauso! Nur haben es die Schlapphüte dort mindestens um den Faktor 10.000 einfacher, alles und jeden zu verfolgen. Solange Sie persönlich nicht vom Geheimdienst gesucht oder schon überwacht werden, haben Sie mit Tor nichts zu befürchten. Es geht hier nicht um Paranoia, sondern um den Schutz Ihrer Privatsphäre – nicht nur vor neugierigen Institutionen, sondern unter anderem auch vor Kriminellen und dubiosen Wirtschaftsinteressen.

Dieser Schutz ist in Tor gewährleistet. Es gibt derzeit nichts Besseres!

GoogleEarth

Funktion:	Virtueller Globus
Autor:	Google Inc.
Webseite:	*http://www.google.com/earth*
PPA:	–
Installation:	Siehe Beschreibung
Hilfen:	Programm-Menü *Hilfe*
	https://support.google.com/earth?hl=de
	www.ge-hilfe.de
	https://wiki.ubuntuusers.de/Google_Earth
Und sonst?	–

Abbildung 6.48: Google Earth.

Zu diesem faszinierenden Programm muss man nicht viel sagen – auch Datenkraken wie Google haben eben ihre positiven Seiten (wenngleich Sie auch hier wissen müssen, dass Google jede, wirklich **jede** Anfrage speichert – auch solche in Google Earth).

Allerdings ist die Installation in Ubuntu nicht ganz trivial. Es beginnt damit, dass Sie ermitteln müssen, welche Art von Ubuntu-Betriebssystem Sie haben (siehe »Der Rechnertyp« auf Seite 189).

Sie nutzen ein 32-Bit-Ubuntu:

Gehen Sie zur Webadresse *www.google.com/earth/download/ge/agree.html* und klicken Sie dort auf den Link *32 bit deb (For Debian/Ubuntu)*. Wählen Sie im nächsten Fenster *Öffnen mit* und dort *Software Installation*. Nach dem Download startet dann *Ubuntu Software*. Warten Sie, bis dort Google Earth erscheint, und klicken Sie dann auf *Installieren*.

Sie nutzen ein 64-Bit-Ubuntu:

Öffnen Sie das Terminal und geben Sie nacheinander folgende Befehle ein:

```
sudo apt install libfontconfig1:i386 libx11-6:i386
sudo apt install libxrender1:i386 libxext6:i386
sudo apt install libgl1-mesa-glx:i386 libglu1-mesa:i386
sudo apt install libglib2.0-0:i386 libsm6:i386
cd /tmp
```

Achtung! Der folgende Befehl muss in einer Zeile geschrieben werden!

```
wget http://dl.google.com/dl/earth/client/current/google-earth-stable_
current_i386.deb
sudo dpkg -i google-earth-stable_current_i386.deb
sudo apt install -f
```

Anschließend sollten Sie Google Earth über den Dash oder den Ubuntu-Starter aufrufen können. Da es im Zusammenhang mit Linux bzw. Ubuntu mitunter zu bestimmten Problemen kommen kann (z. B. wird der Globus nicht immer auf den gewünschten Ort zentriert), studieren Sie bitte unbedingt auch die Hinweise auf *https://wiki.ubuntuusers.de/Google_Earth*. Die weitere Bedienung ist identisch zur Windows-Version.

6.6.2 Office

Xpad

Funktion:	Haftnotizen auf dem Bildschirm
Autor:	Michael Terry
Webseite:	*https://launchpad.net/xpad*
PPA:	ppa:bhavi/crickinfo
Installation:	Software-Center (Stichwort: *xpad*)
Hilfen:	Offlinehilfe im Programm mit Taste F1
Und sonst?	Alternative Notizanwendungen *https://wiki.ubuntuusers.de/Notizen/#Klebezettel*

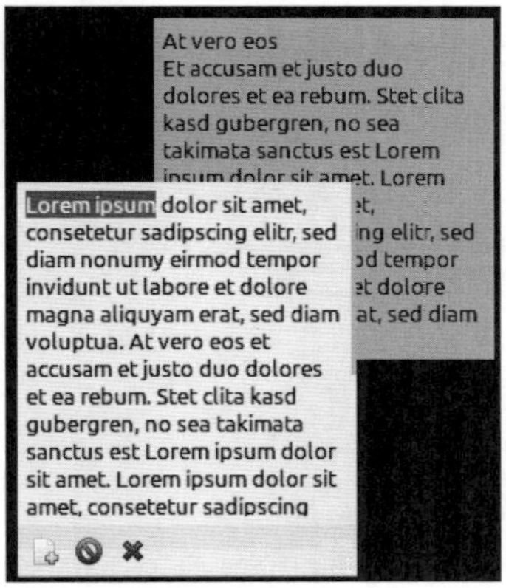

Abbildung 6.49: Xpad.

Wenn Sie CherryTree (siehe Seite 219) zu umfangreich finden und Ihnen farbige »Klebezettel« vollkommen genügen würden, um Ihre Gedanken und die noch zu erledigenden Dinge zu sortieren, dann ist ein schlankes Programm wie Xpad genau das Richtige. In diesem Fall würde es sich vielleicht auch anbieten, dieses gleich beim Einloggen automatisch starten zu lassen, damit die Notizen sofort sichtbar werden (siehe Abschnitt 6.3.9).

ProjectLibre

Funktion:	Projektmanagement
Autor:	Marc O'Brien, Laurent Chretienneau & Community
Webseite:	*http://www.projectlibre.org*
PPA:	–
Installation:	Software-Center (Stichwort: *projectlibre*)
Hilfen:	*http://projectlibre.de*
Und sonst?	Alternative Projektmanager *https://wiki.ubuntuusers.de/Projektmanagement*

Dies ist eines der am häufigsten ausgezeichneten Programme der Open-Source-Szene (Liste der »Top 10 Open Source Projects«, 2013 »Bossie Award«, 2014 »Top 5 Open Source Projects Management Tools«) und wurde nach Aussage des Herstellers in 195 Ländern über 3 Mio. heruntergeladen, allein in Deutschland 75.000 Mal.

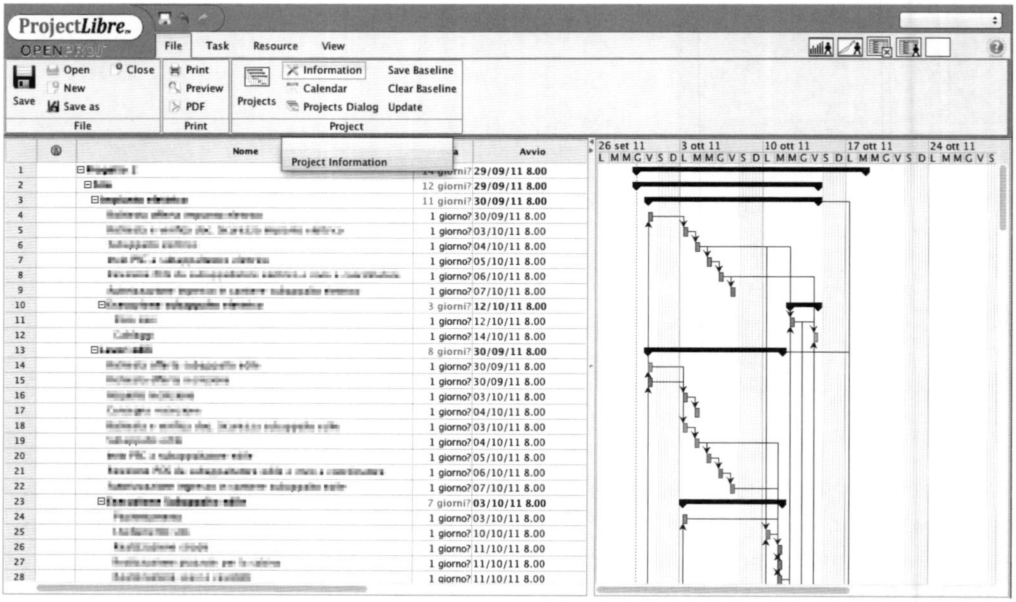

Abbildung 6.50: Projektmanagement mit ProjectLibre.

Ein vollwertiges Projektplanungs- und Steuerungsprogramm mit allen Features, die man von den kommerziellen Konkurrenzprodukten kennt und erwartet, inklusive Diagrammen, Statistiken sowie unterschiedlichen Sichten auf Ihr Projekt.

Dia

Funktion:	Schemata, Flussdiagramme etc.
Autor:	Community (GNOME-Team)
Webseite:	*https://wiki.gnome.org/Dia*
PPA:	ppa:dreibh/ppa
Installation:	Software-Center (Stichwort: *dia*)
Hilfen:	*http://dia-installer.de/doc/de/index.html* (inkl. Beispielprojekten)
Und sonst?	Alternative Grafikprogramme *https://wiki.ubuntuusers.de/Grafik/#Vektorgrafik* Inkscape (Vektorgrafiken) *https://wiki.ubuntuusers.de/Inkscape* yEd (Flussdiagramme, Netzwerke etc.) *www.yworks.com/products/yed* Mindmap-Programme *https://wiki.ubuntuusers.de/Mind_Map*

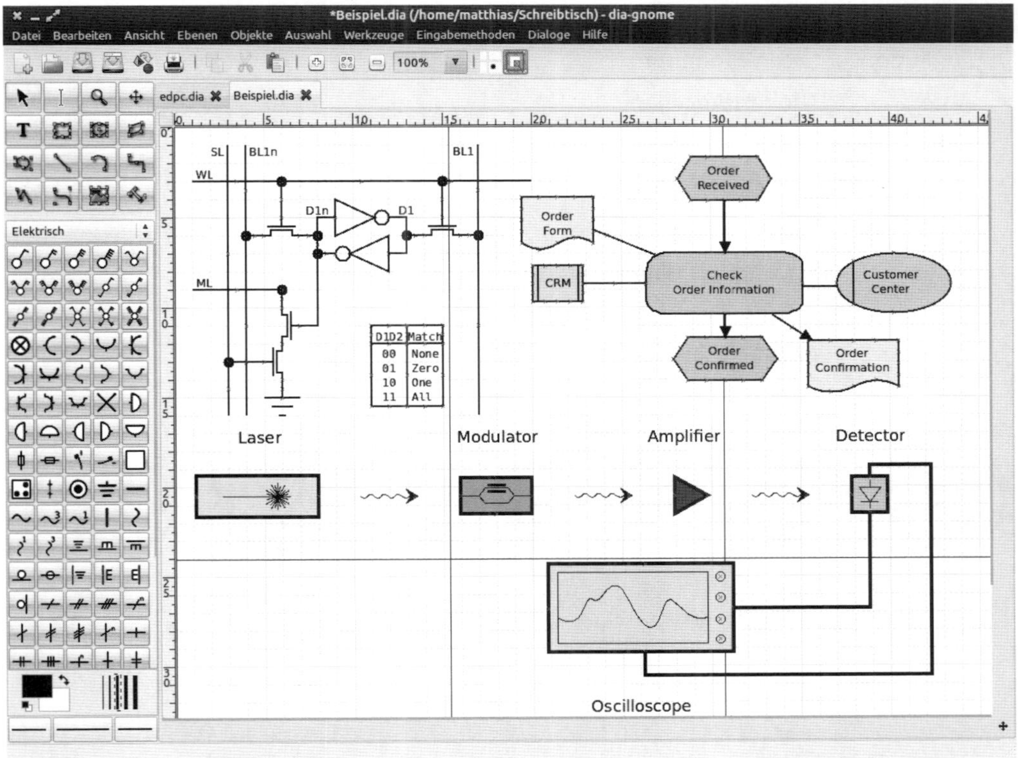

Abbildung 6.51: Diagramm oder Schema mit Dia.

Ob Flussdiagramme, Netzwerkpläne, Organigramme oder Schaltpläne – Dia kann so ziemlich alles. Es bringt dafür etwa 30 Objektbibliotheken mit, die nur wenige Wünsche offenlassen und jederzeit mit selbst gezeichneten Symbolen ergänzt werden können. Dabei wird Wert auf Einfachheit und Klarheit gelegt. Zwischentöne oder Transparenzeffekte fehlen zwar – aber das macht die Ergebnisse zugleich sehr drucker- und faxfreundlich.

6.6.3 Scan und Texterkennung

Hinweis

Für die Kommunikation zwischen Scanner und Rechner wird in Linux das Protokoll SANE eingesetzt (**S**canner **A**ccess **N**ow **E**asy). Das bedeutet, dass Ihr Scanner dieses Protokoll auch unterstützen muss! Dies ist aber bei den allermeisten modernen Geräten mittlerweile der Fall. Eine Liste dieser Geräte finden Sie unter *www.sane-project.org/sane-mfgs.html*.

Simple Scan

Funktion:	Scan-Programm
Autor:	Robert Ancell
Webseite:	*https://wiki.ubuntuusers.de/Simple_Scan*
PPA:	ppa:robert-ancell/simple-scan
Installation:	Software-Center (Stichwort: *simple scan*)
Hilfen:	*https://wiki.ubuntuusers.de/Simple_Scan*
Und sonst?	Alternative Scan-Programme *https://wiki.ubuntuusers.de/Scanner/Software* Hinweise zu Scannern *https://wiki.ubuntuusers.de/Scanner*

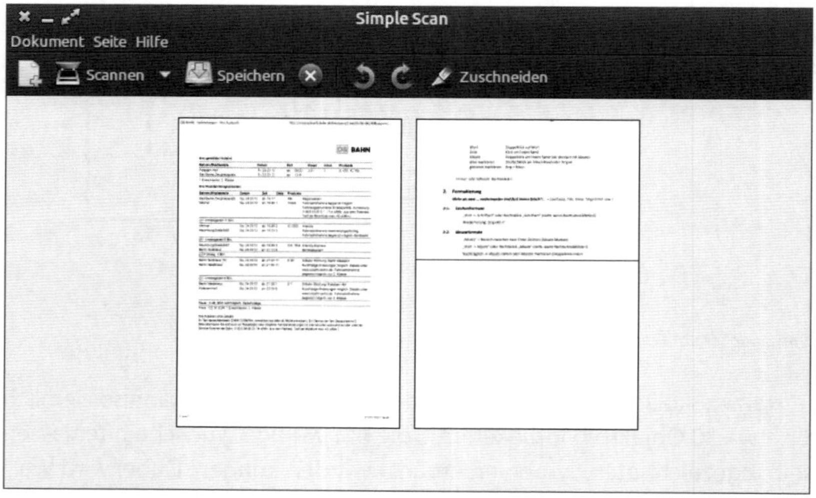

Abbildung 6.52: Simple Scan.

Der Name ist Programm: starten, scannen, speichern, fertig. Nachbearbeitung etc. sollen andere machen. Das Besondere daran ist die Möglichkeit, zuerst mehrere Seiten zu scannen, diese gegebenenfalls noch manuell umzusortieren und dann daraus direkt ein mehrseitiges PDF-Dokument oder eine durchnummerierte Bilderserie zu erstellen.

XSane

Funktion:	Umfangreicheres Scan-Programm
Autor:	Oliver Rauch
Webseite:	*http://www.xsane.org*
PPA:	–
Installation:	Software-Center (Stichwort: *xsane*)
Hilfen:	Offlinehilfe mit Taste F1
Und sonst?	Alternative Scan-Programme *https://wiki.ubuntuusers.de/Scanner/Software*
	Hinweise zu Scannern *https://wiki.ubuntuusers.de/Scanner*

Abbildung 6.53: Scannen mit XSane.

Im Unterschied zu **Simple Scan** kann man in diesem Programm umfangreiche Einstellungen vornehmen, bevor der Scan beginnt. Damit eignet sich XSane besonders für anspruchsvolle Scanvorlagen. Außerdem ist eine Texterkennung (OCR) integriert, die allerdings nur auf einer nicht ganz so leistungsfähigen Erkennungssoftware (GOCR) basiert. Wünschenswerter wäre die Verwendung von TESSERACT, das aber mit ein wenig Aufwand in XSane integriert werden kann (siehe *http://hartmut.homelinux.org/Linux/Software/OCR.html*, nur für fortgeschrittene User). Alternativ kann diese Funktion auch von **gImageReader** erledigt werden (siehe folgende Seite).

gImageReader

Funktion:	Texterkennung (OCR)
Autor:	Sandro Mani
Webseite:	*http://sourceforge.net/projects/gimagereader*
PPA:	ppa:sandromani/gimagereader
Installation:	Software-Center (Stichwort: *gimage*)
Hilfen:	Offlinehilfe mit Taste F1
Und sonst?	Weiterführende Informationen und alternative Programme *https://wiki.ubuntuusers.de/Texterkennung*

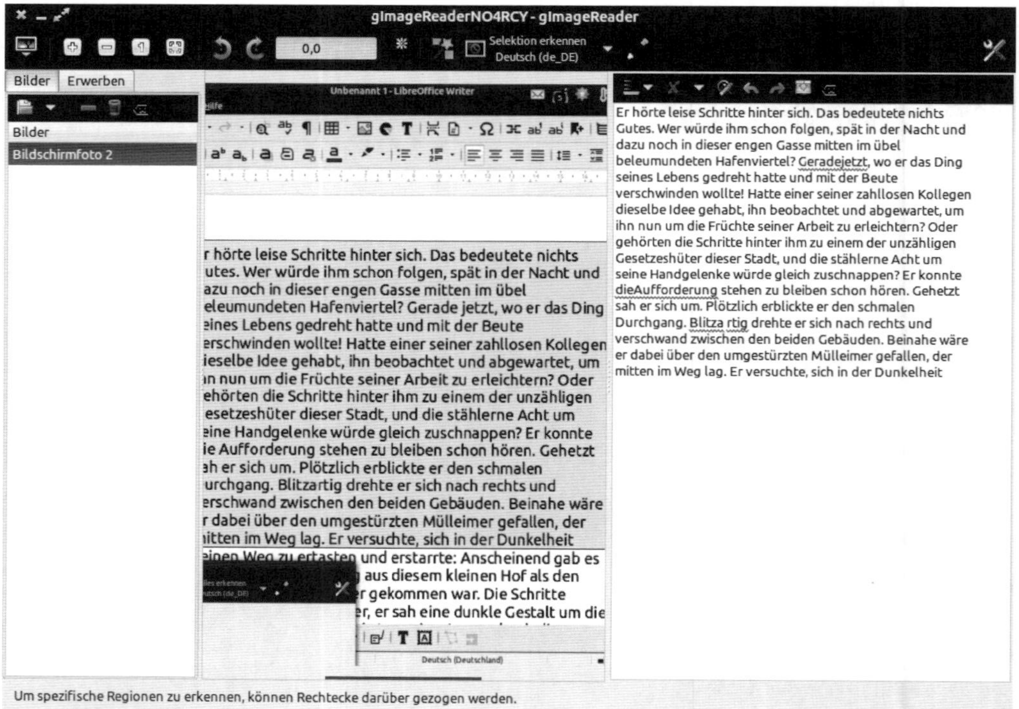

Abbildung 6.54: Texterkennung mit gImageReader.

gImageReader hat alles, was man von einem guten OCR-Programm erwartet: automatische Seiten-Layout-Erkennung, manuelle Festlegung der interessierenden Regionen, Import der Bildvorlagen aus Dateien, von Scannern, aus PDF-Dokumenten oder der Zwischenablage, Rechtschreibkorrektur zur schnelleren Erkennung von Scanfehlern etc.

Das Programm erzielt von allen getesteten Kandidaten stets das beste Resultat. Grund dafür ist die Verwendung der Software TESSERACT für den eigentlichen Erkennungsprozess. Diese wurde ursprünglich von Hewlett-Packard entwickelt und erfährt heute Unterstützung u. a. von Google.

TESSERACT besteht aus zahlreichen Bibliotheken zur Erkennung der unterschiedlichsten Schriften und Zeichen. Prüfen Sie im Software-Center, ob mindestens die folgenden Module installiert sind:

- `tesseract-ocr-equ` (mathematische Zeichen)
- `tesseract-ocr-deu` (deutsch)
- `tesseract-ocr-eng` (englisch)

Zusätzlich können Sie gImageReader befähigen, deutsche Frakturschrift zu erkennen! Suchen Sie im Software-Center nach der Bibliothek `tesseract-ocr-deu-frak` und installieren Sie sie.

Um herauszufinden, welche interessanten Bibliotheken Ihnen noch zur Verfügung stehen, geben Sie einfach im Software-Center den Suchbegriff *tesseract-ocr* ein und klicken dann ganz unten auf den Link *NNN technische Dateien anzeigen*.

6.6.4 PDF

Hinweis

PDF scheint eine eindeutige und einfache Sache zu sein. Das ist im Prinzip auch richtig so, aber es lohnt sich dennoch, weiterführende Informationen einzuholen, insbesondere über die Möglichkeiten, PDF-Dateien anzuzeigen oder zu bearbeiten. Sie finden diese u. a. auf *https://wiki.ubuntuusers.de/PDF* und *https://wiki.ubuntuusers.de/Ghostscript*.

Okular

Funktion:	Dokumentbetrachter, speziell für PDF-Dateien
Autor:	Albert Astals Cid
Webseite:	*https://okular.kde.org*
PPA:	–
Installation:	Software-Center (Stichwort: *okular*)
Hilfen:	PDF-Handbuch *https://docs.kde.org/stable/de/kdegraphics/okular/okular.pdf*
Und sonst?	Alternative PDF-Betrachter *https://wiki.ubuntuusers.de/PDF/#PDF-Dateien-anzeigen*

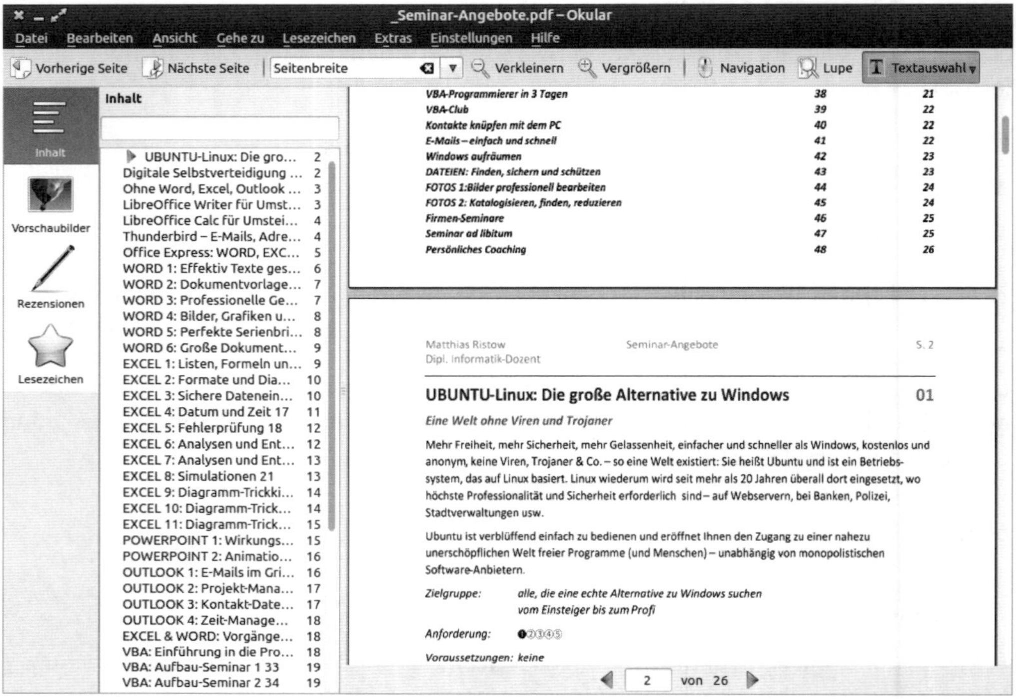

Abbildung 6.55: Software Okular (PDF).

Ubuntu bringt bereits einen Standard-PDF-Betrachter mit (Envince), aber Okular ist eindeutig die bessere Wahl. Nicht nur, weil es neben PDF auch noch 50 weitere Text- und Bildformate unterstützt, sondern vor allem wegen der verschiedenen Navigationshilfen, der Lesezeichen- und der Kommentarfunktionen (Kommentare können sogar dauerhaft gespeichert werden).

PDFsam

Funktion:	PDF-Dateien aufteilen und zusammenfügen
Autor:	Andrea Vacondio
Webseite:	*www.pdfsam.org*
PPA:	–
Installation:	Software-Center (Stichwort: *pdfsam*)
Hilfen:	Onlinehilfe (englisch) *www.pdfsam.org/documentation* PDF-Handbuch *www.pdfsam.org/uploads/tutorial-de.pdf*
Und sonst?	–

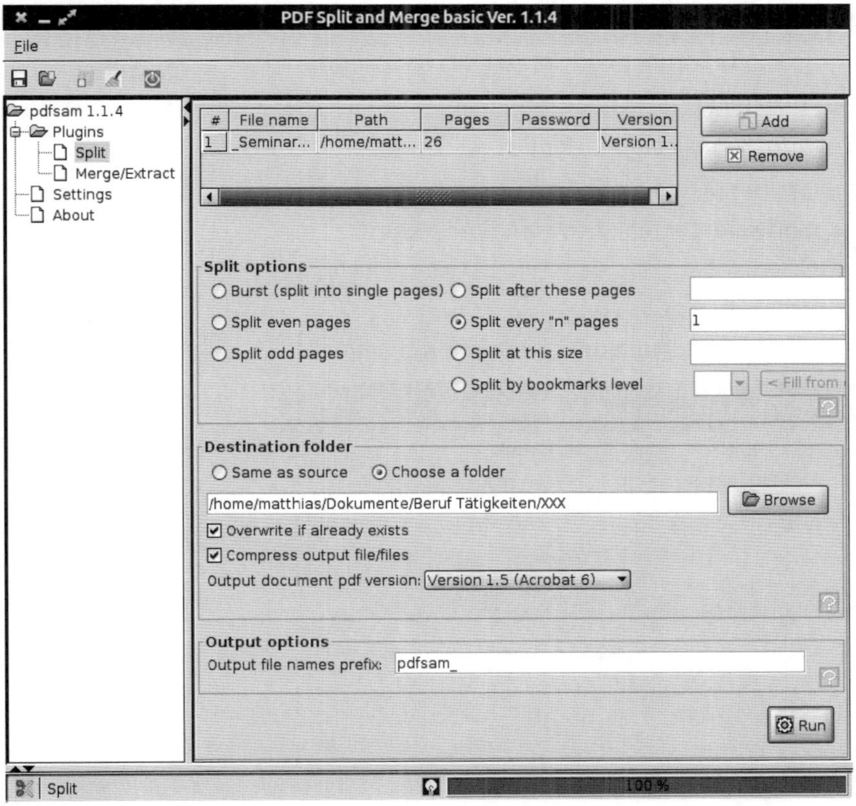

Abbildung 6.56: Software PDFsam.

Der Name kommt von **PDF** **S**plit **A**nd **M**erge. Das Bedienmenü ist hier etwas ungewöhnlich im linken Fensterbereich in Form einer Baumstruktur zu finden. Um auf die deutsche Sprache umzuschalten, wählen Sie links *Settings*, anschließend *Language/German* und führen dann einen Neustart des Programms durch.

Die Bedienung ist relativ einfach: Wählen Sie links, was Sie tun möchten (*Split* = trennen, *Merge* = zusammenfügen) und arbeiten Sie sich dann auf der rechten Seite von oben nach unten durch. Am Ende klicken Sie auf *Run* – fertig.

6.6.5 CD und DVD

Wie jedes moderne Betriebssystem enthält auch Ubuntu bereits ein Programm zum Brennen von CDs und DVDs (*https://wiki.ubuntuusers.de/Brasero*). Die hier vorgestellten Tools sind praxiserprobte Lösungen für schnelle und einfache Verfahren, die zugleich mehr Möglichkeiten bieten als Brasero. Weitere Informationen finden Sie unter *https://wiki.ubuntuusers.de/CDs_rippen* und *https://wiki.ubuntuusers.de/Brennprogramme*.

SimpleBurn

Funktion:	CD/DVD-Brenner und -Ripper für Daten, Audio & ISO
Autor:	Tuxfamily
Webseite:	*https://simpleburn.tuxfamily.org*
PPA:	ppa:simpleburn/ppa
Installation:	Software-Center (Stichwort: *simpleburn*)
Hilfen:	–
Und sonst?	Alternative Brennprogramme *https://wiki.ubuntuusers.de/Brennprogramme*

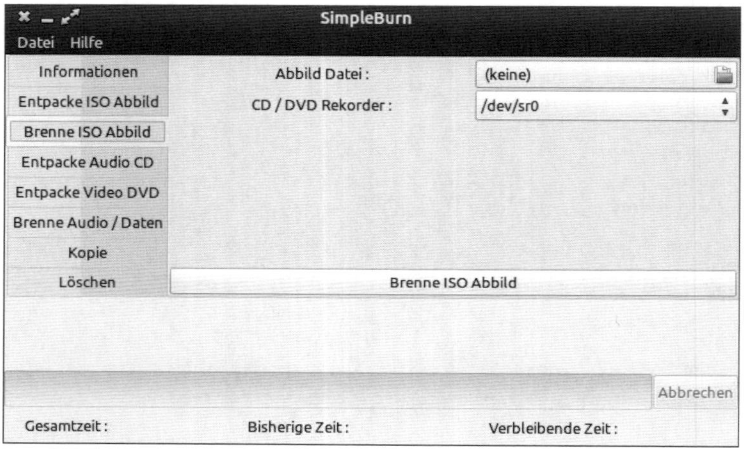

Abbildung 6.57: SimpleBurn zum Brennen von CD/DVD.

Auch bei diesem treuen Alltagshelfer ist der Name Programm. Einfacher war es selten: Auf der linken Seite auswählen, was man tun möchte, rechts die erforderlichen Angaben machen und dann starten. Schmucklos zwar, aber es deckt zuverlässig die meisten Aufgaben eines normalen Rechneralltags ab.

SimpleBurn kann nicht nur Audio-CDs, Daten-CDs/-DVDs und ISO-Dateien brennen, sondern auch von DVDs und CDs lesen.

Hinweis

Richten Sie das PPA möglichst noch nicht ein, weil es dazu führt, dass ein Update auf die neueste Version erfolgt. Dieses lief aber in unseren Tests nicht stabil.

DeVeDe

Funktion:	Erstellung von Video-DVDs inklusive Menüstruktur
Autor:	N.N.
Webseite:	*https://wiki.ubuntuusers.de/DeVeDe*
PPA:	–
Installation:	Software-Center (Stichwort: *devede*)
Hilfen:	Artikel über DeVeDe *https://t1p.de/DeVeDe*
Und sonst?	Alternative Video-DVD-Software *https://wiki.ubuntuusers.de/DVD-Authoring*

Abbildung 6.58: Software DeVeDe für Video-DVDs.

Die Erstellung von DVDs inklusive Menüs kann eine anspruchsvolle Aufgabe sein, und hierfür gibt es zahlreiche ausgereifte Profiprogramme. Aber geht das auch einfach? Ja! DeVeDe richtet sich an alle, die für den privaten Gebrauch einfache abspielfähige Medien erstellen wollen und dafür nicht viel Zeit investieren möchten.

Natürlich hat dieses Programm nicht die Fähigkeiten einer vollwertigen Authoring-Software, dafür ist man aber in der Lage, ohne weitere Vorkenntnisse rasch eine Video-DVD herzustellen, die man sofort präsentieren kann.

Die Nachfolger findet man unter *www.rastersoft.com/programas/devede.html*.

ripperX

Funktion:	Audio-CDs in Tondateien umwandeln (rippen)
Autor:	Anonymes Team
Webseite:	*https://sourceforge.net/projects/ripperx*
PPA:	–
Installation:	Software-Center (Stichwort: *ripperx*)
Hilfen:	*https://wiki.ubuntuusers.de/ripperX*
Und sonst?	Alternative CD-Ripper *https://wiki.ubuntuusers.de/CDs_rippen* Nachbearbeitung von ID3V2-Tags **PuddleTag** (siehe Seite 261)

Abbildung 6.59: Software: ripperX.

Es gibt zahlreiche Programme, mit denen man die Titel einer Musik-CD in einzelne Audiodateien umwandeln kann. Für den Alltag zählt dabei immer: Wie stabil und wie bequem läuft das? ripperX ist eines der am einfachsten zu bedienenden Tools für diesen Zweck. Es arbeitet mit der freien Internetdatenbank FreeDB zusammen (*https://de.wikipedia.org/wiki/Freedb*), die von Usern aus aller Welt mit unzähligen CD-Listen gefüllt wird. Wenn Sie nun eine Original-CD einlegen, die eine eindeutige ID besitzt und in dieser Datenbank gefunden werden kann, dann ergänzt ripperX die Titel und alle anderen Informationen sofort mit den richtigen Namen, Künstlern und sonstigen Informationen. Diese werden später auch gleich noch in die exportierten Audiodateien eingetragen (ID3V2-Tags).

6.6.6 Foto und Grafik

GIMP

Funktion:	Professionelle Grafikbearbeitung
Autor:	GIMP-Team und Community
Webseite:	*https://www.gimp.org*
PPA:	ppa:otto-kesselgulasch/gimp
Installation:	Software-Center (Stichwort: *gimp*)
Hilfen:	Onlinehandbuch, Einführung *https://docs.gimp.org/2.8/de* *https://wiki.ubuntuusers.de/GIMP* Anleitungen *https://www.gimp.org/tutorials* *http://www.gimpusers.de/tutorials* weitere Links zu GIMP *https://wiki.ubuntuusers.de/GIMP/#Links* *http://t1p.de/BessereBilder* YouTube!
Und sonst?	Plug-ins (Erweiterungen) *http://t1p.de/ChipPlugins* *http://t1p.de/ComputerbildPlugins* Alternative Bildbearbeitungsprogramme *https://wiki.ubuntuusers.de/Grafik/#Bildbearbeitung* Pixeluvo (GIMP-ähnlich) *http://www.pixeluvo.com*

Profis arbeiten sehr gern mit Adobe Photoshop, das aber für Linux (noch) nicht verfügbar ist und zudem viel Geld kostet. GIMP ist eine absolut würdige Alternative zu Photoshop. Aufbau, Philosophie und Bedienung sind identisch, der Funktionsumfang ist wirklich üppig, es fehlen im Vergleich zum kommerziellen Vorbild nur wenige Features, die aber z. T. durch eines der zahlreichen Plug-ins ersetzt werden können.

Ein Muss für jeden, der sich mit Bildbearbeitung befasst und vorzeigbare Ergebnisse erzielen möchte.

Abbildung 6.60: Bildbearbeitung mit GIMP.

digiKam

Funktion:	Fotoverwaltung und -bearbeitung
Autor:	Gilles Caulier & Team
Webseite:	*https://www.digikam.org*
PPA:	–
Installation:	Software-Center (Stichwort: *digikam*)
Hilfen:	Onlinehandbuch (in Englisch) *https://www.digikam.org/docs*
	Einführung auf Deutsch *https://userbase.kde.org/Digikam/de*
	Hinweise zur Fotoverwaltung allgemein *http://www.gerhard.fr/DAM/deutsch.php*
	YouTube
Und sonst?	Alternative Fotoverwaltungsprogramme *https://wiki.ubuntuusers.de/Bilder_verwalten*

Das weiter oben vorgestellte **XnView** (siehe Seite 223) kann manches nicht: Bilder kategorisieren, mit Notizen versehen, in Hierarchien einordnen – also alles, was man für eine umfangreiche und professionell verwaltete Fotosammlung braucht. Hierfür werden datenbankbasierte Programme benötigt – und digiKam leistet genau das. Es ist vergleichbar mit **ACDSee** unter Windows und verfügt neben der reinen Verwaltung auch über umfangreiche Suchfunktionen. Zudem ist eine technisch orientierte Bildbearbeitung integriert – wer hier mehr benötigt, installiert am besten gleich **Fotoxx** parallel dazu.

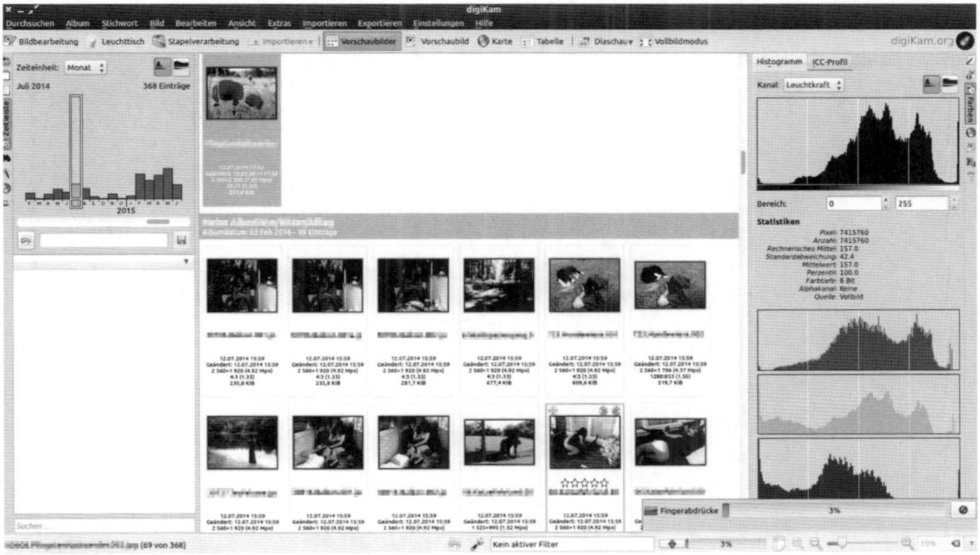

Abbildung 6.61: Fotoverwaltung mit digiKam.

Fotoxx

Funktion:	Bildbearbeitung
Autor:	Michael Cornelison
Webseite:	*https://www.kornelix.com/fotoxx/fotoxx-de.html*
PPA:	–
Installation:	Software-Center (Stichwort: *fotoxx*)
Hilfen:	Onlinehandbuch *https://www.kornelix.com/fotoxx/fotoxx-de.html*
	Allgemeine Hinweise *https://wiki.ubuntuusers.de/Fotoxx*
Und sonst?	Alternative Bildbearbeitungsprogramme *https://wiki.ubuntuusers.de/Grafik/#Bildbearbeitung*
	Pixeluvo (GIMP-ähnlich) *http://www.pixeluvo.com*

Fotoxx ist eines der Programme, die ihren Charme erst beim zweiten Hinsehen entfalten. Oberfläche und Bedienung erscheinen zunächst relativ nüchtern und hakelig. Wenn man sich aber damit angefreundet hat, dann wird man überrascht von der Vielfalt der Bearbeitungs-

und Korrekturfunktionen. So bringt es neben den üblichen Bildbearbeitungsoptionen, die professionell arbeiten, gleich auch noch ein komplettes Panoramabild-Tool (Menü *Verbund/Panorama*) und eine HDR-Funktion (Menü *Verbund/Hoher Dynamikbereich*) mit.

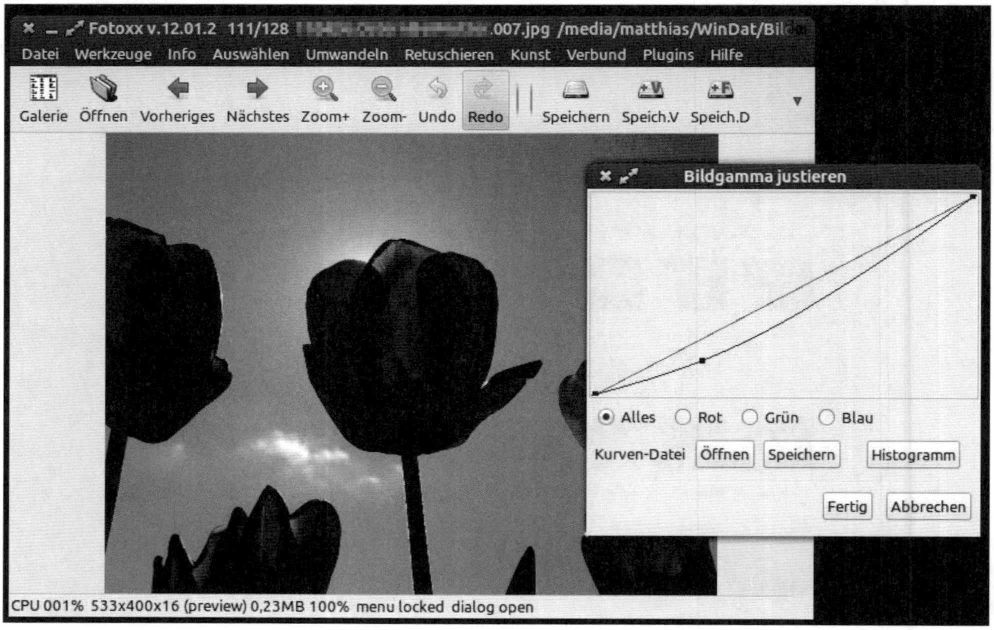

Abbildung 6.62: Bildbearbeitung mit Fotoxx.

Hugin

Funktion:	Panoramafotos
Autor:	Pablo d'Angelo und Team
Webseite:	*http://hugin.sourceforge.net*
PPA:	ppa:hugin/hugin-builds
Installation:	Software-Center (Stichwort: *hugin*)
Hilfen:	Einstieg (deutsch für ältere Hugin-Version) *http://www.panoclub.de/hugin_tut*
	Einführung (Windows-Version) *http://mawe-web.de/tutorial/panorama.html*
	Onlinehandbuch *http://wiki.panotools.org/Hugin*
	Allgemeine Informationen zur Panoramafotografie *http://t1p.de/Panorama*
Und sonst?	**Fotoxx** bietet auch ein Panorama-Tool an

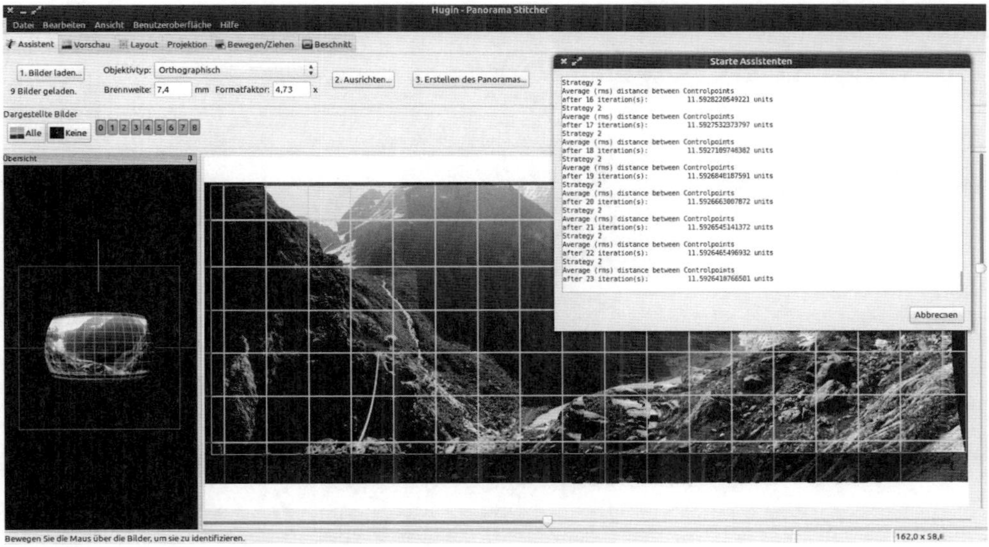

Abbildung 6.63: Panoramafotos mit Hugin.

Diesem Programm merkt man den Enthusiasmus an, der oft an Universitäten anzutreffen ist, wenn bahnbrechende Algorithmen ins Spiel kommen. Hugin hat eine lange Geschichte hinter sich und ist seit 2003 bis heute eines der besten Programme seiner Zunft. Die Präzision, die hier an den Tag gelegt wird, ist erstaunlich, aber auch nicht für umsonst zu haben – bei Hugin »bezahlt« man sie mit längeren Bearbeitungszeiten. Die Ergebnisse können sich jedoch in jedem Fall sehen lassen. Die Steuerungsmöglichkeiten und Bildbearbeitungsfunktionen sind üppig und professionell (u. a. die Berücksichtigung der optischen Charakteristika bestimmter Kameratypen).

Luminance HDR

Funktion: Erstellung von HDR-Bildern

Autor: Davide Anastasia, Franco Comida, Daniel Kaneider & Team

Webseite: *https://github.com/LuminanceHDR/LuminanceHDR*

PPA: –

Installation: Software-Center (Stichwort: *luminance-hdr*)

Hilfen: *https://wiki.ubuntuusers.de/Luminance_HDR*

Und sonst? Alternative HDR-Programme
ExpoBlending (*http://t1p.de/ExpoBlending*)
Fotoxx (siehe Seite 253)

Weiterführende Hinweise
http://mawe-web.de/image_stacking.html

Die Algorithmen von Luminance HDR (engl.)
http://osp.wikidot.com/parameters-for-photographers

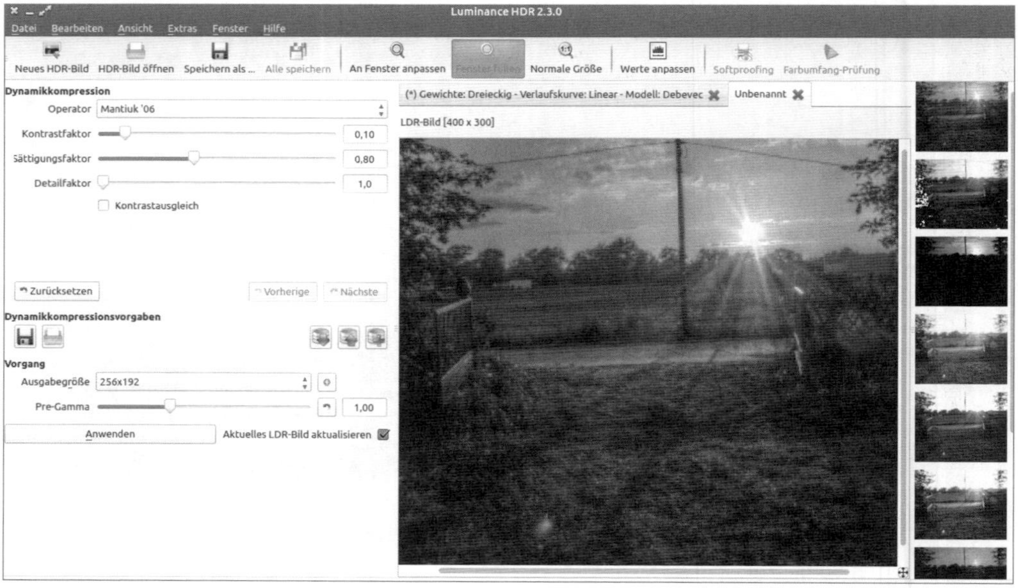

Abbildung 6.64: Luminance HDR.

HDR bedeutet **H**igh **D**ynamic **R**ange und beschreibt Bilder, die einen extrem hohen Kontrastumfang haben. Unsere Augen sind in der Lage, selbst bei hellem Gegenlicht sowohl an den hellen als auch an den dunklen Stellen der Umgebung noch Details und Strukturen wahrzunehmen. So etwas können Fotokameras aus technischen Gründen nicht leisten – entweder sind die hellen Teile gut strukturiert, dann ist in den dunklen Bereichen absolut nichts mehr zu erkennen oder umgekehrt.

HDR verwendet nun einen Trick: Für dasselbe Motiv werden mehrere unterschiedlich belichtete Bilder aufgenommen, aus denen eine Software jeweils die Ebenen ermittelt, die detailreich abgebildet sind. Daraus entsteht dann ein neues Bild, das oft genau den Eindruck vermittelt, den ein menschliches Auge gehabt hätte. Natürlich erlaubt HDR auch die Erzeugung zahlreicher künstlerischer Effekte.

Heute beherrscht fast jede semiprofessionelle Kamera HDR quasi in Echtzeit. Zumindest aber liefern viele Kameras im HDR-Modus gut aufeinander abgestimmte Belichtungsreihen desselben Motivs, die man dann mit einem HDR-Programm perfekt weiterbearbeiten kann. Und das macht deutlich mehr Vergnügen als die Schnellvariante am Fotoapparat. Es ist immer wieder erstaunlich, welche Effekte durch geschickte Kombination unterschiedlich belichteter Bilder möglich sind. Luminance HDR hilft beim Staunen und führt mit zahlreichen Algorithmen und Einstellungsmöglichkeiten intuitiv in die Welt der HDR-Fotografie ein.

Weitere Programme

Die Vielfalt der Grafikprogramme ist schier unüberschaubar. Daher an dieser Stelle nur ein paar wenige Anregungen für die weitere Suche:

- 2D-Vektorgrafiken
  https://wiki.ubuntuusers.de/Inkscape
- 3D-Grafik
  https://wiki.ubuntuusers.de/Blender_3D
- CAD
  https://wiki.ubuntuusers.de/CAD

6.6.7 Video und Ton

Kdenlive

Funktion:	Videoschnittprogramm
Autor:	KDE-Team
Webseite:	*https://kdenlive.org*
PPA:	ppa:sunab/kdenlive-release-old (für die letzte stabile Version) ppa:sunab/kdenlive-release (für die neueste, ggf. instabile Version)
Installation:	Software-Center (Stichwort: *kdenlive*)
Hilfen:	Onlinehandbuch (deutsch) *https://de.wikibooks.org/wiki/Kdenlive* Onlinehandbuch (englisch) *https://userbase.kde.org/Kdenlive/Manual* PDF-Kurzanleitung *https://docs.kde.org/trunk5/de/kdemultimedia/kdenlive/kdenlive.pdf* PDF-Handbuch *https://upload.wikimedia.org/wikipedia/commons/c/cd/Kdenlive_wikibook.pdf* YouTube
Und sonst?	Alternative Videoschnittprogramme *https://wiki.ubuntuusers.de/Videobearbeitung* Lightworks (professionell, aber gewöhnungsbedürftig) *https://www.lwks.com*

Ein umfangreicher, nahezu professioneller, nicht linearer Videoeditor der Extraklasse. Kdenlive ist intuitiv und schnell zu bedienen, liefert zahlreiche Effekte für Bild, Ton und Übergänge, unterstützt alle gängigen Audio- und Videoformate, Camcorder, Webcams sowie das Aufzeichnen von Bildschirmaktionen. Für einen derartigen Leistungsumfang muss man andernorts viel Geld bezahlen.

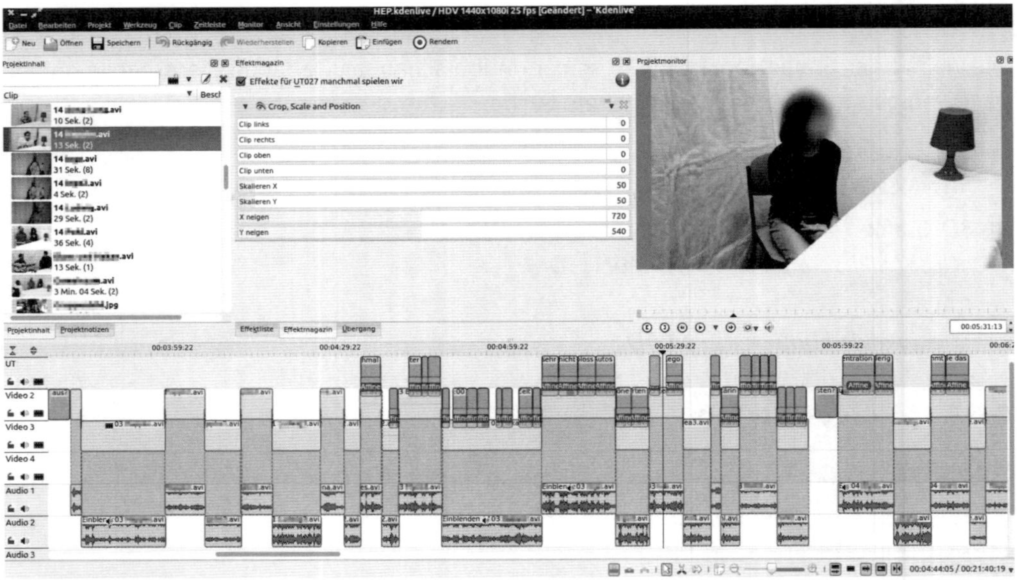

Abbildung 6.65: Videoschnitt mit Kdenlive.

FF Multi Converter

Funktion:	Video-, Audio-, Bild- und Dokumentkonverter
Autor:	Ilias Stamatis
Webseite:	*https://sites.google.com/site/ffmulticonverter*
PPA:	ppa:ffmulticonverter/stable
Installation:	Software-Center (Stichwort: *ffmulti*)
Hilfen:	*https://wiki.ubuntuusers.de/FF_Multi_Converter*
Und sonst?	Alternative Videokonverter *https://wiki.ubuntuusers.de/Videodateien_umwandeln* Alternative Audiokonverter *https://wiki.ubuntuusers.de/Audiodateien_umwandeln* Alternative Bildkonverter *https://wiki.ubuntuusers.de/Grafik/#Sonstiges* Sonstige Konverter Pandoc (Dokumente): *http://pandoc.org* Add-on für Dateiexplorer Nautilus: *http://t1p.de/NautilusFormat*

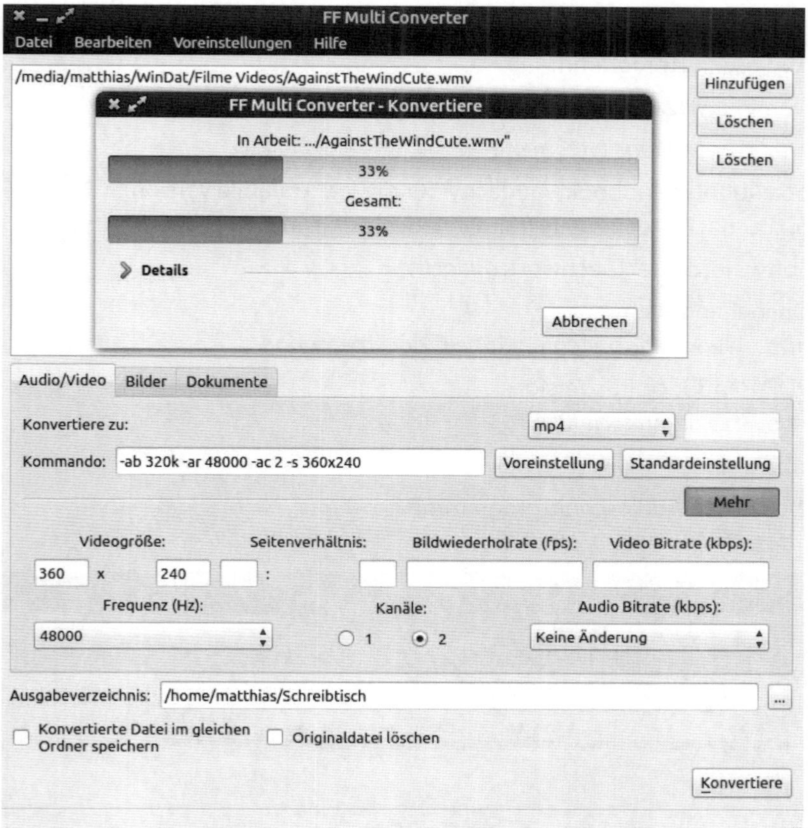

Abbildung 6.66: FF Multi Converter.

Konverter gibt es unüberschaubar viele – für jeden Geschmack, jedes Format und jede Professionalität. Mit diesem Programm haben Sie drei in einem – einheitlich und recht einfach zu bedienen, also robust genug für mindestens 90 % aller Alltagsaufgaben.

In Wahrheit handelt es sich bei diesem Programm »nur« um eine Bedienoberfläche für die mitgelieferten Programme **FFmpeg** (Audio & Video), **ImageMagick** (Bilder) sowie **unoconv** (Dokumente), die allesamt lediglich für die Kommandozeile konzipiert sind, also durch Eingabe langer Befehlsketten und zahlreicher Parameter gesteuert werden müssten. FF Multi Converter erspart Ihnen das – mehr noch: Er enthält bereits viele Voreinstellungen, die die Bedienung erheblich vereinfachen.

Wer mehr will kann zusätzlich weiterhin noch die Parameter der jeweiligen Teilprogramme verwenden. Die Dokumentationen hierzu finden Sie auf *https://wiki.ubuntuusers.de/FFmpeg*, *https://wiki.ubuntuusers.de/ImageMagick* und *https://wiki.ubuntuusers.de/unoconv*.

Audacity

Funktion:	Audioschnittprogramm
Autor:	Dominic Mazzoni & Roger Dannenberg & Team
Webseite:	*http://www.audacityteam.org*
PPA:	ppa:ubuntuhandbook1/audacity (für die letzte stabile Version) ppa:audacity-team/daily (für die neueste, ggf. instabile Version)
Installation:	Software-Center (Stichwort: *audacity*)
Hilfen:	Onlinehandbuch *http://www.audacityteam.org/help/documentation* PDF-Handbuch (für Version 1.2) *http://t1p.de/AudacityPDF* YouTube
Und sonst?	Alternative Audioschnittprogramme *https://wiki.ubuntuusers.de/Tonstudio*

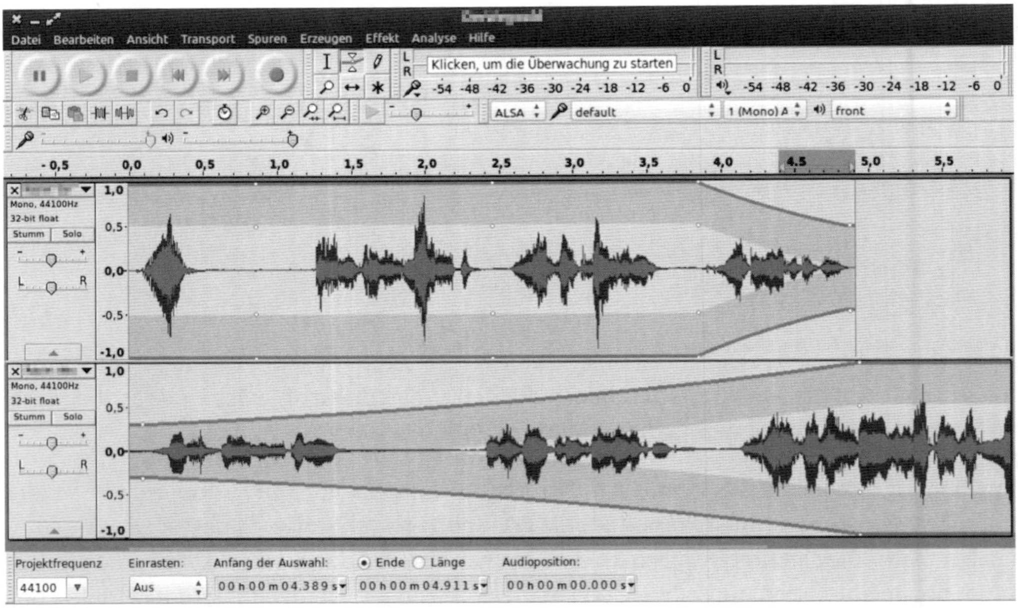

Abbildung 6.67: Das Audioschnittprogramm Audacity.

Audacity ist über die Jahre fast eine Art Referenz geworden – ein ausgereifter Audioeditor, der kaum Wünsche offenlässt. Er ist nach kurzer Einarbeitungszeit effizient bedienbar, liefert eine überraschend große Zahl von Korrekturfunktionen und Effekten und kommt mit sämtlichen gängigen Audioformaten sowie Ein- und Ausgabegeräten zurecht.

PuddleTag

Funktion:	MP3-Tag-Editor
Autor:	Keith Grootboom & Team
Webseite:	*http://docs.puddletag.net*
PPA:	ppa:webupd8team/puddletag
Installation:	Software-Center (Stichwort: *puddletag*)
Hilfen:	Onlinedokumentation *http://docs.puddletag.net/docs.html*
Und sonst?	Alternative Metadaten-Editoren (nicht nur für Audiodateien) *https://wiki.ubuntuusers.de/Metadaten* Ripper für Audio-CDs **ripperX** (siehe Seite 250)

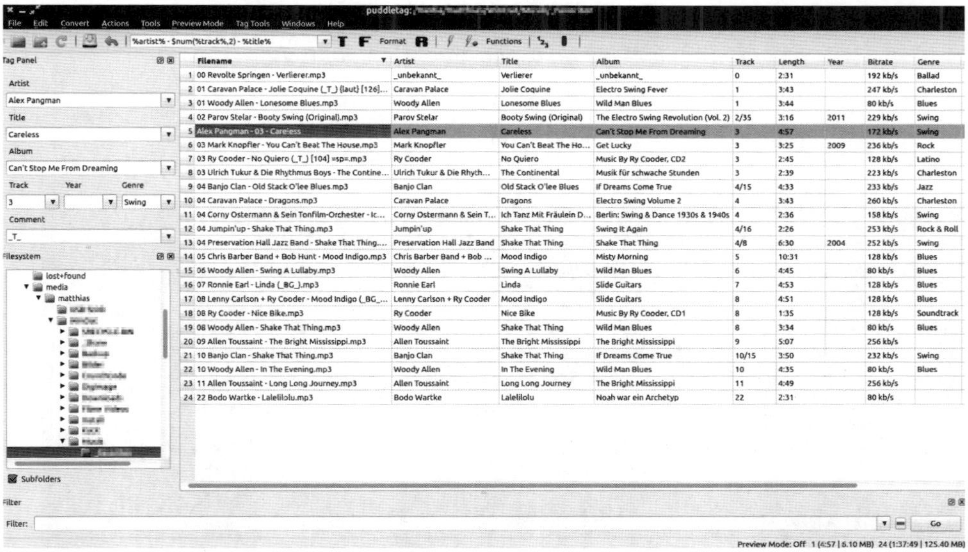

Abbildung 6.68: Der MP3-Tag-Editor PuddleTag.

Viele Audio-Player sortieren die Titel nach Album, Künstler, Genre etc. Das sind aber durchweg Informationen, die nicht aus dem Dateinamen, sondern den sogenannten ID3V2-Tags stammen. Diese befinden sich als Zusatzinformationen innerhalb der einzelnen Audiodateien und können dort mit Tag-Editoren bearbeitet werden. Gut gepflegte Tags in den Audiodateien sind unumgänglich für eine professionelle Musiksammlung.

PuddleTag ist ein Tool, das diese mitunter aufwendige Pflege sehr effizient vereinfacht. Die Tabellenstruktur ermöglicht ein zügiges, übersichtliches Arbeiten und Sortieren. Zusätzlich können Informationen aus Onlinedatenbanken hinzugezogen werden (FreeDB, Discogs, MusicBrainz, Amazon), was das mühselige Eintippen von Titeln oder die Besorgung der richtigen CD-Coverbilder erspart. Außerdem ermöglicht PuddleTag die Übertragung von Informationen aus den Tags auf den Dateinamen und umgekehrt – Letzteres ist genial für die schnelle Umbenennung von Dateigruppen, Ersteres für die Übernahme von Künstlernamen oder Titelbezeichnungen, die im Dateinamen bereits vorhanden sind, in die ID3V2-Tags.

LMMS

Funktion:	Musikgenerator (Sequencer für Sounds, Instrumente, Rhythmus etc.)
Autor:	Tobias Doerffel, Paul Giblock & Team
Webseite:	*https://lmms.io*
PPA:	ppa:irie/lmms
Installation:	Software-Center (Stichwort: *lmms*)
Hilfen:	Einstiegsanleitung *http://software.service4me.at/lmms* Wiki zu LMMS *https://lmms.io/wiki/index.php?title=De:Hauptseite* YouTube
Und sonst?	Alternative Tonstudiosoftware *https://wiki.ubuntuusers.de/Tonstudio* (hier besonders: **Rosegarden**)

Abbildung 6.69: Die Software LMMS.

Machen Sie Ihre eigene Musik oder einen passenden Sound für Ihren Film! Hier haben Sie ein vollwertiges Tonstudio dafür zur Hand: Sound Sequenzer, Synthesizer und Beat- & Bassline-Editor mit unglaublich vielen Anpassungsmöglichkeiten. LMMS unterstützt MIDI-Geräte sowie VST- und LADSPA-Plug-ins. Wenn man sich mit der anfänglich etwas ungewöhnlichen Bedienung arrangiert hat, dann kann man sehr effektiv professionelle Klangwelten und Rhythmussequenzen erzeugen.

6.6.8 System

CompizConfig

Funktion: Einstellungen für Anzeige, Tastatur und Maus
Autor: Ubuntu-Team (ursprünglich Novell Corp.)
Webseite: *http://www.compiz.org*
PPA: –
Installation: Software-Center (Stichwort: *compizconfig*)
Hilfen: Onlinedokumentation
Zuerst lesen: *https://wiki.ubuntuusers.de/Compiz*
Anschließend: *https://wiki.ubuntuusers.de/Compiz_CCSM*
Und sonst? –

Abbildung 6.70: Das Systemtool CompizConfig.

Wenn Ihnen die normalen Systemeinstellungen zu wenige Möglichkeiten bieten, die Optik und das Eingabeverhalten Ihres Ubuntu zu beeinflussen – hier finden Sie alles, was das Herz begehrt! Compiz ist der Fenstermanager, der in Ubuntu bereits integriert ist und im Hintergrund arbeitet. Er sorgt sowohl für Effekte als auch für die Bedienung der grafischen Oberfläche. CompizConfig ist das passende Programm, mit dem nun all die zahlreichen Einstellungsmöglichkeiten bearbeitet werden können.

Da Sie derart viele Möglichkeiten haben, die Optik von Ubuntu zu verändern, ist es angeraten, den bestehenden Zustand zunächst zu speichern. Gehen Sie dazu in das Menü *Einstellungen/Profil & Backend/Profil/Exportieren* und geben Sie der zu speichernden Profildatei einen aussagekräftigen Namen. An gleicher Stelle können Sie später zuvor exportierte Profile wieder durch Import einer Profildatei aktivieren. Sie haben auf diese Weise auch die einfache Möglichkeit, diese Einstellungen auf andere Rechner zu übertragen.

Sollte das Zurücksetzen mal aus irgendeinem Grund nicht möglich sein, können Sie das auch über das Terminal realisieren. Der Befehl `gsettings reset-recursively org.compiz` setzt alle Einstellungen wieder auf den Ubuntu-Ursprungszustand zurück.

BleachBit

Funktion:	Systembereinigung
Autor:	Andrew Ziem
Webseite:	*http://www.bleachbit.org*
PPA:	–
Installation:	Software-Center (Stichwort: *bleachbit*)
Hilfen:	Onlinedokumentation *http://docs.bleachbit.org* YouTube (englisch) *https://www.youtube.com/watch?v=BWPtTKxj7Kg*
Und sonst?	–

Auch in Linux entstehen im Laufe der Zeit überflüssige Datenreste oder digitale Spuren, die man gern beseitigen möchte. Selbstverständlich könnte man dies jederzeit mit diversen Befehlen in einem Terminal manuell erledigen. Aber das setzt sehr genaue Kenntnisse über die Ubuntu-Ordnerstruktur voraus. Man muss exakt wissen, was wo und wie gelöscht werden kann und was wiederum auf keinen Fall angefasst werden sollte – und mit welchen Befehlen.

Hier setzt BleachBit an und nimmt Ihnen diese mühselige Arbeit ab. Sie müssen nur noch im linken Fensterbereich anklicken, wen oder was Sie löschen möchten. Falls Sie währenddessen nicht so genau wissen, was der eine oder andere Eintrag bedeutet, erhalten Sie parallel im rechten Fenster hierzu jeweils einen kurzen Hinweis.

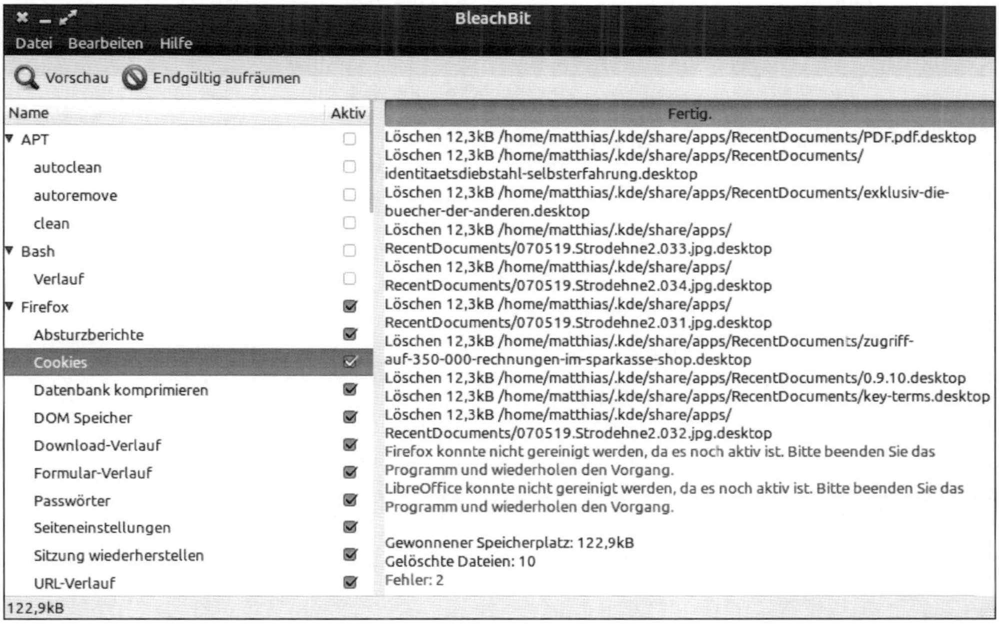

Abbildung 6.71: Systembereinigung mit BleachBit.

Achtung!

Sie tragen die volle Verantwortung für das, was Sie zum Bereinigen auswählen! Aktivieren Sie keine Option, deren Sinn oder Inhalt Ihnen unbekannt ist oder bei der BleachBit vor einem Löschen der Daten warnt.

Ist alles ausgewählt, genügt ein Klick oben auf *Endgültig löschen* – und schon ist wenige Augenblicke später alles bereinigt.

BleachBit und der Hausmeister des Ubuntu Tweak Tools (siehe Seite 231) sind das perfekte Paar, um Ihren Rechner sauber zu halten.

FSlint

Funktion:	Dateisystem prüfen
Autor:	Pádraig Brady
Webseite:	*http://www.pixelbeat.org/fslint*
PPA:	–
Installation:	Software-Center (Stichwort: *fslint*)
Hilfen:	Anleitung *http://t1p.de/FSLint* YouTube (englisch) *http://t1p.de/FSlintVideo*
Und sonst?	Ähnliche Programme: *http://t1p.de/DuplicateFinder*

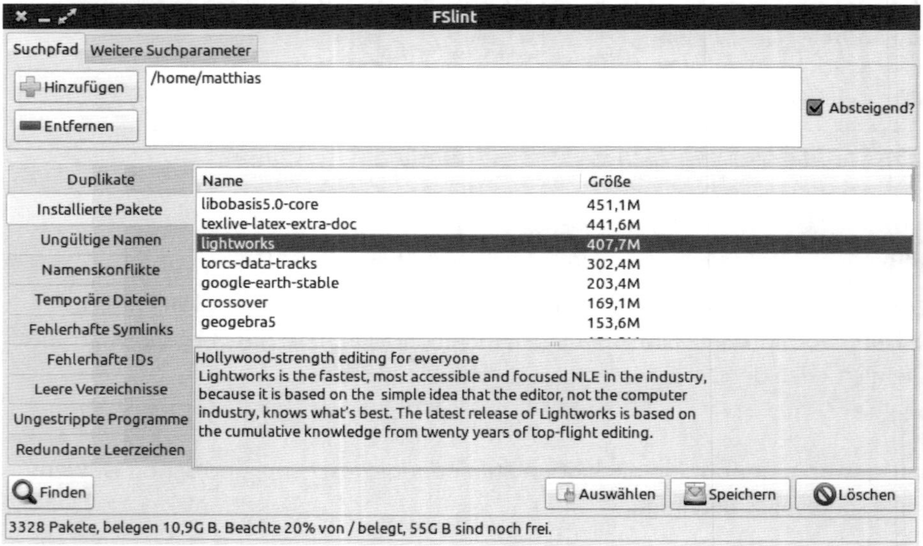

Abbildung 6.72: Softwareanalyse mit FSlint.

Anders als bei BleachBit oder dem Hausmeister vom Ubuntu Tweak Tool (siehe Seite 231) geht es bei FSlint nicht so sehr um das sofortige Löschen von Daten, sondern zunächst um das Aufspüren möglicher Fehler oder überflüssiger Informationen. Die Entscheidung, was dann damit passiert, liegt bei Ihnen. So können Sie mit diesem Programm u. a. sehr bequem doppelte Dateien finden (und das sind jedes Mal mehr, als man vermutet – ist doch immer wieder erstaunlich, wie oft man gedankenlos so manches Bild hin und her kopiert).

K4DirStat

Funktion:	Grafische Analyse der Festplattenbelegung
Autor:	Jerome Robert
Webseite:	*https://bitbucket.org/jeromerobert/k4dirstat/wiki/Home*
PPA:	ppa:jeromerobert/misc
Installation:	Software-Center (Stichwort: *k4dir*)
Hilfen:	Offlinehilfe des Programms
Und sonst?	Alternative Programme *https://wiki.ubuntuusers.de/Festplattenbelegung*

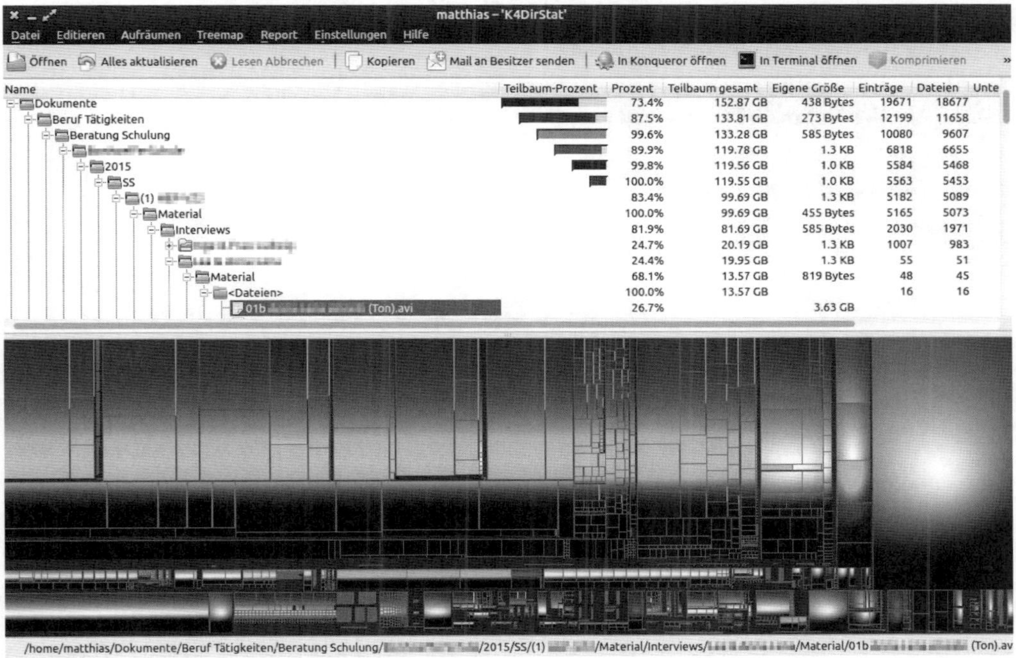

Abbildung 6.73: Festplattenanalyse mit K4DirStat.

Wenn Sie mal radikal aufräumen müssen, weil der Platz eng wird, und wissen möchten, wer hier am meisten davon verbraucht, dann ist K4DirStat das perfekte Tool. Zu Beginn wählen Sie aus, welches Laufwerk oder welche Partition untersucht werden soll.

Anschließend durchforstet das Programm jeden Winkel (was in der Regel etwas Zeit in Anspruch nimmt) und zeigt das Ergebnis dann sowohl als Tabelle wie auch grafisch an (siehe Abbildung 6.73). Je größer eine Datei ist, desto größer ist auch das Viereck, dem sie zugeordnet ist. So können Sie mit einem Blick erkennen, wo am meisten Platz gewonnen werden kann.

Klicken Sie auf ein Viereck, dann wird die dazugehörige Datei oben in der Liste angezeigt. Dort können Sie diese mit Strg+X in den Papierkorb verschieben (was allerdings keinen Platzgewinn bedeutet!) oder mit Strg+Entf endgültig (also unwiderruflich!) entfernen.

Schön wäre es natürlich, wenn man vor dem Löschen noch schnell einen Blick hineinwerfen könnte. Leider funktioniert hier der sonst übliche Doppelklick auf den Dateinamen nicht. Stattdessen bietet K4DirStat in der Symbolleiste die Option *In Konqueror öffnen* (Konqueror ist das Universalanzeigeprogramm unter Ubuntu, aber in vielen Fällen eigentlich nicht besonders gut geeignet). Um zu erreichen, dass die Datei stattdessen immer mit dem sonst üblichen Standardprogramm angezeigt wird, müssen Sie K4DirStat anpassen. Gehen Sie zu *Einstellungen/K4DirStat einrichten*. Im nachfolgenden Fenster sehen Sie links die Liste aller Symbolleisteneinträge, die Sie anpassen können. Klicken Sie auf *In Konqueror öffnen* und ändern Sie auf der rechten Seite folgende Einstellungen:

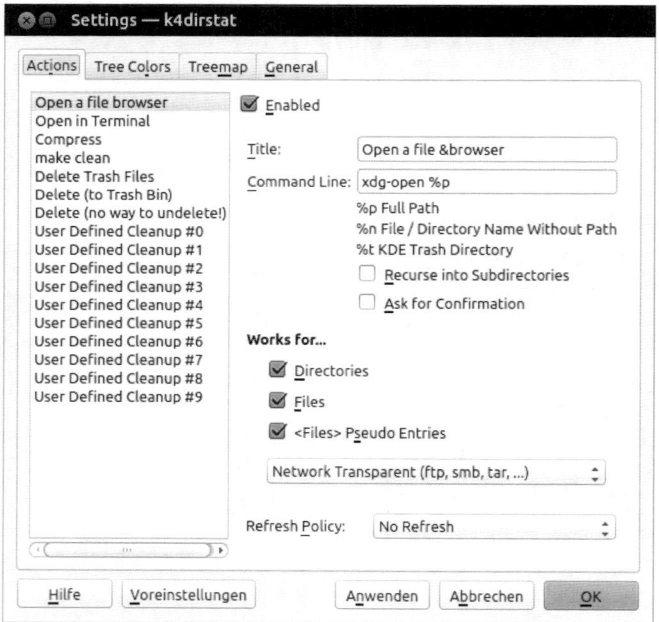

Abbildung 6.74: K4DirStat-Einstellungen.

- Titel (Title): `&Open`
- Kommandozeile (Command line): `xdg-open %p`
- Anwendbar auf (Works for): *Verzeichnisse (Directories)* deaktivieren

Schließen Sie dann mit *OK*. Jetzt finden Sie in der Symbolleiste den Button *Open* und können damit die Dateien mit den jeweils zugeordneten Standardprogrammen öffnen.

Krusader

Funktion:	2-Fenster-Dateimanager (im TotalCommander-Stil)
Autor:	Krusader Krew
Webseite:	*https://www.krusader.org*
PPA:	–
Installation:	Software-Center (Stichwort: *krusader*)
Hilfen:	Offlinehilfe des Programms PDF-Handbuch *http://t1p.de/Krusader*
Und sonst?	Alternative Dateimanager *https://wiki.ubuntuusers.de/Dateimanager*

Dateiexplorer Sunflower: Installation

```
sudo add-apt-repository ppa:atareao/sunflower
sudo apt update
sudo apt install sunflower
```

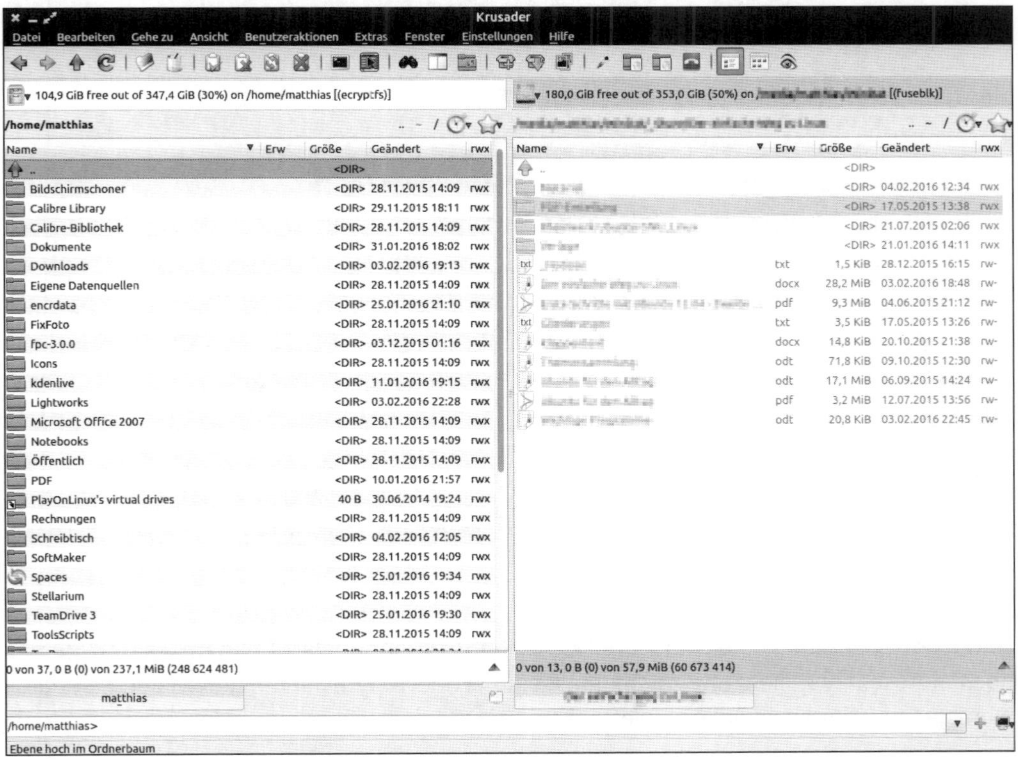

Abbildung 6.75: Dateimanager Krusader.

Wer intensiv mit Dateien zu tun hat, der wird früher oder später einen dieser Zwei-Fenster-Dateimanager für sich entdecken, einfach weil sie ein sehr viel schnelleres und genaueres Arbeiten ermöglichen als alle Standardexplorer. In Windows hat sich hierfür eine Legende etabliert: der TotalCommander. Der Krusader ist dessen Gegenstück in Linux. Ein sehr umfangreicher, hoch konfigurierbarer Dateimanager, der auch Netzwerk- und FTP-Verbindungen unterstützt. Sie können fast alles nach eigenen Bedürfnissen einstellen und so u. a. bislang gewohnte Tastenkombinationen aus anderen Explorern übernehmen.

Krusader bietet unter anderem so geniale Werkzeuge wie den Ordnerabgleich (Abbildung 6.77), mit dem die in den beiden Fenstern sichtbaren Ordner verglichen werden, bei Bedarf auch rekursiv, also inklusive der eventuell vorhandenen Unterordner. Anschließend können Sie die Dateien jeweils so hin und her kopieren lassen, dass beide Ordner identisch sind, oder auch nur so, dass einer der beiden Ordner mit den neuesten Dateien aus dem anderen Ordner versorgt wird.

Wer großen Wert auf vollständige Datensicherungen legt oder öfter unterwegs ist und immer einen USB-Stick mit den neuesten Daten bei sich haben muss, wird diese Funktion lieben!

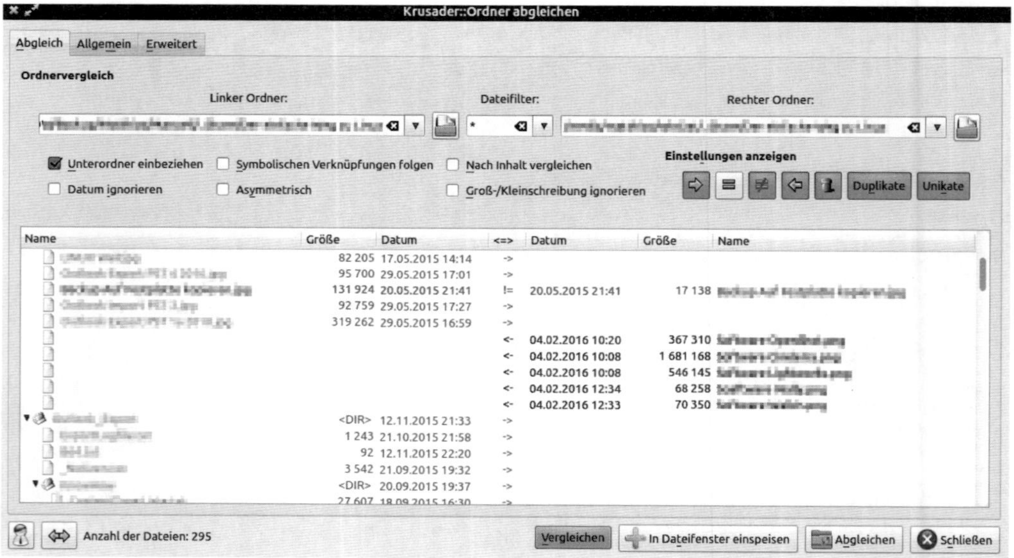

Abbildung 6.76: Ordnerabgleich mit Krusader.

Und wenn Sie einmal einen solchen Dateimanager kennengelernt haben, werden Sie nur noch in Ausnahmefällen (und mit einem kleinen Widerwillen) auf den jeweiligen Standardmanager zurückgreifen wollen – wetten?

Catfish

Funktion:	Desktop-Suchmaschine
Autor:	Christian Dywan & Nancy Runge
Webseite:	*http://www.twotoasts.de/index.php/catfish*
PPA:	ppa:catfish-search/ppa
Installation:	Software-Center (Stichwort: *catfishdatei*)
Hilfen:	Einführung *https://wiki.ubuntuusers.de/Catfish* *http://t1p.de/CatFish*
Und sonst?	Die Suchfunktion find im Terminal
	Alternative Dateimanager *https://wiki.ubuntuusers.de/Dateimanager*

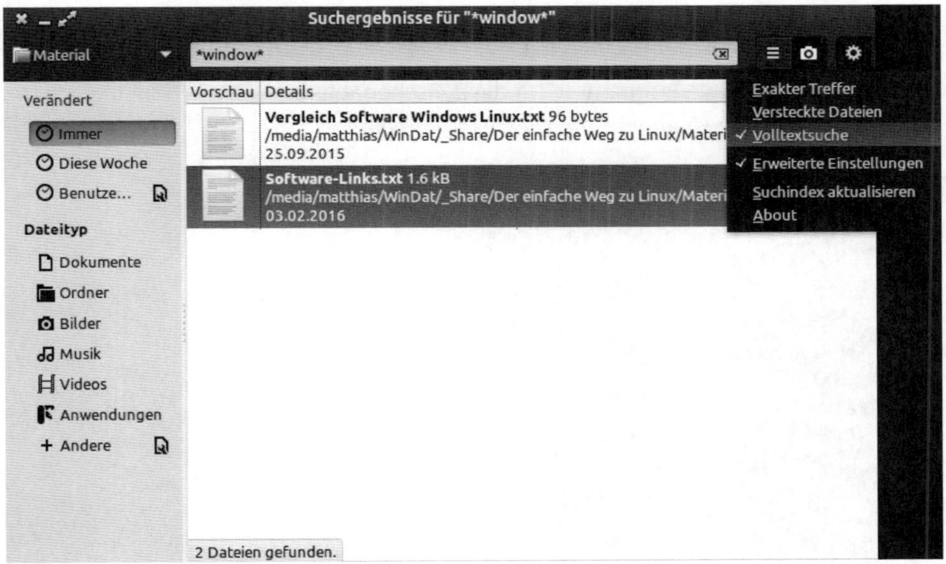

Abbildung 6.77: Desktop-Suche mit Catfish.

Falls Ihnen die Suchfunktion Ihres Dateimanagers nicht ausreichend oder detailliert genug ist, dann bietet Ihnen Catfish eine gute Alternative. Sie müssen nur oben links den Ordner eingeben, ab dem die Suche gestartet werden soll (im Zweifelsfall immer den Ordner mit Ihrem User-Namen) und daneben den Suchbegriff[10], gefolgt von ⏎, was die eigentliche Suche auslöst. Ganz rechts können Sie noch mit einem Klick auf das Zahnradsymbol festlegen, wie die Suche erfolgen soll. Hierbei bedeutet *Volltextsuche*, dass nicht nur Datei- und Ordnernamen durchsucht werden, sondern auch die Inhalte der Dateien, wodurch sich aber natürlich auch die Dauer der Suche erheblich verlängert.

10 Hier sind auch Platzhalter möglich, wie * für beliebig viele Zeichen oder ? für genau ein Zeichen.

Die angezeigten Suchergebnisse kann man schließlich noch anhand der Filteroptionen im linken Fensterbereich eingrenzen.

Das Schöne an Catfish ist, dass es einen Suchindex anlegt. Das bedeutet, dass jeder weitere Durchlauf deutlich weniger Zeit beansprucht, weil jetzt nur noch die Dateien komplett durchsucht werden müssen, die neu dazugekommen sind oder sich geändert haben.

Diodon

Funktion:	Zwischenablagemanager
Autor:	Oliver Sauder
Webseite:	*https://esite.ch/tag/diodon*
PPA:	ppa:diodon-team/stable
Installation:	Software-Center (Stichwort: *diodon*)
Hilfen:	Einführung *https://esite.ch/tag/diodon*
Und sonst?	Alternative Programme für die Zwischenablage *https://wiki.ubuntuusers.de/Zwischenablage*

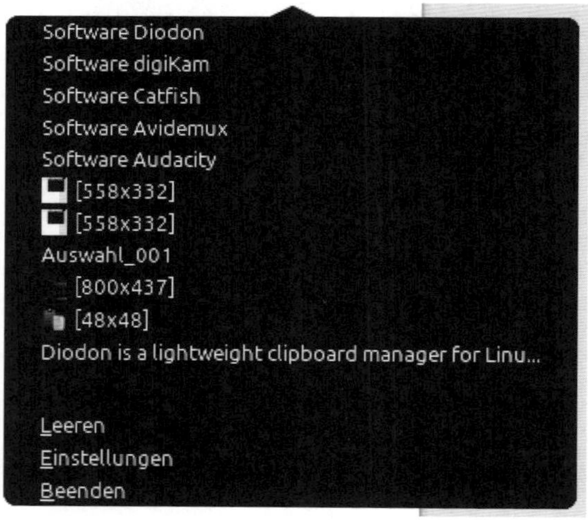

Abbildung 6.78: Die Zwischenablage managen mit Diodon.

Haben Sie sich auch schon mal darüber geärgert, dass sich die Zwischenablage immer nur einen Eintrag merkt? Und damit ist ein bestimmter Text oder ein Bild, das noch vor einer Minute abgerufen werden konnte, nun nicht mehr verfügbar, weil zwischenzeitlich etwas anderes in der Zwischenablage hinterlegt wurde.

Oder recherchieren Sie oft und müssen Sie im Zuge dieser Arbeit immer wieder die gleichen URLs oder komplexen Suchbegriffe eingeben?

Dann ist Diodon genau richtig für Sie. Mit jedem Strg+C, ja sogar allein mit dem Markieren eines Texts oder Bildes merkt sich dieses Programm bis zu 100 Einträge, die Sie dann an beliebiger Stelle mit Strg+Alt+V aus einer Liste wählen und einfügen können.

Conduit

Funktion:	Synchronisation
Autor:	Community unter John Stowers u. a.
Webseite:	*https://wiki.gnome.org/Conduit*
PPA:	ppa:conduit/ppa
Installation:	Software-Center (Stichwort: *conduit*)
Hilfen:	Einführungen *http://t1p.de/Conduit* *https://wiki.ubuntuusers.de/Conduit* Onlinedokumentation (englisch) *http://t1p.de/ConduitDokumentation*
Und sonst?	Alternative Synchronisationsprogramme *https://wiki.ubuntuusers.de/wiki/tags/Synchronisation*

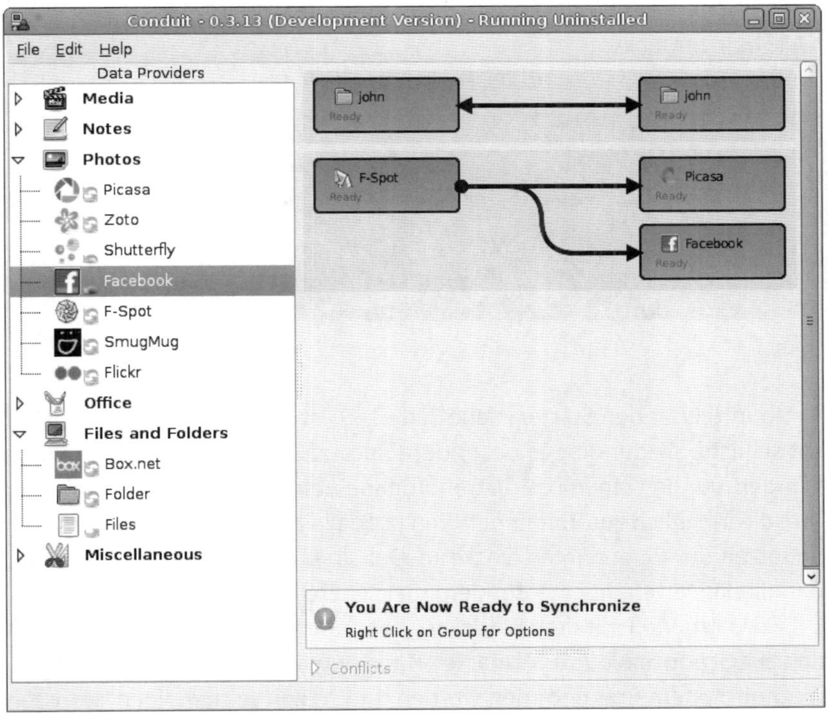

Abbildung 6.79: Conduit für die Synchronisation.

Für Menschen, die viel online oder mit Mobilgeräten arbeiten und darauf angewiesen sind, dass die Daten immer synchronisiert und untereinander auf dem neuesten Stand sind, ist Conduit eine ideale Lösung. Aber auch, wenn Sie einfach nur Daten auf einem Gerät für ein anderes Gerät lesbar machen wollen – Conduit kümmert sich auch um die Konvertierung.

Sie müssen lediglich festlegen, wer wie mit wem synchronisiert werden soll (Computer, Cloud-Dienste, PDAs, Mobiltelefone etc.).

Es wird empfohlen, die oben angegebenen Einführungen zu lesen, bevor man die erste Synchronisation startet.

Cairo-Dock (GLX Dock)

Funktion:	Zugriff auf Programme und Funktionen im Stil von macOS
Autor:	Fabounet (Fabrice Rey, Matthieu Baerts) & Team
Webseite:	*https://www.glx-dock.org*
PPA:	ppa:cairo-dock-team/ppa
Installation:	Software-Center (Stichwort: *cairo-dock*)
Hilfen:	Einführung *https://wiki.ubuntuusers.de/Glx-Dock*
Und sonst?	Alternative Docks *http://t1p.de/UbuntuUsers-Docks*

Abbildung 6.80: Cairo-Dock.

Die Bedienung von Ubuntu über den Starter (siehe Seite 109) ist praktisch und robust, aber zugleich auch recht schlicht. Weder gibt es besondere Zusatzfunktionen, noch kann man ohne aufwendige Fingerübungen einen Festplattenordner einbinden oder neue Ordner für Programme anlegen, die inhaltlich zusammengehören (z. B. alle Programme für die Fotobearbeitung) etc. Hier setzen die sogenannten Docks an. Das sind nicht nur Sammelplätze für Programme, die man direkt starten möchte, sondern meist bieten sie auch eine Vielzahl von Zusatzfunktionen, die das Arbeiten mit dem Betriebssystem sehr vereinfachen oder effizient gestalten. Docks sind zuerst von Steve Jobs Firma NeXTStep entwickelt und später von Apple in das Macintosh-Betriebssystem übernommen worden und stellen seither einen gewissen Standard dar, an dem sich alle Nachfolger und Imitatoren zu messen haben.

Eines der schönsten und umfangreichsten darunter ist unbestritten das Cairo-Dock – oder GLX-Dock, wie es sich seit geraumer Zeit nennt. Zum einen hat man erstaunlich viele Einstellungsmöglichkeiten zur Verfügung, um es ganz den eigenen Bedürfnissen anzupassen (u. a. sind mehrere Docks an mehreren Bildschirmpositionen zugleich möglich und es existieren zahlreiche Informations- bzw. Hilfsfunktionen). Zum anderen ersetzt es die Ubuntu-Oberfläche vollständig, d. h., man sieht nur noch dieses Dock und nichts anderes mehr, kann aber bei jedem Log-in entscheiden, ob man dieses Mal nicht vielleicht doch wieder die Unity-Oberfläche mit dem Ubuntu-Starter verwenden möchte.

So ein Dock ist nicht nur ein Augenschmaus – es geht weit darüber hinaus.

Variety

Funktion:	Wechsel der Hintergrundbilder
Autor:	Peter Levi
Webseite:	*http://peterlevi.com/variety*
PPA:	ppa:peterlevi/ppa
Installation:	Software-Center (Stichwort: *variety*)
Hilfen:	*http://peterlevi.com/variety*
Und sonst?	Alternative Hintergrundbild-Wechsler *https://wiki.ubuntuusers.de/Desktop-Hintergrund*

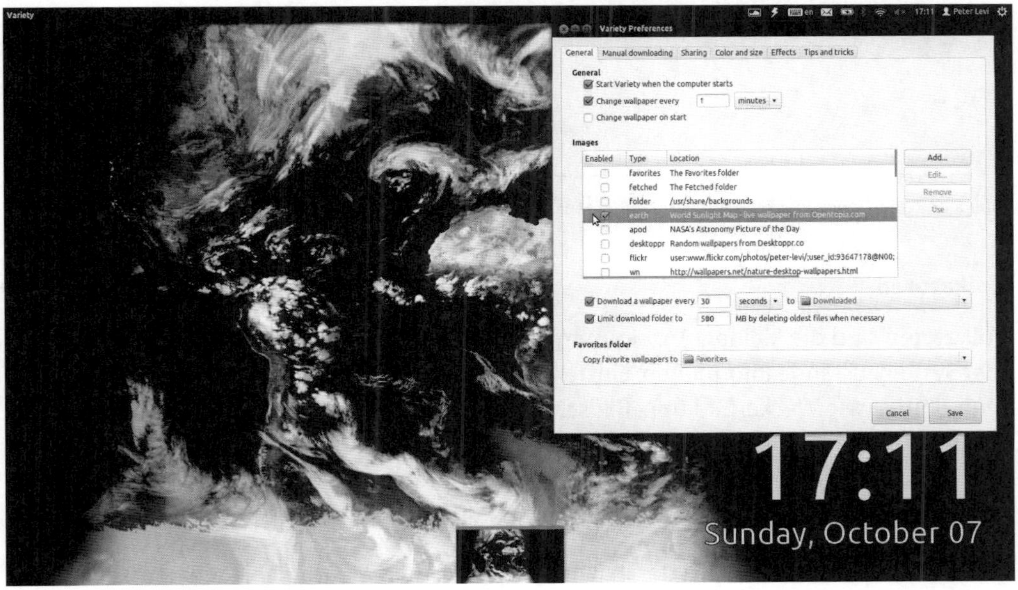

Abbildung 6.81: Hintergrundbilder wechseln mit Variety.

Dieses Programm ist etwas fürs Auge. Der Desktop-Hintergrund ist das, was man tagtäglich sieht, und dort sollte etwas zu sehen sein, was Spaß macht und motiviert. Viele Menschen sind vollkommen zufrieden damit, ein Bild ihrer Liebsten zu betrachten und möchten keinen ständigen Wechsel im Hintergrund haben (vgl. Kapitel 5.1.1). Wer es jedoch bunt und bewegt liebt, der ist mit Variety bestens bedient. Damit können Sie nicht nur Bilder aus Ordnern Ihrer Festplatte in beliebiger und sogar in künstlerisch bearbeiteter Weise auf den Bildschirm zaubern, sondern auch Fotos aus dem Internet (natürlich nur freigegebene, z. B. von Panoramio, der Bilddatenbank von Google Earth).

Der Vielfalt sind keine Grenzen gesetzt, zumal Sie zahlreiche detaillierte Einstellungen zur Verfügung haben, um das Ergebnis ganz nach Ihren Wünschen zu beeinflussen. Wenn Sie das Programm irgendwann wieder loswerden möchten, dann können Sie es natürlich deinstallieren (siehe Software-Center) oder zunächst nur den automatischen Start unterbinden. Hierzu geben Sie im Dash das Stichwort *startp* ein, finden dann das Tool Startprogramme und können dort Variety deaktivieren oder ganz aus der Liste entfernen.

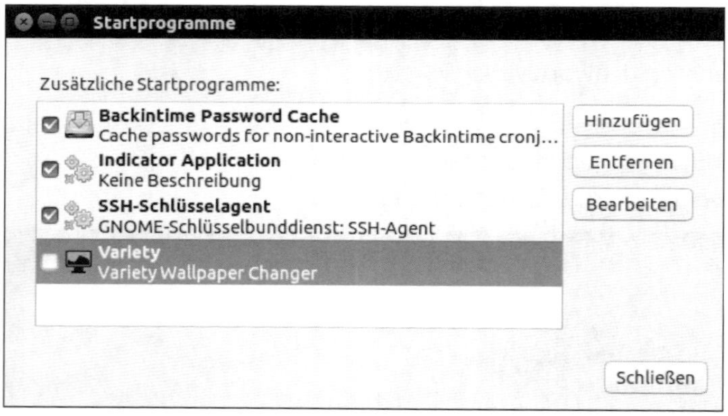

Abbildung 6.82: Variety aus dem Autostart entfernen.

Indikatoren

Indikatoren sind die kleinen Anzeigesymbole oben rechts am Ubuntu-Bildschirmrand, die über Systemzustände informieren, Einstellungen ermöglichen oder diverse kleine Aufgaben übernehmen wie Weckerfunktion, Bildschirmhintergrund wechseln, Netzwerk überwachen etc. Einige dieser Programme gehören bei Ubuntu zur Grundausstattung und sind bereits vorinstalliert. Alle anderen muss man sich im Internet besorgen. Da Sie hier die Auswahl unter unzähligen Angeboten haben, soll dieser Abschnitt nur auf einige Fundstellen hinweisen.

Beachten Sie bitte, dass jedes der installierten Programme natürlich auch Rechenleistung benötigt, manch eines davon sogar erstaunlich viel. Es könnte also sein, dass Sie mit einer zu großen Freude über die neue bunte Informationsvielfalt zugleich den Spaß an der Leistungsfähigkeit Ihres Rechners dämpfen. Es gilt auch hier: so viel wie nötig, so wenig wie möglich. Den Bedarf an Rechenleistung können Sie übrigens mit KSysGuard testen (siehe Seite 229).

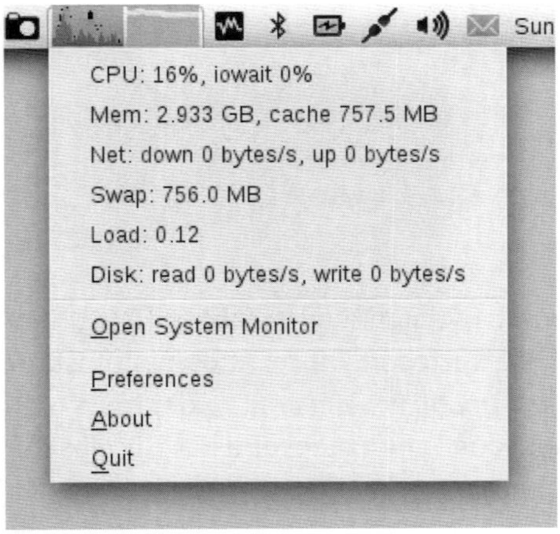

Abbildung 6.83: Indikatoren.

Einige Indikatoren sind bereits im Software-Center vorhanden, so u. a.:

- *Multiload*
  Anzeige der Systemlast (CPU, Arbeitsspeicher, Netzwerk)
- *Classicmenu*
  Klassisches Startmenü mit Auflistung aller installierten Programme

Andere finden Sie im Internet:

- *http://t1p.de/Indikatoren-UbuntuUsers*
- *http://t1p.de/Indikatoren-PCWelt*
- *http://t1p.de/Indikatoren-AskUbuntu*

Für eine weitergehende Suche im Internet verwenden Sie am besten die Suchbegriffe *ubuntu indikatoren* oder *ubuntu indicator*.

6.7 Windows-Programme

Eigentlich sind Windows und Linux (also auch Ubuntu) wie Feuer und Wasser – was im einen Betriebssystem läuft, das kann im anderen nicht ausgeführt werden. Trotzdem ist es in Linux bereits seit vielen Jahren möglich, auch Windows-Programme zum Laufen zu bringen. Möglich macht dies ein wunderbares Tool mit dem Namen **Wine**[11], das den jeweiligen Programmen vorgaukelt, sie würden sich in Windows befinden. Allerdings simuliert Wine wiederum kein komplettes Betriebssystem, sondern es versorgt nur jedes Programm ganz individuell mit den Windows-Zutaten und -Komponenten, die es jeweils benötigt.

11 Weitere Informationen finden Sie unter *https://wiki.winehq.org*. Der Name »Wine« wird unterschiedlich interpretiert, z. B. als »**Win**dows **E**xecutable« oder »**Win**dows **E**mulator«.

Hinweis

Mithilfe einer VirtualBox (siehe Software-Center) ist es tatsächlich möglich, innerhalb von Linux ein komplett autarkes Windows-Betriebssystem zu installieren, in dem man dann alle nur erdenklichen Windows-Programme ausführen kann.

Dieses Tool ist bereits von Haus aus in Ubuntu integriert. Es unterstützt weit über 10.000 Windows-Programme, darunter auch Schwergewichte wie Microsoft Office, Adobe Photoshop, AutoCAD sowie zahlreiche beliebte Spiele (vgl. *https://appdb.winehq.org*). Leider muss man Wine für jedes gewünschte Windows-Programm individuell einrichten, und das ist selbst für ambitioniertere Nutzer oft nur schwer fehlerfrei möglich.

Deshalb gibt es zusätzlich noch **PlayOnLinux**. Anders als der Name vermuten lässt, ist dies kein Spielprogramm, sondern es sorgt dafür, dass Programme unter Linux »spielen«, also zum Laufen gebracht werden. PlayOnLinux nimmt die jeweils notwendigen Einstellungen in Wine vor, sodass der Anwender eigentlich nur noch sagen muss, welches Programm installiert werden soll, und mit wenigen Schritten zum Ziel kommt. Für viele populäre Anwendungen existieren sogar Skripte, also Dateien, die automatisch abgearbeitet werden und den mitunter sehr komplexen Ablauf der Installation beinhalten. Sie finden das Programm im Software-Center unter dem Stichwort *playonlinux*.

Obwohl die Bedienung relativ einfach ist, soll sie hier mal Schritt für Schritt dargestellt werden, damit die Arbeitsweise von PlayOnLinux klar wird – einmal mit und einmal ohne Installationsskript. Als Beispiel dient **Microsoft Office 2007**.

PlayOnLinux benötigt die Datei, mit der die Installation des Windows-Programms gestartet wird. In der Regel ist das eine einzelne Datei vom Typ `*.EXE` oder `*.MSI`, mitunter aber auch ein umfangreicheres System aus mehreren Dateien und Ordnern. Diese Daten müssen sich zudem auf einem Linux-Datenträger befinden – PlayOnLinux verweigert den Dienst, wenn sich die Dateien auf einer Festplatte oder einer CD/DVD befinden, die unter Windows formatiert wurde oder aus anderen Gründen nicht kompatibel zum Linux-eigenen Dateisystem ist.

Aber diese Forderung lässt sich ganz einfach realisieren: Richten Sie auf dem Ubuntu-Desktop einen neuen Ordner ein (Rechtsklick und *Neuer Ordner*) und kopieren Sie alle Installationsdateien dorthin. Wenn die Installation von einer CD oder DVD erfolgt, kopieren Sie deren kompletten Inhalt in diesen Ordner. Haben Sie stattdessen ein Archiv (ZIP-Datei), wie man es oft nach Downloads erhält, dann kopieren Sie auch dieses in den neuen Ordner, doppelklicken anschließend darauf und lassen den kompletten Inhalt entpacken.

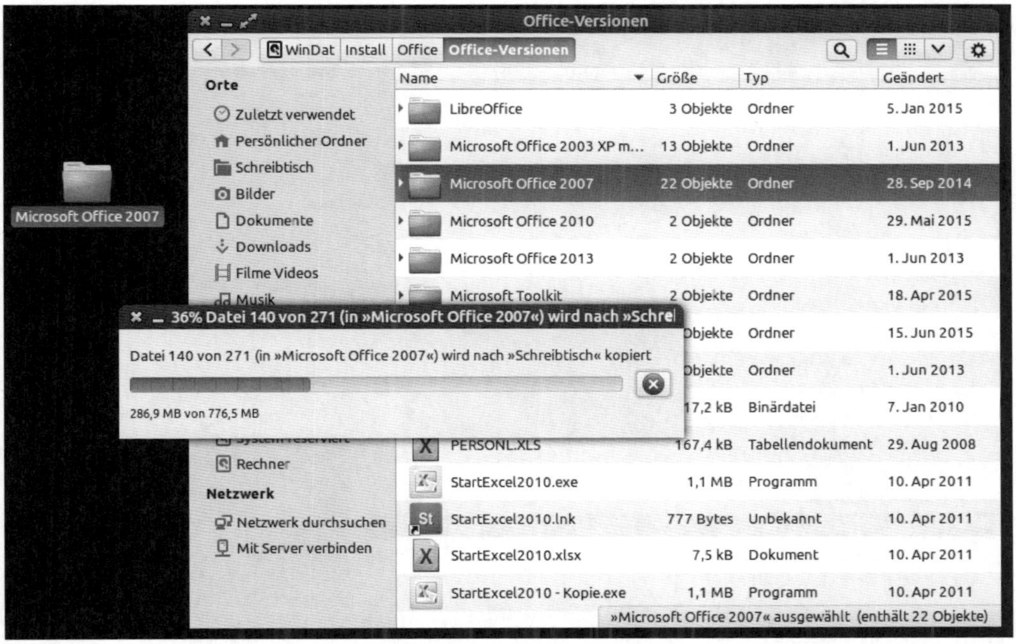

Abbildung 6.84: PlayOnLinux – Installationsdateien auf den Ubuntu-Desktop kopieren.

Starten Sie anschließend PlayOnLinux. Das Programm zeigt Ihnen die eventuell bereits installierten Windows-Programme an (die Sie übrigens auch von hier aus starten können) und gibt Ihnen die Möglichkeit, oben über den Button *Installieren* neue hinzuzufügen.

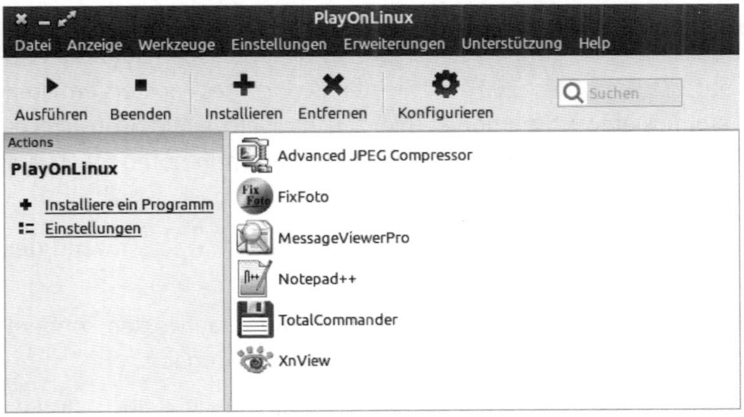

Abbildung 6.85: Startbildschirm von PlayOnLinux.

Klicken Sie darauf, um zum Installationsmenü zu gelangen.

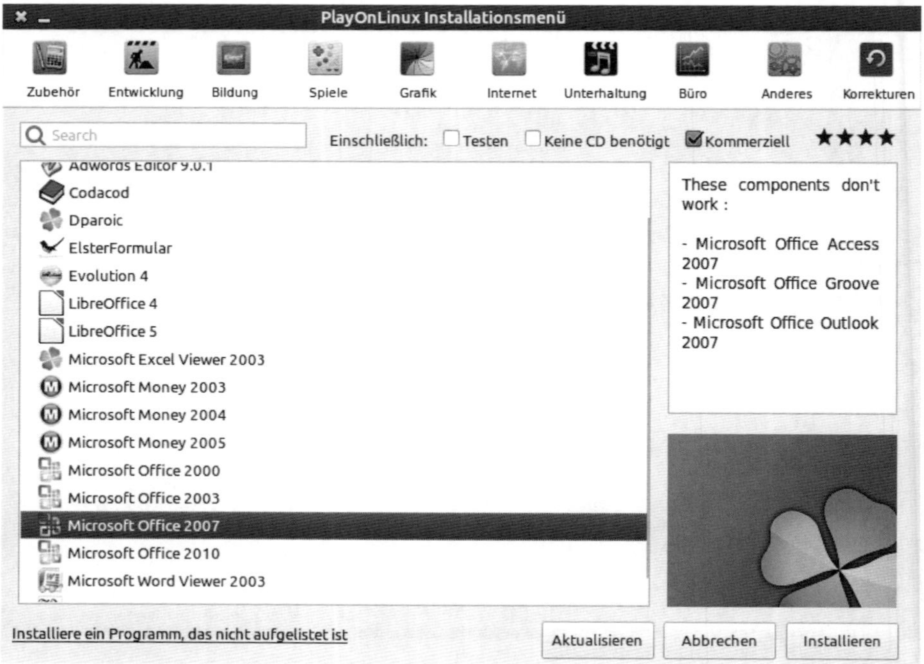

Abbildung 6.86: Installationsmenü von PlayOnLinux.

6.7.1 Installation mit Skript

Am oberen Bildschirmrand des Installationsmenüs finden Sie eine Reihe von Rubriken. Wenn Sie darauf klicken, sehen Sie eine Liste der populären Programme dieser Rubrik, für die PlayOnLinux Installationsskripts bereithält. Klicken Sie für unser Beispiel auf *Büro* und anschließend in der Liste auf *Microsoft Office 2007*. Im rechten Bereich des Fensters erhalten Sie möglicherweise noch einige Detailinformationen (hier z. B. für welche Microsoft-Office-Komponenten die Installation nicht funktionieren wird). Klicken Sie dann unten rechts auf *Installieren*, um fortzufahren.

Es folgen zwei Hinweisfenster, die Ihnen kurze Informationen geben, was während der Installation zu beachten ist:

- Ändern Sie während der Installation keine Angaben zu Ordnern oder Laufwerken, sondern lassen Sie diese unverändert auf der jeweils angebotenen Standardvorgabe.
- Antworten Sie während der Installation auf die Frage, ob das Programm jetzt gleich gestartet werden soll, immer mit *Nein* (bzw. entfernen Sie das Häkchen an der betreffenden Position).
- Sollte die Aufforderung erscheinen, Windows neu zu starten, dann können Sie zwar mit *Ja* oder *OK* antworten, dürfen dies aber **niemals** mit Ubuntu tun, bis der Vorgang in PlayOnLinux abgeschlossen ist.

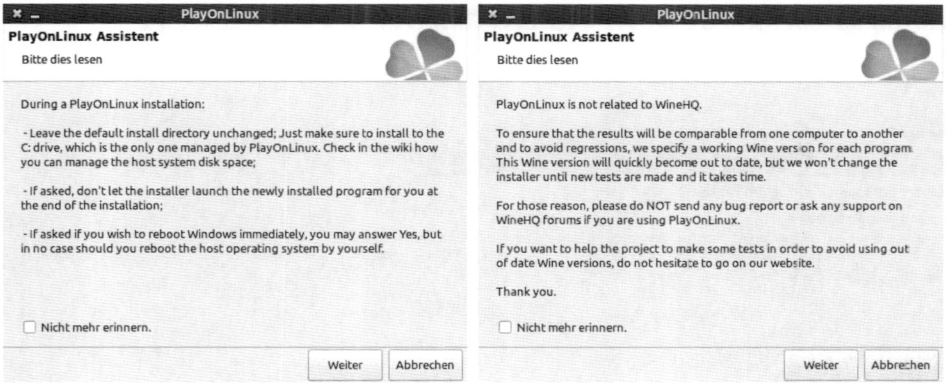

Abbildung 6.87: PlayOnLinux-Installationshinweise.

- Sollte es Probleme mit der Installation geben, wenden Sie sich direkt an die Hersteller von PlayOnLinux, jedoch **nicht** an den Service von Wine.

Anschließend befinden Sie sich im Startfenster des Installationsskripts:

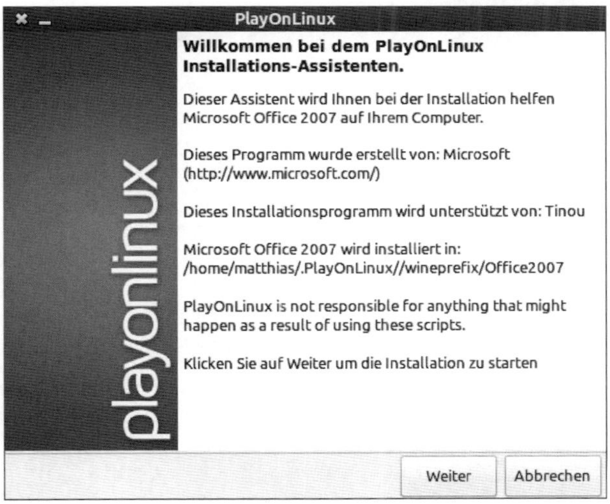

Abbildung 6.88: Start des Installationsskripts.

Klicken Sie auf *Weiter* und folgen Sie den Anweisungen. PlayOnLinux richtet das Programm nun auf einem sogenannten virtuellen Laufwerk ein (das ist eine spezielle Datei, die auf Ihrer Festplatte angelegt wird). Dort erhält es alle individuell erforderlichen Windows-Ressourcen zugewiesen und bleibt zudem sauber getrennt von eventuell vorhandenen weiteren Windows-Programmen.

Sollte das gewünschte Programm bereits installiert sein, dann können Sie im nächsten Schritt entscheiden, was mit der vorhandenen Installation geschehen soll:

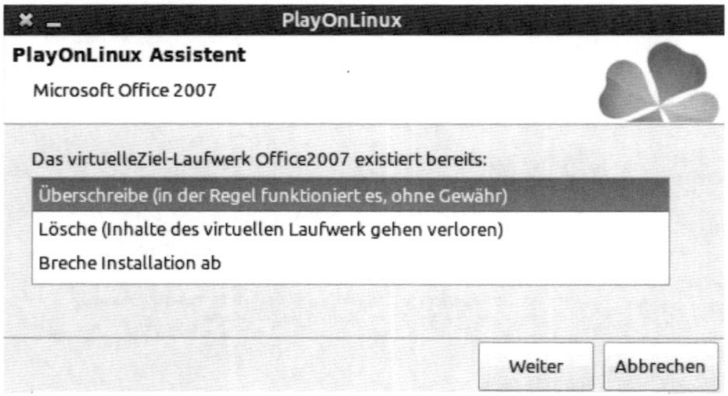

Abbildung 6.89: Programm existiert bereits.

Dieses Fenster erscheint natürlich nicht, wenn Sie das Programm zum ersten Mal anlegen.

Anschließend richtet PlayOnLinux alle erforderlichen Dinge ein und bereitet den Start der Installation vor. Dabei erscheint u. a. für kurze Zeit auch ein Fenster von Wine, das im Hintergrund präpariert wird.

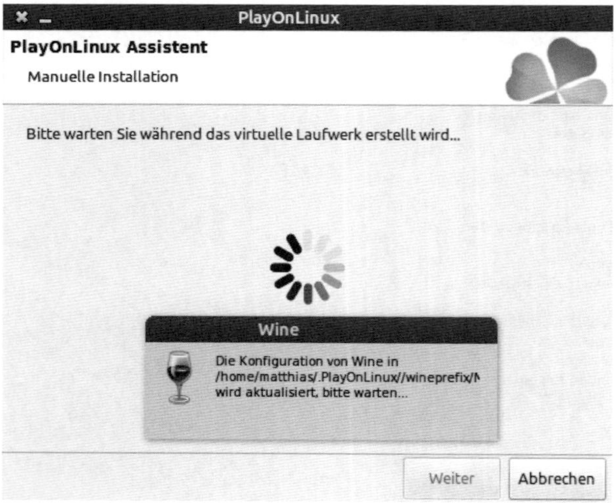

Abbildung 6.90: Wine-Konfiguration.

Kurze Zeit später werden Sie gefragt, wo sich die Installationsdateien befinden.

Falls eine CD/DVD eingelegt ist, wird diese hier auch angezeigt, und Sie können gern den Versuch unternehmen, die Installation von dort zu starten. Sicherer ist aber der Weg über die zuvor kopierten Dateien auf Ihrem Desktop.

Abbildung 6.91: Ort der Installationsdateien auswählen.

Wählen Sie also *Anderes* und geben Sie im nächsten Fenster den Ordner an, in dem Sie die Installationsdateien abgelegt haben.

> **Tipp**
>
> Leider gibt es hier keinen Button, mit dem man einen Dateiexplorer aufrufen könnte, um bequem den Ordnernamen auszuwählen. Sie können sich aber damit behelfen, dass Sie jetzt kurz den Ordner auf dem Desktop mit einem Doppelklick öffnen, im Dateiexplorer oben einen Rechtsklick auf dem Ordnernamen machen und *Kopieren* wählen. Dann liegt der komplette Pfadname in der Zwischenablage bereit und kann bei PlayOnLinux mit Strg+C eingefügt werden.

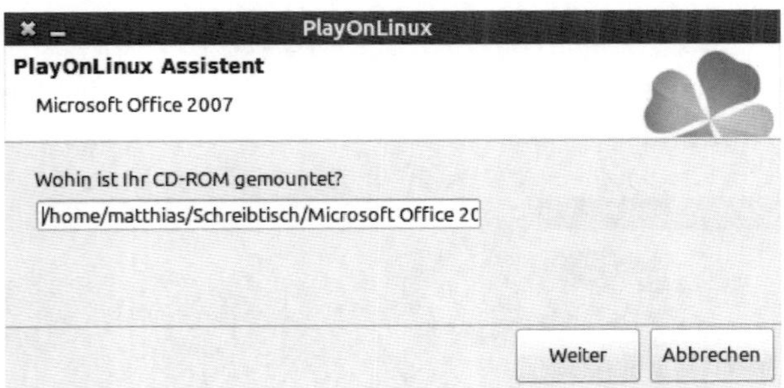

Abbildung 6.92: Pfad zu den Installationsdateien.

Mit dem Klick auf *Weiter* wird PlayOnLinux die Installation starten – alles Weitere verläuft entsprechend dem Windows-Installationsprogramm. Nach dessen Abschluss nimmt PlayOnLinux noch einige Einstellungen vor und erzeugt in aller Regel auch Symbole auf dem Desktop, mit denen man das installierte Programm direkt starten kann.

6.7.2 Installation ohne Skript

Nicht immer existiert zu dem gewünschten Programm ein PlayOnLinux-Skript. In diesem Fall muss man im Installationsmenü (Abbildung 6.86 auf Seite 280) ganz unten den Link *Installiere ein Programm, das nicht aufgelistet ist* anklicken und gelangt nach der Begrüßung zur ersten Frage (siehe Abbildung 6.93). Sie können hier entscheiden, ob Sie ein neues Programm installieren oder zu einem bereits installierten etwas hinzufügen möchten. Letzteres kann z. B. ein Add-on, ein Treiber oder ein anderer Zusatz zu einem bestehenden Programm sein.

Für Microsoft Office 2007 gibt es beispielsweise ein Tool, das die Speicherung eines Word-Dokuments als PDF-Datei ermöglicht. Wenn Sie dieses installieren möchten, dann müssen Sie hier *Editiere oder aktualisiere eine bestehende Applikation* wählen und dann das bereits eingerichtete Microsoft Office als Zielort angeben.

Für eine Neuinstallation wählen Sie den ersten Menüpunkt.

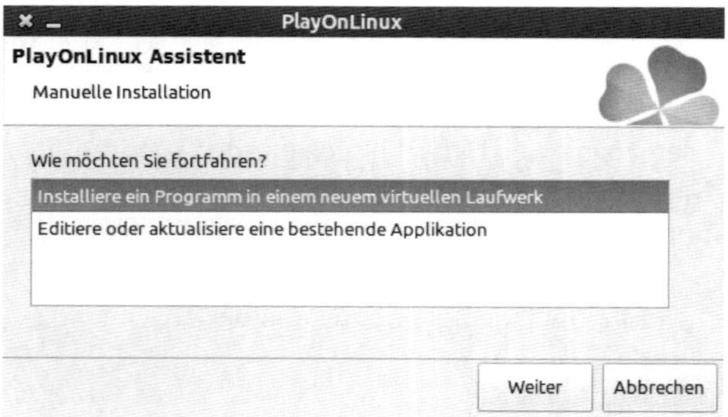

Abbildung 6.93: PlayOnLinux – manuelle Installation.

Im Anschluss daran müssen Sie einen Namen für das neue Programm festlegen. Achten Sie hier darauf, dass Leerzeichen nicht erlaubt sind!

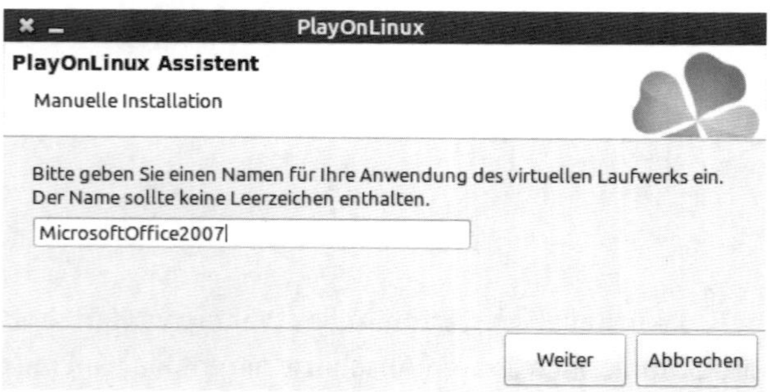

Abbildung 6.94: Programmnamen festlegen.

Das nächste Fenster wird man in der Regel sofort mit *Weiter* überspringen. Hier könnten Sie im Bedarfsfall einige spezielle Einstellungen vornehmen, falls Ihr Programm mit den Standardoptionen von PlayOnLinux nicht zum Laufen gebracht werden kann. Darauf einzugehen, würde an dieser Stelle aber zu weit führen. In den meisten Fällen wird man, nachdem ein Programm mit PlayOnLinux nicht wie gewünscht startet, ohnehin im Internet nach einer Lösung suchen (gegebenenfalls sogar direkt auf der Wine-Website) und dann dort erfahren, welche Einstellungen an dieser Stelle vorzunehmen sind, damit es letztlich doch noch funktioniert.

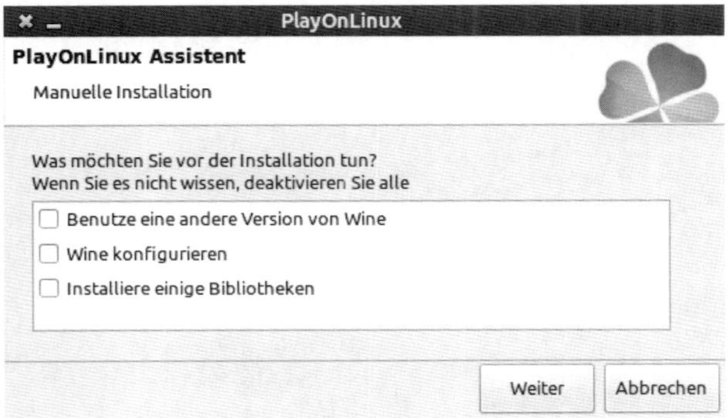

Abbildung 6.95: Spezielle Einstellungen in PlayOnLinux.

Die nun folgende Frage betrifft die Rechnerarchitektur, für die **das zu installierende Programm** ausgelegt ist. Wenn Sie hier unsicher sind, dann wählen Sie immer *32 bits windows installation*.

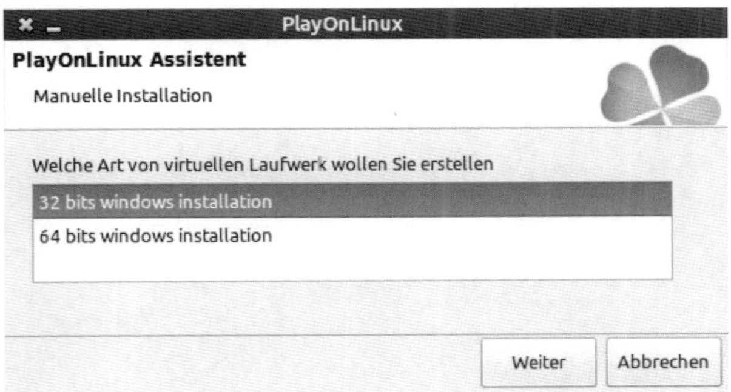

Abbildung 6.96: Rechnerarchitektur.

Dabei ist jedoch nicht entscheidend, welche Architektur Ihr **Rechner** hat, sondern wofür die **Software** ausgelegt ist, die jetzt installiert werden soll!

Anschließend richtet PlayOnLinux das virtuelle Laufwerk ein und fragt Sie dann nach dem Ort, an dem das Installationsprogramm liegt (siehe Abbildung 6.92 auf Seite 283). Klicken Sie hier auf *Durchsuchen* und wählen Sie im Dateiexplorer die Startdatei. Wenn es nur eine einzige Datei gibt, dann diese, ansonsten eine mit Namen wie `setup.exe`, `install.exe` etc. (siehe unten, Abbildung 6.97).

Die Installation startet, wenn Sie auf *Weiter* klicken.

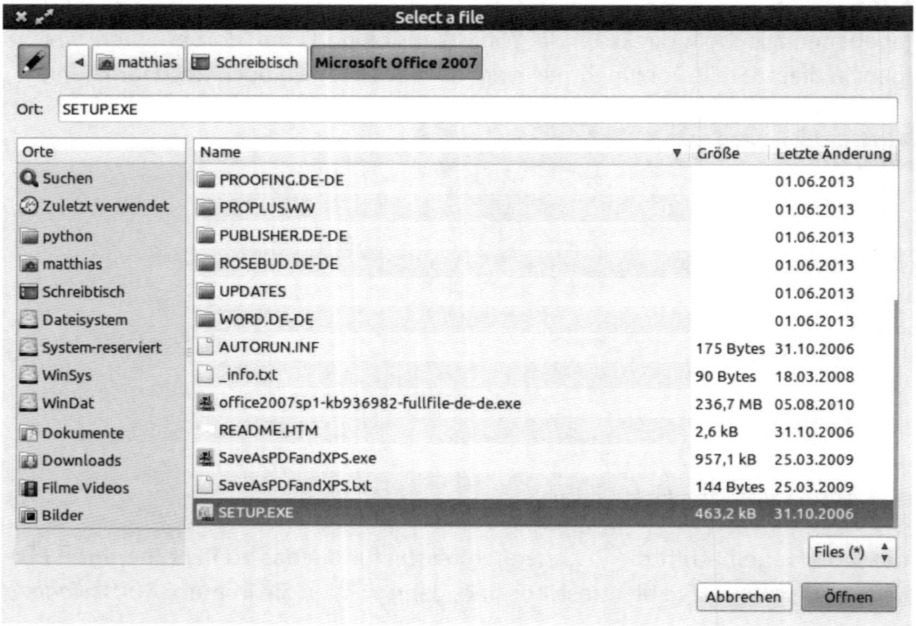

Abbildung 6.97: Startprogramm auswählen.

7 Meine Daten

In Kapitel 3.1 haben Sie alle persönlichen Daten präpariert und aus Windows exportiert – und damit auch den größten Aufwand bereits hinter sich. In diesem Kapitel profitieren Sie nun davon und importieren mit jeweils wenigen Schritten alle gesicherten Daten in Ubuntu. Dabei gehen wir allerdings davon aus, dass alles so aufbereitet und abgespeichert wurde, wie in Kapitel 3.1 beschrieben.

7.1 E-Mails, Termine, Kontakte

Alle E-Mails, Kontakte, Termine, Aufgaben etc. sind in Thunderbird übertragen worden (siehe Kapitel 3.1.1). Dies ist das Programm, mit dem Sie fortan unter Ubuntu Ihre persönlichen Informationen verwalten können (und sollten).

Thunderbird steht allerdings nicht von Anfang an zur Verfügung und muss zunächst einmal installiert werden – Sie finden ihn im Software-Center unter dem Stichwort *thunderbird*.

Mit der Installation richtet das Programm auch ein sogenanntes Profil ein. Das ist ein Ordner, in dem all Ihre Daten (E-Mails, Termine etc.) sowie sämtliche Einstellungen gesichert werden. Dieser Ordner heißt `zzzzzz.default`, wobei `zzzzzz` ein Zufallsname ist.

Als Sie seinerzeit Ihre Daten in Thunderbird übertrugen, wurde in Windows auch ein solcher Ordner angelegt – er war dort zu finden unter:

```
C:\Users\<IhrWindowsUserName>\AppData\Local\Thunderbird\Profiles
```

Um nun auf einen anderen Rechner umzuziehen, ist nichts weiter erforderlich als eine Übertragung dieses Profils zum Zielrechner – und das ist in vier Schritten erledigt:

1. Quelle aufsuchen

In Kapitel 3.1.3 haben Sie Ihren persönlichen Ordner auf eine externe Festplatte übertragen. Damit wurde auch automatisch das Thunderbird-Profil gesichert. Schließen Sie also die Festplatte an und öffnen Sie den Dateimanager (falls dieser nicht automatisch erscheint). Klicken Sie dort im linken Bereich auf den Namen der Festplatte. Navigieren Sie im rechten Fenster über Users, <IhrWindowsUserName>, AppData, Local, Thunderbird dann zu Profiles. Doppelklicken Sie dort auf den Ordner `zzzzzz.default`, um ihn zu öffnen.

2. Daten kopieren

Markieren Sie mit Strg+A alle Inhalte des Profilordners und kopieren Sie diese mit Strg+C in die Zwischenablage.

3. Ziel aufsuchen

Klicken Sie nun im Dateiexplorer links auf `Persönlicher Ordner`. Anschließend drücken Sie Strg+H, um auch versteckte Inhalte sichtbar zu machen. Suchen Sie nun rechts den Ordner

`.thunderbird` (beachten Sie den Punkt am Anfang des Namens). Wenn Sie den Ordner doppelklicken, wird das momentane Thunderbird-Profil angezeigt, ein Ordner namens `yyyyyy.default`. Öffnen Sie diesen Ordner mit einem Doppelklick.

4. Daten einfügen

Löschen Sie alle Daten, die sich momentan im Profilordner befinden – diese werden nicht benötigt und würden gegebenenfalls nur mit den einzufügenden Daten in Konflikt geraten. Drücken Sie hierfür einfach Strg+A, um alles zu markieren, und dann Entf.

Jetzt müssen Sie nur noch Strg+V drücken, und die zuvor in die Zwischenablage kopierten Daten aus Ihrem Backup werden hierher übertragen.

Nun können Sie Thunderbird starten und den Moment genießen, wenn alle Daten und sämtliche Einstellungen perfekt zur Verfügung stehen!

7.2 Lesezeichen und Favoriten

Die Lesezeichen bzw. Favoriten für Ihren Internetbrowser wurden in Kapitel 3.1.2 in einer HTML-Datei auf dem Desktop gespeichert. Mit der anschließenden Sicherung Ihres persönlichen Ordners (vgl. Kapitel 3.1.3) ist diese Datei ganz automatisch mit auf der externen Festplatte gelandet.

Unter Ubuntu ist Firefox der favorisierte Browser, und wenn keine gewichtigen Gründe dagegen sprechen, dann sollten Sie diesen auch ab jetzt nutzen – er ist nicht nur deutlich sicherer als alle anderen gängigen Browser, sondern eröffnet Ihnen durch unzählige Add-ons auch enorm viele Anpassungs- und Verbesserungsmöglichkeiten.

Um nun die Lesezeichen zu importieren, schließen Sie gegebenenfalls zunächst die externe Festplatte an (falls sich der Dateiexplorer öffnet, beenden Sie diesen gleich wieder, er wird nicht benötigt).

Starten Sie jetzt Firefox und drücken Sie dort Strg+⇧+B, um die Favoritenverwaltung zu öffnen.

Klicken Sie dann oben auf den Button *Importieren und Sichern* und anschließend auf *Lesezeichen von HTML importieren*. Daraufhin öffnet sich der Dateiexplorer. Hier klicken Sie links auf den Namen der externen Festplatte und navigieren dann im rechten Fenster zu `Users\<IhrWindowsUserName>\Desktop`. Dort finden Sie eine Datei mit dem Namen `bookmark***.html` – wählen Sie diese aus und klicken Sie dann auf *Öffnen*. Nach einem kurzen Augenblick erscheinen links wieder alle Ihre Lesezeichen und Sie können das aktuelle Fenster schließen.

Firefox ist arbeitsfähig!

7.3 Alle anderen Dateien

Um Ihre persönlichen Dateien in Ubuntu nutzen zu können, genügt ein einziger Vorgang: Öffnen Sie auf Ihrer externen Festplatte den Ordner `Users/<IhrWindowsUserName>/Documents`, markieren Sie dessen kompletten Inhalt mit Strg+A, kopieren Sie ihn mit Strg+C, wechseln Sie dann in den Ubuntu-Ordner `/home/<IhrUbuntuUserName>/Dokumente` und fügen Sie alles mit Strg+V dort ein. Tun Sie dies gegebenenfalls auch mit den Dateien aus den Ordnern `Bilder`, `Videos`, `Musik` etc.

Zu den persönlichen Dateien – ausgenommen Office-Dokumente (also Texte, Tabellen, Präsentationen etc.) – muss man nicht viele Worte verlieren, weil es hier kaum Unterschiede zwischen Windows und Linux gibt. Alle Dateien, die nichts mit Microsoft Office, Mails, Kalender, Kontakten etc. zu tun haben, sind problemlos und kommen in der Regel ohne spezielle Konvertierungen oder Vorkehrungen aus, denn in der Linux-Welt gibt es mehr als genug Programme, um diese genauso professionell bearbeiten zu können wie in Windows.

Und wenn es doch mal ein Windows-Programm sein muss, dann versuchen Sie, dieses mithilfe von PlayOnLinux zu integrieren (siehe Kapitel 6.7), oder lassen Sie bei der Ubuntu-Installation Windows parallel bestehen, um dort mit diesem Programm arbeiten zu können (siehe Seite 98).

Eine Besonderheit stellen Microsoft-Office-Dokumente dar. Um diese künftig bearbeiten zu können, haben Sie zwei Möglichkeiten, die nachfolgend vorgestellt werden.

7.3.1 LibreOffice

Der konsequenteste und einfachste Weg, in Ubuntu heimisch zu werden, ist die Verwendung der LibreOffice-Suite für Texte, Tabellen, Präsentationen, Zeichnungen etc. Sie finden die einzelnen Programme (Writer, Calc, Impress, Draw, Base, Math und Chart) entweder bereits im Starter oder über den Dash. LibreOffice kann problemlos alle Dateiformate von Microsoft Office lesen und sogar schreiben. Daher wäre es theoretisch möglich, übergangslos dort weiterzumachen, wo Sie jeweils aufgehört haben.

Natürlich sind die beiden Programmgruppen nicht identisch, und so wird es immer den einen oder anderen Unterschied geben. Wenn Sie aber zu den 90 % der Anwender gehören, die lediglich gute, ansprechende Dokumente wie Geschäftsbriefe, Einladungen, Berichte, Abschlussarbeiten, einfache Präsentationen und Kalkulationen erstellen wollen, dann werden Sie von den Unterschieden so gut wie nichts merken. Ambitioniertere Anwender allerdings müssen eventuell zweigleisig weiterfahren und die Microsoft-Office-Programme (zumindest anfänglich) parallel verwenden – insbesondere, wenn Sie mit solchen Besonderheiten wie VBA-Makros oder Excel-Sparklines gearbeitet haben.

7.3.2 Microsoft Office

Es ist durchaus möglich, Microsoft Office auch unter Ubuntu zu nutzen. Installieren Sie einfach die Office-Suite mithilfe von PlayOnLinux wie in Kapitel 6.7 beschrieben. Allerdings gilt auch hier: Je neuer die Programmversion, desto eher ist mit Komplikationen zu rechnen, weil die jeweils jüngsten Änderungen noch nicht in Wine eingepflegt werden konnten (Microsoft lässt sich da nicht gern in die Karten schauen). Derzeit funktioniert die Microsoft-Office-Einbindung problemlos für die Version 2007. Version 2010 scheint weitestgehend auf den meisten Rechnern gut zu laufen, wohingegen es bei 2013 und 2016 wohl noch erhebliche Schwierigkeiten gibt.

Alternativ dazu könnten Sie auch in einer VirtualBox ein komplettes Windows-Betriebssystem installieren und darin dann das Microsoft-Office-Paket (weiterführende Informationen finden Sie unter *https://wiki.ubuntuusers.de/VirtualBox*). Dies setzt aber voraus, dass Ihr Rechner über ausreichende Hardwarekapazitäten, insbesondere einen großzügig bemessenen Arbeitsspeicher (RAM) und möglichst mehrere leistungsfähige CPUs verfügt.

Als dritte Möglichkeit bleibt noch die Parallelinstallation von Windows und Ubuntu (siehe Seite 98). Dann können Sie allerdings nur wechselseitig arbeiten: entweder Microsoft Office unter Windows oder Ubuntu mit allen anderen Programmen. Außerdem sollten Sie dann in Windows (!) auf einem separaten Laufwerk einen Ordner einrichten, der sowohl von dort als auch von Ubuntu aus erreichbar ist und als Austauschort für die Dateien dient, die in Windows und/oder Ubuntu erzeugt und bearbeitet werden.

7.4 Datensicherung

Egal, wann oder wo Sie Menschen befragen, wer von ihnen in der vergangenen Woche ein Backup, also eine Sicherung seiner Daten durchgeführt hat – Sie werden kaum mehr als 10 % finden, die darauf mit Ja antworten können. Ein erschreckender Befund, wenn man bedenkt, dass alles ersetzbar ist – die Hardware, das Betriebssystem, die Programme, nur nicht die eigenen Dateien. Persönliche Texte, geliebte Fotos und Videos, alles Gesammelte, erkämpfte Spielstände, sämtliche Lesezeichen, die Ergebnisse wochenlanger Recherchen, ganze Abschlussarbeiten oder Buchmanuskripte, die Kontostände, unersetzliche Tonaufnahmen etc. – kurz alles, was einem im wahrsten Sinn lieb und teuer ist, wäre im Ernstfall für immer verloren.

Das tückische an Festplatten und Datenträgern aller Art ist nun mal, dass sie nur höchst selten ihr baldiges Sterben ankündigen. Nein, der Normalfall ist der, dass Sie eines Morgens Ihren Rechner einschalten und nach einem etwas unklaren Geräusch im Innern des Gerätes kurze Zeit später auf dem Bildschirm lesen müssen, dass das System nicht gestartet werden kann, weil die Festplatte nicht mehr lesbar ist. Das fühlt sich dann an wie nach einem Wohnungsbrand, der soeben alles vernichtet hat. Sicher könnte man nun versuchen, den Datenträger auszubauen und seinen Inhalt von Experten irgendwie doch noch retten zu lassen, aber abgesehen von den immensen Kosten und dem riesigen Zeitverlust gibt es dabei keine Garantie auf Erfolg.

Und selbst dann, wenn nicht so ein großes Drama stattfand, sondern nur ein vergleichsweise kleiner Unfall wie das versehentliche Löschen oder Überschreiben von Daten – es ist doch jedes Mal wie ein Schnitt ins eigene Fleisch.

Insofern ist es erstaunlich, wie wenige Menschen ihre Daten regelmäßig sichern. Fragt man nach den Gründen, dann sind es meist drei:

1. Ich weiß nicht, was eine Datensicherung ist.
2. Keine Ahnung, wie man das macht.
3. Es ist lästige Mehrarbeit, die ich immer vor mir her schiebe.

Zunächst: Eine Datensicherung ist nichts anderes als das Vervielfältigen, also das Kopieren von Daten auf einen anderen Datenträger. Hierbei geht man davon aus, dass die Wahrscheinlichkeit für den gleichzeitigen Ausfall zweier Datenträger so ziemlich gleich null ist, es sei denn, beide lagern unmittelbar nebeneinander, während eine Katastrophe hereinbricht. Daraus resultiert auch die Schlussfolgerung, dass man den zweiten sogenannten Sicherungsdatenträger möglichst weit weg und geschützt deponieren sollte.

Die Datensicherung selbst ist unter Linux eigentlich ein ganz einfacher Vorgang: Kopieren Sie lediglich den Ordner `/home` auf eine externe Festplatte – und Sie haben bereits alle lebenswichtigen Daten gesichert. Sollten Sie noch auf anderen Datenträgern wie z. B. einer zweiten Festplatte o. Ä. arbeiten, dann müssen Sie natürlich auch noch deren Ordner sichern.

Das ist noch viel genialer als unter Windows, weil in `/home` nicht nur sämtliche persönlichen Daten liegen, sondern auch alle Einstellungen, die Sie in Programmen vorgenommen haben sowie deren interne Daten (also z. B. auch sämtliche E-Mails aus Thunderbird!). Muss man später nach einem Crash sein Linux-System neu aufbauen, dann genügt das Installieren der benötigten Programme und danach das Zurückkopieren dieses Ordners. Schon laufen alle Anwendungen exakt so wie zum Zeitpunkt der letzten Datensicherung, weil sämtliche Daten und Einstellungen wiederhergestellt sind!

Die simpelste Vorgehensweise wäre also: einmal wöchentlich eine USB-Festplatte anschließen, im Dateiexplorer `/home` auswählen und Strg+C drücken, danach die Festplatte auswählen und Strg+V drücken. Das wäre schon alles. (Sollte die Frage erscheinen, ob bereits auf der Festplatte bestehende Daten überschrieben werden sollen, wird man diese immer mit *Ja, alle* beantworten). Fertig!

Wenn Sie dann jemals einen Festplatten-Crash erleben sollten, werden Sie sich auf Knien rutschend danken, dass Sie diese kleine Mühe auf sich genommen haben.

Aber es geht natürlich auch professioneller. Die Sache wird nämlich flugs aufwendig, wenn man z. B. mit mehreren Festplatten (oder Partitionen) arbeitet und nun von verschiedenen Orten eine Sicherung durchführen muss, oder wenn man neben den persönlichen Daten und

Einstellungen auch diejenigen des Betriebssystems bewahren möchte. Außerdem ist das stets komplette Überschreiben der Daten, wie es beim einfachen Kopieren geschieht, sehr zeitaufwendig – es wäre doch viel effizienter, wenn man immer nur die Daten sichern würde, die sich seit dem letzten Mal geändert haben.

Hierfür gibt es eine Reihe von Programmen, die in unterschiedlicher Weise die verschiedenen Backup-Strategien unterstützen und von denen im Folgenden stellvertretend zwei genauer vorgestellt werden sollen: die Ubuntu-eigene **Datensicherung** und **Back In Time**.

Es ist jedoch zunächst unbedingt zu empfehlen, sich ganz generell über Methoden der Datensicherung zu informieren, um dann auch besser zu verstehen, worin die Unterschiede der einzelnen Programme bestehen und welches für die eigenen Anforderungen am besten geeignet ist. Dazu können wir uns an dieser Stelle aber viele Worte sparen, denn es gibt zu diesem Thema einen hervorragenden Artikel, dem nichts hinzuzufügen ist:

Lesen Sie *https://wiki.ubuntuusers.de/Datensicherung*. Hier finden Sie auch zahlreiche Hinweise auf weitere Datensicherungsprogramme.

7.4.1 Ubuntu-Datensicherung (Déjà Dup)

Sie erreichen das hauseigene Backup-Tool am einfachsten über den Dash mit dem Suchwort *Datensicherung*. Wenn Sie das Programm häufiger benötigen, können Sie es ja im Starter dauerhaft verankern (Rechtsklick und Auswahl von *Im Starter behalten*).

Bordmittel von Betriebssystemen sind oft sehr simpel. Das gilt leider auch hier: Déjà Dup ist sowohl von der Arbeitsweise also auch von der Bedienung her recht einfach gehalten.

Beginnen wir mit den Einstellungen, die im linken Fensterbereich zu finden sind.

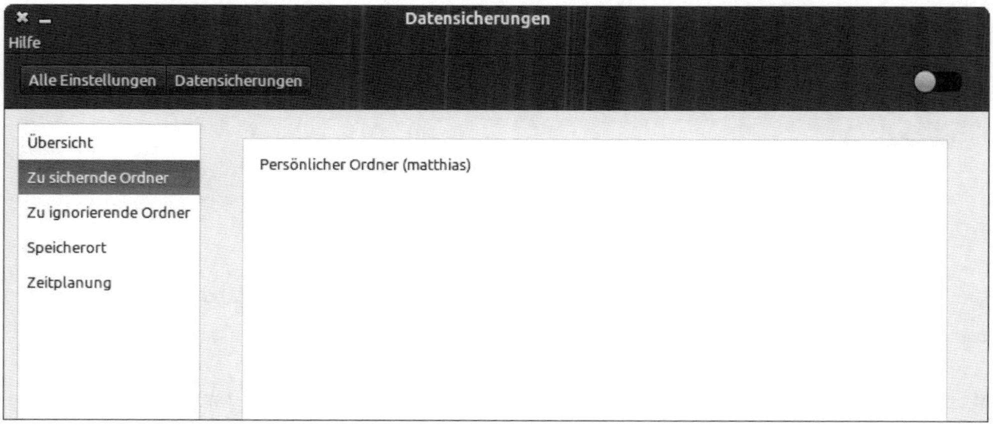

Abbildung 7.1: Ubuntu-Datensicherung – zu sichernde Ordner.

Legen Sie zunächst die Ordner fest, deren Daten gesichert werden sollen. Dazu werden natürlich zuallererst der `persönliche Ordner` und darüber hinaus gegebenenfalls noch weitere gehören, in denen Sie wichtige Daten abgelegt haben. Sie fügen einen Ordner hinzu, indem Sie auf das Pluszeichen am unteren Fensterrand klicken. Mit einem Klick auf das Minuszeichen können Sie einen Ordnernamen aus der Liste entfernen.

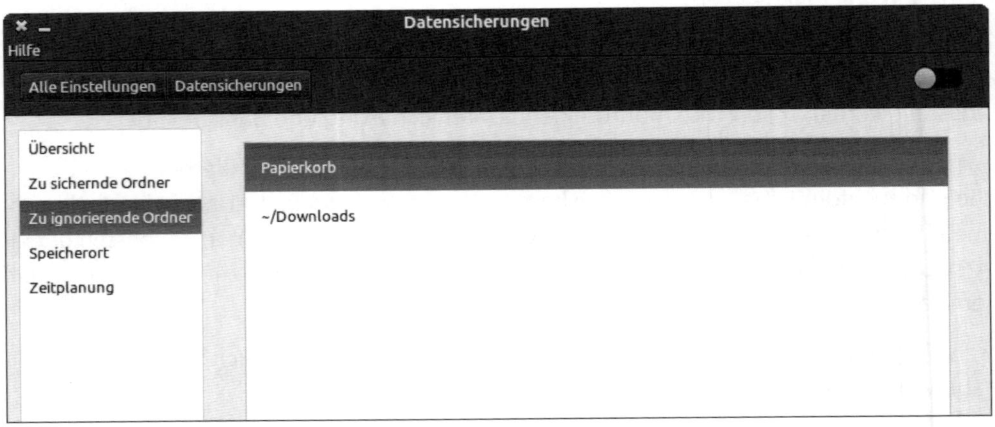

Abbildung 7.2: Zu ignorierende Ordner.

In gleicher Weise legen Sie fest, aus welchen Ordnern **keine** Daten gesichert werden sollen. Das müssen natürlich Unterordner sein von den Ordnern, die zuvor für die Sicherung festgelegt worden sind. Welche Unterordner Sie ausschließen, bleibt ganz Ihnen überlassen. Hierfür gibt es keine Empfehlungen – im Zweifelsfall lassen Sie diese Liste hier einfach leer.

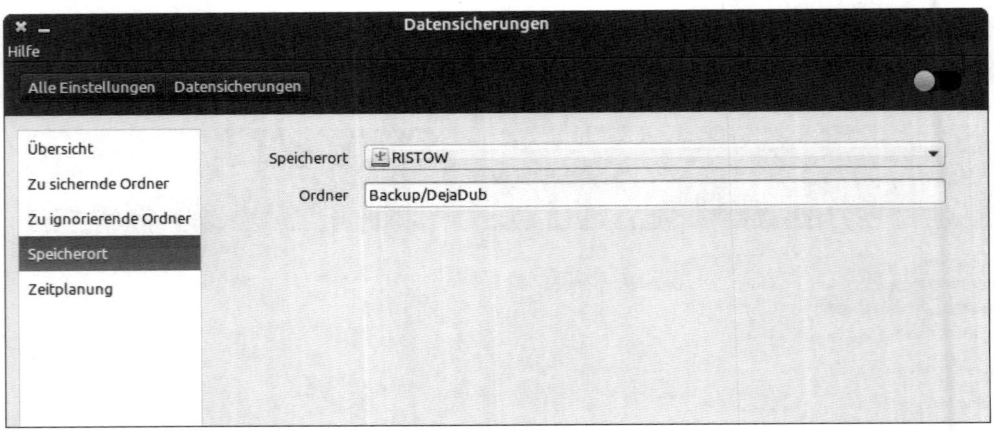

Abbildung 7.3: Speicherort der Ubuntu-Datensicherung.

Natürlich müssen Sie auch noch festlegen, wohin die Daten kopiert werden sollen. Schließen Sie eine externe Festplatte an und wählen Sie diese in der Liste *Speicherort* aus. Darunter können Sie noch einen Unterordner auf der Festplatte angeben, in dem die Datensicherung abgelegt werden soll. Die Vorgabe `Backup/DejaDub` ist gut geeignet und sollte einfach beibehalten werden.

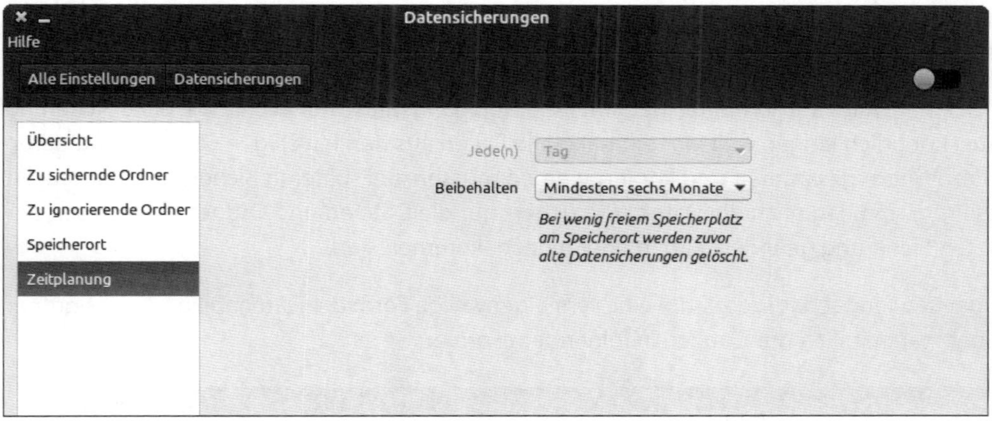

Abbildung 7.4: Zeitplan der Ubuntu-Datensicherung.

Zu guter Letzt können Sie noch einen Zeitplan festlegen, nach dem die Datensicherungen später ablaufen sollen. Um diese Option zu aktivieren, müssten Sie zusätzlich noch den kleinen Schiebeschalter ganz oben rechts im Programmfenster aktivieren. Von einer Zeitplanung ist allerdings abzuraten, denn sie setzt voraus, dass der Rechner zum Zeitpunkt der nächsten Sicherung eingeschaltet und gleichzeitig die externe Festplatte angeschlossen ist (außerdem müssen Sie persönlich anwesend sein, falls nach einem Passwort gefragt wird). Das alles ist jedoch in der Praxis nur selten der Fall. Sichern Sie deshalb stattdessen Ihre Daten lieber manuell, und zwar immer dann, wenn es sich anbietet, also z. B. abends, bevor Sie den Rechner ausschalten.

Nachdem nun alles vorbereitet ist, können Sie zur *Übersicht* zurückgehen und auf *Jetzt sichern* klicken, um die Datensicherung zu starten.

Bei der ersten Sicherung müssen Sie entscheiden, ob die zu sichernden Daten mit einem Passwort geschützt werden sollen oder nicht.

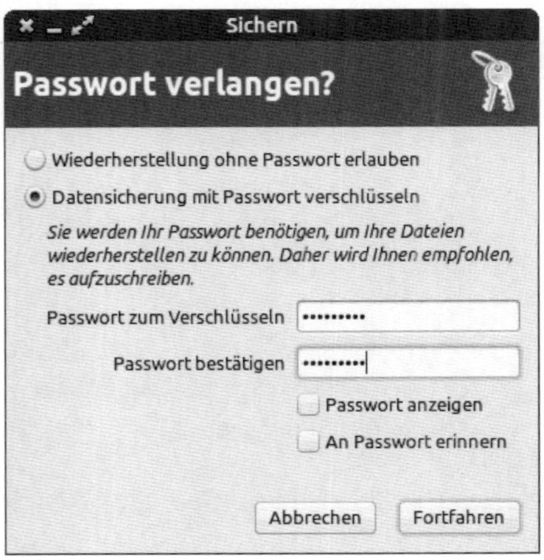

Abbildung 7.5: Ubuntu-Datensicherung mit Passwort schützen.

Wenn Sie sich für die Angabe eines Passworts entscheiden, wird dieses allerdings auch immer bei allen späteren Sicherungen erneut verlangt.

Nach einem Klick auf *Fortfahren* beginnt Déjà Dup dann mit seiner Arbeit. Die erste Sicherung dauert deutlich länger, weil hier einmalig **alle** Daten aus den jeweiligen Ordnern und deren Unterordnern gesammelt und kopiert werden müssen. Bei späteren Sicherungen überprüft das Programm lediglich die Daten und sichert nur die Dateien und Ordner, die sich seit der letzten Sicherung geändert haben oder hinzugekommen sind.

Leider verwendet das Programm eine sehr eigenwillige Form der Datenablage. Im Zielordner findet man nämlich nur Dateien in folgendem Format:

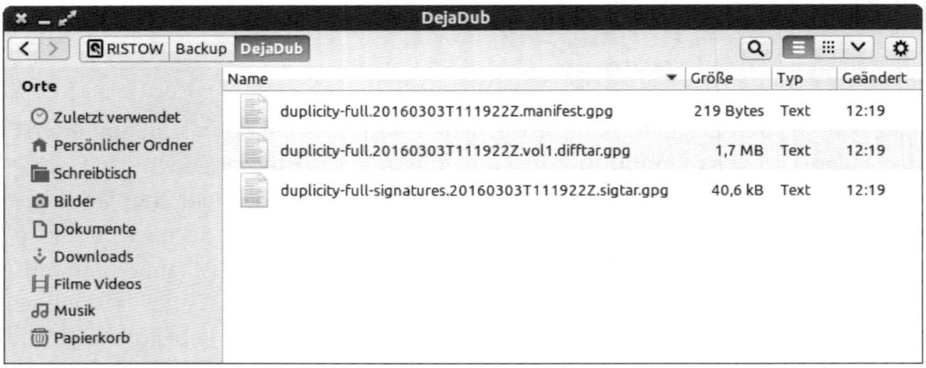

Abbildung 7.6: Ergebnis der Datensicherung.

Das sind verschlüsselte Archive, die nur Déjà Dup selbst wieder entpacken kann. Aber dies bedeutet auch, dass nur komplette Sicherungen zurückgeschrieben werden können – es ist leider nicht möglich, z. B. einzelne Dateien direkt mithilfe des Dateimanagers wiederherzustellen.

Wenn Sie gesicherte Daten wiederherstellen wollen, dann klicken Sie im Übersichtsfenster auf *Wiederherstellen*.

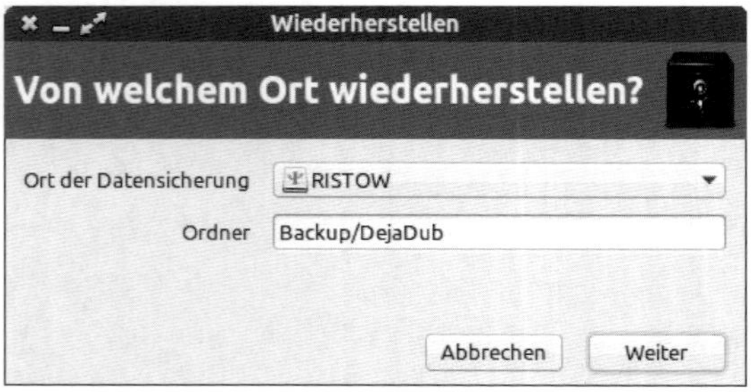

Abbildung 7.7: Gesicherte Daten wiederherstellen.

Geben Sie zunächst den Ort an, an dem die Daten gesichert wurden, also den Namen der externen Festplatte sowie den dortigen Sicherungsordner (die Festplatte muss natürlich zuvor angeschlossen worden sein). Klicken Sie dann auf *Weiter*.

Wenn auf dem Datenträger bereits mehrere Datensicherungen existieren, dann müssen Sie anhand des Sicherungsdatums diejenige auswählen, aus der die Daten wiederhergestellt werden sollen. Im Zweifelsfall wählen Sie das jüngste Datum.

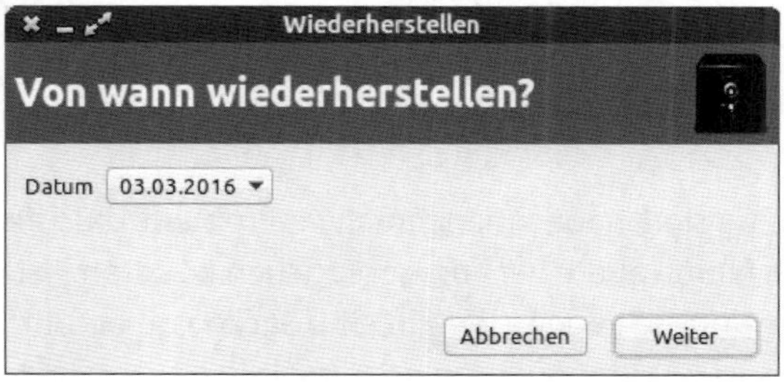

Abbildung 7.8: Datum der wiederherzustellenden Daten .

Schließlich müssen Sie noch den Ort angeben, an den die gesicherten Daten jetzt zu kopieren sind. Hier bietet das Programm zunächst den ursprünglichen Ordner an.

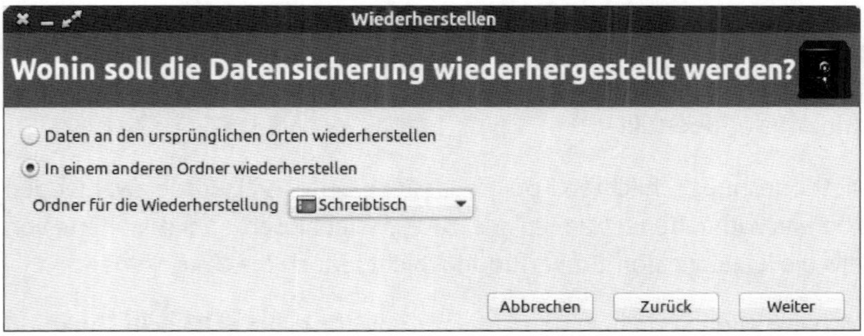

Abbildung 7.9: Ziel der Wiederherstellung.

Davon ist jedoch dringend abzuraten! Es werden dann alle dort bereits vorhandenen Dateien überschrieben, unabhängig davon, ob diese zwischenzeitlich verändert worden sind oder nicht. Sie sollten diese Option nur dann wählen, wenn tatsächlich der **komplette** Inhalt des Zielordners wiederhergestellt werden muss. Verwenden Sie stattdessen zunächst einen anderen Ordner als Ziel. Hier bietet sich der `Schreibtisch` an. Die dabei angelegten Ordner können nach Abschluss des Zurücklesens jederzeit wieder gelöscht werden.

Diese Methode ist auch dann erforderlich, wenn Sie eigentlich nur eine **einzelne** Datei wiederherstellen wollen.

Mit *Weiter* gelangen Sie zu einer kurzen Übersicht, aus der Sie mit *Wiederherstellung* den Vorgang dann starten können. War die Sicherung mit einem Passwort geschützt, so müssen Sie dieses abschließend noch angeben.

Ist die Wiederherstellung beendet, können Sie jetzt den Ordner öffnen, der auf dem Schreibtisch angelegt wurde, einzelne Dateien und/oder Ordner auswählen und an das eigentliche Ziel zurückkopieren. Dieser Weg ist vielleicht etwas umständlicher, aber Sie haben alle Teilschritte selbst in der Hand, insbesondere die Entscheidung, ob Dateien, die am Ziel existieren, mit denen aus der Datensicherung überschrieben werden sollen oder nicht.

7.4.2 Back In Time

Menschen, die viel und kreativ am Rechner tätig sind, haben manchmal das Problem, dass sie von der Datei, die sie gerade bearbeiten, auch eine ältere Version gebrauchen könnten – zu Vergleichszwecken oder weil der bis hierhin eingeschlagene Weg in eine Sackgasse geführt hat und sie zu einem bestimmten Punkt zurückkehren möchten oder weil sie etwas versehentlich so verändert haben, dass es kein Zurück mehr gibt.

Hierzu müsste man eine Backup-Software haben, die mit jeder Sicherung eine eigenständige Version aller Dateien ablegt. Dann könnte man den Ordner der jeweils gewünschten Sicherung öffnen und die Datei von dort kopieren oder unter einem anderen Namen speichern.

Das würde jedoch zugleich bedeuten, dass mit jeder Sicherung auch die ganz Fülle der Daten abgespeichert werden müsste, doch dann wäre der Datenträger bereits nach wenigen Sicherungsvorgängen hoffnungslos überfüllt.

Die ganz einfache Methode eines schlichten Kopierens (siehe Seite 292) würde zwar wegen des Überschreibens bereits vorhandener Dateien das Platzproblem lösen, aber man hätte von jeder Datei nur jeweils die letzte Version zur Verfügung, nicht jedoch die davor liegenden.

Dies scheint ein unlösbarer Widerspruch zu sein – doch zum Glück gibt es **Back In Time** und Linux mit seinen Hard-Links.

Zum besseren Verständnis, warum Back In Time eine gute Wahl ist, braucht es ein wenig Theorie: Wie erfolgt in Linux eigentlich das Speichern einer Datei? Zunächst wird in einer Art Festplattenverzeichnis der Dateiname eingetragen und einem Ordner zugeordnet. Zusätzlich enthält dieser Eintrag einen Verweis auf den tatsächlichen Speicherort der physischen Datei auf der Festplatte. Diese wird dann entsprechend den Mechanismen des jeweiligen Dateisystems auf die Festplatte geschrieben. Mithilfe des Ordners und des Dateinamens kann über den zugeordneten Verweis auf den Speicherort die Datei nun jederzeit wiedergefunden werden.

Mit dieser Methode könnte man aber auch einem anderen Dateinamen einen Verweis auf dieselbe physische Datei zuordnen. Die Datei wäre dann also über zwei unabhängige Namen erreichbar. So etwas nennt man einen Hard-Link. Im Dateiexplorer würde es so aussehen, als ob die gleiche Datei mehrfach in unterschiedlichen Ordnern existieren würde – in Wahrheit existiert sie aber nur ein einziges Mal und es gibt lediglich mehrere »Zeiger« darauf, nämlich die Dateinamen in den Ordnern, die im Übrigen nur wenige Bytes Speicherplatz benötigen.

Back In Time nutzt nun diese geniale Möglichkeit, um lauter voneinander getrennte Backups anzulegen, die jedes für sich so aussehen, als seien sie eine Komplettsicherung. Der Trick dabei: Hat sich eine Datei gegenüber einer vorherigen Sicherung geändert (oder ist sie seitdem neu angelegt worden), dann wird sie vollständig gespeichert. Ist sie aber unverändert, wird zwar ihr Name gespeichert, aber nur als Hard-Link, der auf die Datei aus der vorherigen Datensicherung verweist. Dadurch benötigt man keinen doppelten Speicherplatz, erzeugt aber scheinbar voneinander unabhängige vollständige Datensicherungen.

Das Schöne daran ist, dass man nun jeden dieser Backup-Ordner mit dem Dateiexplorer öffnen kann und dort die komplette Dateistruktur vorfindet, wie sie zum Zeitpunkt der Sicherung existierte. Diese Dateien und Ordner können beliebig weiterverarbeitet, also im einfachsten Fall auch an ihren Ursprungsort zurück kopiert werden.

Um Back In Time nutzen zu können, müssen Sie es zunächst installieren – Sie finden es im Software-Center unter dem Suchwort *backintime*. Achten Sie gegebenenfalls darauf, die Version zu installieren, die als »root« (also mit Administratorrechten) ausgeführt wird.

Nach dem Start verlangt das Programm zunächst das Admin-Passwort, und beim ersten Start fragt Back In Time außerdem, ob Sie vorherige Einstellungen verwenden möchten. Da es keine solchen gibt, antworten Sie hier bitte mit *Nein*.

Back In Time kann mehrere sogenannte Profile verwalten, die jeweils unterschiedliche Backups ausführen. Für unsere Zwecke genügt es, nur das sogenannte Hauptprofil zu verwendet, das immer benutzt wird, wenn keine weiteren Vorgaben existieren. Genau dieses Profil muss nun erst eingerichtet werden, deshalb zeigt das Programm beim Erststart den Einstellungsdialog (siehe Abbildung 7.10 auf der nächsten Seite).

Schließen Sie die externe Festplatte an und legen Sie dann das gemeinsame Ziel aller zukünftigen Datensicherungen fest, indem Sie in der Zeile *Speicherort für Schnappschüsse*[12] rechts auf das Ordnersymbol klicken und die externe Festplatte anwählen. Im Idealfall richten Sie dort noch einen speziellen Backup-Ordner ein (in Abbildung 7.10 ist `RISTOW` der Name der Festplatte, auf der der Ordner `Backup` für die Datensicherungen eingerichtet wurde).

Unterhalb des Backup-Ordners richtet Back In Time eine weitere Ordnerhierarchie ein, um gegebenenfalls mehrere Backups von verschiedenen Rechnern, Nutzern und Profilen auseinanderhalten zu können. Lassen Sie die Einstellungen so, wie vorgegeben, lediglich dem *Profil*, das zunächst nur mit einer Zahl benannt wird, sollten Sie einen sinnvolleren Namen geben, z. B. `Tagessicherung` oder `Hauptprofil`.

12 Back In Time bezeichnet einzelne Sicherungen als »Schnappschüsse«.

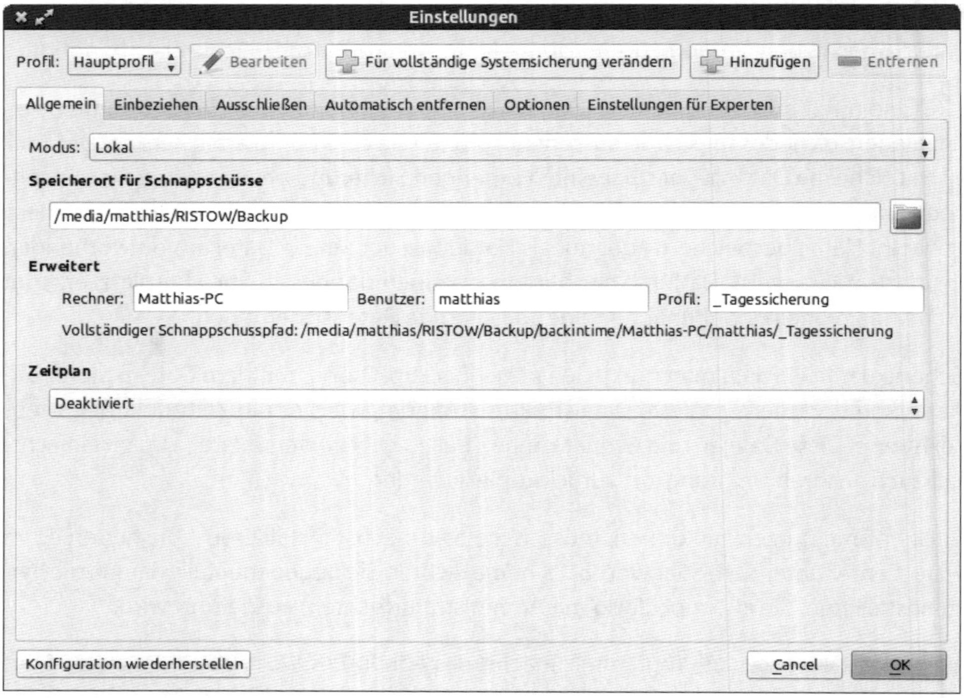

Abbildung 7.10: Back In Time – allgemeine Einstellungen.

Klicken Sie danach oben auf den Reiter *Einbeziehen*.

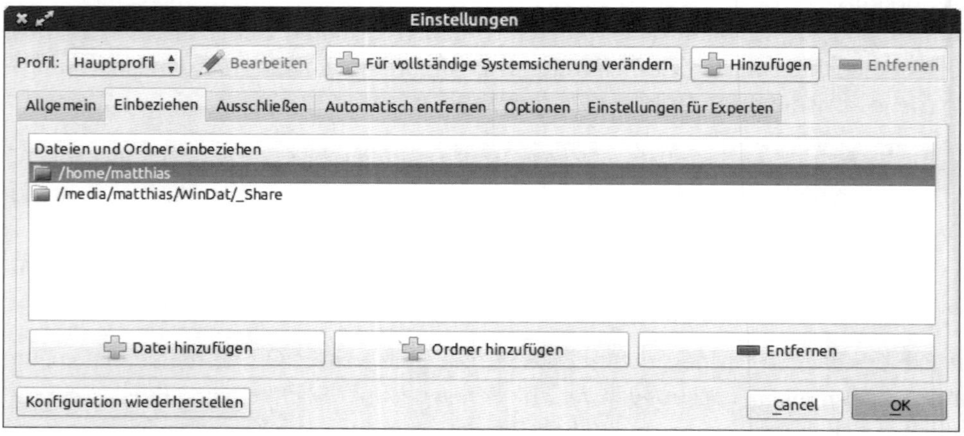

Abbildung 7.11: Sicherungsordner von Back In Time.

Sie können hier sowohl ganze Ordner als auch nur einzelne Dateien zur Liste hinzufügen oder bestehende löschen. In allererster Linie sollte natürlich der persönliche Ordner in dieser Liste auftauchen (also /home/<IhrUbuntuUserName>)! Welche weiteren Elemente Sie gegebenenfalls noch zur Sicherung hinzufügen, bleibt Ihnen überlassen. Vergleichen Sie hierzu bitte auch die Hinweise auf *https://wiki.ubuntuusers.de/Datensicherung*.

In der nächsten Rubrik namens *Ausschließen* können Sie angeben, was von der Datensicherung ausgenommen bleiben soll. Hier können Sie nicht nur wieder konkrete Namen von Ordnern und Dateien angeben, sondern auch allgemeine Namensmuster von Elementen, die ausgeschlossen werden sollen. Unterhalb der Liste finden Sie einige Vorschläge, die Sie nicht nur direkt übernehmen sollten (klicken Sie auf *Voreinstellungen übernehmen*), sondern an denen Sie sich auch bezüglich der Syntax orientieren können.

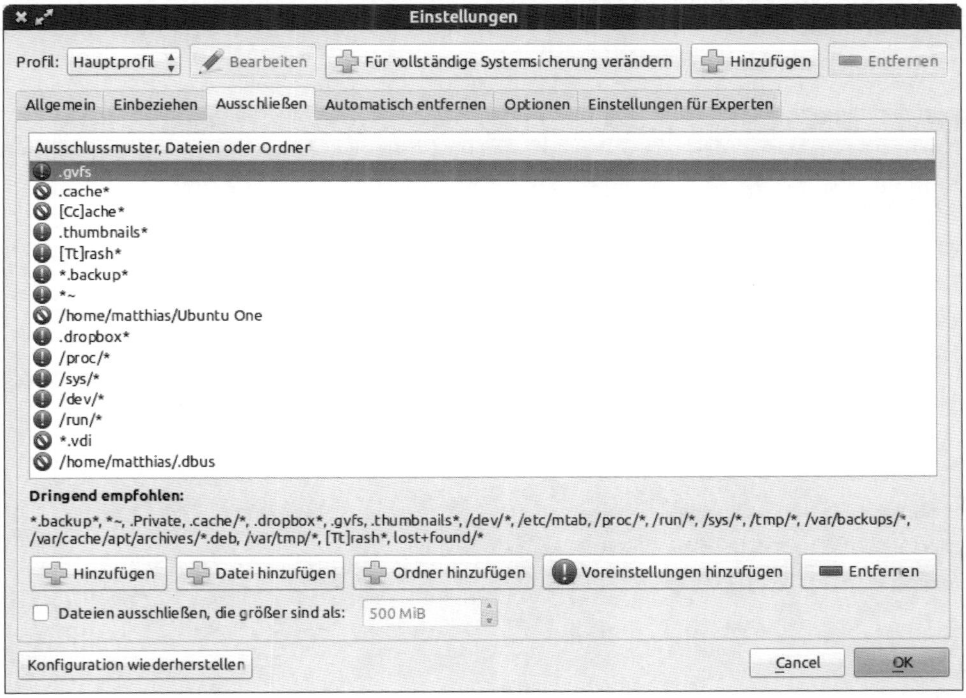

Abbildung 7.12: Back In Time – auszuschließende Elemente.

Folgende Zeichen dürfen Sie für Namensschemata verwenden:

- `*` – für beliebige viele Zeichen an dieser Position
- `?` – für genau ein Zeichen an dieser Position
- `[xyz]` – für eine Sammlung von Zeichen, die an dieser Position stehen dürfen

Beispiele:

- `*[Bb]ackup*` – alle Dateien, in deren Name irgendwo `Backup` oder `backup` vorkommt
- `*.bak` – alle Dateien des Typs `bak`
- `/proc/*` – alles, was sich im Ordner `/proc` befindet

Sie können sich bei Ihrer Auswahl zunächst an den Vorgaben unterhalb der Liste orientieren, aber auch an den bereits in Abbildung 7.12 aufgelisteten Namensschemata.

In der nächsten Rubrik mit dem Namen *Automatisch entfernen* (siehe unten Abbildung 7.13) legen Sie fest, wie Back In Time mit älteren Sicherungen oder bei akutem Platzmangel auf dem Datenträger verfahren soll. Dabei sollten Sie beachten, dass das *Intelligentes Löschen* in aller Regel die Dauer einer Sicherung erheblich verlängert, weil Back In Time sehr viele Prüfungen und gegebenenfalls Umlagerungen vornehmen muss. Wenn also kein dringender Bedarf an einer solchen Option besteht, dann sollten Sie möglichst darauf verzichten (ein Löschen von Datensicherungen, die älter als ein paar Wochen oder Monate sind, genügt in der Regel vollauf, um einem Platzmangel vorzubeugen). Je weniger Vorgaben Sie hier aktivieren, umso zügiger verlaufen die Backups.

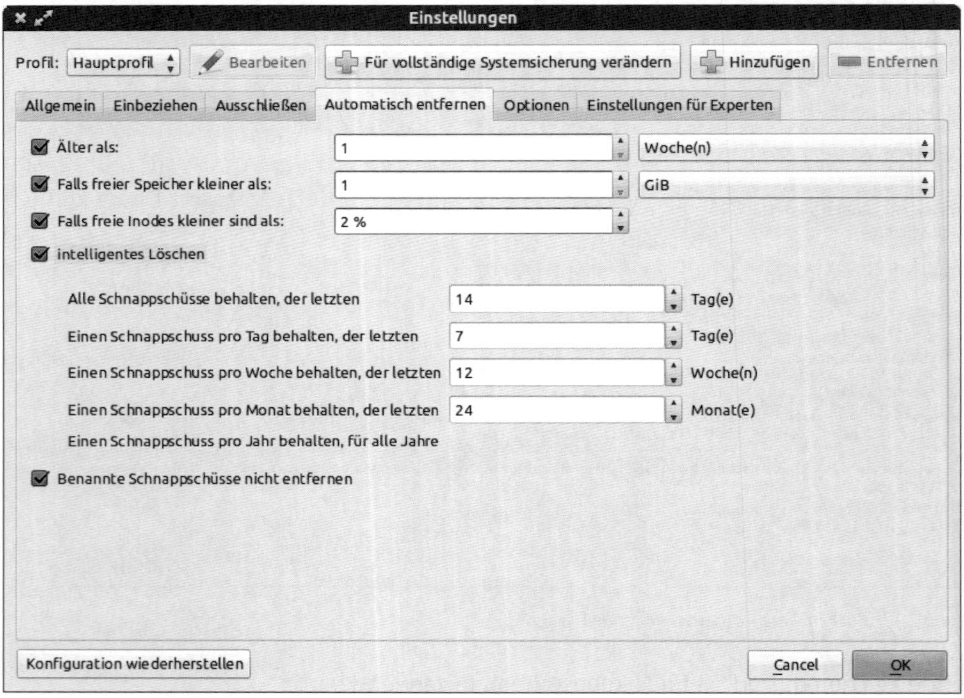

Abbildung 7.13: Back In Time –automatisches Entfernen.

In den beiden folgenden Rubriken *Optionen* und *Einstellungen für Experten* sollten Sie die dort gemachten Vorgaben unverändert stehen lassen.

Klicken Sie abschließend auf *OK*, um die Einstellungen zu übernehmen.

Danach sehen Sie den Startbildschirm von Back In Time.

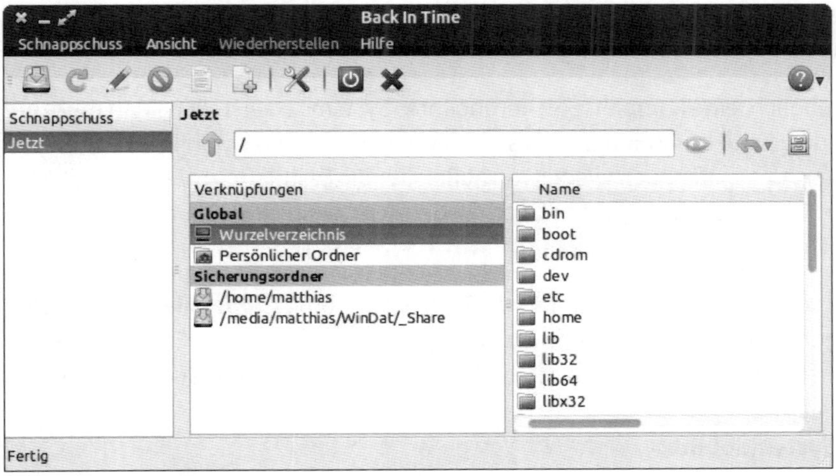

Abbildung 7.14: Startbildschirm von Back In Time.

Die Einstellungen erreichen Sie über das Symbol . Mit Klick auf starten Sie ein neues Backup. Wenn Sie während der Datensicherung den Schalter aktivieren, wird nach erfolgreichem Abschluss des Backups der Rechner automatisch heruntergefahren. Damit können Sie z. B. allabendlich eine Sicherung starten und danach den Rechner sich selbst überlassen – am nächsten Morgen sind alle Daten gesichert und der PC ist aus.

So geht Backup.

7.4.3 System-Backup

Die beiden oben beschriebenen Backup-Methoden sichern zwar Ihre Dateien, Ordner und Einstellungen, sie erzeugen aber niemals ein komplettes Abbild der Festplatte oder einer Partition. Bei einem Crash müssten Sie jetzt das Betriebssystem sowie alle bisher installierten Programme, Treiber, Codecs und Tools manuell installieren und neu aufbauen. Einzig und allein Ihre persönlichen Dateien und sämtliche Einstellungen wären gesichert und könnten dann sofort wieder zurückgeschrieben werden.

Es hätte aber nun keinen Zweck, einfach **alle** Ordner und Dateien zu sichern in der Hoffnung, man könne sie später wieder zurückschreiben. Zumindest das Betriebssystem müssen Sie ja in jedem Fall manuell installieren, denn ohne ein solches gibt es auch kein Zurückschreiben. Und dann existieren in diesem System bereits Dateien, die nur etwas mit dem **jetzigen** Zustand zu tun haben. Unter den gesicherten Daten befinden sich aber in den gleichen Ordnern zahlreiche Dateien mit demselben Namen, jedoch mit einem völlig anderen Inhalt, der wiederum nur etwas mit dem **vorherigen** Ubuntu zu tun hat. Würde man nun die gesicherten (alten) Daten einfach über die bereits bestehenden (neuen) schreiben, dann erhielte das aktuelle Ubuntu Informationen aus dem vergangenen Ubuntu, mit denen es nichts anfangen kann, was in aller Regel zum alsbaldigen Crash führt. Und dies ist nur eines der möglichen Probleme, die in diesem Zusammenhang auftreten können.

Trotzdem ist es möglich, eine komplette Sicherung Ihres Systems zu erstellen. Man muss nur von »außen« an die Sache herangehen und so etwas wie ein 1:1-Spiegelbild des aktuellen Zustands herstellen, der später auch wieder von außen auf die Festplatte zurückgespielt wird. Wenn man danach den Rechner neu startet, verhält der sich genauso wie damals, als das System-Backup angefertigt wurde.

Hierfür gibt es durchaus Spezialprogramme wie **Systemback** oder **CloneZilla**, doch die sind mehr oder weniger aufwendig und eher etwas für ambitionierte Anwender. Es geht aber zum Glück viel einfacher. Wie heißt es doch so schön? Wo ein Terminal ist, da ist auch eine Lösung.

Erstellen eines Systemabbilds

1. Schließen Sie ein externes Laufwerk an, auf dem genügend Platz ist, um die zu sichernde Festplatte oder Partition abzuspeichern.

2. Öffnen Sie ein Terminal.

3. Sie benötigen jetzt zwei Informationen:

   a) **Den Namen der Quelle**, also der Partition, die Sie sichern möchten:

   Geben Sie ein: `grep "^device /dev/" /proc/self/mountstats`

   Das Ergebnis könnte beispielsweise so aussehen:

```
device /dev/disk/by-uuid/54ed5e81-16cb-400b-80b7-019d1b62b787 mounted on / with fstype ext4
device /dev/sda6 mounted on /media/matthias/WinDat with fstype fuseblk
device /dev/sda2 mounted on /media/matthias/WinSys with fstype fuseblk
device /dev/sda7 mounted on /home with fstype ext4
device /dev/sdb1 mounted on /media/matthias/RISTOW with fstype fuseblk
```

Abbildung 7.15: Systemabbild – gemountete Partitionen.

   Schauen Sie auf die Pfadangaben hinter dem Wort `on`: Wenn Sie z. B. Ubuntu als Ganzes sichern wollen, dann muss dort / stehen, der root-Ordner (in unserem Beispiel in der ersten Zeile). Möchten Sie nur Ihren eigenen Ordner sichern, dann sollten Sie nach `/home` schauen (hier in Zeile 4).

   Ist die zu sichernde Quelle klar, dann merken Sie sich hier den Pfad, der in der entsprechenden Zeile ganz vorn hinter dem Wort `device` steht.

   b) **Den Namen des Ziels**, also der Festplatte, die Sie soeben angeschlossen haben:

   Geben Sie ein: `df`

   Nun wird eine Liste ähnlich dieser hier angezeigt:

```
Dateisystem               1K-Blöcke    Benutzt Verfügbar Verw% Eingehängt auf
udev                        1992024          4   1992020    1% /dev
tmpfs                        401460       1500    399960    1% /run
/dev/sda3                  74454192   13337844  57311164   19% /
none                              4          0         4    0% /sys/fs/cgroup
none                           5120          0      5120    0% /run/lock
none                        2007296        292   2007004    1% /run/shm
none                         102400         20    102380    1% /run/user
/dev/sda6                 370174972  186742212 183432760   51% /media/matthias/WinDat
/dev/sda2                 154385404  119406312  34979092   78% /media/matthias/WinSys
/dev/sda7                 364233048  228887948 116820020   67% /home
/home/matthias/.Private   364233048  228887948 116820020   67% /home/matthias
/dev/sdb1                1953512444 1182701528 770810916   61% /media/matthias/RISTOW
```

Abbildung 7.16: Systemabbild – angeschlossene Laufwerke.

In dieser Liste steckt der Pfad zur angeschlossenen Festplatte – in unserem Beispiel ist es der Eintrag in der letzten Zeile: `/media/matthias/RISTOW` (die Festplatte hat irgendwann mal den Namen `RISTOW` bekommen).

Merken Sie sich auch diesen Pfad.

Tipp

Wenn Sie nicht erkennen können, welches die externe Festplatte ist, dann führen Sie `df` zweimal aus, einmal ohne und einmal mit angeschlossener Festplatte.

4. Nun erfolgt die eigentliche Datensicherung:

```
sudo dd if=<Quelle> | gzip> <Ziel>/<Sicherungsname>.img.gz
```

Hierbei ist `<Quelle>` der Pfad aus Schritt 3a, `<Ziel>` der Pfad aus Schritt 3b und `<Sicherungsname>` ein beliebiger Name für Ihre Sicherung.

Beispiel: Sie möchten Ubuntu als Ganzes sichern.

In Schritt 3a, Abbildung 7.15, schauen Sie nach der Zeile, in der hinter on ein / steht. Das ist in Zeile 1 der Fall – Ihre Quelle ist der Ordner, der in dieser Zeile hinter `device` steht, also hier:

`/dev/disk/by-uuid/54ed5e81-16cb-400b-80b7-019d1b62b787`.

In Schritt 3b, Abbildung 7.16, ermitteln Sie das Ziel, in unserem Fall `/media/matthias/RISTOW`.

Die Sicherung soll mit dem Namen `Systembackup_2016_08` gespeichert werden.

Der Befehl zur Sicherung des Systemabbilds lautet dann folglich:

```
sudo dd if=/dev/disk/by-uuid/54ed5e81-16cb-400b-80b7-019d1b62b787 | gzip>
/media/matthias/RISTOW/Systembackup_2016_08.img.gz
```

Keine Angst – das sieht nur so kompliziert aus. Beginnen Sie einfach, den Befehl zu schreiben, und immer, wenn Sie eine Pfadangabe benötigen, dann nehmen Sie die Maus zur Hand, markieren diese im Text, der als Ergebnis der vorherigen Befehle noch im Terminal zu sehen ist, und drücken dann die mittlere Maustaste (bzw. das Mausrad) – und schon ist der Pfad in Ihren Befehl eingefügt. Fahren Sie dann mit dem Schreiben fort, bis der ganze Befehl fertig ist.

So ein System-Backup dauert natürlich eine geraume Weile. Im Terminal geschieht in dieser Zeit nichts – achten Sie stattdessen auf das Surren der Festplatte und das Blinken der Betriebsanzeige. Erst, wenn das Terminal wieder einen Prompt (die Eingabeaufforderung) anzeigt, ist der Vorgang beendet.

Zurückschreiben eines Systemabbilds

1. Starten Sie Ihren Rechner **nicht** normal von der Festplatte, sondern mit der Ubuntu-Installations-CD (siehe Kapitel 4.1.3). Wählen Sie dort *Ubuntu ausprobieren* (natürlich nicht *Ubuntu installieren*, siehe Abbildung 4.10 auf Seite 94) und haben Sie einen Moment Geduld, bis Ubuntu vollständig zur Verfügung steht.
2. Schließen Sie die externe Festplatte an, auf der zuvor das Systemabbild gespeichert wurde.
3. Starten Sie ein Terminal mit Strg+Alt+T.
4. Sie benötigen jetzt wieder zwei Informationen:

   a) **den Namen der Quelle**, also der Festplatte:

   - Verfahren Sie wie in Schritt 3b auf Seite 304.

   b) **den Namen des Ziels**, also der Partition, die seinerzeit gesichert wurde:

   - Verfahren Sie wie in Schritt 3a auf Seite 304.
5. Nun beginnt das eigentliche Zurückschreiben:

```
gunzip -c <Quelle>/<Sicherungsname>.img.gz | sudo dd of=<Ziel>
```

Beispiel: Sie möchten das zuvor gesicherte komplette Ubuntu zurückschreiben.

In Schritt 4a erfahren Sie, dass die Festplatte unter `/media/matthias/RISTOW` angeschlossen ist (vgl. Abbildung 7.16 auf Seite 305). Schritt 4b liefert die Information, dass die root-Partition, also der Zielordner `/` über den Pfad `/dev/disk/by-uuid/54ed5e81-16cb-400b-80b7-019d1b62b787` angesprochen wird (vgl. Abbildung 7.15 auf Seite 304). Sie haben außerdem notiert oder auf der Festplatte ermittelt, dass die Sicherungsdatei den Namen `Systembackup_2016_08` hat.

Der Befehl zum Zurückschreiben der Sicherung lautet dann:

```
gunzip -c /media/matthias/RISTOW/Systembackup_2016_08.img.gz | sudo dd of=/
dev/disk/by-uuid/54ed5e81-16cb-400b-80b7-019d1b62b787
```

Zugegeben, das sieht schon sehr nach Hacker und Profi aus und ist sicherlich nichts, was man jeden Tag tun möchte. Aber Sie sollten das Backup zumindest ein einziges Mal machen, und zwar genau dann, wenn Sie das Gefühl haben: Jetzt ist mein Ubuntu genauso eingerichtet, wie ich es brauche, alles ist komplett und funktioniert – diesen Zustand möchte ich nicht verlieren. Und vielleicht haben Sie so ein Gefühl nicht nur einmal. Nun, dann legen Sie eben eine zweite oder noch eine dritte Systemsicherung an. Schaden kann das nie.

Das Zurückschreiben Ihres Backups werden Sie hoffentlich **nie** benötigen …

So ein Backup ist wie ein Airbag: Man möchte ihn eigentlich nie benutzen, aber in dem einen entscheidenden Moment, in dem er doch gebraucht wird, muss er perfekt funktionieren!

8 Hardware

Wie alle modernen Betriebssysteme beherrscht auch Ubuntu die neuesten Technologien. Das bedeutet, dass Verbindungen mit anderen Geräten in aller Regel automatisch und problemlos funktionieren. Deshalb wird dies kein langes Kapitel über alle denkbaren Hardwarevariationen, sondern nur eine kurze lose Sammlung nützlicher Hinweise für den Fall, dass mal etwas doch nicht so läuft wie erwartet.

Prinzipiell gilt: Im Internet gibt es für nahezu jedes Ubuntu-Problem eine Lösung. Suchen Sie einfach nach *ubuntu* und der Hardwarebezeichnung, also *ubuntu wlan* oder *ubuntu drucker*. Sie werden erstaunt sein, wie viele Treiber, Ideen, Tools oder Workarounds existieren! Sehr viele Links und Informationen finden Sie z. B. auch auf *https://wiki.ubuntuusers.de/Hardware*.

Abbildung 8.1: UbuntuUsers.de – Hardwareunterstützung.

Zu den wichtigsten Peripheriegeräten eines PCs gehören zweifellos Drucker. Hier ist es angeraten, zunächst einmal die Webseite des Herstellers aufzusuchen und nachzusehen, ob ein Treiber für Linux (oder sogar direkt für Ubuntu) angeboten wird. Wenn ja, dann sind es oft sogar gleich mehrere, und man steht vor der Frage, welcher der richtige ist.

Lesen Sie gegebenenfalls die Ausführungen in Kapitel 6.3.1 »Die richtige Datei« nach.

Bietet Ihr Hersteller selbst keine Linux-Treiber an, können Sie im Internet nach einem brauchbaren Treiber suchen, denn zahlreiche Drucker arbeiten auch mit universelleren Treibern sehr zufriedenstellend. Einen sehr guten Einstieg in dieses Thema – mit zahlreichen Links auf weiterführende Seiten – finden Sie unter *https://wiki.ubuntuusers.de/Drucker*. Sie finden ein Beispiel für die Installation eines Druckers in Kapitel 9.1.5.

Etwas kniffliger wird die Sache bei Scannern. Für die Kommunikation mit diesen Geräten verwendet man in Linux das Protokoll **SANE** (**S**canner **A**ccess **N**ow **E**asy). Das bedeutet aber, dass Ihr Scanner dieses Protokoll auch unterstützen muss! Dies ist allerdings erfreulicherweise bei den meisten modernen Geräten der Fall.

Informieren Sie sich auf der Webseite *www.sane-project.org/sane-mfgs.html*. Dort finden Sie u. a. eine Liste der unterstützten Geräte. Im Umkehrschluss heißt das aber auch: Kennt Ihr Scanner das SANE-Protokoll nicht, dann wird es wahrscheinlich nichts mit dem Scannen unter Linux. Sollte Ihr Scanner aber ansprechbar sein, dann werfen Sie mal einen Blick in Kapitel 6.6.3.

9 System einrichten

In den vorangegangenen Abschnitten haben Sie bereits die eine oder andere Einstellung vorgenommen, um Ubuntu an Ihre Bedürfnisse und Vorstellungen anzupassen. In diesem Kapitel soll es nun darum gehen, das System zu optimieren, zu beschleunigen und noch sicherer zu machen. Dabei müssen Sie nicht jeden einzelnen der nachfolgenden Vorschläge annehmen, sondern können sich jeweils aussuchen, was Ihnen zusagt, was Sie für wichtig erachten oder auch, was Sie sich schon zutrauen. Die Hinweise sind weder nach ihrer Bedeutung noch nach dem Grad der Kompliziertheit sortiert, sondern bilden eine bunte Sammlung nützlicher Aktionen. Und vielleicht schauen Sie später immer mal wieder an dieser Stelle vorbei, um auch noch die übrigen Dinge nachzuvollziehen, die Sie bisher nicht genutzt haben.

9.1 Was man nach der Installation unbedingt erledigen sollte

Ubuntu bzw. Linux ist im Vergleich zu anderen Betriebssystemen schon ein riesiger Schritt in Richtung Sicherheit, Privatsphäre und Effizienz, aber es geht natürlich immer noch einen Tick besser, und so gibt es auch hier einiges, was man in jedem Fall unmittelbar nach der Installation erledigen sollte, um gleich von vornherein ein optimales System einzurichten.

9.1.1 Aktualisierung

Auch, wenn Sie bei der Installation angegeben haben, dass die neuesten Updates berücksichtigt werden sollen (siehe Abbildung 4.11 auf Seite 96), ist es immer eine gute Idee, das System kurz nach der Installation noch einmal gründlich zu aktualisieren. Es könnten sich ja noch letzte Änderungen ergeben haben, die bei der Installation noch nicht berücksichtigt wurden. Zum Glück ist so etwas in Ubuntu ein Kinderspiel. Öffnen Sie ein Terminal und geben Sie folgende Befehle ein:

`sudo apt update` (Pakete neu einlesen)

`sudo apt dist-upgrade` (Update bzw. Installation fehlender Pakete)

und nur, falls Probleme mit Anhängigkeiten gemeldet werden:
`sudo apt upgrade -f`

9.1.2 Sprache aktualisieren

Sie haben bereits bei der Installation natürlich schon Ihre bevorzugte Sprache festgelegt (siehe Abbildung 4.10 auf Seite 94). Ubuntu startet auch in dieser Sprache, und es scheint alles in bester Ordnung zu sein. Aber um Platz zu sparen und aus Vereinfachungsgründen wurde nicht das gesamte Sprachpaket installiert, sondern nur dessen wichtigste Teile. Es könnte also sein, dass Sie früher oder später auf scheinbar noch nicht übersetzte Menüs oder Hilfetexte stoßen. Daher ist es unbedingt zu empfehlen, die Sprachunterstützung zu komplettieren.

Öffnen Sie im Dash mit dem Stichwort *system* die Systemeinstellungen und klicken Sie auf *Sprachen*. Daraufhin erscheint die Liste der voreingestellten Sprachen, und Sie könnten hier u. a. die bevorzugte Sprache wechseln oder neue Sprachen hinzufügen.

Sollten einige der hier aufgelisteten Sprachpakete nicht vollständig installiert worden sein, dann öffnet sich sofort ein entsprechendes Meldungsfenster:

Abbildung 9.1: Sprachen aktualisieren.

Klicken Sie auf *Installieren* – kurze Zeit später steht Ihnen ein vollständig übersetztes Ubuntu zur Verfügung.

9.1.3 Onlinekonten einrichten

Bestimmte Programme können Fotos zu Onlinediensten wie Facebook, Twitter, Google und Co. hochladen oder auf deren Inhalte zugreifen und diese dann verarbeiten. Wenn Sie Ubuntu den Zugriff auf das jeweilige Konto ermöglichen, dann ist es nicht mehr notwendig, sich jedes Mal beim entsprechenden Dienst anzumelden. Diese Zugriffsgenehmigung können Sie in den Systemeinstellungen erteilen. Wählen Sie dort *Online-Konten* und anschließend links das Konto aus, für das Sie eine Zugriffsfreigabe erteilen wollen.

Wichtiger Hinweis!

Wohlgemerkt handelt es sich hier um eine Freigabe des Zugriffs von **Ubuntu** auf das Konto – nicht umgekehrt! Sie öffnen also keineswegs ein Spionage-Tor.

Anschließend stellt Ubuntu eine Verbindung zur Anmeldung beim jeweiligen Konto her, und Sie müssen Ihre Zugangsdaten angeben. Ist alles korrekt, dann erscheint folgendes Fenster, in dem Sie nun einstellen können, ob Sie den Zugriff auf dieses Konto vielleicht vorübergehend doch wieder sperren möchten und welches Programm Zugriff erhalten soll.

Abbildung 9.2: Onlinekonten.

9.1.4 Aufzeichnungen und Suche einschränken

Ubuntu gilt – wie Linux überhaupt – als eines der sichersten und verschwiegensten Betriebssysteme. Privatsphäre ist ein wichtiges Gut und wird auch so behandelt. Dennoch gibt es auch hier das eine oder andere, was sich noch verbessern lässt.

So empfinden es viele z. B. als sehr störend, dass beim Start einer Suche im Dash auch Onlineinhalte einbezogen werden. Man erhält daher nicht nur Fundstellen auf dem eigenen Rechner, sondern auch von Amazon, Wikipedia etc.

Aber das kann man gründlich unterbinden. Hierfür benötigen Sie allerdings das Unity Tweak Tool. Wie man es installiert, erfahren Sie auf Seite 230.

Starten Sie das Programm und klicken Sie in der Rubrik *Unity* auf *Suchen*.

Deaktivieren Sie *Internetquellen durchsuchen* und *»Mehr Empfehlungen« anzeigen* und schließen Sie dann das Unity Tweak Tool wieder.

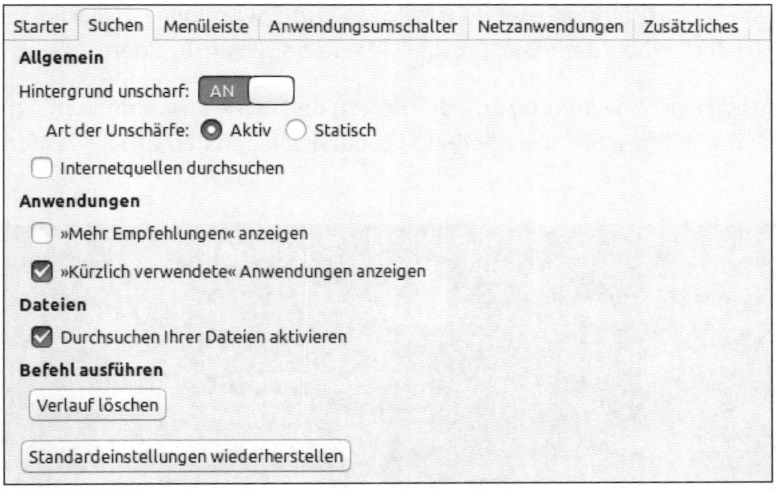

Abbildung 9.3: Suchfunktionen deaktivieren.

So ganz ist die Suche in anderen Quellen damit aber noch nicht abgestellt. Für den Dash gibt es sogenannte Erweiterungen, die es ermöglichen, die Suche auf bestimmte Programme und Konten auszudehnen, oder die auf Grundlage des Suchbegriffs diverse Informationen liefern. Um auch diese Erweiterungen noch zum Schweigen zu bringen, gehen Sie wie folgt vor:

1. Öffnen Sie den Dash und klicken Sie dann im Suchfenster ganz unten auf das **A**-Symbol (das A steht für **A**pplications, also »Programme«).

Abbildung 9.4: Dash-Erweiterungen anzeigen.

2. Anschließend finden Sie eine Kategorie mit dem Namen *Dash-Erweiterungen*. Klicken Sie dort auf das kleine Dreieck hinter dem Text, um alle Erweiterungen anzuzeigen.

3. Wählen Sie per Mausklick die Erweiterung aus, die Sie von der Suche ausnehmen möchten (z. B. *Facebook*), und klicken Sie anschließend im nächsten Fenster auf die Option *Deaktivieren*.

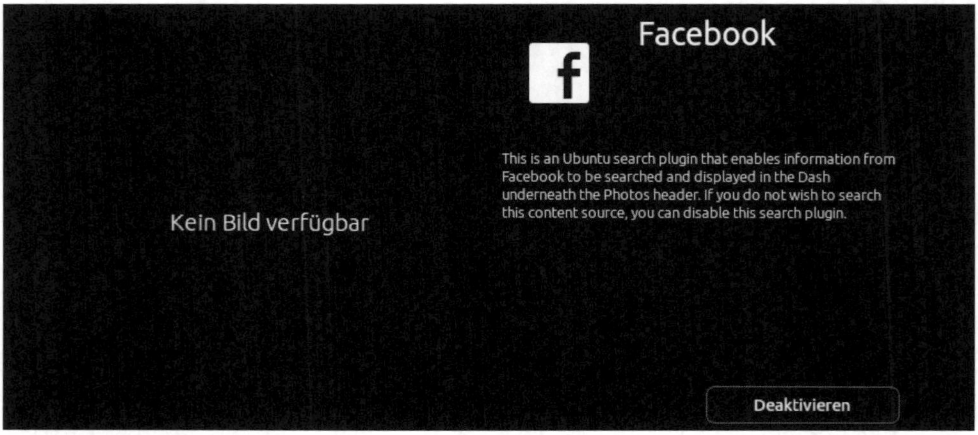

Abbildung 9.5: Dash-Erweiterung von der Suche ausschließen.

Verfahren Sie ebenso mit allen anderen Erweiterungen, für die Sie die Suche ebenfalls deaktivieren möchten. Danach wird die Liste der Dash-Suchergebnisse herrlich übersichtlich aussehen.

Schließlich kann man sogar die Indizierung – also die Textsuche – in den eigenen Dateien steuern. Sollten Sie z. B. öfter im Beisein anderer am Rechner arbeiten müssen, kann es durchaus hilfreich sein, wenn bei einer Suche im Dash keine ungewollten Ergebnisse aufgelistet werden. Zu diesem Zweck starten Sie die Systemeinstellungen, klicken auf *Sicherheit & Datenschutz* und anschließend auf die Rubrik *Dateien & Anwendungen*. Hier können Sie jetzt festlegen, ob überhaupt eine Suche stattfinden soll (*Die Nutzung von Dateien und Anwendungen aufzeichnen*) und wenn ja, welche Ihrer eigenen Daten durchsucht werden sollen. Schließen Sie gegebenenfalls Ordner oder einzelne Dateien von der Suche aus.

Wiederum ist unbedingt davon abzuraten, die Suche hier ganz und gar abzuschalten, denn dann schneiden Sie sich auch von jeglicher internen Recherche ab und werden mithilfe des Dashs niemals die Datei finden, in der Sie den Beatles-Songtext von »Yellow Submarine« abgelegt oder die neuesten Aussprüche Ihres kleinen Sprösslings gespeichert haben.

9.1.5 Drucker installieren

Selbstverständlich ist ein Drucker notwendig. Allerdings gibt es hier mitunter Probleme, weil nicht jeder Druckerhersteller gleichermaßen Windows, macOS **und** Linux berücksichtigt. Um herauszufinden, ob Ihr Drucker für Linux geeignet ist, müssen Sie bitte freundlicherweise die Webseite Ihres Druckerfabrikanten nach Treibern für Linux oder Ubuntu durchsuchen oder im Internet danach fahnden. In den meisten Fällen wird man aber – zumindest bei großen Herstellern – erfolgreich sein und findet entsprechende Dateien. Wie nun weiter vorzugehen ist, wird hier am Beispiel eines Epson-Druckers demonstriert.

Treiber downloaden

Schauen Sie sich um nach Treibern für Ubuntu oder Linux allgemein. Für Ubuntu benötigen Sie ein Paket des Debian-Typs (Endung `*.deb`, siehe Kapitel 6.3.1).

Ihr Internetbrowser speichert die heruntergeladene Datei normalerweise im Ordner `~/Downloads`. Sie können sich den Ordner meist auch direkt anzeigen lassen (vgl. Kapitel 10.1.1) – in jedem Fall benötigen Sie diese Information für den nächsten Schritt.

Treiber installieren

Starten Sie ein Terminal und führen Sie folgenden Befehl aus:

```
sudo dpkg -i <DownloadOrdner>/<PaketDatei>.deb
```

Dabei bedeutet:

- `<DownloadOrdner>` = der Ordner aus dem vorangehenden Abschnitt
- `<PaketDatei>` = der Name der heruntergeladenen Datei

> **Tipp**
>
> Der Name solcher Paketdateien ist oft sehr lang und schwer zu merken, in unserem Beispiel wäre das `epson-inkjet-printer-201212w_1.0.0-1lsb3.2_i386.deb`. Um so etwas in einem Befehl mühelos einzugeben, können Sie die Autovervollständigungsfunktion nutzen: Geben Sie zunächst den Download-Ordner ein, gefolgt von einem abschließenden `/`. Tippen Sie aber dann nur die ersten Buchstaben des Namens der Treiberdatei, in unserem Fall `epson`. Wenn Sie nun die [Tab]-Taste drücken und im Download-Ordner keine weitere Datei existiert, deren Name mit dieser Buchstabenfolge beginnt, dann vervollständigt Linux den Namen automatisch. Klappt das nicht, ist entweder der Ordner falsch angegeben (auch hier könnte man bereits mit der Autovervollständigung arbeiten) oder es existieren mehrere Dateinamen, die mit derselben Zeichenfolge anfangen, und Sie müssen noch mehr Anfangsbuchstaben vorgeben, bis die Sache eindeutig ist.

Um sicherzugehen, dass alle nunmehr vorhandenen Pakete installiert sind und eventuelle Paketabhängigkeiten vollständig aufgelöst werden, geben Sie danach noch folgende Befehle ein:

```
sudo apt -f install
sudo apt upgrade -f
```

Drucker zum System hinzufügen

Jetzt kann der Drucker zum System hinzugefügt werden.

1. Geben Sie im Dash das Suchwort *drucker* ein, starten Sie das angebotene Tool *Drucker* und klicken Sie dort im Fenster oben auf *Hinzufügen*.

Abbildung 9.6: Druckerverwaltung.

2. In aller Regel wird es sich um einen netzwerkfähigen Drucker handeln – klappen Sie daher in der Liste links die Auflistung *Netzwerkdrucker* auf (klicken Sie auf das kleine Dreieck vor dem Wort *Netzwerkdrucker*). Nun scannt das Programm alle Drucker im Netzwerk, was einen Moment dauern kann. Nach kurzer Zeit sollte dann auch Ihr Drucker in der Liste erscheinen. Klicken Sie darauf und wählen Sie rechts unten die Verbindung (in der Regel ist *Netzwerk-Drucker* richtig).

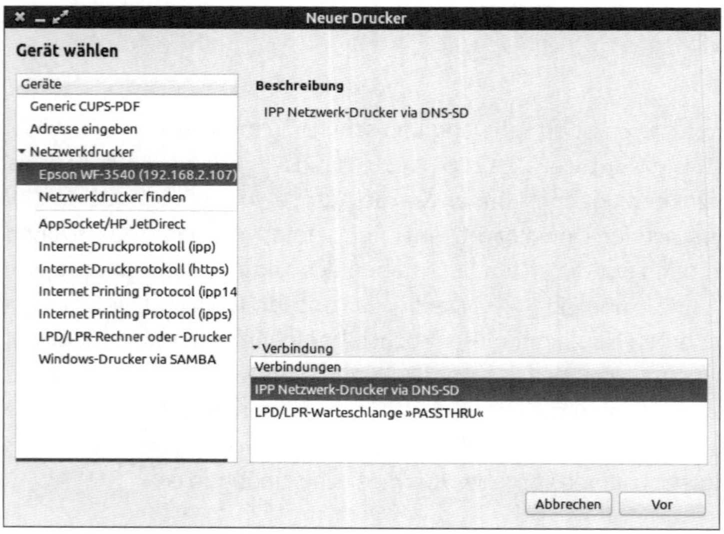

Abbildung 9.7: Netzwerkdrucker auswählen.

3. Wenn die Verbindung aufgebaut werden konnte, erscheint der folgende Dialog, in dem Sie den Drucker nach Belieben benennen können.

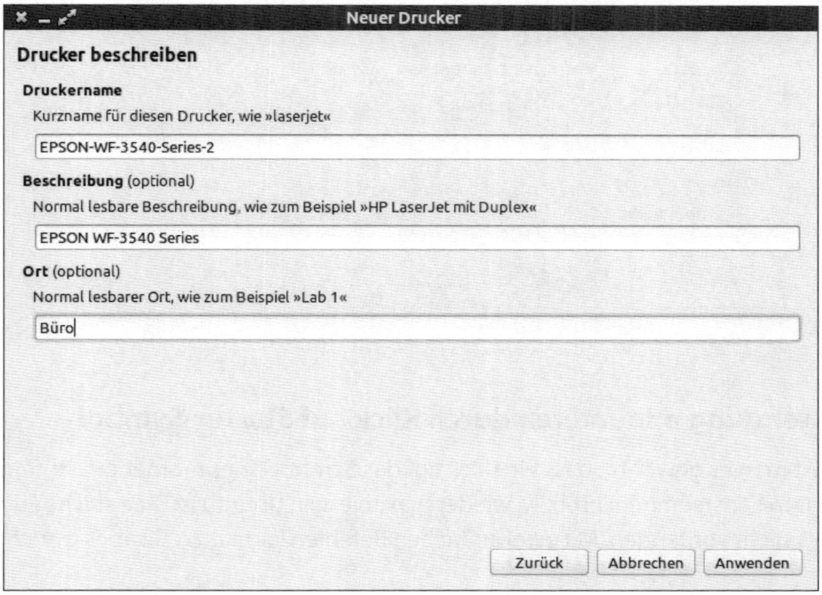

Abbildung 9.8: Drucker benennen.

4. Klicken Sie auf *Anwenden*, und anschließend sehen Sie das neue Gerät in der Liste der Drucker.

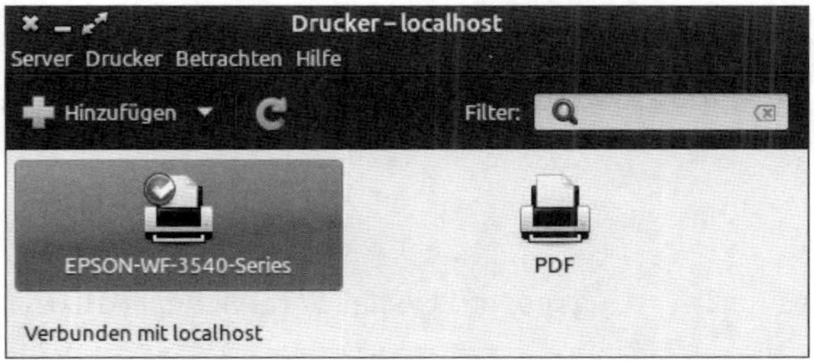

Abbildung 9.9: Fertig eingerichteter Drucker.

5. Mit einem Rechtsklick darauf können Sie diesen nun zum Standarddrucker machen, der von jedem Programm immer als Erstes ausgewählt wird.

6. Doppelklicken Sie abschließend auf den neuen Drucker und drucken Sie mit Klick auf den entsprechenden Button unten eine Testseite aus, um zu gewährleisten, dass die Installation auch fehlerfrei war.

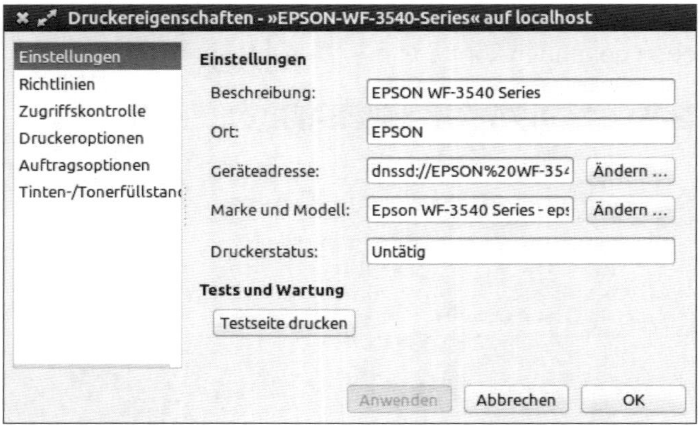

Abbildung 9.10: Testseite ausdrucken.

9.1.6 Anwendung minimieren durch Klick auf Starter-Symbol

Von Windows ist man es gewöhnt, dass ein Klick auf das Symbol eines momentan laufenden Programms dessen Fenster minimiert bzw. wieder maximiert. In Ubuntu ist eine solche Funktion von Haus aus nicht vorhanden. Mit zwei einfachen Befehlen kann man sie aber einrichten:

Achtung!

Beide Befehle müssen in **einer** Zeile geschrieben werden!

Aktivieren:

```
dconf write /org/compiz/profiles/unity/plugins/unityshell/launcher-minimize-
window true
```

Deaktivieren:

```
dconf write /org/compiz/profiles/unity/plugins/unityshell/launcher-minimize-
window false
```

9.2 Ubuntu tunen

Ein Betriebssystem soll natürlich auch Spaß machen: Es muss schön aussehen, flüssig laufen, vielleicht ein paar Besonderheiten haben, dem eigenen Stil entsprechen, nützlich sein, dabei zugleich sicher. Je nach Typ ist ein wenig Spielzeug auch recht willkommen etc. Kurz gesagt: Man möchte sich wohlfühlen und gern damit arbeiten, immerhin muss man es ja täglich tun.

Dem sollen die folgenden Tipps zum Tuning dienen. Dabei steht allerdings die Nützlichkeit im Vordergrund. Es geht nicht darum, aus Ubuntu das Letzte herauszuholen – dies hier wird kein Tuning-Club.

9.2.1 Themes

Nein, das ist kein Rechtschreibfehler – »Theme« bedeutet im Englischen »Thema« und beschreibt in der Computerwelt das äußere Erscheinungsbild eines Programms oder Betriebssystems. Die Mehrzahl lautet »Themes«.

Für Linux im Allgemeinen und Ubuntu im Besonderen gibt es eine riesige Auswahl an Themes. Sie reicht von schlichten kleinen Abwandlungen des normalen Aussehens über bunte oder nüchterne Oberflächen bis hin zur Nachahmung anderer Betriebssysteme wie macOS und – ja tatsächlich – auch Windows.

So ein Theme beinhaltet nicht nur Farben, sondern ist auch für das Aussehen von Symbolen, Bedienelementen, Mauszeigern und die Verwendung von Schriftarten verantwortlich. Das Tolle daran ist, dass ein paar Schritte genügen, um Ihr Ubuntu in Sekunden komplett anders aussehen zu lassen. Und wenn es Ihnen eines schönen Tages nicht mehr gefällt, dann suchen Sie sich einfach ein neues Theme oder schalten mal wieder auf ein älteres um.

Um Themes zu verwalten, empfiehlt sich das Unity Tweak Tool, das Sie gegebenenfalls zunächst installieren müssen (siehe Seite 230). Laden Sie dann ein Theme von einer der zahlreichen Webseiten herunter. Gute Themes finden Sie u. a. bei:

- *https://www.ubuntuthemes.org*
- *https://gnome-look.org*
- *http://ubuntu-art.org*

Entweder Sie finden dort für das gewünschte Theme direkt einen Download-Button oder Sie müssen es in eine Download-Liste aufnehmen, die dann im Ganzen heruntergeladen wird.

In jedem Fall bekommen Sie ein Archiv, also eine Datei, die meist vom Typ `*.tar.gz` ist und eine Art Koffer darstellt, der weitere Dateien und Ordner enthält. Lassen Sie sich nach dem Download in Ihrem Internetbrowser gleich den Ordner anzeigen, in dem die Datei abgelegt wurde (wie man das macht, erfahren Sie im Anhang in Kapitel 10.1.1). Doppelklicken Sie dort auf die soeben heruntergeladene Theme-Datei, woraufhin sich der Archiv-Manager öffnet.

Klicken Sie hier auf den Button *Entpacken*. Es öffnet sich ein Fenster, in dem Sie einen Zielordner auswählen müssen, in dem das entpackte Archiv abgelegt wird. Der hier benötigte Ordner ist aber leider noch versteckt.

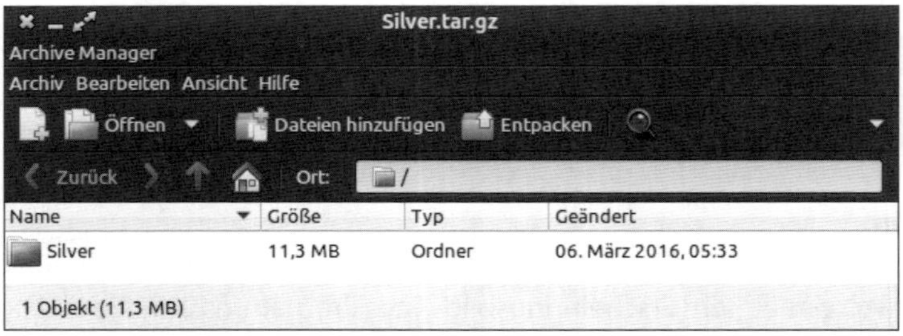

Abbildung 9.11: Archiv-Manager starten.

Drücken Sie deshalb zunächst Strg+H, um versteckte Objekte sichtbar zu machen.

Wählen Sie jetzt links `Persönlicher Ordner` und scrollen Sie rechts durch die Liste, bis Sie den Ordner `.themes` finden. Sollte dieser nicht vorhanden sein, klicken Sie oben auf *Ordner anlegen* und geben diesen Namen ein (achten Sie bitte unbedingt auf den Punkt am Namensanfang!). Doppelklicken Sie nun auf `.themes` und klicken Sie anschließend unten auf den Button *Entpacken*. Danach können Sie den Archiv-Manager beenden.

Das Theme befindet sich jetzt an Ort und Stelle – es muss nur noch aktiviert werden.

Starten Sie dafür das Unity Tweak Tool und klicken Sie dort auf *Thema*. In der sich nun öffnenden Liste ist das soeben installierte Theme zu finden, und ein Klick darauf schaltet sofort das gesamte Erscheinungsbild von Ubuntu um.

Viel Vergnügen!

Sollte das Theme in der Liste nicht erscheinen, dann ist es mit Ubuntu nicht kompatibel. Sie können es in diesem Fall gleich wieder aus dem Ordner `.themes` löschen und im Internet nach einem anderen suchen.

Und sollten Sie irgendwann wieder zum Original-Outfit zurückkehren wollen: Das Standard-Theme von Ubuntu ist *Ambiance*.

9.2.2 Schneller machen

Nur ein einziger Supercomputer dieser Welt basiert auf Windows – alle anderen auf Linux, und das hat seinen Grund: Es ist eines der schnellsten Betriebssysteme. Deshalb ist auch Ubuntu von Haus aus bereits sehr zügig unterwegs, aber es geht natürlich immer noch ein wenig besser, und dazu hier ein paar Tipps.

Startprogramme

Die meiste Zeit benötigt immer der Start – zumindest fühlt sich das so an, vermutlich weil man es in diesem Moment besonders eilig hat. Also ist es eine gute Idee, die Zahl der automatisch startenden Programme auf ein notwendiges Minimum zu reduzieren.

Im Dash finden Sie mit dem Stichwort *start* das Tool zur Bearbeitung der Startprogramme.

Achtung!

Bevor Sie damit loslegen, sollten Sie dafür sorgen, dass dort auch alle Programme aufgelistet werden. Lesen Sie bei Bedarf bitte noch einmal in Kapitel 6.3.9 nach, wie man das bewerkstelligt.

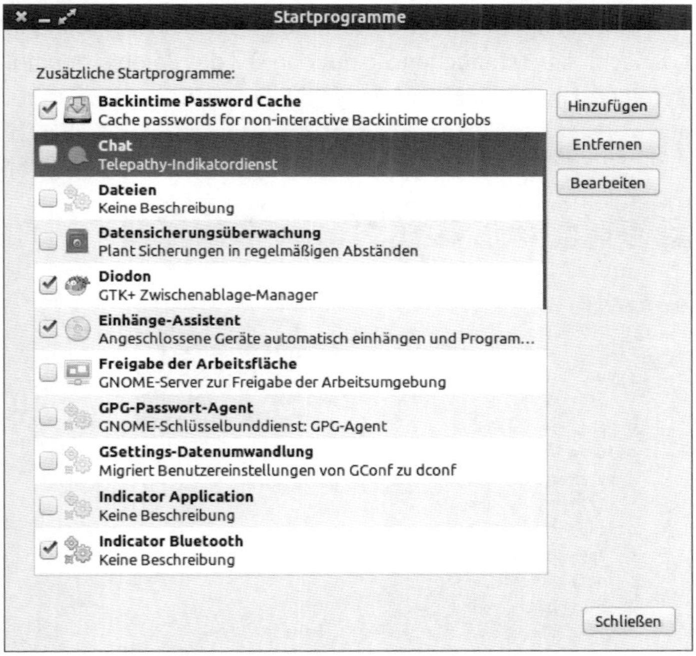

Abbildung 9.12: Startprogramme deaktivieren.

Nun können Sie die Liste durchforsten und entscheiden, welche der Programme wirklich notwendig sind.

Wirksam werden Ihre Änderungen natürlich erst nach einem Neustart oder wenn Sie sich als Benutzer abmelden und wieder einloggen.

Selbstverständlich sollten Sie behutsam vorgehen. Bitte deaktivieren Sie zunächst nur ein Programm und untersuchen Sie danach das Verhalten von Ubuntu – gegebenenfalls auch über viele Tage hinweg. Da Sie in manchen Fällen nicht wissen, ob Sie das Programm unter anderen Umständen vielleicht wieder benötigen, sollten Sie es auch bei einer Deaktivierung belassen. Es kostet ja weder Platz noch Kapazität, wenn der Eintrag als Schatten seiner selbst in der Liste verbleibt. Nur wenn Sie absolut sicher sind, dass Sie ein Programm bzw. einen Startbefehl tatsächlich nicht mehr benötigen, können Sie ihn irgendwann einmal aus der Liste streichen.

Tipp

Insbesondere die Applikationen mit dem Namen `Indicator-...` sind willkommene Kandidaten für eine Deaktivierung. Sie betreffen die Anzeigesymbole in der Taskleiste oben rechts. Jedes dieser kleinen Tools benötigt Rechenkapazität, und man kann problemlos auf das eine oder andere verzichten.

Sie können auf einen Eintrag auch doppelklicken und sehen so u. a. den *Befehl*, der damit verbunden ist. Wenn Sie unsicher sind, was damit konkret gestartet oder ausgelöst wird, dann suchen Sie einfach im Internet danach. Hierzu brauchen Sie nur den Teil des Befehls, der hinter dem letzten / steht, zu kopieren und ihn als Stichwort in die Suchmaschine einzufügen.

Zusätzlich können Sie auch die *Systemüberwachung* (Stichwort im Dash!) zu Hilfe nehmen.

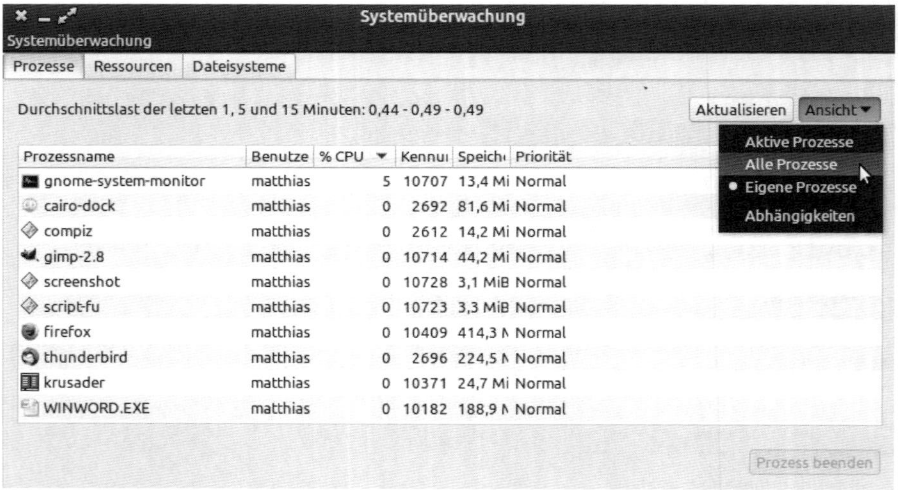

Abbildung 9.13: Systemüberwachung – alle Prozesse anzeigen.

Dieses Tool zeigt Ihnen alle momentan laufenden Prozesse mit ihren jeweiligen Aufrufnamen – absteigend sortiert nach der in Anspruch genommenen Rechenleistung (Spalte *% CPU*). So ein Name ist in der Regel identisch mit den Angaben im Befehl des jeweiligen Startprogramm-Eintrags.

Hinweis

Um wirklich alle Prozesse sehen zu können, müssen Sie allerdings zunächst rechts auf *Ansicht* klicken und dort *Alle Prozesse* aktivieren.

Bei aller Vorsicht: Eigentlich können Sie mit dem Deaktivieren von Startprogrammen nicht allzu viel Schaden anrichten. Schlimmstenfalls fehlt ein Indikator oder die Verbindung zu einem Gerät funktioniert nicht wie gewünscht. Seien Sie also nicht überängstlich. Durch den erneuten Aufruf der Startprogramme können Sie Ihren Irrtum ja jederzeit beheben. Und selbst, wenn Sie schlimmstenfalls die Startprogramme gar nicht mehr per Mausklick aufrufen können, um Ihren Fehler rückgängig zu machen – ein Terminal erreichen Sie unter Linux bekanntlich immer: Strg+Alt+T genügt. Geben Sie dort den Befehl `gnome-session-properties` ein, und schon öffnet sich die Startprogrammliste wieder.

Die Beschäftigung mit den Startprogrammen ist ganz nebenbei auch eine gute Schule, um das Betriebssystem besser kennenzulernen und sicherer damit umzugehen.

Programmaufrufe beschleunigen

Es kommt häufig vor, dass man ein vor Kurzem aufgerufenes (und danach geschlossenes) Programm schon bald darauf erneut benötigt. Unglücklicherweise dauert der Start aber jedes Mal sehr lange, z. B. weil zahlreiche Add-ons oder große Datenmengen zu laden sind. Hier hilft eine Technologie, die man Cache nennt: Wesentliche Teile des Programms werden auch nach dessen Beendigung oder sogar noch vor dessen Start im Arbeitsspeicher gehalten oder bereits hineingeladen. Bei einem später erfolgenden erneuten Programmaufruf stehen dann diese Daten schon zur Verfügung, was die Startzeit spürbar verkürzt – mitunter auf einen Bruchteil der sonst benötigten Zeit.

Hierfür gibt es in Linux ein Tool namens **PreLoad**, das im Hintergrund die Starts von Programmen analysiert und die am häufigsten verwendeten Programme bzw. deren Abhängigkeiten bereits vor dem Start in den Arbeitsspeicher lädt. PreLoad passt sich also Ihren Arbeitsgewohnheiten an.

Zur Installation genügen der Start eines Terminals und die Eingabe des Befehls `sudo apt install preload`.

Das Programm wird beim nächsten Start von Ubuntu automatisch tätig. Weitere Informationen finden Sie unter *https://wiki.ubuntuusers.de/preload*.

9.2.3 Rollbalken immer sichtbar

Standardmäßig werden Rollbalken in vielen Fenstern von Ubuntu nur sehr schmal angedeutet und erscheinen erst in voller Breite, wenn man den Mauszeiger darauf bewegt. Das spart zwar Platz zugunsten des Fensterinhalts, hat aber den Nachteil, dass optisch nicht immer gut zu erkennen ist, wo man sich gerade befindet. Wem das nicht gefällt, der kann Ubuntu mit folgendem Befehl dazu bewegen, den Rollbalken dauerhaft anzuzeigen:

```
gsettings set com.canonical.desktop.interface scrollbar-mode normal
```

Das Zurückschalten auf den Ubuntu-Standard ermöglicht dieser Befehl:

```
gsettings reset com.canonical.desktop.interface scrollbar-mode
```

9.2.4 Eigene Tastenkombinationen

Wenn man das eine oder andere Programm sehr häufig benötigt, dann entsteht schnell der Wunsch, es unabhängig von der augenblicklichen Arbeitssituation sofort mit einer festen Tastenkombination starten zu können. Das ist unter Ubuntu auf einfache Weise möglich.

Beispiel: Mancher ist von Windows her gewöhnt, dass man dort den Dateimanager direkt mit der Tastenkombination [⊞]+[E] (Explorer) öffnen konnte. Dies soll jetzt für Nautilus in Ubuntu eingerichtet werden.

Folgende Schritte sind nötig:

1. Geben Sie im Dash das Suchwort *tast* ein (für »Tastatur«).
2. Klicken Sie auf das erste Suchergebnis *Tastatur.*
3. Es öffnen sich die Systemeinstellungen für die Tastatur.
4. Klicken Sie oben auf den Reiter *Tastaturkürzel.*
5. Nun sehen Sie links eine Liste von Rubriken – wählen Sie dort *Starter* und anschließend in der rechten Liste *Persönlicher Ordner.*

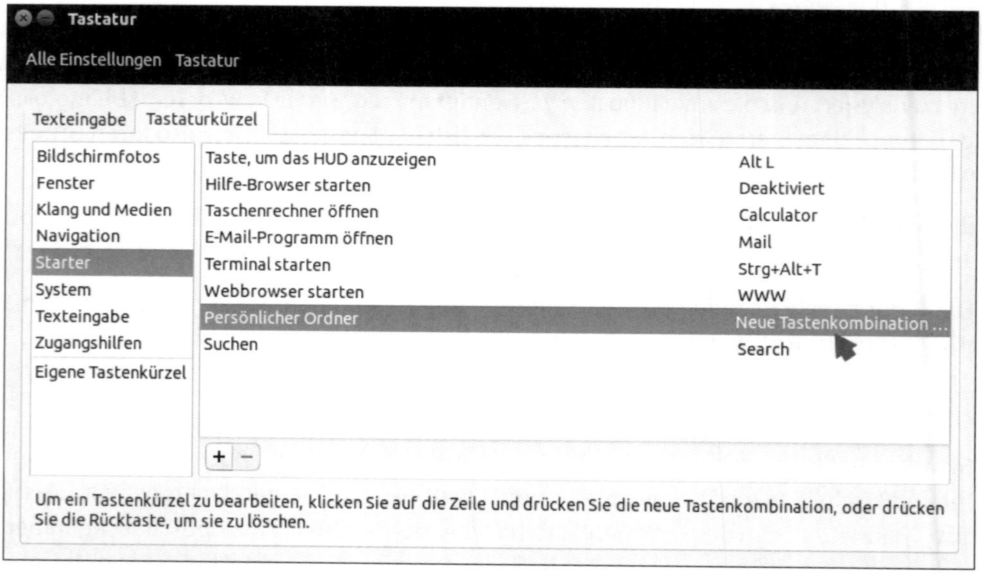

Abbildung 9.14: Tastaturkürzel in Nautilus einrichten.

6. Klicken Sie dann ganz rechts auf die dort angegebene Taste *Explorer* (die es in dieser Form nur auf den wenigsten Computern gibt). Die Anzeige ändert sich jetzt in *Neue Tastenkombination.*

7. Drücken Sie nun [Win]+[E].
8. Jetzt ist *Super+E* (»Super« ist unter Linux die Bezeichnung der [Win]-Taste) als neue Tastenkombination eingerichtet – Sie können die Systemeinstellungen wieder schließen.

In der Rubrik *Eigene Tastenkürzel* können Sie darüber hinaus mit beliebigen Befehlen arbeiten, was in seinen Möglichkeiten weit über das einfache Starten von Programmen hinausgeht. Klicken Sie in dieser Kategorie einfach auf der rechten Seite unten auf das Pluszeichen am Ende der Liste und geben Sie eine Beschreibung sowie den auszuführenden Befehl ein.

Achtung!

Den Befehl müssen Sie unbedingt vorher in einem Terminal ausgiebig testen! Erst wenn alle Parameter und Schreibweisen korrekt sind, sollten Sie ihn in dieses Eingabefeld kopieren.

Danach erscheint der Befehl in der Liste. Sie müssen nun noch rechts auf *Deaktiviert* klicken und eine passende Tastenkombination drücken.

Achten Sie aber bei allen einzurichtenden Tastenkombinationen unbedingt darauf, dass sie einmalig sind und vor allem nicht identisch mit Tastenkürzeln, die Sie in einem Programm dringend benötigen (wie z. B. [Strg]+[S] für das Speichern)!

9.2.5 Dateityp einem Programm zuordnen

Wenn man im Dateiexplorer auf einen Dateinamen doppelklickt, dann wird immer ein passendes Programm gestartet, das diese Datei angezeigt oder mit dem sie bearbeitet werden kann. Auf Seite 160 wurde gezeigt, wie Sie diese Zuordnung eines Programms zu einem bestimmten Dateityp schnell ändern können. Um aber einmal grundsätzlich einen Überblick darüber zu bekommen, welche Dateitypen welchen Programmen zugeordnet sind (und welche gegebenenfalls noch gar nicht), bedarf es des Ubuntu Tweak Tools (siehe Seite 230).

Wählen Sie hier die Rubrik *Systemverwalter* und dort den Punkt *Dateitypzuordnung*. Anschließend öffnet sich die Liste aller Zuordnungen.

Sie können jetzt z. B. auch alle Dateitypen finden, die bislang noch keinem Programm zugeordnet wurden: Wählen Sie links die Kategorie *Alle*, entfernen Sie unten den Haken bei *Nur Dateitypen anzeigen, welche mit Anwendungen verknüpft sind*. Jetzt sind schon mal alle Verknüpfungen sichtbar.

Klicken Sie nun noch oben auf den Spaltentitel *Verknüpfte Anwendung*. Dadurch wird die Liste nach dieser Spalte sortiert. Scrollen Sie jetzt durch die Liste, bis in dieser Spalte *Keine* auftaucht. Diese Dateitypen haben noch keine Zuordnung zu einem Standardprogramm. Sie können mit Klick auf den Button *Bearbeiten* ein neues zuordnen.

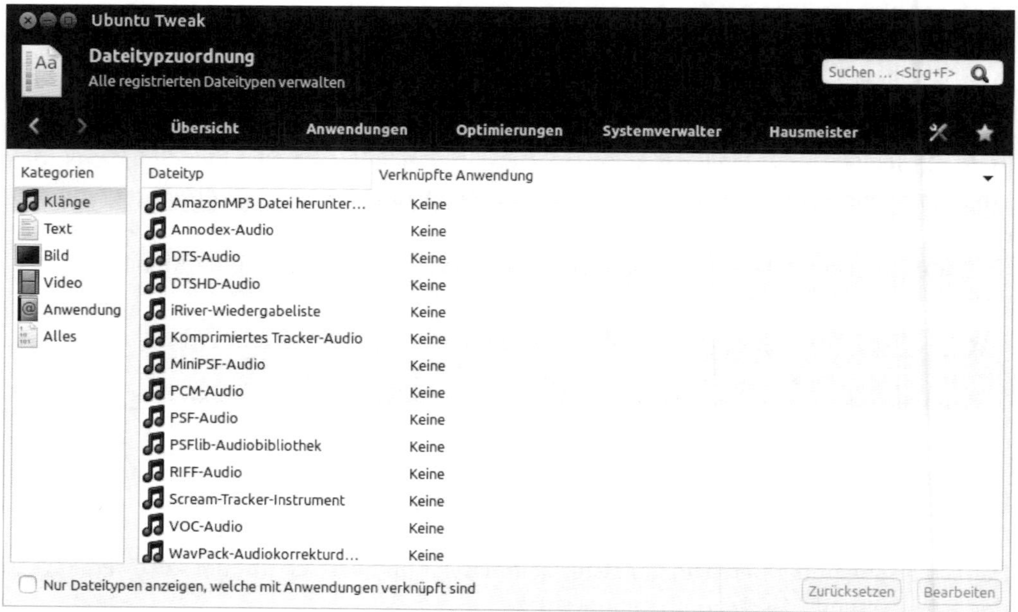

Abbildung 9.15: Dateitypen ohne zugeordnete Standardprogramme.

Genauso einfach ist es auch möglich, die Zuordnung mehrerer Dateitypen zu einem bestimmten Programm auf einen Schlag zu ändern.

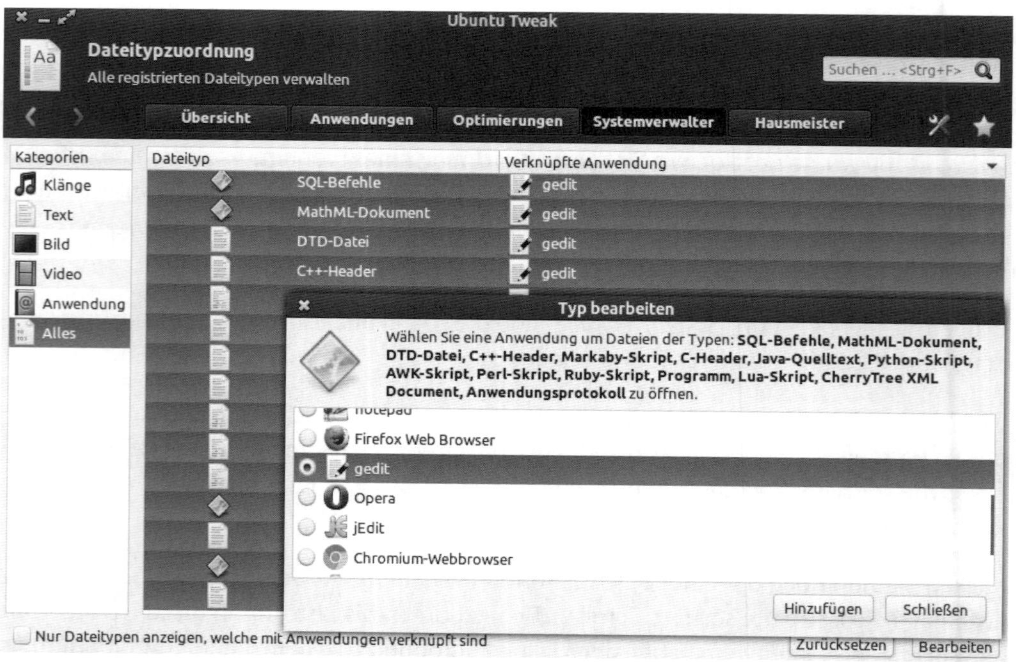

Abbildung 9.16: Standardprogramm für mehrere Dateitypen zugleich wechseln.

Beispiel: Sie haben sich einen neuen Texteditor zugelegt, der Ihren Bedürfnissen mehr entspricht als der schlichte `gedit`, der in Ubuntu mitgeliefert wird. Sie möchten jetzt allen Dateitypen, die bisher mit `gedit` geöffnet wurden, den neuen Editor zuordnen.

Sortieren Sie hierfür wieder die Liste nach *Verknüpfte Anwendung*, scrollen Sie so lange, bis `gedit` in der rechten Spalte erscheint, und markieren Sie dann alle betroffenen Einträge (vgl. hierzu Kapitel 10.2). Nun genügt ein Klick auf den Button *Bearbeiten* und Sie können all diesen Dateien zugleich ein neues Standardprogramm zuweisen.

9.2.6 Schriftarten

Heutzutage enthält jedes Betriebssystem bereits ab Werk eine so große Auswahl an Schriftarten, dass eigentlich jeder auf seine Kosten kommt. Aber im Internet und auf diversen Datenträgern warten noch gefühlte Hunderttausend weitere spannende Schriften auf ihre Entdeckung, und es lohnt sich tatsächlich, dieses Thema einmal kurz etwas genauer zu beleuchten.

Folgenden Effekt kennen Sie sicherlich auch: Sie gehen in eine Buchhandlung, finden zu einem bestimmten Thema ein Buch, das Ihnen zusagt und zudem vielleicht sogar von einem Autor geschrieben wurde, den Sie kennen und schätzen. Auch Inhalt und Struktur entsprechen ganz und gar Ihren Vorstellungen, Sie beginnen neugierig zu lesen – und haben dennoch irgendwie ein seltsam ablehnendes Gefühl gegenüber diesem Buch. Sie finden keine Erklärung – alles stimmt, aber es macht keine Freude, dieses Buch zu lesen. Warum? Fast immer in solchen Fällen ist es die Schrift!

Jeder, der liest, verbindet mit Schriften auch Erinnerungen oder Assoziationen zu bestimmten Situationen, mit denen er diese verbindet. Das reicht von begeisternd, erfrischend, fantasieanregend etc. bis zu unästhetisch oder vielleicht auch angstbesetzt. Dies ist keineswegs ein rein äußerlicher Effekt oder einer, der nur besonders sensible Gemüter betrifft, sondern wirkt bei allen Menschen so – wenn auch in vielen Fällen eher unbewusst.

Die Umkehrung dieser Tatsache bedeutet: Auch Sie wirken mit der Schrift, die Sie verwenden, auf Ihre Leser ein und können sie für sich einnehmen oder bereits Ablehnung erzeugen, bevor Ihr Text überhaupt gelesen wurde. Nun wissen Sie natürlich nicht, wer so alles Ihren Text lesen wird, und selbst wenn – Sie könnten es unmöglich allen Lesern recht machen. Daraus entspringt die logische Überlegung, die Schrift eher danach auszusuchen, inwieweit Sie sich durch diese repräsentiert sehen bzw. sich darin wiederfinden.

Es lohnt sich also in jedem Fall, mal einen ruhigen, ausgeglichenen Moment zu nutzen, um Schriftarten auszuprobieren und zu sehen, welche zu einem selbst am besten passen. Prüfen Sie dabei aber nicht nur das allgemeine Schriftbild, sondern auch die Form von Ziffern und Sonderzeichen. Nicht jede schöne Schrift kommt gleichermaßen gut zurecht mit ä, ö, ü, oder ß. Prüfen Sie, falls für Ihren Alltag erforderlich, auch, wie diese Schrift auf einem Fax aussieht etc. Legen Sie sich auf diese Weise zunächst eine kleine Auswahl zurecht. Lassen Sie sich Zeit damit, schauen Sie die Schriften immer mal wieder durch – Sie werden bemerken, dass so manche nur aufgrund einer besonderen Tagesstimmung auf die Kandidatenliste geraten ist. Und wenn Sie irgendwann eine solide Auswahl zusammengestellt haben, dann fragen Sie auch mal Freunde oder Kollegen, welche Schrift diese Ihnen am ehesten zuordnen würden.

Auf den folgenden Webseiten finden Sie für den Anfang eine gute Auswahl:

- *http://www.fontasy.de*
- *https://fontlibrary.org/de*
- *http://www.schriftarten-fonts.de*
- *http://www.1001fonts.com*
- *https://www.1001freefonts.com*
- *http://www.fontspace.com*

Weitere wertvolle Hinweise zu Schriftarten, deren Besonderheiten und ihrer Handhabung stehen hier bereit:

- *https://wiki.ubuntuusers.de/Schriftarten*
- *https://wiki.ubuntuusers.de/Schriften*
- *https://wiki.ubuntuusers.de/Fontmanager*

Installation

Haben Sie schließlich eine passende Schriftart gefunden, dann klicken Sie auf den jeweils angebotenen Download-Link. In den meisten Fällen erhalten Sie daraufhin ein Archiv (eine ZIP-Datei), in dem sich neben einigen Hinweis- und Lizenztexten mindestens eine Datei mit der Endung **TTF**[13], **OTF**[14] oder **PFB**[15] befindet.

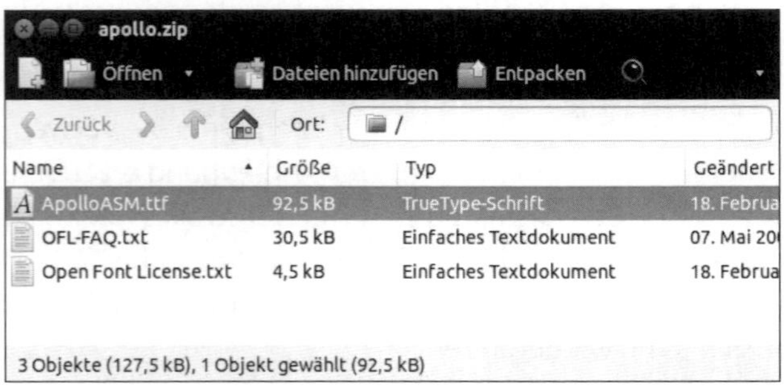

Abbildung 9.17: Schriftarten, heruntergeladenes ZIP-Archiv.

Handelt es sich um eine TTF- oder OTF-Datei, dann ist die Sache einfach: Mit einem Doppelklick auf die Datei öffnet sich der Schriftartenbetrachter.

13 True Type Font (Standardschriftformat).
14 Open Type Font (plattformübergreifendes Format von Adobe und Microsoft).
15 Printer Font Binary (PostScript-Schriftart), immer zusammen mit je einer gleichnamigen PFM-, AFM- und INF-Datei.

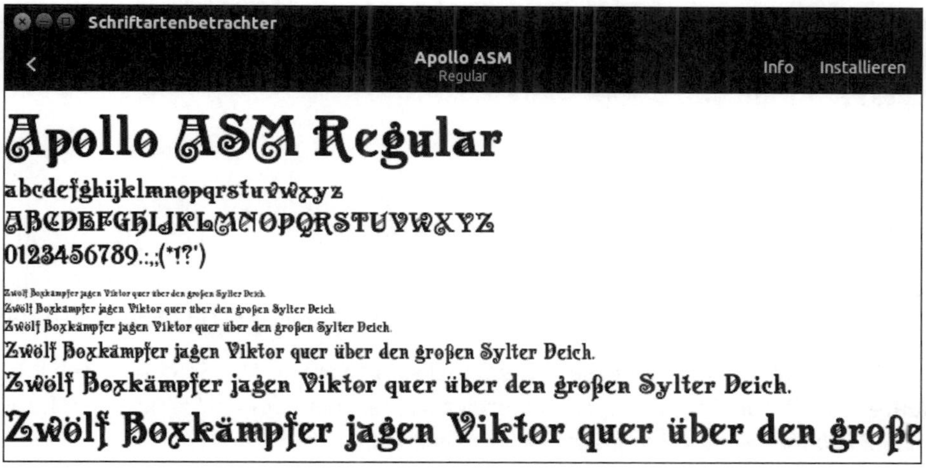

Abbildung 9.18: Schriftartenbetrachter.

Dort findet sich oben rechts der Button *Installieren*, mit dem Sie die Schrift zu Ubuntu hinzufügen können – es dauert nur einen kurzen Moment, dann ändert sich dessen Beschriftung zu *Installiert* und der Button wird grau.

Im Fall einer PFB-Datei (PostScript-Font) geht das leider nicht so bequem – hier ist etwas Handarbeit gefragt:

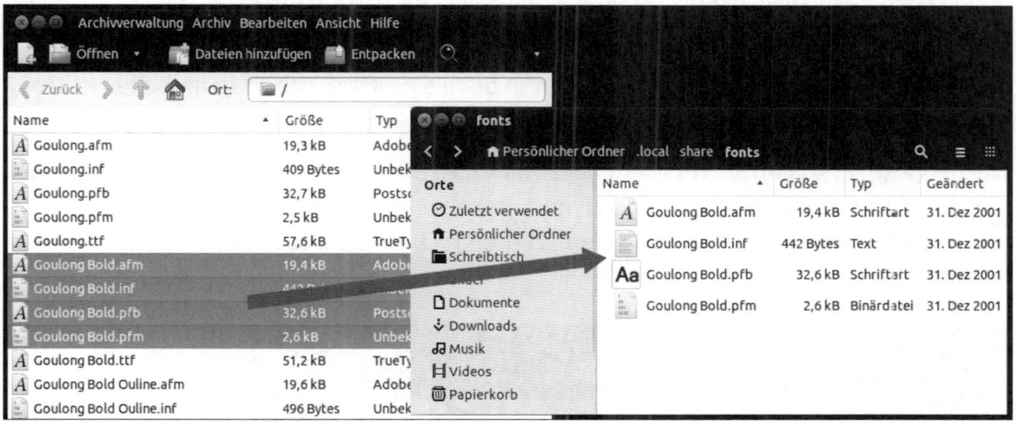

Abbildung 9.19: PostScript-Fonts installieren.

1. Markieren Sie im Archiv **alle** Dateien mit dem gleichen Namen wie die zuvor ausgewählte PFB-Datei. Halten Sie hierfür die Strg-Taste gedrückt und klicken Sie die AFM-, PFB-, PFM- und gegebenenfalls INF-Dateien gleichen Namens an (siehe Abbildung 9.19 links, beispielhaft für die Schriftart »Goulong Bold«).
2. Öffnen Sie den Dateimanager und drücken Sie die Tastenkombination Strg+H, um dort auch versteckte Dateien anzuzeigen.

3. Stellen Sie sicher, dass Sie sich im `persönlichen Ordner` befinden, und navigieren Sie nun nacheinander zu folgenden Ordnern:
   - `.local`
   - `share`
   - `fonts`
4. Platzieren Sie jetzt die Fenster so nebeneinander, dass beide gut zu sehen sind.
5. Ziehen Sie anschließend mit gedrückter Maustaste alle im Archiv markierten Schriftendateien hinüber in den rechten Bereich des Dateimanager-Fensters (Pfeil in Abbildung 9.19).

Die so installierten Schriften können Sie in der Regel sofort verwenden. Sollten jedoch Probleme auftreten, z. B. dass Schriften nicht angezeigt werden, dann folgen Sie bitte den Tipps auf *https://wiki.ubuntuusers.de/Schriften/#Problembehebung*.

Mitunter benötigt man auch verschiedene Standardschriftarten, die typischerweise nur in Microsoft Windows eine Rolle spielen. Auch hierfür gibt es in Ubuntu Abhilfe: Starten Sie das Software-Center, suchen Sie mit dem Stichwort *mscorefonts* und klicken Sie dann auf den `ttf-mscorefonts-installer`.

Deinstallation

Leider ist die Deinstallation einer Schrift unter Ubuntu nicht ganz so einfach und elegant möglich wie deren Installation. Da bislang auch kein Programm existiert, das diese Aufgabe zufriedenstellend erledigt, muss man manuell zu Werke gehen.

Im Kern geht es darum, die Datei zu löschen, in der die jeweilige Schriftart enthalten ist. Dafür müssen Sie aber Speicherort und Namen der Datei(en) kennen.

Bevor es losgeht sollten Sie vor allem sicher sein, dass Sie auch die richtige Schriftart bearbeiten, denn die Schriftnamen ähneln sich mitunter so sehr, dass man sie schnell mal verwechseln kann. Starten Sie deshalb den Schriftartenbetrachter (Sie finden ihn im Dash unter dem Stichwort *Schrift*).

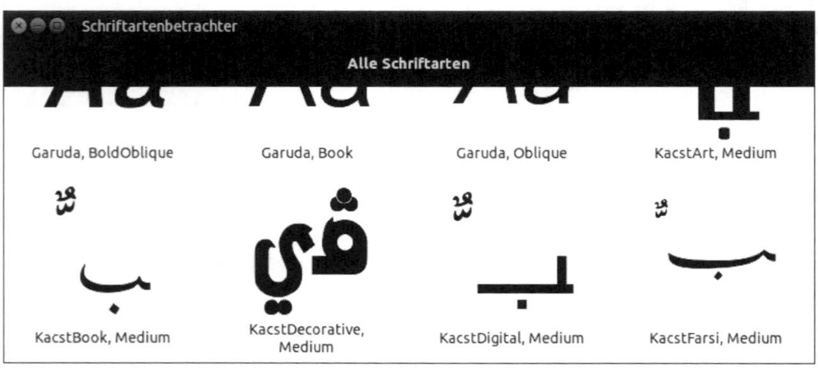

Abbildung 9.20: Schriftartenbetrachter.

Suchen Sie hier die Schrift heraus, die deinstalliert werden soll. Klicken Sie auf das Schriftsymbol, um in die Detailansicht zu gelangen, und dort wiederum oben rechts auf den Button *Info*. Dieser öffnet ein Fenster mit technischen Informationen:

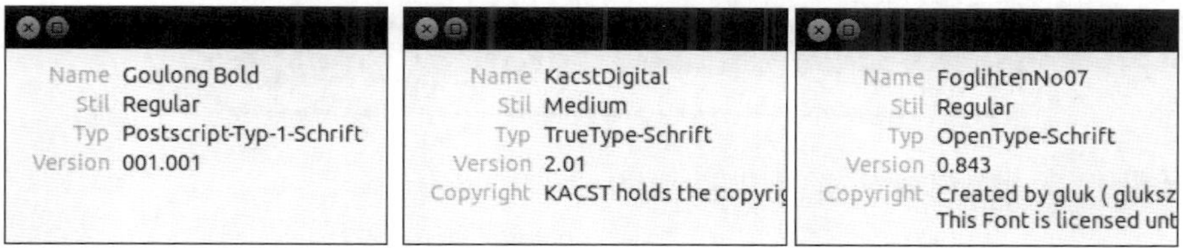

Abbildung 9.21: Infos zu unterschiedlichen Schriftarttypen.

Bitte notieren Sie genau *Name*, *Stil* und *Typ* der Schrift. Anschließend können Sie den Schriftartenbetrachter wieder schließen.

An welchem Ort sich nun die Schriftdateien befinden, hängt davon ab, für welchen Benutzer sie installiert wurden: nur für Sie oder für alle Benutzer dieses Rechners? Das ist einer Schriftart nicht anzusehen, und deshalb muss man fast immer an zwei verschiedenen Orten suchen:

Zugriff	**Ordner**
Nur für den **aktuellen** Benutzer	`~/.local/share/fonts` ~ steht für: `Persönlicher Ordner`
Für **alle** Benutzer des Rechners	`/usr/share/fonts`

Die meisten vorinstallierten Schriftarten befinden sich naturgemäß im zweiten Ordner, weil sie allen Nutzern zugänglich sein sollen. Wenn Sie jedoch irgendwann mal selbst eine zusätzliche Schriftart installiert haben, dann wird diese fast immer im erstgenannten Ordner abgelegt.

Handelt es sich um eine TrueType- oder eine OpenType-Schriftart, dann sind die nächsten Schritte relativ einfach: Starten Sie den Dateimanager und navigieren Sie zunächst zu einem der beiden Ordner. Dort angekommen, klicken Sie auf das Lupensymbol und geben als Suchbegriff einen markanten Teil des Schriftnamens an (siehe Abbildung 9.22).

Wie man in Abbildung 9.22 gut erkennt, sind manche Schriftarten auch als Familien in eigenen Ordnern organisiert. Wenn Sie eine ganze Schriftfamilie löschen wollen, dann entfernen Sie den jeweiligen Ordner, andernfalls nur die entsprechende Einzeldatei. Vor dem Löschen sollten Sie sich jedoch per Doppelklick auf die Datei eine kurze Vorschau anzeigen lassen, um sicherzugehen, dass Sie die richtige Schriftart ausgewählt haben.

PostScript-Schriften zu deinstallieren, ist hingegen mit etwas mehr Mühe verbunden: Zunächst können Sie versuchen, die Dateien genauso ausfindig zu machen wie TrueType- oder OpenType-Dateien, also anhand des Dateinamens. Allerdings haben leider sehr viele

PostScript-Dateien einen Namen, der keinerlei Rückschluss auf die enthaltene Schriftart zulässt. Sie werden daher auf diesem Weg eventuell keinen Erfolg haben.

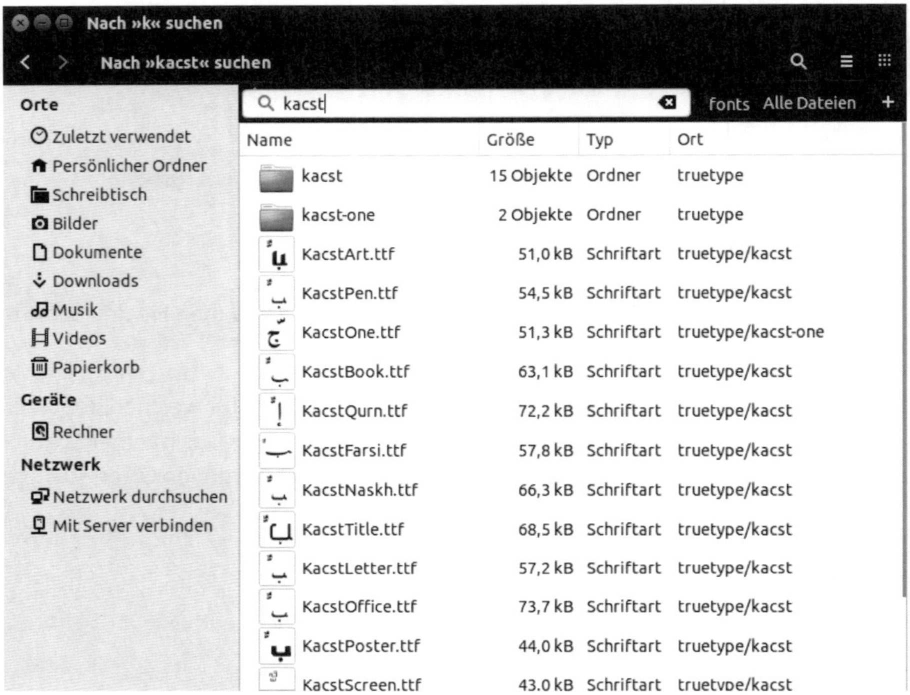

Abbildung 9.22: Schriftarten – Datei suchen.

Glücklicherweise ist aber der Schriftname immer **im Innern** einer der betroffenen Schriftdateien als Klartext gespeichert. Sie müssten also theoretisch »nur« alle infrage kommenden Dateien mit einem passenden Programm öffnen und jeweils prüfen, ob dort der gesuchte Schriftname enthalten ist. Das kann natürlich niemand leisten, und in solchen Fällen hilft (mal wieder) das Terminal. Starten Sie es und geben Sie dort folgenden Befehl ein:

```
find <Ordner> -name "*.afm" -exec grep -lsi "<Schriftart>" {} \;
```

Dabei bedeutet:

- `<Ordner>` = Der Name des Ordners, in dem Sie suchen , ggf. müssen Sie in beiden infrage kommenden Ordnern nacheinander suchen.
- `<Schriftart>` = Charakteristische Teile des Schriftartnamens, die Sie suchen (Groß-/Kleinschreibung spielt dabei keine Rolle).

Beispiel:

Suche nach der PostScript-Schriftart *Bitstream Charter* im Ordner `/usr/share/fonts`.

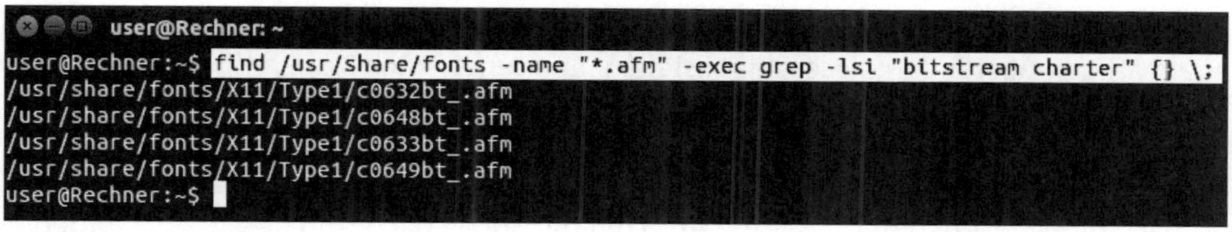

Abbildung 9.23: PostScript-Dateien suchen.

Anhand der Ausgabe erkennen Sie, ob der Ordner eine oder mehrere Dateien für die gesuchte Schriftart enthält und in welchem Unterordner sich diese eventuell befinden (in unserem Beispiel liegen alle Dateien im Ordner `/usr/share/fonts/X11/Type1` und haben die Namen `c0632bt_`, `c0633bt_`, `c0648bt_` sowie `c0649bt_`).

Tipp

Wenn Sie Interesse haben, dann können Sie sich z. B. mit dem Befehl `more c0632bt_.afm` den Anfang des Inhalts dieser Datei anzeigen lassen und werden sehen, dass dort tatsächlich der Name »Bitstream Charter« auftaucht. (Beenden Sie die Textausgabe anschließend mit der Taste [Q].)

Starten Sie jetzt den Dateimanager und navigieren Sie zum entsprechenden Ordner. Suchen Sie dort die Dateien, die zuvor aufgelistet worden sind. Sie werden für jeden Dateinamen mindestens zwei Exemplare finden: eine vom Typ `*.PFB` und eine vom Typ `*.AFM`. Doppelklicken Sie auf die PFB-Datei, um sich eine Detailansicht der Schriftart anzeigen zu lassen. Wenn Sie jetzt sicher sind, die richtige gefunden zu haben, dann löschen Sie alle Dateien desselben Namens (`*.PFB`, `*.PFM`, `*.AFM` und ggf. `*.INF`).

Wiederholen Sie diesen Vorgang für alle anderen gefundenen Schriftdateien.

9.3 Updates

Anders als in Windows sind Aktualisierungen in Ubuntu kein lästiges Geschehen. Niemand erzwingt die Unterbrechung Ihrer Arbeit, keiner bremst Sie beim Herunterfahren oder Starten des Rechners aus. Selbst der Wechsel einer kompletten Ubuntu-Version, der bei Windows immer ein riesiger Akt umfangreicher Neuinstallation ist, wird hier zum Kinderspiel. Alles geschieht dezent im Hintergrund und ist dennoch kontrollierbar.

Wenn Teile von Ubuntu verbessert worden sind, dann stellt Canonical diese als Updates zur Verfügung. Gleiches gilt für Programme, soweit diese von Canonical offiziell unterstützt werden oder mit PPA-Einträgen im System registriert sind (vgl. Kapitel 6.3.8). Das Bereitstellen kann man sich wie lauter Ablagestellen im Internet vorstellen, die nacheinander besucht werden, um zu überprüfen, ob es Neues gibt.

Verantwortlich für die Updates in Ubuntu ist die Aktualisierungsverwaltung. Sie ist es, die in regelmäßigen Abständen diese Ablagestellen im Internet nach Neuerungen abfragt und diese dann gegebenenfalls zur Installation anbietet. Sie finden dieses Tool z. B. im Dash mit dem Stichwort *aktu*.

Sofort nach dem Start beginnt das Programm mit der Suche nach Updates an den vorgegebenen Orten im Internet (die u. a. durch die PPAs vorgegeben sind).

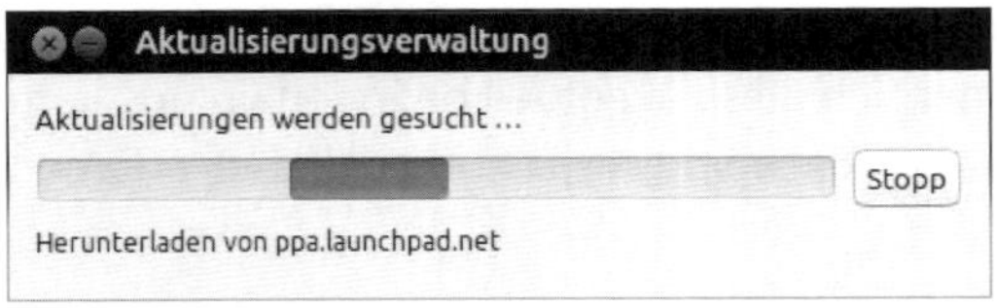

Abbildung 9.24: Start der Aktualisierungsverwaltung.

Im besten Fall erhalten Sie danach die Meldung, dass alle Anwendungen auf Ihrem Rechner auf dem neuesten Stand sind – dann war's das und Sie können mit *OK* abschließen.

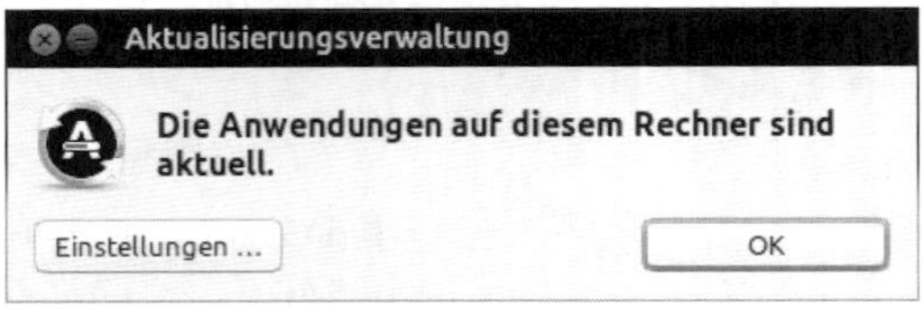

Abbildung 9.25: Der Rechner ist aktuell.

Andernfalls erhalten Sie eine Liste der zu aktualisierenden Softwarebestandteile.

Abbildung 9.26: Aktualisierungsverwaltung mit Softwareliste.

Sie können nun entscheiden, ob sofort oder später installiert werden soll. Wenn Sie sich für *Jetzt installieren* entscheiden, wird in bestimmten Fällen noch das Administratorpasswort abgefragt, was in der Regel Ihr Log-in-Passwort ist, und anschließend startet die Aktualisierung, die weitgehend im Hintergrund arbeitet. Sie verläuft in zwei Phasen, die Sie sehr gut verfolgen können, wenn Sie auf *Details* klicken:

1. Laden der Softwarepakete.

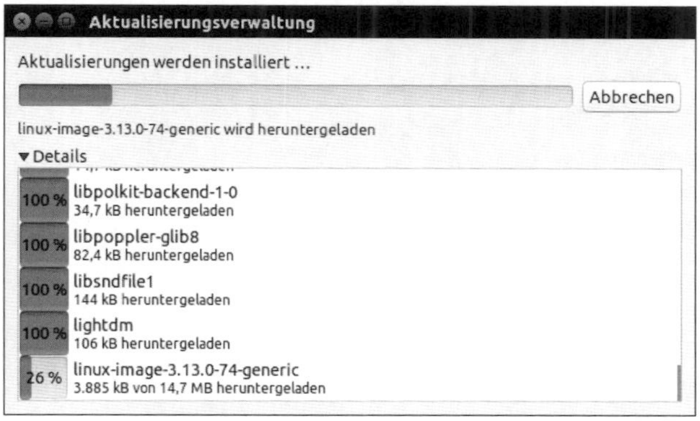

Abbildung 9.27: Aktualisierungsverwaltung – Laden der Pakete.

2. Durchführung der Installation.

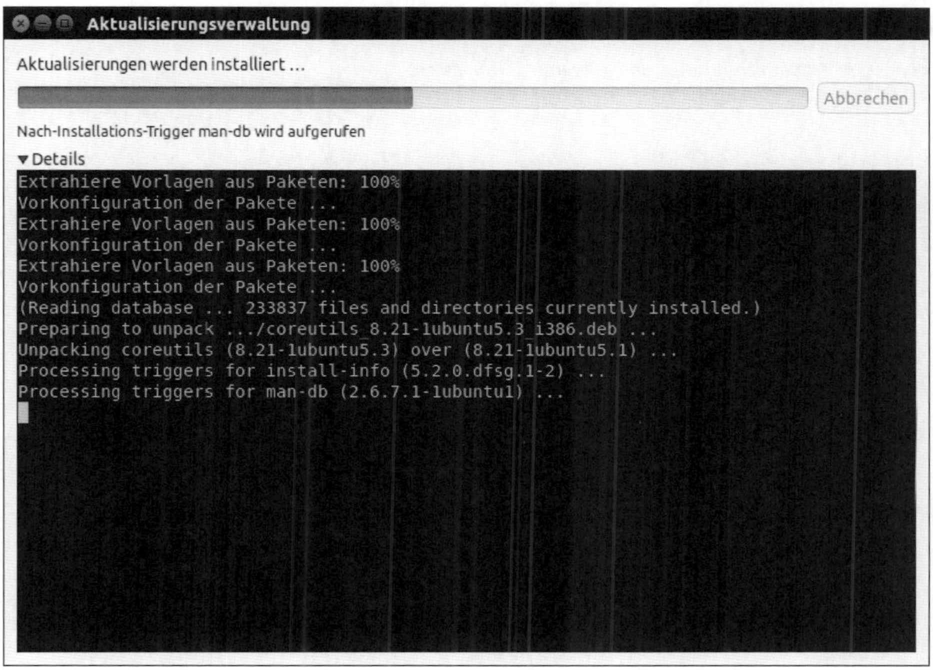

Abbildung 9.28: Aktualisierungsverwaltung – Installation.

Währenddessen können Sie aber mit allem wie gewohnt weiterarbeiten. Nur in extrem seltenen Fällen (meist nach sehr umfangreichen System-Updates) werden Sie nach Abschluss der Installation gebeten, den Rechner neu zu starten. Und auch dies können Sie getrost auf später verschieben.

In den Abbildungen 9.25 oder 9.26 finden Sie außerdem den Button *Einstellungen*, über den Sie das Verhalten der Aktualisierung anpassen können:

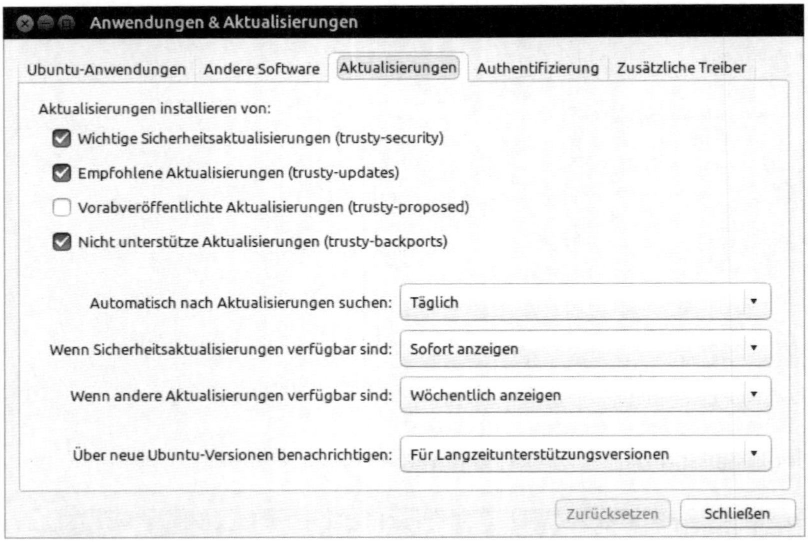

Abbildung 9.29: Aktualisierungsverwaltung – Verhalten anpassen.

10 Anhang

10.1 Download und Installation

In diesem Abschnitt erfahren Sie, wie Sie eine Datei aus dem Internet beziehen (downloaden) und, wenn es sich um eine Windows-Installationsdatei handelt, diese gleich installieren.

Die Vorgehensweise wird am Beispiel des **Wise Disk Cleaners** gezeigt.

Starten Sie zunächst einmal Ihren Internetbrowser.

Wenn Sie nicht wissen, wo Sie suchen müssen:

Geben Sie in das Feld für die Internetsuche den Namen des Programms ein, das Sie installieren möchten, in unserem Fall *wise disk cleaner*. Anhand der angezeigten Suchergebnisse wählen Sie eine Website aus, auf der das Programm angeboten wird.

Hinweis

Bei den meisten Suchmaschinen sind die obersten Fundstellen bezahlte Werbeeinträge. Meiden Sie diese, weil Sie sich oft zunächst durch einen Wust von Werbeangeboten wühlen müssen oder neben dem gewünschten Programm gegebenenfalls auch unerwünschte Software vorgeschlagen (oder untergeschoben) bekommen. Suchen Sie nach einer Fundstelle, die möglichst direkt vom Hersteller der Software stammt. Man erkennt diese an den Webadressen, die bei jeder Fundstelle aufgeführt sind.

Wenn Sie bereits wissen, auf welcher Website das Programm angeboten wird:

Geben Sie diese in das Adressfeld ein. Für den Wise Disk Cleaner wäre das *https://www.wisecleaner.eu/wise-disk-cleaner.html*.

Klicken Sie dann auf der angezeigten Website auf den angebotenen Download-Button. Beim Disk Cleaner ist das *Free Download*.

Hinweis

Bitte wundern Sie sich nicht: Bei einigen Anbietern, die werbefinanziert sind (z. B. *chip.de*), müssen Sie sich leider erst durch mehrere weitere Seiten klicken, auf denen der Anbieter mehr oder weniger viel Werbung untergebracht hat. Folgen Sie immer dem Link, der mit *Download* gekennzeichnet ist, dann kommen Sie zum Ziel.

10.1.1 Download

Je nachdem, welchen Browser Sie verwenden und ob Sie die heruntergeladene Datei nach dem Download gleich **ausführen** wollen (bei Windows-Installationsprogrammen) oder zunächst **nur speichern** möchten (bei sonstigen Dateien), sind nun unterschiedliche Schritte erforderlich.

Firefox

1. Es erscheint ein Fenster, das Sie mit *Datei speichern* bestätigen müssen.

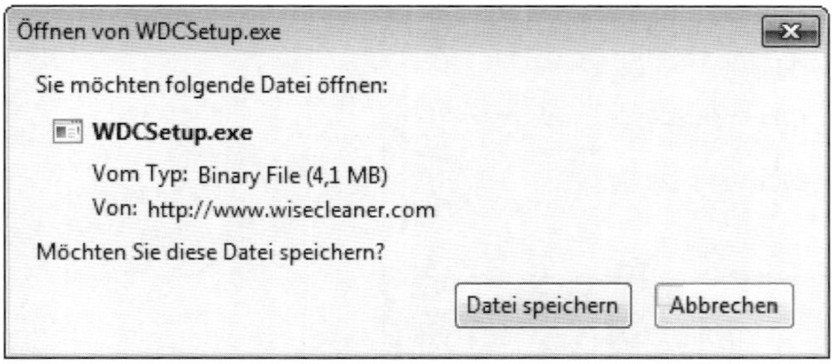

Abbildung 10.1: Download per Firefox – Datei speichern.

2. 28s – Während des Downloads zeigt ein kleiner Balken oben in der Symbolleiste an, wie lange dieser noch dauern wird.
3. – Ist der Download abgeschlossen, dann erscheint an der gleichen Stelle ein blauer Pfeil.
4. Drücken Sie nun Strg+J, um die Download-Liste zu öffnen.

Abbildung 10.2: Download per Firefox – Download-Liste.

Die Datei ist jetzt gespeichert und Sie können sie:

- **ausführen** (bei Windows-Installationsprogrammen mit der Endung `*.exe` bzw. `*.com`): Doppelklicken Sie auf den Dateinamen, hier `WDCFree.exe`.
- im Ordner **anzeigen** (bei sonstigen Dateien): Klicken Sie auf das kleine Ordnersymbol (Pfeil in Abbildung 10.2).

Google Chrome

Hier wird der Download im Browser unten links angezeigt:

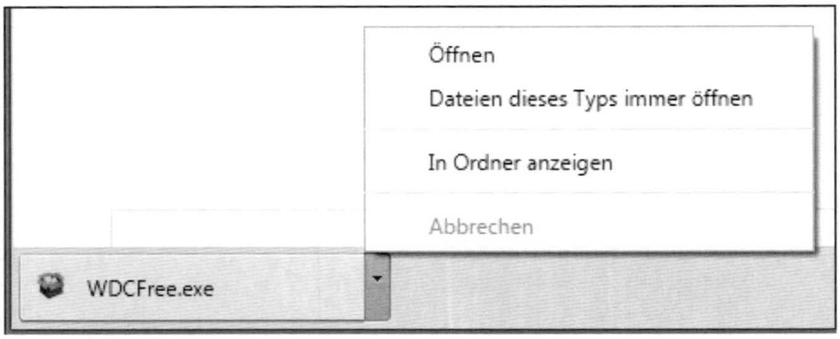

Abbildung 10.3: Download per Google Chrome.

Wenn die Datei vollständig heruntergeladen ist, dann klicken Sie auf das Dreieck hinter dem Namen. Sie können diese jetzt:

- **ausführen** (bei Windows-Installationsprogrammen mit der Endung `*.exe` bzw. `*.com`): Klicken Sie auf *Öffnen*.
- im Ordner **anzeigen** (bei sonstigen Dateien): Klicken Sie auf *In Ordner anzeigen*.

Microsoft Internet Explorer (nicht unter Ubuntu)

Die Download-Aktivitäten werden am unteren Fensterrand angezeigt:

Abbildung 10.4: Download per Internet Explorer – Start.

Der Download beginnt, wenn Sie entschieden haben, was mit der Datei geschehen soll. Wählen Sie, ob Sie die Datei:

- **ausführen** wollen (Windows-Installationsprogramme mit der Endung `*.exe` bzw. `*.com`): Klicken Sie auf *Ausführen*.

- im Ordner **anzeigen** möchten (bei sonstigen Dateien):
  Klicken Sie auf *Speichern*. Ist hier der Download beendet, dann klicken Sie auf *Ordner öffnen*.

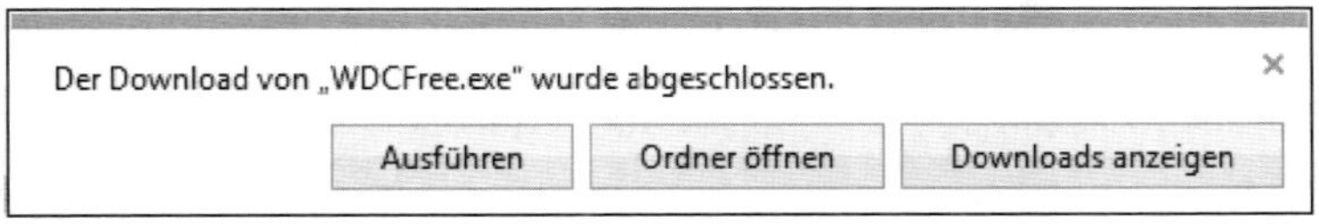

Abbildung 10.5: Download per Internet Explorer – Ordner öffnen.

Opera

Hier öffnet sich zunächst ein Dialogfenster, in dem Sie festlegen können, ob Sie die Datei

- **ausführen** möchten (Windows-Installationsprogramme mit der Endung `*.exe` bzw. `*.com`): Klicken Sie auf *Ausführen*.
- im Ordner **anzeigen** möchten (bei sonstigen Dateien):
  Klicken Sie auf *Speichern*. Anschließend öffnet sich der Dateiexplorer, in dem Sie den Zielordner festlegen müssen. Geben Sie im einfachsten Fall ganz oben in der Adressleiste *Downloads* ein (Mehrzahlform beachten!). Klicken Sie danach auf den Button *Speichern*. Opera zeigt den Ladevorgang in einem eigenen Fenster namens *Downloads* an:

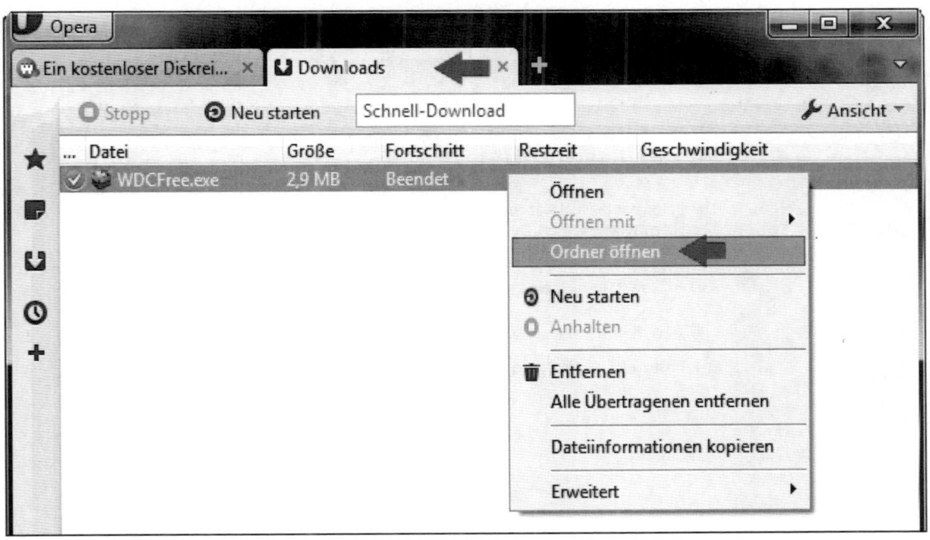

Abbildung 10.6: Download mit Opera.

Nach dem Herunterladen können Sie die Datei rechtsklicken und sich diese mit *Ordner öffnen* im Zielordner anzeigen lassen.

10.1.2 Installation starten (nur unter Windows)

Wenn Sie in einem der vorherigen Schritte die Variante **Ausführen** gewählt haben, dann startet jetzt das Installationsprogramm. Das funktioniert aber lediglich bei Dateien mit der Endung `*.exe` bzw. `*.com` – alle anderen kann man nur speichern (siehe Abschnitt 10.1.3).

Im Fenster des Installationsprogramms müssen Sie in der Regel alle Schritte nur mit *Weiter* bestätigen. Aber:

Achtung! Bei manchen Anbietern werden innerhalb der Schritte auch (meist völlig überflüssige) Zusatzoptionen angeboten, z. B. kostenlose Virenscanner, Ergänzungen für den Internetbrowser etc. Lesen Sie hier bitte jedes der Dialogfenster genau durch und deaktivieren Sie alle unerwünschten Optionen.

Am Ende der Installation erscheint ein Fenster, in dem sich unten der Button *Fertigstellen* befindet. Klicken Sie darauf, um die Installation abzuschließen.

Hinweis

Beim Wise Disk Cleaner sollten Sie vor der Fertigstellung die Option *View the introduce and releases log* deaktivieren, es sei denn, Sie haben viel Zeit und Interesse an technischen Informationen.

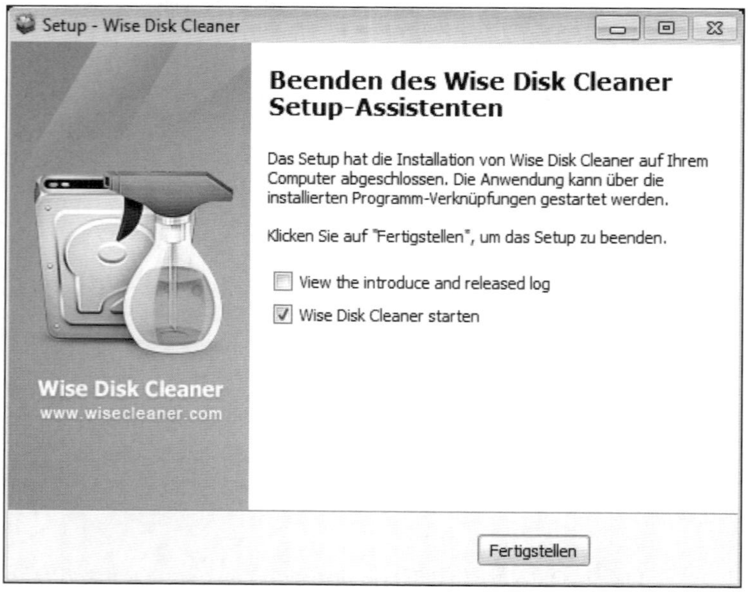

Abbildung 10.7: Installation des Wise Disk Cleaners.

Startet das Programm nach Abschluss der Installation nicht sofort von selbst, dann schauen Sie mal auf Ihren Desktop. Dort ist sehr wahrscheinlich ein neues Symbol für das soeben installierte Programm erschienen. Machen Sie darauf einen Doppelklick.

10.1.3 Gespeicherte Datei kopieren

Haben Sie bei der Schrittfolge im Abschnitt 10.1.1 jeweils die Variante **Speichern** gewählt, dann wird Ihnen jetzt der Ordner angezeigt, in dem die heruntergeladene Datei abgelegt wurde:

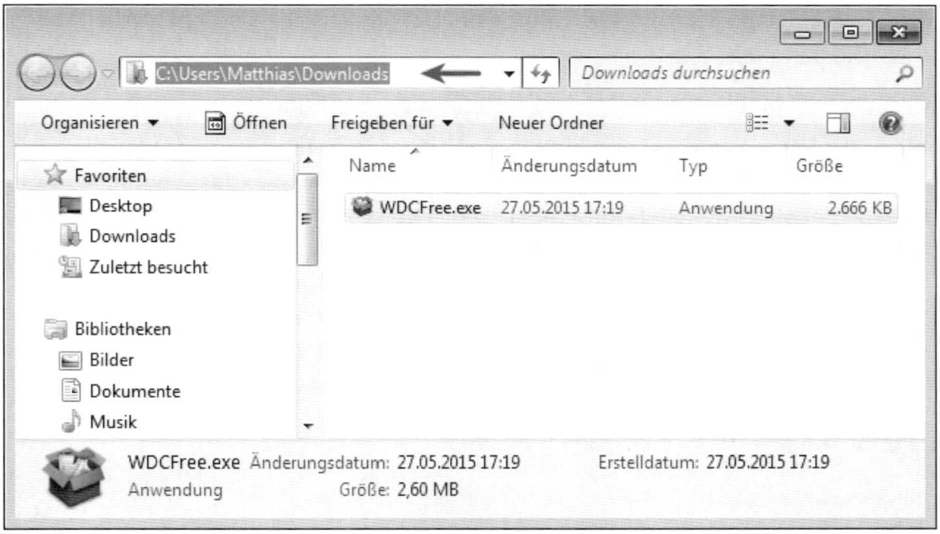

Abbildung 10.8: Download-Ordner.

Von hier aus können Sie die Datei z. B. kopieren oder mit einem Doppelklick auf den Dateinamen öffnen etc.

Meist benötigt man aber diese Datei im Zusammenhang mit einem anderen Programm (z. B. um sie auf eine DVD zu brennen). Hierfür ist es notwendig, sich den Namen des Ordners zu merken. Holen Sie jetzt aber bitte nicht Zettel und Stift, sondern nutzen Sie die Zwischenablage:

1. Klicken Sie oben in die Adressleiste (Pfeil).
2. Die Anzeige ändert sich und zeigt jetzt den vollständigen Ordnernamen.
3. Drücken Sie Strg+C, um den Pfad in der Zwischenablage zu speichern.
4. Wenn Sie den Pfad später benötigen (z. B. in einem Eingabefeld), dann können Sie den Text sofort wieder mit Strg+V einfügen – vorausgesetzt, Sie haben zwischendurch nichts anderes in der Zwischenablage abgelegt.

10.2 Dateigruppen markieren und löschen

Hinweis

Die folgenden Techniken gelten gleichermaßen für Windows und Ubuntu.

Wenn Sie im Dateimanager mehrere Dateien auf einmal löschen möchten, dann wäre es natürlich viel zu umständlich, jede einzeln anzuklicken und zu entfernen.

Wählen Sie stattdessen gleich die ganze Gruppe der Dateien aus, die gelöscht werden sollen, und drücken Sie dann die Taste Entf.

Für die Gruppenauswahl stehen Ihnen zwei Techniken zur Verfügung:

- **Einzelne Dateien zu einer Gruppe hinzufügen oder abwählen**
  Klicken Sie die erste Datei der Gruppe an, halten Sie dann die Strg-Taste gedrückt, während Sie mit der Maus weitere Dateien anklicken. Bereits ausgewählte Dateien können Sie auf diese Weise auch wieder aus der Gruppe entfernen.

Abbildung 10.9: Dateien einzeln auswählen.

- **Zusammenhängende Dateigruppen auswählen**
  Klicken Sie die erste Datei der Gruppe an, scrollen Sie das Fenster hinunter, bis Sie die letzte Datei sehen, die zur Gruppe gehören soll, halten Sie dann die ⇧-Taste (die Umschalttaste für Großbuchstaben) gedrückt und klicken Sie auf diese Datei.

Abbildung 10.10: Dateigruppe auswählen.

10.3 Ubuntu auf USB-Stick installieren

Die Installation auf einem USB-Stick hat den Vorteil, dass Sie »Ihr Ubuntu« überall mit hinnehmen und auf jedem Rechner damit arbeiten können, der in der Lage ist, von einem USB-Stick zu booten (nicht jeder PC kann das).

Naturgemäß bleibt auf einem solchen Stick in der Regel nicht allzu viel Platz für Daten, und er ist definitiv kein sicheres Speichermedium: Man kann ihn schnell verlieren und er ist sehr anfällig gegenüber elektromagnetischen Störungen. Diese Variante kommt also vor allem infrage für Vorführungen, Lehrzwecke, kleinere mobile Aufgaben oder um z. B. Rechner zu starten, deren Festplatte Probleme bereitet.

Für eine solche Installation benötigen Sie ein spezielles Programm. Besonders einfach und zuverlässig ist hier der **Universal USB Installer**, den Sie von der Website *https://www.pendrivelinux.com/universal-usb-installer-easy-as-1-2-3* downloaden und installieren können (siehe die Abschnitte 10.1.1 und 10.1.2).

Sie benötigen einen leeren (!) USB-Stick, der mindestens 8 GByte Speicherplatz hat, und die Ubuntu-ISO-Datei (siehe Kapitel 4.1.1), mit der Sie auch eine Installations-DVD erstellen könnten.

Stecken Sie jetzt den Stick ein, starten Sie den USB Installer und gehen Sie wie folgt vor:

Step 1: Auswahl der Linux-Distribution

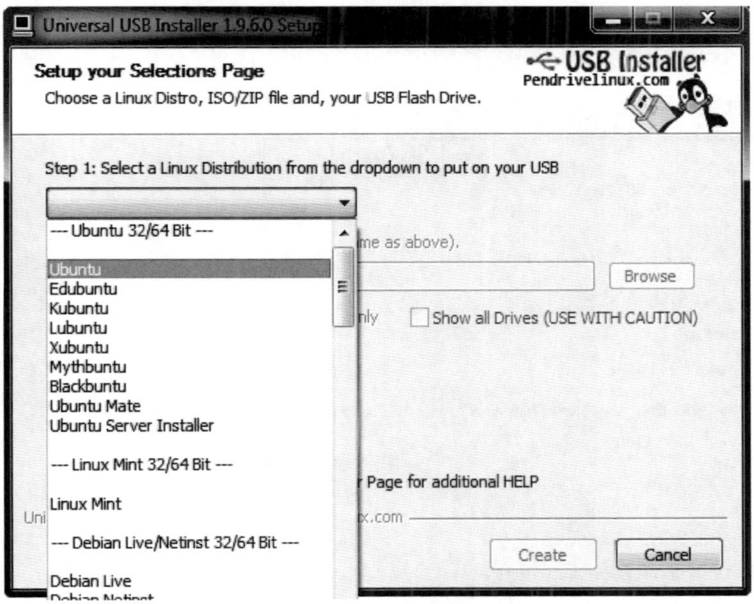

Abbildung 10.11: Installation auf USB-Stick – Linux-Distribution wählen.

Klicken Sie auf die Liste und wählen Sie *Ubuntu*.

Step 2: ISO-Image auswählen

Klicken Sie auf *Browse* – es öffnet sich der Windows-Dateimanager.

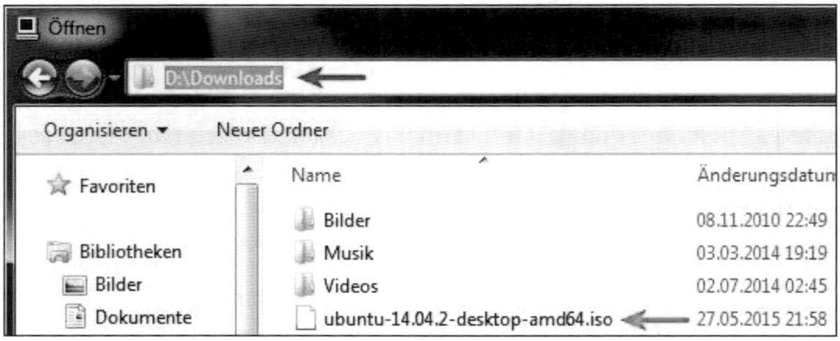

Abbildung 10.12: Installation auf USB-Stick – ISO-Datei wählen.

Klicken Sie in die Adressleiste ganz oben (siehe Pfeil oben in Abbildung 10.12) und fügen Sie jetzt den Ordnernamen ein, den Sie sich nach dem Download gemerkt haben (siehe Hinweis am Ende des Abschnitts 10.1.3). Drücken Sie anschließend [↵] und der Download-Ordner wird angezeigt.

Doppelklicken Sie nun auf den Namen der ISO-Datei, die Sie zuvor heruntergeladen haben (siehe Pfeil unten in Abbildung 10.12).

Step 3: USB-Laufwerk auswählen

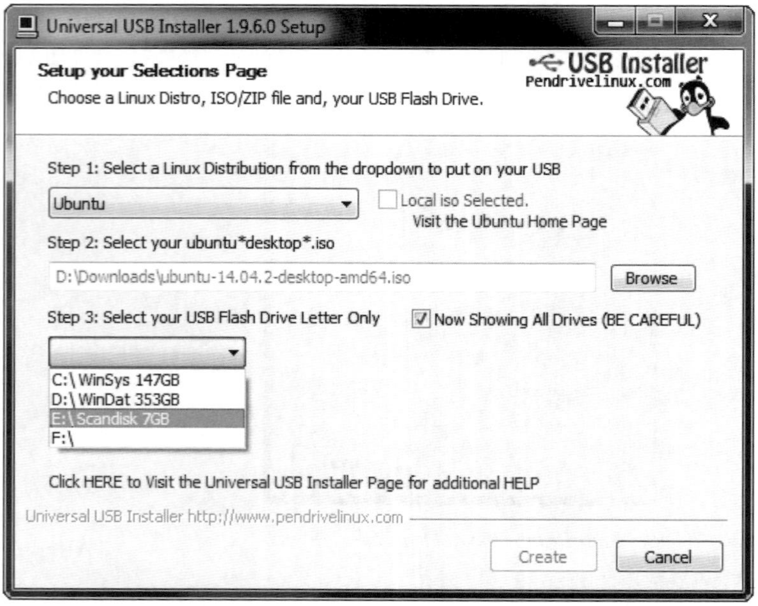

Abbildung 10.13: Installation auf USB-Stick – Ziellaufwerk auswählen.

Klicken Sie zunächst rechts auf die Option *Now Showing All Drives*, damit alle verfügbaren Laufwerke angezeigt werden.

Achtung

Der Hinweis *BE CAREFUL* ist ernst zu nehmen! Prüfen Sie, ob Sie wirklich den USB-Stick ausgewählt haben (er ist meist an einem typischen Namen erkennbar). Wenn Sie hier fälschlicherweise eine Festplatte auswählen, dann werden dort alle Daten überschrieben – und dieser Vorgang kann nicht rückgängig gemacht werden.

Wählen Sie dann in der Liste links das Laufwerk aus, das Ihren USB-Stick repräsentiert.

Step 4: Speicherplatz für Daten festlegen

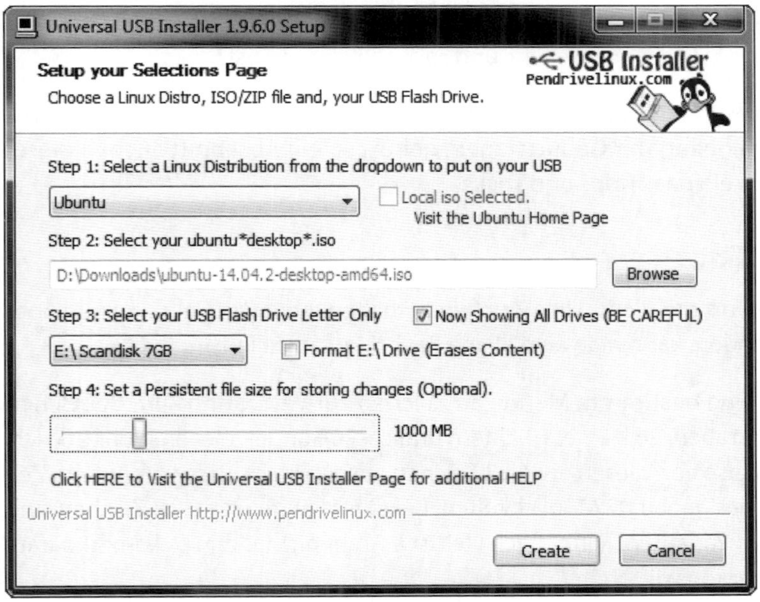

Abbildung 10.14: Installation auf USB-Stick – Speicherplatzgröße festlegen.

Wählen Sie anhand des Schiebereglers die Größe des Speicherplatzes, der auf dem Stick für Ihre Daten reserviert werden soll. Feineinstellungen können Sie nach dem Anklicken des Reglers auch mit den Tasten [H] und [I] vornehmen.

Hinweis

Der Datenbereich darf maximal die Differenz zwischen der Größe des Sticks und 6,5 GByte (für Ubuntu) betragen, bei einem 8-GByte-Stick also maximal 1,5 GByte.

Klicken Sie jetzt auf den Button *Create*, um die Bearbeitung zu starten.

Herzlichen Glückwunsch – Sie haben einen startfähigen Ubuntu-Stick erstellt!

Um damit starten zu können, müssen Sie analog dem vorgehen, was im Abschnitt 4.1.3 »Installation starten« beschrieben wird.

10.4 Sichere Passwörter

Das Problem ist so alt wie die Rechentechnik selbst: Wie kann man ein Passwort finden, das den Widerspruch zwischen »leicht zu merken« und »absolut sicher« löst?

Weil Passwörter im Zusammenhang mit Betriebssystemen so sicher eine Rolle spielen wie Geschenke im Zusammenhang mit Geburtstagen, gehört so ein Abschnitt auch in dieses Buch und deshalb hierzu ein paar Tipps und Tricks.

10.4.1 Optimale Länge

Zunächst sollte ein Passwort möglichst viele Zeichen enthalten. Aber wie viele sind nun optimal? Um das herauszufinden, kann man eine kleine Rechnung anstellen:

Für ein Passwort steht eine bestimmte Menge an Zeichen zur Verfügung – im deutschen Alphabet 26 große Buchstaben, 26 kleine, 10 Ziffern und ca. 20 Sonderzeichen (Punkt, Strich, Komma etc.). Gehen wir also von diesen etwa 82 Zeichen aus. Wäre das Passwort nur ein Zeichen lang, dann wären das genau 82 Möglichkeiten. Bei einer Länge von zwei Zeichen sind das schon 82 x 82 = 6.724 Varianten. Klingt nach viel, ist es aber nicht, denn es kommt darauf an, wer das Passwort knacken will.

Ist es ein Mensch, der vielleicht fünf Sekunden für eine Zeichenkombination benötigt, dann sind im schlimmsten Fall etwas mehr als neun Stunden nötig, um alle Möglichkeiten durchzuprobieren. Tut dies aber ein leistungsstarker Rechner, der 2 Milliarden Kombinationen pro Sekunde ermitteln kann, dann wäre dieser spätestens in einer dreimillionstel Sekunde am Ziel – also quasi sofort. Die nachfolgende Tabelle zeigt, wie lange ein solcher Rechner bei längeren Passwörtern benötigen würde:

Passwortlänge	Maximale Dauer
6 Zeichen	152 Sekunden
7 Zeichen	≈ 9 Stunden
8 Zeichen	12 Tage
9 Zeichen	≈ 3 Jahre
10 Zeichen	218 Jahre

Man erkennt sofort: Ab einer Länge von 7 Zeichen wird es selbst für leistungsstarke Rechner schwierig und mit jedem weiteren Zeichen sehr problematisch.

Die optimale Länge eines guten Passworts sollte daher **mindestens acht Zeichen** betragen.

10.4.2 Passwortaufbau

Die Länge allein ist natürlich noch kein Garant für Sicherheit. Bevor moderne Hacking-Software dazu übergeht, alle denkbaren Kombinationen auszutesten (also die sogenannte Brute-Force-Methode einzusetzen), testet sie zunächst nur die wahrscheinlichsten Wortkombinationen. Hierzu verwendet sie lange Listen bekannter und beliebter Wörter und Ziffernfolgen.

Wissen Sie, welche Passwörter weltweit am häufigsten verwendet werden?

Im Dezember 2009 wurden in den USA bei einem Hacker-Angriff 32 Millionen Benutzerdatensätze eines Telefonanbieters gestohlen. Die dazugehörigen Passwörter sind später im Internet veröffentlicht und vom Imperva Application Defense Center analysiert worden.

Und hier, verehrte Leserinnen und Leser, die Top Ten der beliebtesten Passwörter:

Platz	Passwort	Häufigkeit
1	123456[16]	290.731
2	12345	79.078
3	123456789	76.790
4	Password	61.958
5	iloveyou	51.622
6	princess	35.231
7	rockyou	22.588
8	1234567	21.726
9	12345678	20.553
10	abc123	17.542

16 Dieses Passwort ist übrigens weiterhin auf Platz 1 sämtlicher Hitlisten! So u. a. gefunden beim Hacking des Musik-Services last.fm im März 2012 und jüngst bestätigt in der (mittlerweile nicht mehr erreichbaren) Plattform *https://www.leakedsource.com*.

Finden Sie eines Ihrer Passwörter wieder? Hoffentlich nicht …

Aber bevor man jetzt heftig den Kopf schüttelt und sich darüber aufregt, wie leichtfertig manche Leute mit ihrer persönlichen Datensicherheit umgehen, sollte man kurz innehalten und sich fragen, warum Menschen das so machen. Ganz einfach: Solche Kombinationen sind sehr leicht zu merken. Wer behält schon Dutzende Passwörter für alle denkbaren Gelegenheiten im Kopf?

Und genau das ist das Dilemma: Je einfacher ein Passwort zu merken ist, umso leichter kann man es knacken. Sie können sicher sein: Die obige Liste ist bereits in sämtliche Hacking-Programme eingebaut!

Aber es gibt einige Regeln und Tricks, wie man dennoch richtig gute und sichere Passwörter erstellt, die gleichzeitig leicht zu merken sind.

Zunächst die Verbote:

- **Verwenden Sie keine Namen, echte Wörter oder Abkürzungen.**
  Auch nicht in Kombinationen:
  `Baum`, `Passwort`, `gabelundmesser`, `hans.GRETE`, `NSA`
- **Verwenden Sie keine Tastaturmuster.**
  `qwertzu`, `eeeeee`, `qweasdyxc`, `654321`,
  `14789632` (= einmal im Kreis auf der numerischen Tastatur)
- **Verwenden Sie keine persönlichen Informationen.**
  `Stier` (Sternzeichen), `Orange` (Lieblingsfarbe), `Bello` (Hund), `Lamborghini` (Auto)
- **Verwenden Sie keine Umlaute.**
  Dies dient weniger dem Schutz gegenüber Hackern als vielmehr der Sicherheit, sich jederzeit an allen Rechnern und Tastaturen dieser Welt einloggen zu können. Schweizer Tastaturen besitzen kein ß, englische nicht mal Ä, Ö oder Ü …
- **Speichern oder notieren Sie Ihre Passwörter nie im Klartext.**
  Sie ahnen gar nicht, wie oft man auf, an oder neben Rechnern gewisse Notizen findet, die eindeutig auf ein Passwort schließen lassen. Verwenden Sie stattdessen lieber Passwort-Safe-Programme (z. B. KeePassX) oder notieren Sie Ihre Passwörter zumindest in sehr verschlüsselter Form und legen Sie dies weit weg vom Rechner ab. Im Idealfall notieren und speichern Sie aber gar nichts!
- **Verwenden Sie niemals das gleiche Passwort für unterschiedliche Zwecke.**
  Einmal geknackt, gelangt der Angreifer nicht nur in den harmlosen Facebook-Account, sondern auch an Ihr Bankkonto, Ihre E-Mails und wer weiß an was noch.

Jetzt die Tricks:

- **Kombinieren Sie immer Buchstaben, Zahlen und Sonderzeichen.**
  z. B. `%aU3f.()`

Gut – das lässt sich zugegebenermaßen noch immer nicht sehr leicht merken, aber dieses Problem vereinfacht sich gleich mit dem nächsten Tipp:

- **Ersetzen Sie Buchstaben und Zahlen durch Sonderzeichen.**

S	Z	b	O	E	A	g	i	etc.
$	2	6	0 (Null)	3	@	9	!	

So wird dann aus dem Wort `Information` die Zeichenfolge `!nf0rm@t!0n`.

- **Schreiben Sie Wortteile als Lautschrift mit Zahlen oder Zeichen.**

ein(s)	1	`1am, f1innig`
zwei	2	`2fel`
for	4	`In4mation`
acht	8	`8ung, 8sam`
und	&	`Pf&`
mal	*	`*er`

etc.

Aus dem o. g. Wort `Information` würde dann `!n4m@t!0n`.

- **Verwenden Sie die Anfangsbuchstaben eines Ihnen gut bekannten Textes.**
Jeder kennt ein Lied, ein Gedicht oder ein Zitat, das er auch unter extremen Umständen nicht vergessen würde. Am besten eignen sich hier Texte aus Kindertagen, weil die in der Regel am tiefsten eingeprägt sind. Aus »Ein Männlein steht im Walde ganz still und stumm« wird dann: `eMsiWgsus` (mit den o. g. Verschärfungen führt das zu `1M$!W9$&$`).

- **Verwenden Sie ein Grundpasswort und unterschiedliche Anhänge.**
Damit lösen Sie endlich das Problem, sich viele Passwörter gut merken zu können. Jeder Log-in hat mit einer Firma, einer Website, einem Programm, einem Rechner oder Ähnlichem zu tun. Verwenden Sie ein gemeinsames Grundpasswort und hängen Sie z. B. die ersten vier Buchstaben der Firma, der Website etc. daran, getrennt durch ein immer gleiches Sonderzeichen:

Log-in-Ziel	Passwort
User »Hans«	`1M$!W-hans`
Website »www.commerzbank.de«	`1M$!W-comm`
Finanzprogramm »Mein Geld«	`1M$!W-mein`

- Seien Sie hier ganz konsequent – immer die ersten vier Buchstaben, egal, ob das jetzt den Namen repräsentiert oder nicht. Das Einfache daran ist nämlich, dass Sie diese Buchstaben nur abzulesen brauchen! Schauen Sie auf die Webadresse (hinter `http://` oder `www`), auf den Programmtitel, auf den User-Namen etc. Sollte es zu Überschneidungen mit anderen Passwörtern kommen, dann ist das kein Beinbruch – Sie loggen sich ja in jeweils ganz unterschiedlichen Situationen ein, und einmal für zwei Dinge dasselbe Passwort zu verwenden, ist zwar nicht optimal, aber deutlich ungefährlicher, als für alle dasselbe zu benutzen.

- **Ändern Sie Ihr Passwort regelmäßig.**
  Oha, werden Sie sagen: Gerade habe ich mit Mühe das Problem der unterschiedlichen Passwörter gelöst, schon kommt ein neues hinzu. Aber auch das ist leichter, als man im ersten Moment denkt: Ergänzen Sie einfach das Passwort an geeigneter Stelle durch eine Jahreszahl: `1M$!W9$&$-hans.16` Eine jährliche Änderung ist für die meisten Fälle völlig ausreichend. Wer mehr machen möchte, kann natürlich gern auch noch den Monat anhängen oder die Jahreszeit: `1M$!W9$&$-hans.1607` oder `1M$!W9$&$-hans.16sommer`. Hier sollte man natürlich einen vernünftigen Mittelweg zwischen Leichtsinn und Sicherheitsparanoia finden.

Seien Sie versichert: Wenn Sie auch nur zwei dieser Tricks anwenden, sind Sie schon deutlich besser geschützt als die meisten Menschen in Ihrer Umgebung – ganz bestimmt!

10.4.3 Alte Passwörter finden

Wenn Sie nun Ihre Passwörter auf ein höheres Sicherheitsniveau heben wollen, müssen Sie ja zunächst die alten Passwörter kennen. Diejenigen für den PC oder das Finanzprogramm weiß man in der Regel, weil man sie ja täglich eingeben muss. Aber wie war doch gleich der Zugang zum E-Mail-Provider? Oder zur Onlinebank? Das Problem ist: Die meisten gängigen Internetbrowser bieten die Möglichkeit, sich Passwörter zu merken, die bei einem Log-in erforderlich sind. Ruft man die entsprechende Website erneut auf, dann sind meist schon die notwendigen Eingabefelder ausgefüllt, spätestens aber nach der Angabe des Log-in-Namens wird das Passwort automatisch eingetragen.

Dies ist eine angenehme Vereinfachung, hat allerdings den Nachteil, dass man sich das Passwort nicht mehr merkt und nun im Ernstfall keine Ahnung mehr hat, wie man da bisher reingekommen ist (abgesehen von dem Sicherheitsproblem, dass die jeweiligen Passwörter irgendwo auf der Festplatte hinterlegt sind – und damit auch für jeden zugänglich werden können, der Zugriff auf Ihren Rechner hat).

Wenn Sie wissen möchten, welche Passwörter Ihr Internetbrowser für welche Website gespeichert hat, dann gibt es je nach Browsertyp unterschiedliche Wege:

Mozilla Firefox

Bei den neueren Versionen sehen Sie ganz rechts oben dieses Menü-Symbol: ≡

Klicken Sie darauf und anschließend auf *Einstellungen*. Alternativ dazu können Sie auch kurz die Taste [Alt] drücken, woraufhin am oberen Bildschirmrand das Menü erscheint – wählen Sie dort *Extras/Einstellungen* aus.

Gehen Sie dann zur Rubrik *Sicherheit* und klicken Sie dort auf *Gespeicherte Passwörter*. Es öffnet sich eine Liste aller von Ihnen besuchten Webseiten mit den entsprechenden Log-in-Namen. Mit einem Klick auf *Passwörter anzeigen* sehen Sie dann auch die jeweils zugehörigen Passwörter.

Google Chrome

Geben Sie in die Adressleiste, in der Sie normalerweise eine Webadresse oder einen Suchbegriff eintragen, folgenden Text ein: `chrome://settings/passwords` und drücken Sie [↵].

Es öffnet sich ein Fenster, das alle Webseiten anzeigt, für die irgendwann mal Log-in-Namen und Passwörter gespeichert wurden. Klicken Sie auf den Eintrag, der Sie interessiert, und dann rechts auf *Anzeigen*.

Alle anderen (Internet Explorer, Opera, Safari etc.)

Einige dieser Programme haben aus Sicherheitsgründen gar keine Möglichkeit, Passwörter abzuspeichern (z. B. Midori oder Tor-Browser). Bei allen anderen – speziell Internet Explorer und Opera – gibt es zwar diese Eingabehilfe, aber sie verraten an keiner Stelle, welche Passwörter sie gespeichert haben. Hier hilft das Programm **WebBrowserPassView**, das bereits an Hackerqualitäten heranreicht.

Aber Achtung! Das Ganze funktioniert nur in Windows!

Sie finden dieses Tool unter *https://www.nirsoft.net/utils/web_browser_password.html*. Auf dieser Website muss man leider etwas umständlich fast bis ganz nach unten scrollen. Dort sieht man dann über einer größeren Tabelle in der Mitte den Link *Download WebBrowserPassView (In zipfile)*.

Klicken Sie darauf und laden Sie diese Datei herunter (wie im Abschnitt 10.1.1 beschrieben). Ist der Prozess abgeschlossen, dann sehen Sie danach im Download-Ordner die Datei `webbrowserpassview.zip`. Rechtsklicken Sie auf diesen Dateinamen und wählen Sie *Öffnen mit/Windows Explorer*.

Es öffnet sich ein neues Fenster, in dem eine Datei namens `WebBrowserPassView.exe` zu sehen ist:

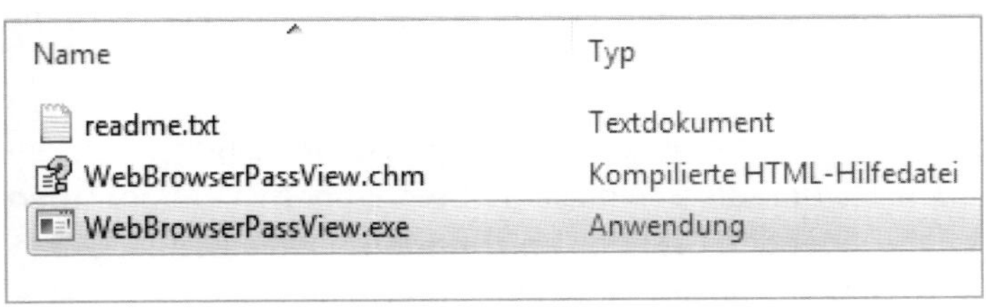

Abbildung 10.15: WebBrowserPassView starten.

Doppelklicken Sie auf diesen Namen, um das Programm zu starten. Die nachfolgende Rückfrage bestätigen Sie bitte unbedingt mit *Ausführen*!

Das Programm startet und beginnt sofort mit der Arbeit. Nach relativ kurzer Zeit hat es dann die Passwörter aller installierten Internetbrowser gefunden:

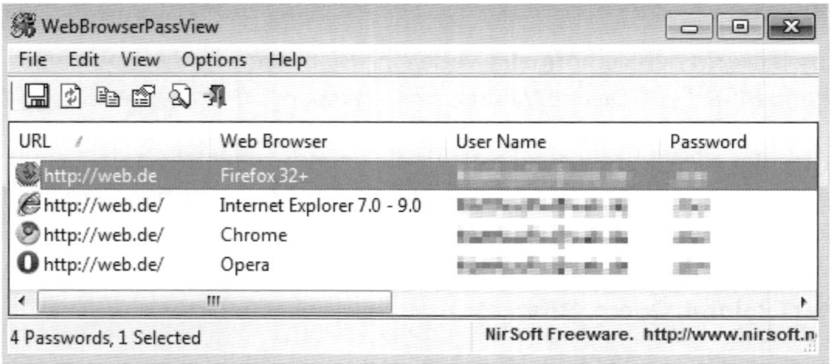

Abbildung 10.16: WebBrowserPassView – Ergebnis.

Suchen Sie nach der entsprechenden Webseite und notieren Sie sich das Passwort.

10.5 E-Mail-Konto manuell einrichten

Jeder Provider, bei dem man eine E-Mail-Adresse einrichten kann, hat so seine Eigenarten: Wie muss man sich bei ihm anmelden? Auf welchen Kanälen transportiert er die E-Mails? Mit welcher Verschlüsselung arbeitet er? Welche Sicherheitsmaßnahmen setzt er ein? Diese und viele weitere Einzelheiten musste man noch vor einigen Jahren genau kennen, wenn man ein Programm wie Thunderbird oder Outlook einrichten wollte. Also fragte man den Provider und versuchte dann, alles richtig zu machen.

Mittlerweile machen es einem die E-Mail-Programme sehr einfach: Es genügt die Angabe einer E-Mail-Adresse. Diese enthält hinter dem @-Zeichen immer die sogenannte Domain, also jenen Teil der Adresse, der auf einen bestimmten Provider verweist. Und nun genügt eine kurze Onlinesuche in bestimmten Datenbanken, um herauszufinden, welcher Provider dahinter steckt und insbesondere welche Eigenarten er im Einzelnen aufweist. Die so gewonnenen Erkenntnisse trägt das Programm dann gleich selbst bei sich ein – und fertig ist die perfekte E-Mail-Verbindung.

Wenn dies aber ausnahmsweise mal nicht so funktioniert, dann muss man die entsprechenden Parameter manuell eingeben. Darum soll es in diesem Abschnitt gehen. Demonstriert wird die Vorgehensweise aus naheliegenden Gründen an **Thunderbird**. Sie ist aber prinzipiell bei jedem anderen E-Mail-Programm genauso notwendig und daher analog möglich.

Thunderbird zeigt, falls die automatische Einrichtung fehlgeschlagen ist, folgendes Fenster:

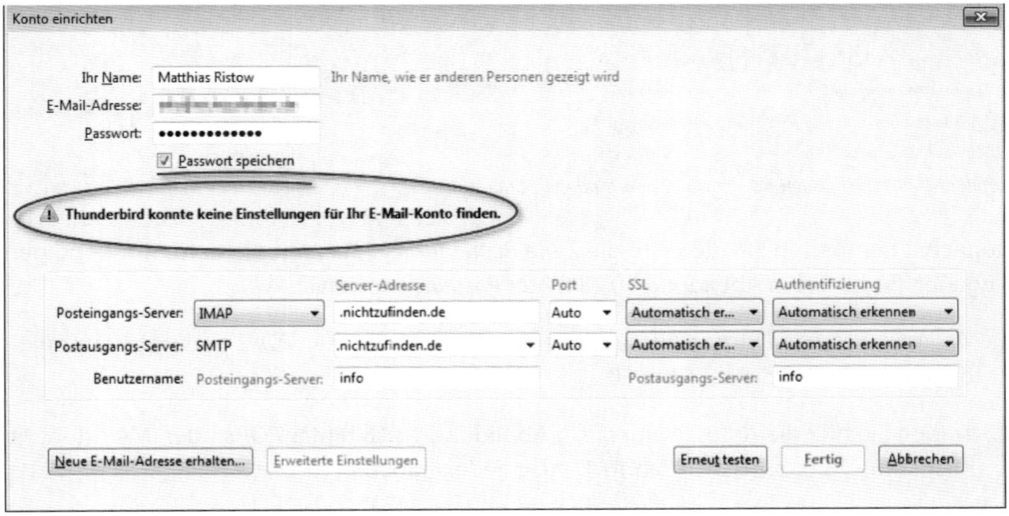

Abbildung 10.17: Thunderbird – manuelle Einrichtung.

An dieser Stelle fühlt man sich zu Recht schnell überfordert. Man müsste jetzt Kontakt mit seinem Provider aufnehmen, die erforderlichen Eingaben erfragen und im unteren Teil des Fensters eintragen. Aber zum Glück gibt es hierfür gute Hilfen im Internet.

Eine dieser tollen Seiten ist *http://www.patshaping.de/hilfen_ta/pop3_smtp.htm*. Hier finden Sie für ca. 40 der bekanntesten Provider genau die Angaben, die Sie benötigen. Suchen Sie Ihren Anbieter heraus und tragen Sie die entsprechenden Angaben im oben gezeigten Thunderbird-Fenster ein – schon sind Sie am Ziel.

Lassen Sie uns das an einem konkreten Beispiel erläutern: Eine meiner E-Mail-Adressen ist bei 1&1 registriert. Auf der o. g. Website finde ich dazu folgenden Eintrag:

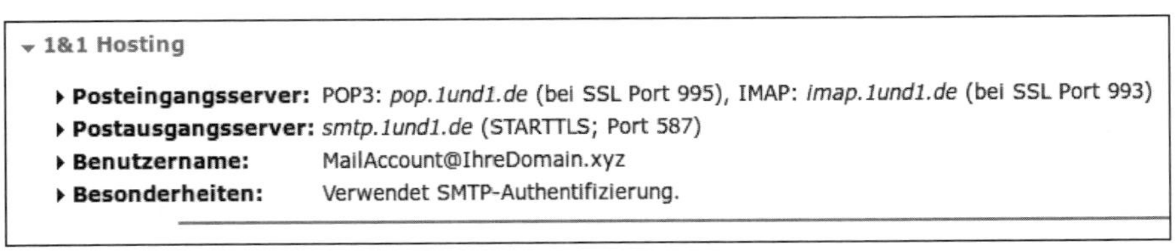

Abbildung 10.18: Provider-Informationen.

Diese Informationen werden nun Schritt für Schritt im Thunderbird-Fenster eingetragen:

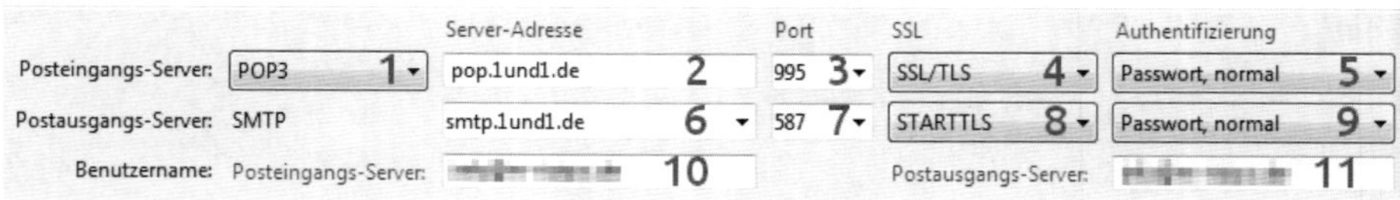

Abbildung 10.19: Thunderbird – Provider-Informationen eingeben.

Zunächst bearbeiten Sie die erste die Zeile *Posteingangs-Server* – die dafür notwendigen Angaben finden Sie in Abbildung 10.18 hinter *Posteingangsserver*:

1. Klicken Sie auf den Button und entscheiden Sie sich zwischen *POP3* und *IMAP*. Informationen dazu finden Sie auf Seite 50.
2. Tragen Sie hier die Adresse ein, die in Abbildung 10.18 hinter *POP3* oder *IMAP* steht (je nachdem, wofür Sie sich in Schritt 1 entschieden haben).
3. Klicken Sie auf das Listensymbol (kleines Dreieck) und wählen Sie den Port aus, der in Abbildung 10.18 in den Klammern hinter *POP3* oder *IMAP* angegeben ist (ein »Port« ist vergleichbar mit einer Tür, durch die Daten in einen Rechner gelangen oder nach draußen gesendet werden).
4. Klicken Sie auf den Button und wählen Sie die Verschlüsselungsmethode aus. Beim Posteingang ist das in den meisten Fällen *SSL* (oder genauer *SSL/TLS*).
5. Klicken Sie auf den Button und wählen Sie *Passwort, normal* – das ist in 99 % der Fälle die richtige Form der Authentifizierung.

Jetzt bearbeiten Sie die zweite Zeile *Postausgangs-Server* – die dafür notwendigen Angaben finden Sie in Abbildung 10.18 hinter *Postausgangsserver*:

6. Tragen Sie hier die in Abbildung 10.18 angegebene Adresse ein.
7. Klicken Sie auf das Listensymbol (kleines Dreieck) und wählen Sie die angegebene Port-Nummer aus.
8. Klicken Sie auf den Button und wählen Sie die angegebene Verschlüsselungsart.
9. Klicken Sie auf den Button und wählen Sie:

- *Passwort, normal*, wenn in Abbildung 10.18 hinter *Besonderheiten* die Anmerkung *Verwendet SMTP-Authentifizierung* steht.
- *Keine Authentifizierung*, wenn dieser Hinweis fehlt.

Schließlich müssen Sie noch in der dritten Zeile Angaben zu Ihrem Benutzernamen machen. Die Positionen 10 und 11 sind dabei fast immer identisch auszufüllen. Was hier einzutragen ist, wird auf der Website in Abbildung 10.18 folgendermaßen beschrieben:

- *MailAccount* oder *Benutzername*:
  Ersetzen Sie dieses Wort durch den ersten Teil Ihrer E-Mail-Adresse (vor dem @).
- *IhreDomain*:
  Ersetzen Sie dieses Wort durch den zweiten Teil Ihrer E-Mail-Adresse (hinter dem @).
- *xyz*:
  Ersetzen Sie dieses Wort durch den letzten Teil Ihrer E-Mail-Adresse (nach dem Punkt).
- Ansonsten: Schreiben Sie genau das, was dort geschrieben steht, also z. B. die vollständige E-Mail-Adresse oder eine Benutzernummer etc.

Beispiele:

- Sie haben die Adresse `mail@meier.info` und auf der Website steht *MailAccount@IhreDomain.xyz*.

  MailAccount ersetzen durch `mail`

  IhreDomain ersetzen durch `meier`

  xyz ersetzen durch `info`

  Sie müssen also die vollständige E-Mail-Adresse `mail@meier.info` angeben.

- Sie haben die Adresse `meier@freenet.de` und auf der Website steht *Benutzername@freenet.de*.

  Benutzername ersetzen durch `meier`

  Geben Sie demzufolge `meier@freenet.de` an.

- Sie haben die Adresse `meier@web.de` und auf der Website steht nur *Benutzername*.

  Benutzername ersetzen durch `meier`

  Geben Sie also nur `meier` ein.

Haben Sie alle Angaben gemacht, dann klicken Sie auf *Erneut testen*, damit Thunderbird prüfen kann, ob damit nun eine funktionierende Verbindung zu Ihrem Provider möglich ist.

Ist das der Fall, erscheint in der Mitte des Fensters die Meldung *Folgende Einstellungen wurden durch Testen des genannten Servers gefunden* und darunter noch einmal die von Ihnen gemachten Angaben (gegebenenfalls sogar automatisch korrigiert).

Klicken Sie auf *Fertig*, um die Kontoeinrichtung jetzt abzuschließen.

Sollte sich trotz geprüfter, korrekter Angaben auf diesem Weg keine Verbindung herstellen lassen, dann bleibt allerdings leider kein anderer Weg, als Ihren Provider um Rat zu fragen.

10.6 Gefährliche Terminalbefehle

In Kapitel 5.4 ging es um das Terminal und darum, dass es mit seiner Hilfe möglich ist, sehr komplexe Vorgänge mithilfe weniger Befehle zu realisieren. So ein Terminal ist ein mächtiges Werkzeug. Aber wie im echten Leben, so kann auch hier »Macht« positiv oder negativ wirken. Es gibt nämlich Befehle, die so verheerende Folgen haben, dass sie Sie unter gar keinen Umständen eingeben sollten, es sei denn, Sie wissen genau, was Sie da gerade tun.

Damit Sie nicht sagen können, es habe Sie niemand gewarnt, hier also die gefährlichsten Situationen, die Sie mit Befehlen hervorrufen können:

1. `rm -rf *`

Der Klassiker! Irgendwo fand ich mal in einer Liste von Emoticons die Erklärung für die Zeichenfolge *8-O* (der User hat »die Brille auf« und einen in Schockstarre weit offenen Mund). Dahinter stand nämlich: after `rm -rf *`.

Und das genau bewirkt der Befehl: Er löscht ohne Rückfrage sämtliche Dateien und Ordner in und unterhalb des Verzeichnisses, von dem aus man ihn gestartet hat. Wenn Sie das also eingegeben haben, während Sie sich in Ihrem `persönlichen Ordner` befanden, dann haben Sie jetzt keine einzige Datei mehr!

2. `rm -rf /`

Die Verschärfung des Klassikers!

Hiermit löschen Sie wirklich **alles**, denn der Ausgangspunkt ist `/`, also die Wurzel Ihres Dateisystems, und von dort aus frisst sich der Befehl rekursiv durch sämtliche Ordner.

3. `mv ~ /dev/null`

`mv` (»move«) ist der Befehl für das Verschieben von Dateien oder Ordnern, ~ ist Ihr persönlicher Ordner – es wird also der gesamte `persönliche Ordner` verschoben. Aber wohin?

Ins Nirwana! `null` ist eine spezielle Datei im Ordner `/dev`, die alle möglichen Daten entgegennimmt, aber keine davon behält – die Daten werden vernichtet.

Vereinfacht gesagt: Es verhält sich wie `rm -rf *`, ausgeführt im persönlichen Ordner.

4. `ls > /dev/sda`

`ls` listet den Inhalt eines Ordners auf – das ist noch sehr harmlos. > leitet eine Ausgabe zu dem Ziel um, das dahinter genannt wird. `/dev/sda` ist nun aber keine gewöhnliche Datei (dann nämlich würde sich der von `ls` ausgegebene Text in dieser wiederfinden), sondern es ist Ihre Festplatte!

Sie überschreiben diese also mit dem lächerlichen Text, den `ls` ausgibt. Zu Deutsch: Alle Inhalte auf der Festplatte sind jetzt vernichtet! Statt `ls` könnte übrigens jedes beliebige andere Kommando stehen, das Textinformationen ausgibt.

5. `$(echo cm0gLXJmIH4vKg== | base64 -d)`

Zugegeben – das hier ist schon sehr raffiniert, soll Sie aber auf eine Gefahr aufmerksam machen, die auf unfreundlichen Webseiten lauern könnte, wenn man Ihnen dort vermeintlich hilfreiche Terminalbefehle offeriert.

`cm0gLXJmIH4vKg==` ist zunächst mal ein codierter Text. `echo` schreibt diesen auf den Bildschirm, | leitet das Ganze um zum Befehl `base64 -d`, der diesen Text decodiert. So weit, so harmlos.

Die Klammern um das Ganze sorgen aber nun dafür, dass das Ergebnis nicht einfach nur so als Text auf dem Bildschirm erscheint, sondern vom Betriebssystem als auszuführender **Befehl** verstanden wird – und da wird's heftig, denn die Decodierung des Textes lautet `rm -rf ~/*`. Richtig: Alle Ihre persönlichen Daten sind jetzt weg!

Die Lehre daraus: Führen Sie niemals Kommandos aus, die codiert sind. Dahinter stecken immer kriminelle Absichten.

Index

D

E

F

X

Z